高等学校法学系列教材

检察学

修订版

主　编◎贾　宇　王敏远
副主编◎王晓霞　胡　铭
撰稿人◎（以撰写章节先后为序）
贾　宇　王敏远　季美君　闫召华
陈　实　余雁泽　胡　勇　胡　铭
刘仁琦　徐鹤喃　薛向楠　张　栋
王晓霞　吴强林　赵　辉　傅国云
刘　艺　王　亮　崔倩如　宋丰苓

中国检察出版社
中国政法大学出版社

图书在版编目（CIP）数据

检察学/贾宇，王敏远主编；王晓霞，胡铭副主编．修订版．-- 北京：中国检察出版社：中国政法大学出版社，2025. -- ISBN 978 - 7 - 5102 - 3235 - 0

Ⅰ．D926. 3

中国国家版本馆 CIP 数据核字第 20254BY111 号

检察学（修订版）

Jianchaxue（Xiudingban）

贾　宇　王敏远　主　编

王晓霞　胡　铭　副主编

责任编辑：王伟雪　魏　星

技术编辑：王英英

美术编辑：徐嘉武

出版发行：中国检察出版社

社　　址：北京市石景山区香山南路 109 号（100144）

网　　址：中国检察出版社（www. zgjccbs. com）

编辑电话：（010）86423797

发行电话：（010）86423726　86423727　86423728

（010）86423730　86423732

经　　销：新华书店

印　　刷：唐山玺诚印务有限公司

开　　本：787 mm × 1092 mm　16 开

印　　张：20. 75

字　　数：425 千字

版　　次：2025 年 2 月第二版　　2025 年 8 月第六次印刷

书　　号：ISBN 978 - 7 - 5102 - 3235 - 0

定　　价：58. 00 元

主编简介

贾　宇　青海贵德人，1963 年 2 月生，法学教授、博士生导师。现任上海市高级人民法院党组书记、院长，二级大法官。第十三届、第十四届全国人大代表。任“马克思主义理论研究和建设工程重点教材”《刑法学》课题组首席专家、主编，中国刑法学研究会会长。获第五届“全国十大杰出青年法学家”称号。曾任浙江省人民检察院党组书记、检察长，二级大检察官；西北政法大学党委副书记、校长。长期从事中国刑法学、国际刑法学、中国司法制度、反恐怖主义与国家安全等领域研究，著有《习近平法治思想引领新时代检察理念知与行》《数字检察办案指引》《检察官客观公正立场研究》《新时代“枫桥经验”检察实践案例精选》《刑法原理与实务》《国际刑法学》《犯罪故意研究》《死刑研究》《罪与刑的思辨》《中国反恐怖主义法教程》等著作，在《中国法学》《法学研究》等刊物上发表论文一百余篇。

王敏远　浙江杭州人，1959 年 11 月生，浙江大学光华法学院教授、博士生导师，求是学者。研究方向为刑事诉讼法、司法制度。兼任中国廉政法制研究会副会长，最高人民检察院专家咨询委员，中国刑事诉讼法学研究会学术顾问。曾主持完成中央政法委、司法部、公安部、中国法学会等多项课题，在《中国法学》《法学研究》《政法论坛》《法商研究》《法学》等刊物发表论文一百余篇。代表作：《一个谬误、两句废话、三种学说——对案件事实和证据的哲学、历史学分析》《程序性辩护新论》。

编写说明

2021年6月，《中共中央关于加强新时代检察机关法律监督工作的意见》开宗明义地指出：“人民检察院是国家的法律监督机关，是保障国家法律统一正确实施的司法机关，是保护国家利益和社会公共利益的重要力量，是国家监督体系的重要组成部分。”党的二十大报告明确要求“加强检察机关法律监督工作”“完善公益诉讼制度”。习近平总书记对检察工作作出一系列重要指示批示，指引检察工作前进方向。人民检察事业欣逢最好发展时期，最高人民检察院带领全国检察机关创新构建刑事、民事、行政、公益诉讼“四大检察”新格局，实施数字检察战略，切实履行宪法法律赋予的法律监督职责，加快推进检察工作理念、体系、机制、能力现代化建设，为全面推进中国式现代化提供有力检察保障。

高等法学院校是法治人才培养的第一阵地，检察官、法官、律师等法治工作队伍主要来自法学院校。2017年，习近平总书记在中国政法大学考察时强调，法治人才培养上不去，法治领域不能人才辈出，全面依法治国就不可能做好；法学学科是实践性很强的学科，法学教育要处理好知识教学和实践教学的关系，要打破高校和社会之间的体制壁垒，将实际工作部门的优质实践教学资源引进高校，加强法学教育、法学研究工作者和法治实际工作者之间的交流。2023年2月，中共中央办公厅、国务院办公厅印发《关于加强新时代法学教育和法学理论研究的意见》（以下简称两办《意见》），明确要求：“强化法学实践教学，深化协同育人，推动法学院校与法治工作部门在人才培养方案制定、课程建设、教材建设、学生实习实训等环节深度衔接。”根据习近平总书记的重要讲话精神和两办《意见》，司法实务部门在法治人才培养中承担着共同责任。

为落实习近平总书记关于法治人才培养的重要讲话精神和两办《意见》，打破高校和社会之间的体制壁垒，加强知识教学和实践教学的有机融合，弥合理论与实践之间的鸿沟，2023年我们组织部分法学院校优秀教师和检察系统实务人才，共同编写了这本《检察学》教材，系统梳理检察学基础理论与实践知识，并将司法实践的生动案例和办案经验纳入其中，以期为法学教育提供鲜活的实践素材，并推动《检察学》课程纳入高等法学院校课程体系。

2024年7月，党的二十届三中全会召开，审议通过了《中共中央关于进一步全面深化改革、推进中国式现代化的决定》，要求“健全人大对行政机关、监察机关、审判机关、检察机关监督制度”“健全监察机关、公安机关、检察机关、审判机关、司法行政机关各司其职，监察权、侦查权、检察权、审判权、执行权相互配合、相互制约的体制机制，确保执法司法各环节全过程在有效制约监督下运行”。为贯彻落实党的二十届三中全会精神，最高人民检察院根据《中共中央关于加强新时代检察机关法律监督工作的意见》，于2024年12月5日出台了《关于全面深化检察改革、进一步加强新时代检察工作的意见》，内容更加注重聚焦主责主业、落实改革任务、完善制度机制和规范检察履职。同年，最高人民检察院还制定下发了《关于人民检察院全面准确落实司法责任制的若干意见》《人民检察院司法责任追究条例》《关于进一步加强人民检察院检察官助理管理工作的意见》《关于加快推进新时代检察业务管理现代化的意见》等文件，为新时代进一步全面深化检察改革、持续推进习近平法治思想检察实践指明了方向。为此，我们组织修订《检察学》，与时俱进更新相关内容，以期为法学教育提供深厚的检察理论支撑和鲜活的实践素材，推动法学院校为检察机关等司法实务部门培养更多高素质、高水平、实践型的法治人才，助力法治中国建设。

本教材由贾宇、王敏远主持编写。绪论，由贾宇、王敏远撰写；第一章第一至二节和第四至五节、第十四章，由贾宇撰写；第一章第三节，由季美君撰写；第二章，由闫召华撰写；第三章，由陈实、余雁泽撰写；第四章，由胡勇撰写；第五章，由胡铭撰写；第六章第一至五节，由刘仁琦撰写；第六章第六节，由余雁泽撰写；第七章第一至三节、第五节，由徐鹤喃、薛向楠撰写；第七章第四节，由张栋撰写；第八章，由王晓霞、余雁泽撰写；第九章第一至四节，由吴强林撰写；第九章第五节，由赵辉撰写；第十章第一至四节、第六节，由傅国云撰写；第十章第五节，由赵辉撰写；第十一章，由刘艺撰写；第十二章，由王亮、崔倩如撰写；第十三章，由宋丰苓撰写。

编者

2025年1月

目 录

总 论

分 论

总　论

绪　论

一、检察学概述

我国检察机关是国家机构的重要组成部分，也是宪法规定的“国家的法律监督机关”。随着社会发展和法治文明进步，检察机关的地位和作用不断凸显，关于检察制度的理论研究愈加丰富，检察学也逐渐从宪法学、诉讼法学等部门法学科和政治学中分化出来，形成了一门有独立研究内容和对象的新兴学科。深入研究检察学具有重要的时代意义，而要掌握这门学科，首先要厘清检察学的内涵和外延以及检察学与其他学科之间的关系。

（一）检察与检察学的概念

在古文中，“检”字系“考查、察验、约束、制止”之意，如《后汉书·闵仲叔传》：“骠骑（东平王仓）执法以检下，故臣不敢不至”；“察”字系“细看、详审、考察、调查”之意，如《论语·卫灵公》：“子曰众恶之，必察焉；众好之，必察焉”。[1]“检察”二字在《后汉书·百官志五》[2]、《晋书·曹摅传》[3]、《梦溪笔谈·象数二》[4]、《驳康有为论革命书》[5]等均有出处，意为“检举、稽查、考察、寻找”。《现代汉语词典》中“检察”的解释之一为“检举核查；考察”。域外的“检察”词源由拉丁文 prōcūrare 和 prōsequor 演变而来，后衍生为英语中的 procurator、prosecute 和法语中的 procureur、poursuivre 等词汇。prōcūrare 一词由词根 prō 和 cūrare 组成，前者有“为……的利益”之意，后者则是指“治愈”“照顾”“看管”，对应到中文主要是“代理”“代理人”之含义。prōsequor 由词根 prō 和 sequor 构成，前者之意不再赘述，后者 sequor 在拉丁文中则有“探明”“追寻”“追问”的意思，英文 prosecute 到 16 世纪 70 年代才有了“控诉”的意思。中文的“检察”和“监督”受到俄国和苏联较多影响，俄语中检察制度被称为“прокурор”，虽然也源于拉丁文“代理人”之含义，但沙皇彼得一世改革，代理人逐步参与司法审判，并具备了监督和控诉职能，此后慢慢从“代理人”演变为“检察官”。[6]

---

〔1〕参见龙宗智：《检察制度教程》，法律出版社 2002 年版，第 1 页。

〔2〕《后汉书·百官志五》：“什主十家，伍主五家，以相检察。民有善事恶事，以告监官。”

〔3〕《晋书·曹摅传》：“时天大雨雪，宫门夜失行马，群官检察，莫知所在。”

〔4〕《梦溪笔谈·象数二》：“国朝置天文院于禁中，设漏刻、观天台、铜浑仪，皆如司天监，与司天监互相检察。”

〔5〕《驳康有为论革命书》：“今天下四万万人之材性，长素岂尝为其九品中正，而一切检察差第之乎?”

〔6〕参见邵晖：《“检察”一词的前世今生：词源和历史的交融》，载《北方法学》2014 年第 5 期。

检察学是指将检察制度、检察活动等作为研究对象的新兴的、独立的、综合的法学学科，是对检察工作实践的理论总结，并揭示检察制度及实施法律监督的一般规律。从政治学范畴来论述，检察就是作为国家公权力机关之一的检察机关为实现国家意志进行的法律监督行为。从法学研究范畴来论述，检察活动的原则、内容、方式等均由法律规定，必须依法进行。因此，检察学本身就是政治学和法学交叉的学科。[1] 中国检察学的发展变迁经历了域外移植、初步摸索、不断发展的过程。最早的检察学研究始于清政府在1908年创办的检察制度研究会，当时主要是借鉴了日本的检察制度，并出版了最早的检察学专著《检察制度》[2] 和《检察制度详考》[3]。随着社会主义检察制度的创立和恢复重建，才真正有了检察学研究。1983年最高人民检察院座谈会中提出将检察学从刑事诉讼法学中分离出来，作为一门独立学科。[4] 之后，检察学不断发展壮大，有了专门研究检察学的学者和专著，形成了诸多理论成果。[5] 到2007年5月，中国法学会检察学研究会的成立，推动检察学研究进入了新发展阶段。[6]

（二）检察学的研究对象

研究对象是学科划分的主要依据之一。关于检察学的研究对象，学界一直持有不同的观点：第一种观点认为检察学的研究对象仅是检察制度；[7] 第二种观点认为除了检察制度，还要增加检察活动作为对象；[8] 第三种观点在前述基础上又增加检察规律作为研究对象；[9] 第四种观点认为检察学的研究对象除了检察制度，还包括检察理论和实践；[10] 还有观点认为检察权[11] 和法律监督[12] 也是研究对象之一，不再赘述。

上述观点均把检察制度纳入检察学研究范畴，但检察权、检察实践、检察理论

[1] 参见周其华：《中国检察学》，中国法制出版社1998年版，第2页。

[2] 1911年中国图书公司出版。

[3] 1912年检察制度研究会在北京编辑出版。

[4] 参见王桂五：《四十年检察理论研究述评》，载孙谦主编：《检察理论研究综述（1979—1989）》，中国检察出版社2000年版，第8页。

[5] 有代表性、有影响力的专著如王桂五主编的《中华人民共和国检察制度研究》等。

[6] 参见徐汉明、周理松、阮志勇：《检察学若干基本问题探讨——以中国检察学理论体系的科学构建为基点》，载《法学评论》2008年第4期。

[7] 参见朱孝清、张智辉主编：《检察学》，中国检察出版社2010年版，第15页。

[8] 参见石少侠：《检察学：学科构建的必要与可能——兼谈检察学与其他法学学科的关系》，载《人民检察》2007年第15期。

[9] 参见赵登举、徐欣常、刘升铨主编：《检察学》，湖南人民出版社1988年版，第1页；周其华：《中国检察学》，中国法制出版社1998年版，第4页。

[10] 参见中国法学会检察学研究会编：《检察学的学科建设——首届检察学理论体系研讨会论文集》，中国检察出版社2008年版，第238页。

[11] 参见徐汉明、周理松、阮志勇：《检察学若干基本问题探讨——以中国检察学理论体系的科学构建为基点》，载《法学评论》2008年第4期。

[12] 参见张永恩：《试论检察学》，载《现代法学》1986年第2期。

等到底属不属于检察学研究范畴还有争议。通过对上述概念的重新梳理，不难看出，检察实践可以归入检察活动中，检察规律应当是检察制度、活动等的上位概念，法律监督作为检察机关的重要职能，可隶属于检察活动或检察权，而上述每一项内容都可涵盖狭义的检察理论研究。综上，本书认为，检察学的研究对象主要是检察制度、检察活动和检察权，而检察实践、检察规律、检察理论等内容蕴含在上述研究对象之中。除此之外，本书还将新时代检察理念、检察机关的组织结构和运行机制、检察官制度和检察队伍建设作为章节进行研究，并纳入检察学的研究对象，从而扩大研究范畴。具体来说：

检察制度是检察学研究的首要对象。检察制度是法律制度和政治制度的重要组成部分，是指规定检察机关性质地位、组织机构、活动原则等一系列规范的总称。检察学主要研究基于法律监督理论、法治国家理论等检察制度诞生的思想理论基础，以及检察制度的内涵与外延等基础性问题，把握检察制度的概念和基本特点，立足于我国《宪法》《人民检察院组织法》对检察制度的规定来探究我国检察制度的法律渊源，并从纵向的历史角度对中国古代、近代和新中国检察制度的历史演进与制度设计予以阐释，同时横向与大陆法系和英美法系国家的检察制度相比较，分析我国检察制度的特色优势，并借鉴他国的有益经验，从而不断发展完善我国的检察制度。

检察活动是检察学研究的重要对象。本书将在分论部分着重介绍检察机关的主要职责和活动：一是刑事检察，包括对刑事立案和侦查活动的监督，对刑事案件的审查逮捕和刑事起诉，认罪认罚从宽制度以及对刑事审判和执行的监督；二是检察侦查，我国检察侦查制度由直接侦查、机动侦查和自行（补充）侦查构成“三位一体”的基本结构，是国家监督体系的重要组成部分和检察机关法律监督职能的重要体现；三是民事检察，包括民事生效裁判监督、审判人员违法监督、民事执行监督和支持起诉，本书将明确民事检察兼具公权监督和私权救济的属性，以及基于客观公正立场全面审查、全流程监督的功能定位，阐述民事检察的基本原则和基本理念；四是行政检察，包括行政生效裁判监督、审判人员违法监督、行政执行监督、行政违法行为监督和行政争议实质性化解；五是公益诉讼检察，主要介绍公益诉讼的历史渊源以及关于“公益”的相关理论争议，着重以我国检察公益诉讼制度从试点探索到落地的过程为主线，介绍公益诉讼检察的定位、原则、理念、任务、范围和办案程序的一般性规定；六是未成年人检察，主要介绍未成年人检察的概念、特点、基本要求和意义，阐述未成年人检察的司法理念和基本原则，介绍未成年人检察的业务范围、“四大检察”融合履职的办案模式、未成年人综合司法保护和未检业务的集中统一办理优势；七是控告申诉检察，主要介绍群众来信来访的办理、控告和申诉案件的办理、国家赔偿和司法救助工作；八是数字检察，从实现法律监督高质效、促进社会治理现代化、适应新时代科技革命三个方面介绍数字检察改革的动因，以数字检察推动法律监督模式重塑变革的改革实践为例介绍数字检察战略的成效和路径。

检察学还需要研究检察权及其行使的基本原则。本书将检察权行使的基本原则作为专章论述，先是对宪法相关原则、正当程序原则、保障人权原则等检察权行使应当遵循的一般性法治原则进行阐述，并对依法独立行使检察权、客观公正、检察一体等特定原则逐一阐释，结合时代背景分析原则的内涵和要求，彰显检察机关适应时代发展、立足检察职能参与社会治理的定位与理念。

新时代检察理念也是检察学的研究对象。本书针对新时代检察理念的发展和变革，研究检察理念的内涵、作用和基本内容，并对新形势下检察机关要坚持的新理念详细阐述，具体有服务中心大局理念、政治性业务性相统一理念、全面协调充分发展理念、高质效办好每一个案件理念等。

检察机关的组织结构和运行机制也是检察学的研究对象，具体包括检察系统的层级设置和上下级检察院之间的领导关系；检察机关各主要内设业务机构及其所对应的业务[1]；包括检察委员会、检察官联席会在内的检察院办案组织和司法办案职权；检察机关运行机制基本概念、基本特征、基本要素及其与检察权配置的逻辑关联，领导决策机制、检察权运行结果评估机制等具体内容，并突出强调检察一体化机制。

检察学的研究对象还包括检察官制度和检察队伍建设，包括检察官的职责、义务和权利，检察官的选任制度、管理考核制度和检察官的职业保障等。

（三）学科特点

1. 检察学是极具中国特色的一门学科。2023 年，在全国检察理论研究年会上，应勇检察长明确指出，检察理论研究是中国特色社会主义法治理论研究的重要组成部分。中国特色社会主义检察制度具有特殊性和优越性，是先进、优秀的法治文明和法律智慧的结晶。与大多数西方国家检察机关隶属于行政机关的制度安排不同，我国的检察机关是与行政机关并列的国家机构，是宪法规定的国家法律监督机关，其职责也不仅仅是提起公诉指控犯罪。检察机关承担着刑事检察、民事检察、行政检察、公益诉讼检察以及相关罪名的职务犯罪侦查等多项职能。西方国家对检察的研究缺少独立的研究对象，研究内容相对匮乏，没有产生检察学这门学科的土壤条件。而我国基于检察机关特殊的地位和作用，以及紧迫的现实实践需求，逐渐形成了这门极具中国特色的检察学学科。

2. 检察学是极具政治性的一门学科。我国检察学的研究对象是人民检察制度，该制度以马克思主义法律思想为基础，部分借鉴吸收列宁法律监督理论，立足我国本土国情和中国共产党领导法治建设的百年征程与经验，是党领导人民推进依法治国的重大制度安排。可以说，检察工作是政治性极强的业务工作，也是业务性极强

---

〔1〕 指普通刑事犯罪检察、重大刑事犯罪检察、职务犯罪检察、经济犯罪检察、刑事执行检察、民事检察、行政检察、公益诉讼检察、未成年人检察、控告申诉检察等，本书第五章对此有详细介绍。

的政治工作。因此，检察学要研究检察工作，就要坚持马克思主义和习近平新时代中国特色社会主义思想，站稳政治立场，将习近平法治思想贯彻到理论研究过程中，从理论上对一些关键性、全局性、方向性的问题作出解答。

3. 检察学是极具应用性的一门学科。检察学来源于实践，服务于实践。研究检察学的出发点和落脚点就是为中国特色社会主义检察制度与检察实践服务。检察学主要围绕检察司法实践展开，从检察司法实践中尤其是法律监督和司法办案中发现问题、总结问题，破解监督难题，并将实践总结的规律升华为理论，再反哺实践、指导实践。因此，检察学的研究与纯粹的学术理论研究应有所区别，在研究过程中，不能脱离我国国情和实践需求，不能仅做中外制度比较研究，而应以实践为导向，重视本土调查研究，解决实际问题。

（四）学科关系

"一学科与其他学科之间总是有一定区别的。这种区别就是一门学科自身的特色，也是该学科产生之必要性及存世之价值。"[1] 因此，厘清检察学与其他学科的关系至关重要。

1. 检察学与上位学科的关系。检察学属于社会科学，其上位学科有政治学、法学等。从某种程度上来说，检察学是政治学和法学交叉的学科。

政治学与检察学的研究范畴有交叉。政治学研究的是国家政权机关及其管理模式，检察学主要研究国家政权机关的组成部分——检察机关的性质、地位、任务、组织方式和管理模式等。因此，政治学是检察学的上位学科。但政治学没有完全覆盖检察学，检察机关是国家的法律监督机关和司法机关，检察活动涉及刑法、民法、行政法和相关诉讼法等众多部门法的原理和规范，因此检察学还需要研究法律监督活动和司法活动等其他不属于政治学范畴的研究内容。

检察学归属于法学。法学是研究法律及其实施的一门学科，从法律的制定到落实再到监督，包括立法、执法、司法、守法都是法学范畴。检察学当然地属于法学的一部分，不仅包括法律监督活动，还有检察司法活动，都是法学的重要组成部分。但检察学中有关检察机关法律监督的理论以政治学的权力监督制约理论为基础，检察机关法律监督在国家监督体系中的地位与作用、与其他监督方式的关系等内容都属于政治学的内容，所以检察学是政治学与法学交叉的学科，是一门独立的法学学科。

检察学与哲学、社会经济学等社会科学，以及生物学等自然科学也存在一定的关联。具体来说，唯物辩证法和唯物史观是马克思主义哲学的重要组成部分，这也是检察学研究事物的世界观和方法论，是整个检察学学科的研究基础。比如，自然科学中的生物学知识为检察机关办理公益诉讼案件对食品、药品、化学品等进行检验与鉴定提供了理论知识；人工智能、大数据、区块链等技术也为检察学顺应新时

---

[1] 徐永康：《简论界定法学新学科的标准》，载《社会科学》1988 年第 3 期。

代发展提供了技术支持。在当前检察机关实行刑事、民事、行政、公益诉讼“四大检察”监督背景下，检察学涉及的领域更加广泛，不仅涉及政治、经济、社会、生态等领域，还涉及行政管理学、心理学、社会学、统计学等细分学科。

2. 检察学与相邻学科的关系。我国目前尚未制定一部专门的人民检察院法律监督法，有关检察制度的规定分散在《宪法》《人民检察院组织法》《检察官法》《刑法》《民法典》和各大诉讼法中。检察学与宪法学、刑法学、民法学、行政法学等法学学科有着密切的联系，且这些学科都是检察学的相邻学科，研究领域存在交叉，但具体的研究角度不同、侧重点不同，上述学科无法包含或替代检察学的体系研究。

检察学与宪法学的关系十分密切。宪法学是一门围绕宪法开展研究的学科，主要研究宪法的理论、产生和发展规律、宪法的实施、国家的性质和形式、国家政权的组织及其根本制度、公民的基本权利和基本义务。检察机关是宪法规定的国家法律监督机关，其组织形式和活动原则属于宪法学的一部分，所以检察学的研究必须遵循宪法的有关规定，要在宪法的原则性框架下开展研究。

检察学与刑法学、民法学、行政法学以及诉讼法学的关系都非常密切。刑事检察、民事检察、行政检察、公益诉讼检察是检察学的重要研究内容，检察学的研究离不开刑事法学、民法学、行政法学及其他相关学科。主要区别在于检察学侧重于从法律监督的角度出发对刑事、民事、行政和公益诉讼的法学理论和法律关系进行研究。检察学与诉讼法学的关系更加紧密，检察业务工作是通过诉讼活动实现的，要在诉讼法学规定的原则和程序下进行。检察机关作为国家的法律监督机关，在诉讼中既要监督保障诉讼参与人在诉讼过程中的合法权益，还要监督保障其他诉讼参与人的合法权益。但检察学和诉讼法学又不能完全等同，诉讼法学涉及检察机关活动中的程序问题研究，不具体研究检察机关如何发挥法律监督职能作用，也不研究检察机关的机构设置等问题。

二、检察学的地位与作用

学科是理论体系发展到特定历史阶段的产物。我国检察学的创立和发展，是时代的必然产物，也是检察理论和实践研究的必然要求。检察学通过对检察制度和检察活动总结分析，并上升到理论层面，具有普适性，从而指导检察实践，使检察工作更好地服务于当前的中心大局。因此，建立检察学学科的条件已经具备，将检察学作为体系性的独立学科是时代赋予的必然使命。

（一）回应实践需求

检察学学科的建设是积极回应检察实践的必然选择。一方面，检察学系一门应用性学科，这就意味着其建立需要一定的检察实践作为基础。检察学研究的是检察机关的实践活动，检察学本质上就是从实践中产生的。新中国成立初期，在结合本土国情的基础上，借鉴了苏联的检察经验，逐步建立起中国特色社会主义的人民检察制度。改革开放以后，我国检察机关在打击犯罪的司法活动中起到了极其重要的作用，也积累了丰富的经验。随着检察实践的发展，迫切需要一种理论体系对检察工作进行全面总结和科学指导，用理论解决实践中遇到的难题，这为检察学的诞生奠定了坚实的基础。检察学的研究原先分散在各个部门法的研究中，缺乏系统性。通过建立独立学科，形成系统的理论体系，有助于改变这一现状，不仅能够繁荣学科的理论研究，更能让检察研究人员产生认同感和归属感，提升研究的积极性。另一方面，检察学学科的建立对检察实践具有极其重要的指导意义。检察理论研究是中国特色社会主义法治理论研究的重要组成部分，检察学研究的检察制度及实践背后的规律，可以从发展的、长远的角度掌握本质并预测运行轨迹，从而实现预判，指导并服务于检察实践，减少盲目性，增强方向性；减少被动性，增强主动性；减少分散性，增强系统性。因此，检察学要运用独立学科的优势，综合研判检察系统的整体功能，及时对检察改革的现状和取得的成就进行理论概括，对实践中产生的诸多问题进行理论解答。比如加强服务党和国家中心任务研究，加强检察基础理论研究，深化中国特色社会主义检察制度优越性、检察机关性质定位、检察工作规律、检察学体系等研究，加强检察核心职能研究，加强法律监督理念、体系、机制、能力现代化研究，加强检察改革研究，加强检察管理机制研究等，这都需要检察学理论作出方向性的论证和指导。

检察学构建学科的过程，也是不断指导、强化实践的过程，是推进检察改革和检察工作高质量发展的过程。检察学研究的内容涵盖面广泛，不仅仅研究“大”的问题，譬如中国检察制度的框架、检察制度的运行规律等，更多的还是对检察改革和检察活动等“中小”型问题的研究。近年来的一些理论研究，对检察实践和检察改革起到了关键性的推动作用。比如，检察一体化改革、检察机关在认罪认罚从宽制度中的角色定位、捕诉一体化的法理分析、正当防卫“法不能向不法让步”的理念、检察公益诉讼的顶层设计、内设机构改革的系统性和重塑性、员额制改革的内生动力等，都是检察机关的重大改革和全新挑战。上述研究成果以大量的实地调研和对比论证为基础，有效推动了相关的改革实践稳步前行。再如检察机关的研究成果更多集中于“四大检察”工作，如何在刑事执行检察中加强法律监督、如何积极稳妥推进公益诉讼检察、如何建立民事诉讼监督正副卷一并调阅制度、如何落实最高人民检察院“一号检察建议”从源头做好未成年人的犯罪预防工作、如何实现群众信访“件件有回复”的控告申诉制度，还有构建检察“大管理”格局、一体抓实业务管理、案件管理、质量管理推进高质效办案，以及检察官人才队伍培养等，上述研究成果都为实践的可持续发展提供了坚实的基础。

随着席卷而来的科技革命，社会发展日新月异，检察改革实践向更深层次迈进。以数字检察战略为例，最高人民检察院应勇检察长深刻指出，数字检察是数字中国的重要组成部分，是数字中国在检察机关的具体体现，其根本是赋能检察机关法律监督，促进检察办案更加公正、检察管理更加科学、检察服务更加精准，推进检察工作现代化。目前，数字检察办案实践已经远远走在了理论发展的前面，此时更需要理论对改革中产生的系列问题作出回应，因此，建构检察学理论体系迫在眉睫。

（二）满足理论发展

检察学学科建设是满足检察理论发展进而推动中国特色社会主义法治理论发展的必然要求。目前，检察学已经有了较为完整的框架和内容，初步形成了检察学理论体系，检察学成为一门独立学科的条件已经基本具备。随着社会分工不断细化，现代知识体系不断成熟，学科的专业性更加突出，学科类别日益增多，检察学作为一门跨学科的综合性学科，已经有了丰富的理论成果和专门的研究人才，学科本身也具有独立的研究对象和独立的研究地位。我国宪法将检察机关规定为国家的法律监督机关，《宪法》《人民检察院组织法》为检察学建立独立学科奠定了坚实的法律基础。检察学研究内容广泛，无法完整体现在其他任何一门学科中〔1〕，无论是宪法学还是刑事法学等部门法学，都只涉及检察学研究的一部分，不能全然映照检察制度面貌，只有建立检察学独立学科才能完全满足检察理论的发展需求。

中国检察学理论体系具有科学性、民族性、综合性和开放性等特点，是关于中国特色社会主义检察制度系统化的理论，其基本内容包括检察制度发展史理论、检察制度原理、检察机关组织结构理论、检察权理论、检察活动理论、检察管理理论等方面。〔2〕检察学理论体系的上述内容，已经有相当体量的研究成果，学界也已达成共识。具体来说，学者对检察学理论体系的诸多论述可以归纳成两大类：一是将理论体系建立在检察实践的基础上，对检察机关的性质地位、活动原则、工作机制运行模式和组织机构、检察人员管理等内容进行理论化阐述，并将这些理论归结为检察学的理论体系。〔3〕二是针对检察学理论体系本身的论述和研究。比如，从本体、权能、运行和组织论四个方面提出如何建构检察学理论体系。〔4〕再如，从建构的中心、方法、目的等方面提出要建立“立足本国、放眼世界”的理论体系。〔5〕

---

〔1〕检察学的独立法学学科地位的确立是由中国的基本国情所决定的。长期以来，部门法学依照其所赖以存在的部门法为主要研究对象，所以把《人民检察院组织法》划入检察学所依据的部门法也在情理之中。参见张永恩：《试论检察学》，载《现代法学》1986年第2期。

〔2〕参见朱孝清：《检察理论研究30年的回顾和展望》，载《人民检察》2008年第16期。

〔3〕参见王桂五在《中华人民共和国检察制度研究》一书中的描述，赵登举、徐欣常、刘升铨主编的《检察学》和龙宗智教授对于检察学理论体系的界定。龙宗智教授认为，检察理论体系包括检察学理论、检察制度发展史、检察制度的比较研究、检察权理论、检察业务制度研究、检察官论、检察组织与管理、检察特色理论、检察政策研究等九个部分。

〔4〕这类研究专门以构建检察学理论体系为研究内容，通过对检察学理论的分析，提出自己的体系架构，如徐汉明、周理松、阮志勇在《检察学若干基本问题探讨——以中国检察学理论体系的科学构建为基点》一文中对检察学理论体系进行了构建，即他们在归纳总结和批判前人对检察学理论体系的基础之上提出了构建“本体论、权能论和运行论以及组织论”的四大理论体系的设想。

〔5〕吕端胜对检察学理论构建的根基、轴心、目的、方法等要素进行了简要的阐述，并认为应当“立足本国、放眼世界”构建中国特色检察学理论体系。参见吕端胜：《检察学理论体系构建的中国化进路》，载《中国刑事法杂志》2009年第9期。

还有学者从本质、原理和规律三方面提出要完善人民检察制度理论体系。[1] 此时，建立检察学学科才能更有利于厘清检察学理论体系，将上述单项研究内容分类，并予以体系化归集，也更有利于学习者系统地把握检察制度的全貌，掌握具有中国特色的检察学理论体系，有利于检察实务工作者将改革实践中遇到的挑战归集到某一理论中去，以理论指导实践，从而解决本质问题，进一步深化检察改革。

与较为成熟的法院制度和警察制度相比，检察制度是中国近现代才慢慢发展起来的，发展过程中也屡屡经受波折、步履艰难。[2] 在法治中国建设中，中国特色社会主义检察制度逐渐成熟并具有符合中国国情的独特的优越性。在检察学独立学科建设中，要始终坚持中国特色社会主义检察制度，走中国特色社会主义检察道路，传承中华优秀传统法律文化，并借鉴世界优秀文明成果，不断发展完善中国检察理论体系，更好指导中国检察实践，更好发挥中国特色社会主义检察制度的优越性。

（三）培养检察人才

检察学学科建设是培养检察人才进而锻造高素质法治人才的必然要求。2023 年 2 月，中共中央办公厅、国务院办公厅印发《关于加强新时代法学教育和法学理论研究的意见》，开宗明义地指出："法学教育和法学理论研究承担着为法治中国建设培养高素质法治人才、提供科学理论支撑的光荣使命，在推进全面依法治国中具有重要地位和作用。"应勇检察长也曾强调，加强检察理论研究关系过硬检察队伍建设。理论修养是干部综合素质的核心，理论上的成熟是政治上成熟的基础，政治上的坚定源于理论上的清醒。建立检察学独立学科，在法学教育之初就着手培养检察人才，对高素质法治人才建设具有重大意义。一方面，有利于高校设立检察学课程，培养输送专业检察人才。我国现行的高校教育模式仍以培养综合型人才为主，缺少对检察学作全面阐述的高质量教材，导致法学院校的师生对检察机关的职能定位、重要作用、运行机制了解甚少。但随着时代发展，法律职业教育必将是大势所趋，检察制度的不断发展完善，亟须一批高素质的检察人才。鼓励高校将检察学设置为专业课程，能够不断完善法律职业教育体系，提前培养高素质的检察官人选。基于此，也能真正培养出一些关注检察学理论本身、思考宏观问题的检察学专家和学者，在研究过程中，能够客观地分析检察制度在实践发展中遇到的困难和问题，避免一味的部门化倾向[3]，同时吸引其他领域的专家学者来关注这门新兴学科，诞生一些

---

〔1〕 朱孝清概括了近年来的中国检察理论研究，在宏观的层面主要是"揭示特质，基本回答了什么是中国特色社会主义检察制度"；"阐释原理，基本回答了为什么要建立中国特色社会主义检察制度"；"探求规律，基本回答了怎样发展、完善中国特色社会主义检察制度，怎样深入开展检察工作"。参见朱孝清：《检察理论研究 30 年的回顾和展望》，载《人民检察》2008 年第 16 期。

〔2〕 新中国检察制度几起几落，而在旧中国，撤、裁检察机关的议论也时有兴起。参见张培田：《近代中国检察理论的演进——兼析民国检察制度存废的论争》，载《中国刑事法杂志》2010 年第 4 期。

〔3〕 部门化倾向就是指站在自己立场上"自说自话"，本身并没有绝对的对错，但还是应尽可能避免，以一种中立的、理性的、客观的视角研究问题，在逻辑上尽量周延，将批判的、反对的意见也纳入研究范围。

被学界普遍认可的检察学理论研究“大家”，从而为中国特色社会主义检察制度奠定坚实的理论基础，为检察改革提供正确的理论方向。另一方面，有利于检察职业培训，提升检察人员专业素养。检察学的设立和检察学系列教材的编写能够用于检察实务人员的业务培训，为全国检察官提供适应新时代检察工作新要求的高质量教材，培养和打造新时代高素质检察专业人才。

综上，建立专门的检察学学科，将现有的检察理论进行系统化梳理，完善检察学理论体系，能够为检察机关培养输送高素质检察人才，为法治中国建设培养更多高素质法治人才，不断推动中国特色社会主义检察理论和法治理论蓬勃发展，更好反哺指导检察实践，更好服务中国司法实践，为中国特色社会主义检察制度不断完善发展乃至整个法治中国建设提供助力。

三、检察学的研究方法

检察学研究要坚持以马克思主义为指导，以习近平法治思想为根本遵循，运用辩证唯物主义、历史唯物主义的系统观念，立足中国国情和检察工作实际，以问题为导向，深入开展调查研究、比较研究、实证研究和一体化研究，更好服务于检察理论与实践。

（一）研究检察学的根本方法

在检察学研究中，必须坚持马克思主义的指导地位，将系统的一体化研究作为检察学研究的根本方法。新时代检察一体化研究内涵更为丰富，不仅包括理论与实践的一体化研究，还包括法治运行一体化研究和学科的一体化研究等。

1. 理论与实践一体化研究。任何一门法学学科，都是以理论与实践一体化研究为基础，检察学研究也是如此。检察实践是检察学的重要研究对象，检察理论是对检察权运行实践规律的总结。如果没有实践，就没有检察学理论和检察学学科；如果仅满足于实践层面，没有理论凝练并反哺实践，检察实践最终将无法满足时代的要求。所以说，两者必须紧密结合、一体研究，才能以实践丰富理论，以理论反哺实践，这也符合检察学的应然价值。

一要聚焦改革所向。加强对数字检察、认罪认罚、行政违法行为监督等重大理论与实践问题的研究，为检察改革实践提供理论指导。过去的几年，检察工作经历了多重改革叠加，其影响不亚于一场深刻的革命。随着“四大检察”工作格局的确立，这场变革大局初定，但后续相关工作依旧任务繁重。检察学理论研究要加强对改革配套措施的研究，针对改革中交织叠加、递进展开、不断出现的新情况新问题，及时跟进研究改革措施的集成落地，促进改革红利充分释放。对改革取得的成果也要及时总结，从司法责任制、权力清单、检察官联席会议、办案单元运行等基础性、关键性议题进行研究分析，将改革的成功实践总结为可复制推广的经验模板，巩固改革成果。尤其是“四大检察”重塑格局确立以后，检察学要加强对刑事、民事、行政、公益诉讼检察的实证研究和理论建构，科学论证重塑格局的优势劣势，并提供未来发展方向。比如，对刑事检察，要注重研究最新的司法解释、法律适用的实践效果，引导法律正确适用；对民事检察，要注重深入研究民事诉讼的理念和政策，探寻不同类型案件裁判的理念、规则及其发展变化，以及相应的检察监督价值理念，例如办理民事检察案件时应当注重研究探索如何以民事检察和解促进矛盾化解，在商事案件检察监督中应当侧重追求维护规范化、法治化的市场秩序；对行政检察，要聚焦研究行政违法监督的定位和边界、行政争议实质性化解等，全面深化行政检察监督；对公益诉讼检察，要着力研究如何推进公益诉讼专门立法、完善公益诉讼制度，如何优化案件类型结构，积极稳妥拓展案件范围，更好促进社会治理，保护国家利益和社会公共利益。

二要聚焦实践所需。根据检察履职实际进行归纳总结，推动理论研究紧跟、服务、引领、推动实践。研究检察学理论的最终目的是为中国特色社会主义检察制度与检察实践服务。因此，要提高政治站位、拓宽研究视野，从全面依法治国、建设中国特色社会主义法治体系和法治理论的高度来研究检察学，要加强服务党和国家中心任务研究、检察基础理论研究、检察核心职能研究、检察改革研究和检察管理机制研究，围绕检察机关如何通过法律监督保障国家法律的统一正确实施、如何营造最有利于经济社会发展的法治环境、如何培育最具有法治意识的社会公民、如何塑造最坚持依法行政的政府等基础性、前沿性问题，推进国家治理体系治理能力现代化。

三是聚焦问题所在。检察学研究要围绕检察实践中碰到的困难和问题进行针对性的理论研究，善于发现问题、提出问题、研究问题、回答问题，找到制约检察事业发展的理念性、制度性问题，积极推动问题的解决，为完善立法、健全机制提供理论支持。举例来说，在新形势下检察机关的创新举措与治理现代化仍有差距；在数字检察背景下，转变司法理念还存在不足；在破解瓶颈、推动解决监督渠道不畅、案多人少以及人才结构性矛盾等方面仍存在不少困难——这是从整体检察工作视角提出的研究命题。这些问题，都需要检察学以具体检察实践问题为落脚点，深入研究阐释。

当然，我们也不能一味强调应用研究，而忽视了检察学的基础理论研究，这是学科的根脉，也是学术发展的基础。从基础理论研究中找寻一般共性和规律，才能为检察改革和发展指明方向，增加理论研究深度，提升创新内生动力。

2. 法治运行一体化研究。依法治国是系统工程，在行使国家权力时要妥善处理各种法律关系，从而保障国家利益和公民基本权益。[1] 《宪法》第 3 条第 3 款规定："国家行政机关、监察机关、审判机关、检察机关都由人民代表大会产生，对它负责，受它监督。"党的二十届三中全会通过的《中共中央关于进一步全面深化改革、推进中国式现代化的决定》，其中第八部分"健全全过程人民民主制度体系"第 29 条要求"健全人大对行政机关、监察机关、审判机关、检察机关监督制度"。

---

〔1〕 参见龙宗智：《检察制度教程》，中国检察出版社 2006 年版，第 17 页。

由此，行政机关、监察机关、审判机关、检察机关均由人民代表大会产生，是人民代表大会之下的平行机关，对人民代表大会负责并受其监督，在人民代表大会制度下形成国家法治运行体系，实现法治一体化运行。因此，在检察学学科研究中，要从整个国家法治运行体系出发，重视全局思维、系统观念，贯通检察权与行政权、监察权、审判权的关系，在国家权力架构这一检察权运行的基础性框架中开展对检察制度的研究。

一方面，检察学研究要从依法治国的宏观角度出发，努力推动构建规范高效的执法司法制约监督体系。《中共中央关于进一步全面深化改革、推进中国式现代化的决定》第八部分“健全全过程人民民主制度体系”中，要求“健全人大对行政机关、监察机关、审判机关、检察机关监督制度”；第九部分“完善中国特色社会主义法治体系”中，要求“健全监察机关、公安机关、检察机关、审判机关、司法行政机关各司其职，监察权、侦查权、检察权、审判权、执行权相互配合、相互制约的体制机制，确保执法司法各环节全过程在有效制约监督下运行”。监察机关、公安机关、检察机关、审判机关、司法行政机关都是国家机构，各机构分工负责、各司其职、相互制约，检察机关作为国家法律监督机关加强对执法司法活动的监督，其中制约是相互的，监督是单向的，由此形成规范高效的执法司法制约监督体系。检察学研究要从加快构建上下贯通、内外结合、系统完备、规范高效的执法司法制约监督体系出发，立足法律监督宪法定位，加强对执法司法制约监督领域存在问题的研究，比如执法司法理念有偏差、执法司法行为不规范、政法部门之间制约不到位、检察机关法律监督精准性不够、执法司法作风不文明等，为确保执法司法公正廉洁、高效权威，进一步增强人民群众在政法领域的获得感、幸福感、安全感提供助力。

另一方面，在法治运行一体化研究过程中，也要注重研究检察权的扩张和限缩问题。国家权力的行使要严格依法，不能任意扩张，检察权亦是如此。既要重视研究在全面依法治国战略布局中如何加强检察机关法律监督，为推进全面依法治国、建设社会主义法治国家发挥好检察机关法律监督的重要作用；又要注意研究检察权履职的边界问题，比如，要深入研究如何在数字检察战略实施、全面深化行政检察监督、积极稳妥推进公益诉讼检察过程中，把握好检察履职边界，防止越过行政主管部门直接行使行政权，导致权力扩张，影响法律监督质效和权威等问题。

3. 学科一体化研究。检察学是一门综合性学科，横跨刑法学、民法学、行政法学、诉讼法学甚至政治学、法理学、宪法学以及自然科学等学科。检察学研究要注重学科一体化研究，拓宽研究视野和领域，通过对检察学及其相关学科的综合性研究，用普遍联系的观点揭示学科发展共性，辅助检察学这门学科更好发展。

储槐植教授提出了“刑事一体化”思想，要求“在刑法之上研究刑法、在刑法之外研究刑法、在刑法之中研究刑法”[1]，这一思想也深深影响着检察学。如上所述，检察学涉及的学科十分广泛，不仅是跨政治学和法学的交叉学科，与刑法学、民法学、行政法学和诉讼法学都有关联，还需要用到行政管理学、社会学、心理学、统计学等学科的知识。[2] 上述这些学科应该是贯通的，检察学的理论体系也需要从外部学科汲取养分，不断充实自身。因此，检察学研究要坚持系统观念，关注实体和程序，注重与刑法学、民法学、行政法学等相关学科研究的互动交流，在其他学科既有理论的基础上发展，提升研究成效。同时，在研究过程中要注意区分掌握学科之间的共性和特性。举例来说，检察学与刑事诉讼法学的关系很密切，检察机关批准或决定逮捕、提起公诉、决定不起诉等环节既是刑事诉讼法的重要内容，又是检察制度的一部分，两者互为补充，但研究的侧重点不同：刑事诉讼法学重视研究程序的规范性，检察学重视研究公诉权的行使和运行。因此，在开展检察学理论研究时应当借鉴上述思考路径。

（二）研究检察学的具体方法

1. 注释研究法。注释研究法，是指通过语义分析、逻辑分析等手段，对法律规范的含义进行阐明的研究方法。注释方法是最古老也是最基本的法学研究方法。我国封建社会中的法学也被称为律学，主要就是对法条进行注疏。在西方，中世纪一度盛行注释法学派，其侧重运用规范分析的方法研究法律。检察学的研究对象需要对法律规范的具体内容包括概念、原则、职权、程序等作出符合法律本意的正确解读，并对检察办案中法律适用问题进行阐释，这就需要根据立法背景、立法原意等认真学习研究，对法律进行注释，使法律条文正确运用于检察办案实践。因此，注释研究法是检察学研究常用的基本方法之一。

2. 调查研究法。调查研究是研究事物发展现象及其规律最基本的方法。检察学是一门源于实践、应用性极强的学科，更需要通过调查研究来了解实际情况、问题并寻求对策。具体而言，首先，要深入检察实践工作，尤其要到基层办案一线去调查研究，通过收集第一手客观资料，与基层办案人员座谈，深入了解最真实的数据和素材，归纳总结检察制度的实际运行状况。其次，从归纳总结的基本情况中由表及里去发现问题，找准目前运行模式中存在的关键性问题并分析原因，进行深入剖析。最后，以问题为导向研究提出解决问题的对策和建议。

3. 历史比较法。根据马克思历史唯物主义原理，检察学研究也要进行历史分析比较。历史比较法分横向和纵向两个维度，横向就是将我国的检察制度与大陆法系和英美法系的检察制度进行对比，并结合不同国家的政治、经济、文化背景，对检察制度的优势、特点、创新分别进行剖析。纵向就是对不同历史时期的检察制度进行研究，比如中国古代的御史制度、清末民国时期的检察制度、革命根据地时期人

---

[1] 储槐植：《刑事一体化论要》，北京大学出版社 2007 年版，第 271 页。
[2] 比如未成年人检察工作需要对未成年犯罪嫌疑人和被害人提供相应的心理咨询和帮扶。

民检察制度的萌芽、新中国人民检察制度的建立与发展、改革开放后人民检察制度的革新与发展、党的十八大以来人民检察制度的新进展和新创举等，对上述不同时期的检察制度进行时间维度上的梳理，从而揭示出发展的本质规律。

4. 综合研究法。综合研究法是系统研究法学学科的重要方法，就是用普遍联系的、整体的观念来看待和分析问题。具体到检察学研究，就要了解检察学在整个学科体系中的地位和作用，以及检察学与其他学科之间的关系；同时要“跳出检察看检察”，用全局思维、系统观念看待司法、行政、法律监督一体化，在国家权力架构这一检察权运行的基础性框架中开展对检察制度的研究。

5. 法律实证法。法律实证法就是指在标准化规则指导下，对已经转化为统一模式的法律信息进行量化分析，从而得出结论的方法，强调“法律现象是质的规定性和量的规定性的统一”。法律实证分析方法其实是从社会科学的研究方法中分离出来的，用大量的数据和案例支撑，使用数理分析手段进行定性分析。它与一般的研究方法有所不同，坚持“半知假定”，即在实证结论出来之前，先假定结果，但无法准确预测结果。[1] 而一般的研究方法则是基于对整体情况的了解，直接就掌握了最终的结论，再通过这个结论去分析原因，找到对策。检察学还涉及司法案例研究，也需要用到实证分析的个案研究，通过大量统计数据来找到“数字正义”。

■问题与思考

1. 简述检察学的概念。
2. 检察学的研究对象有哪些？
3. 检察学与法学、政治学的关系？
4. 检察学作为独立学科的必要性？
5. 如何理解检察一体化和检察权依法独立行使之间的关系？

■参考阅读

1. 朱孝清、张智辉主编：《检察学》，中国检察出版社 2010 年版。
2. 龙宗智等：《知识与路径：检察学理论体系及其探索》，中国检察出版社 2011 年版。
3. 龙宗智：《检察制度教程》，法律出版社 2002 年版。
4. 王桂五：《中华人民共和国检察制度研究》，中国检察出版社 2008 年版。

---

〔1〕 参见白建军：《少一点“我认为”，多一点“我发现”》，载宋英辉、王武良主编：《法律实证研究方法》，北京大学出版社 2009 年版，第 65—75 页。

第一章 检察制度概述

■ 本章导读

检察制度是检察学研究的逻辑起点，厘清检察制度的属性、理论基础、历史沿革对构建检察学理论研究体系至关重要。通过了解中国检察制度的历史演进，回顾中国检察制度的来龙去脉，能够更加清晰地理解检察制度在人类历史发展中的必然性以及应该承担的职能作用。本章就从检察制度开始阐述，厘清中国检察制度的前世今生，进而说明中国检察制度从哪里来、到哪里去的问题。

第一节 检察制度的属性与理论基础

检察制度是检察学的重要研究对象，检察学以检察制度为基点构建起整个理论研究体系。通过研究检察制度的运行模式和基本原理，能够更好地服务法律监督实践。因此，论述检察制度的属性和理论基础，是整个检察学研究的逻辑起点。

一、检察制度的属性

检察制度既属于国家政治制度，也是国家法律制度的重要组成部分，其基本含义是指规定检察机关性质地位、组织机构、权力配置、活动原则和保障机制等一系列规范的总称。上述制度要素在《宪法》《人民检察院组织法》《检察官法》中作了详细规定。

检察机关性质是什么、在整个国家机构体系中处于什么样的地位、要承担什么任务，这是检察制度首要阐明的内容。

《宪法》第134条和《人民检察院组织法》第2条对检察机关的性质作了明确规定："人民检察院是国家的法律监督机关。"2021年6月，《中共中央关于加强新时代检察机关法律监督工作的意见》进一步明确："人民检察院是国家的法律监督机关，是保障国家法律统一正确实施的司法机关，是保护国家利益和社会公共利益的重要力量，是国家监督体系的重要组成部分，在推进全面依法治国、建设社会主义法治国家中发挥着重要作用。"检察机关的法律监督具有国家性、专门性、司法性、公共性、程序性和权威性，这六种属性是由不断发展完善的中国特色社会主义制度所决定的，是法治中国建设的必然要求。

（一）国家性

检察机关代表国家监督整个法律制度的实施和执行等情况。在整个国家机构体系中，检察机关的地位可以从两方面来看：第一，检察机关对人民代表大会负责。我国的根本政治制度是人民代表大会制度，人民代表大会是我国最高的权力机关，其他国家机构都由人民代表大会产生，对其负责，受其监督。检察机关也是国家机构，由人民代表大会产生，对其负责，并主动接受其监督。第二，检察机关与其他国家机构是平等独立的关系。人民检察院独立于行政机关、监察机关和审判机关等国家机构，依照法律独立行使检察权，不受行政机关、社会团体和个人的干涉。检察机关的该种地位，有利于依法独立行使法律监督权，为全面依法治国提供基本保障。

（二）专门性

根据《人民检察院组织法》第 2 条规定，检察机关的任务是："通过行使检察权，追诉犯罪，维护国家安全和社会秩序，维护个人和组织的合法权益，维护国家利益和社会公共利益，保障法律正确实施，维护社会公平正义，维护国家法制统一、尊严和权威，保障中国特色社会主义建设的顺利进行。"我国的国家监督体系中，党内监督、权力监督、民主监督、政治监督、行政监督、法律监督、舆论监督等构成了多元化的监督体系，例如人民代表大会对"一府一委两院"（政府、监察委员会、法院和检察院）的监督，监察委员会对其他国家机关的政治监督，行政机关内部对下级机构及工作人员不良行政行为的监察和督导，等等。在这个监督体系中，检察机关的法律监督具有专门性，检察机关是宪法规定的专门的国家法律监督机关，是实施法律监督权的机关，其具有的特定监督范围和监督手段是宪法和法律专门赋予的，这是检察机关法律监督区别于其他监督的根本标志。正是由于这些特有的手段和方式，法律监督具有其他监督所无法替代的功能和特点。主要体现在两个方面：一是法律监督作为一种特殊的监督方式由人民检察院专门行使，检察机关独立行使这一职能且必须行使这一职能，因而不同于其他一切社会活动主体都能进行的一般性监督。二是法律监督的对象、范围、内容、手段由《人民检察院组织法》及相关法律法规明确规定，如对司法工作人员职务犯罪的立案侦查、对刑事犯罪提起公诉，以及对诉讼过程中违反法律的情况进行监督等。

（三）司法性

《中共中央关于加强新时代检察机关法律监督工作的意见》明确规定，人民检察院是保障国家法律统一正确实施的司法机关。《人民检察院组织法》第 20 条规定了检察机关的职权，这些职权的具体行使又分散规定在刑事、民事、行政三大诉讼法之中[1]，因此检察机关的法律监督具有司法属性，主要体现在：第一，三大诉讼法以及相关的司法解释和规范性文件中具体规定了检察机关法律监督权行使的原则、程序和内容。第二，检察机关法律监督权的行使与诉讼程序关系紧密。例如，对刑事案件的立案监督、侦查监督、审判监督和执行监督，贯穿于刑事诉讼全过程；民事和行政的审判监督主要针对法院生效的判决、裁定，是民事、行政诉讼程序的重要组成部分。第三，检察机关法律监督权始终以办案为中心。检察机关实施法律监督的基本手段就是办案，检察机关落实监督权的重要依靠也是办案，优质高效办案是检察机关的第一任务。为此，检察机关建立了严格的办案质量标准体系，落实了严格的办案责任制，并以办案组织为核心构建了内部的组织运行体系，形成了“在办案中监督、在监督中办案”的核心监督理念，不断为人民群众提供更多更好的法治产品、检察产品。

（四）公共性

《中共中央关于加强新时代检察机关法律监督工作的意见》明确提出，人民检察院是保护国家利益和社会公共利益的重要力量，其最直接的体现就是新增加的公益诉讼检察职能，即由检察机关作为公共利益代表对侵害国家利益、社会公共利益的行为提起公益诉讼。检察机关从具体公益侵害和公益侵害危险的整治，扩展到面上问题的监督整改，再不断追根溯源，有针对性地推动完善立法和相关制度机制，从根本上堵塞漏洞、解决问题，能够最大化维护公共利益。而检察机关的其他职能也充分体现了公共性。在法治国家中，一切公共利益的维系都有赖于法律的正常运行，而检察机关对刑事、民事、行政案件的监督，其根本出发点都是维护国家法律的正确实施，确保整个国家法律体系的权威性和安定性。

（五）程序性

不同于能够直接对公民人身或财产权益、社会公共利益产生实体性影响的行政权和审判权，检察机关的法律监督权是程序性的权力，通过启动相应的法律程序或作出程序性决定，提出意见建议，督促被监督单位纠正违法行为或错误裁决。因此，检察机关法律监督是程序意义上的监督而非终局意义上的监督，这是一种提示与提醒，不具有实体性的行政处分权或司法裁决权。[2] 例如，通过审判监督督促法院作出再审判决，通过行政违法行为监督督促行政机关变更或撤销违法行政行为，等等。因此，检察机关的法律监督具有程序性。这种程序性主要体现在：第一，检察机关的法律监督是过程性的而非终局性的，是对司法权或行政权运行过程的监督。例如，

---

〔1〕 本书写作时，检察公益诉讼被规定于民事诉讼法与行政诉讼法中，但由于检察机关提起的民事公益诉讼、行政公益诉讼与传统的民事、行政公益诉讼在基本原则、程序规定、举证责任等方面都有所差别，制定专门的公益诉讼法已是势在必行，全国人民代表大会也将公益诉讼立法列入了立法计划。今后，公益诉讼法也将成为检察机关法律监督权的法律渊源。

〔2〕 参见孙谦：《新时代检察机关法律监督的理念、原则与职能（上）——写在新修订的人民检察院组织法颁布之际》，载《检察日报》2018 年 11 月 3 日，第 3 版。

根据《行政诉讼法》第93条，人民检察院在发现同级人民法院行政裁判不符合行政诉讼程序或对实体权益处置不当，可以向同级人民法院提出检察建议并报上级人民检察院备案，或者提请上级人民检察院向同级人民法院提出抗诉。但无论是检察建议还是抗诉中的诉求，最终都只能通过人民法院对原裁判依法改判、撤销或者变更实现。第二，检察机关的法律监督权具有谦抑性。法律监督的本质在于以程序上的制约来实现对实体权益处分的监督，从这个角度而言，法律监督不同于上下级之间的垂直监督，是一种平等的制约关系，这种平等式的监督制约不应影响行政权和审判权的正常独立行使。因此，法律监督不能代替监督对象进行执法司法，不能因监督而对正常执法司法活动造成干扰。

（六）权威性

检察权威是保障检察机关依法独立公正行使检察权的基础和保障。法律监督的权威性是检察机关自身地位、价值、功能等内在力量，以及在检察权运行过程中形成的外在影响力的总和。主要体现在：第一，我国检察机关是国家机构的重要组成部分，具有法律监督机关的宪法定位，代表国家并以国家名义对法律实施情况进行监督。因此，检察机关的法律监督权威性是宪法法律权威性的重要组成部分。第二，检察机关履行法律监督职能要符合严格的程序性规定，同时检察官的产生必须经过严格的选任程序。上述二者共同保证了人民群众对检察机关的信任、尊重和自愿服从。第三，检察机关在履行法律监督职能时，可以运用拘传、取保候审、监视居住等强制措施，也有权决定和批准适用逮捕。这些强制措施是法律监督有效性和检察机关履职公信力的最后保障。

二、检察制度的理论基础

迄今为止，人类社会有三种不同性质的检察制度，分别是封建社会、资本主义社会和社会主义社会的检察制度。检察制度的理论基础由法律监督理论和法治国家理论等组成。

（一）法律监督理论

苏俄时期，列宁根据苏俄当时的实际情况，创建了法律监督理论。[1] 列宁的法律监督理论认为社会主义国家实行统一集中领导，需要有统一的法制。要实现统一法制目的，则需要有一个强有力的法律监督机关来监督法律正确实施。[2] 列宁将检察机关作为监督法律实施的机关，并首次提出“检察权”的概念，主张检察机关可以对刑事犯罪、国家机关和个人进行全面的监督并进行国家公诉，其职能远远大于西方国家的公诉职能。同时，列宁还将检察机关从行政机关和审判机关中剥离出来，

---

〔1〕列宁在《论“双重”领导和法制》《宁肯少些、但要好些》《我们怎么样改组工农检查院》《关于司法人民委员部在新经济政策条件下的任务》等多篇著作中均有阐述。

〔2〕参见［苏联］列宁：《论“双重”领导和法制》，载中共中央马克思恩格斯列宁斯大林著作编译局编译：《列宁全集》（第33卷），人民出版社1990年版，第325—327页。

放在最高权力机关之下，独立履行法律监督职责，不受其他机关、组织和个人的干涉，并赋予其一定的处分权。为了防止检察权的扩张，也对其作了一些限制，如规定检察机关不具有制裁和处罚的行政权力；在检察机关内部，要服从工农检察院和上级检察院的命令，实行垂直化领导和检察长负责制。

列宁的法律监督理论是马克思主义法学理论的重要组成部分。新中国成立初期建立人民检察制度时，受到列宁法律监督思想的重要影响，具体来说，我国当时检察机关是独立的国家机构，负责监督国家法律的统一实施，职能不限于刑事公诉，内部实行垂直化领导和检察长负责制，最高人民检察院领导地方各级人民检察院和专门人民检察院的工作，上级人民检察院领导下级人民检察院的工作。

当然，我国的人民检察制度还创造性地对列宁法律监督思想作了完善，形成了有中国特色的检察制度。比如列宁法律监督理论中，有“最高检察责任”[1] 的说法，但通过实践我们发现其并不适合我国国情，而后创造性地以检察机关系“专门的法律监督机关”代替了“最高法律监督机关”的说法。比如苏联重视并实行检察长负责人制度，我国根据本土实践，在检察机关内部设立检察委员会实行民主集中制，从而将法律监督权赋予了检察机关整体，而不是赋予检察官个人，从而更有效更科学地开展法律监督，形成了具有中国特色的法律监督制度。

（二）法治国家理论

人类很早就发明了法律来约束自身的行为，并清楚认识到如果破坏法律，会对个人乃至整个社会造成损害，尤其是刑事犯罪危害更甚，于是国家追诉主义应运而生，即由国家机关代表国家和社会公共利益，追诉和惩罚犯罪行为。通过国家代表个人或团体来惩治犯罪，可以降低取证难度，积极修复被破坏的社会秩序，保障人民的安全感，维护政治经济稳定环境。这就是法治国家理论的重要组成部分，即法治国家有义务维护社会秩序，保护公民人身安全和财产安全不受侵犯。当然，这种观念的前提是需要有一个强大的国家权力做背书，才能实现公正、秩序、治理等价值预期。

在国家追诉主义的发展过程中，法治国家理论逐渐产生并深深影响了检察制度的发展和完善。最重要的就是确定了检察官的客观义务。国家追诉犯罪，是由国家机关行使该职能，但最终这项职能还是要落实到检察官个人身上。现代检察制度对检察官提出了更加严格的要求，要求检察官摒弃个人立场，站在理性人的角度，全面收集有罪无罪证据。以客观事实为准绳，依照法律规定和法定程序对犯罪者提起公诉，同时要确保无罪之人不受到法律的追究。法治国家理论里还有很多原则，比如起诉法定原则、正当程序原则，也在一定程度上持续影响着现代检察制度朝更科学更合理的方向发展。

---

〔1〕 最高检察责任指检察长的唯一职责和必须做的事情，就是监视整个共和国对法制有真正一致的了解。

法治国家理论对我国的人民检察制度也产生了较大的影响，我国的检察机关除了履行法律监督职责，也代表国家追诉犯罪，在此过程中要保持“客观公正立场”。《检察官法》从立法层面对“客观公正立场”以条文形式进行了规定。但由于制度背景的不同，客观公正立场与西方国家的客观义务的核心价值也存在较大差异。[1]具体来说，西方国家的检察制度往往以刑事公诉为重点提出客观义务，已经无法适应我国“四大检察”齐头并进的检察格局和现实需求。我国的检察官客观公正立场是指检察机关在履行“四大检察”职能时，要坚持马克思唯物主义思想和群众路线，实事求是，以人民为中心，充分调查研究，立足实体与程序并重、制裁与保护并重、效率与效果并重，从而作出正确决定，正确适用法律，正确实施法律监督，努力让人民群众在每一个司法案件中感受到公平正义。

第二节　中国检察制度的历史沿革

中国检察制度的历史起点在哪里，究竟应该如何起算才比较合理，向来是个众说纷纭的话题。回望梳理历史，既可以让我们明白中国检察制度的来龙去脉，也可以更加清晰地理解检察制度在人类历史发展中的必然性以及应该承担的职能作用。数百年来，中国检察制度一直处于不断发展的过程中。本节就从关于检察制度起源的争论开始阐述，从而厘清中国检察制度的前世今生。

一、中国古代检察制度

有关中国检察制度的起源问题，我国法学界向来分歧颇多。对中国古代是否有检察制度的问题，早在20世纪三四十年代，法学家们就进行过长达二十多年的争论。学者们以不同的检察制度概念和内容为标准，对检察制度的起源问题展开讨论，其结论自然是大相径庭。因为世界各国的检察制度不是“大同小异”，而是“小同大异”，所以有学者认为，以法律监督权为基本内容的检察制度在中国古代就已存在，即所谓的广义检察制度最早形成于中国古代的御史制，该制度自西周至清朝一直存在并且是国家政治法律制度的重要组成部分。[2] 这是从我国当前检察制度的内容及文化渊源角度来看的。但也有学者认为，检察制度是一个外来的概念，中国在近代以前不存在现代意义上的检察制度，御史制度所体现的行政监察与司法弹劾不分、指控与审判不分等特点，与现代检察制度存在重大区别。[3]

上述两种观点其实并没有本质性的不同。以侦诉分离的现代检察制度作为参照去“反照”我国古代的御史制度，自然会存在不少差别，但因两者之间的不同而否认御史制度是我国检察制度起源，并不合理。任何制度的产生，一般情况下都是多

---

〔1〕 参见贾宇：《习近平法治思想引领新时代检察理念知与行》，中国检察出版社2022年版，第104页。
〔2〕 参见王桂五主编：《中华人民共和国检察制度研究》，中国检察出版社2008年版，第15页。
〔3〕 参见孙谦主编：《中国检察制度论纲》，人民出版社2004年版，第5页。

重因素共同作用和影响的结果，所以，其起源不见得就是唯一的。从法律文化传承角度看，以监督官员秉公履行监督职责为主要职能的御史制度，虽与以公诉为主要职能的现代检察制度有着很大的不同，但与我国当前检察制度的法律监督职能却存有不少共性，将其作为我国现行检察制度的渊源未尝不可。

渊源本身是指事物的源头、起源，搞清楚一个制度在历史上的起源，有助于增强对现行制度的理解与认同，对该制度存在的合理性和必然性有更加透彻的认识，正如《三国志》所说“测其渊源，览其清浊，未有厉俗独行若宁者也”。御史制度可溯源至古代的言官和察官制度。据史籍记载，中国古代在虞舜时就有了言官和察官之职，“言官始自虞舜，察官肇自西周”[1]。秦朝以后，御史大夫位列三公，成为中央政权的重要组成部分。此后，御史制度虽几经改变和发展，其职权或大或小，名称也数次更改，但一直延续到清末司法改制时成立检察厅，都察院所拥有的诉讼监督职能才分离出来。御史制度作为中国检察制度的本土资源，在中国长达两千多年的封建统治中一直扮演着综合监督各种统治权力的角色，其巩固政权的作用是不容忽视的。这种监督制度具有以下几个方面的主要特征：一是监督的权力十分广泛，与中国古代高度集权制相适应，其权力随着皇权的加强而不断强化，在适用方式上呈现普遍性、放射性的特点；二是属于高度集权专制下的权力制衡模式；三是监督与行政监察合二为一。这些特点与我国现行的检察制度有着不少的共性，其纠察百官、监督制约权力的职权，与我国现行检察制度无疑有一脉相承之处。[2] 所以，虽然清末司法改制设立的现代检察制度和民国所沿袭的清末检察制度都与我国古代的御史制度并无直接的渊源关系，但我国现行的检察制度在职能上与御史制度存有不少相似之处，却是不争的事实。

二、中国近代检察制度

在我国法制史上，正式以法制形式确定司法系统的相对独立性，实现审判和检察分离，提出检察概念并建立近代意义上的中国检察制度，肇始于清末的司法改制。清末司法改制的直接动因是清政府欲摆脱不平等条约的束缚，1902 年清政府与英国续订的通商行船条约中约定：“中国深欲整顿本国律例，以期与各西国律例改同一律，英国允愿尽力协助，以成此举。一俟查悉中国律例情形，及其审断办法，及一切相关事宜，皆臻妥善，英国即允弃其治外法权。”自此，清廷设立修订法律馆，任命沈家本、伍廷芳为修律大臣，着手编纂近代法典，学习西方建立现代法律体系，其中也包括了西方检察制度。

清末司法改制将清政府中央官制中的“三法司”即刑部、大理寺、都察院，改为法部、法院、检察厅，基本形成了相对独立的近代司法体制。都察院稽察、监督

---

〔1〕 监察院监察制度编纂处编：《监察制度史要》，南京汉文正楷印书局 1935 年版，第 3 页。

〔2〕 参见刘方：《检察制度史纲要》，法律出版社 2007 年版，第 115—125 页；孙谦主编：《中国特色社会主义检察制度》，中国检察出版社 2009 年版，第 55—56 页。

诉讼审判职能划给了检察厅，都察院的机构虽然予以保留，但其职能改为“纠察行政缺失、伸理冤滞”——已由法律监督机构向行政监督机构方向过渡了，而检察厅则实行以公诉职能为核心的司法监督。

1906年清政府颁布的《大理院审判编制法》规定，新的审判机构采用四级三审制，各级审判厅附设检察局，检察局各设检察长一人，负责刑事案件的公诉、监督审判和监视判决执行。1907年颁布的《高等以下各级审判厅试办章程》对检察局作出具体规定：除法律规定须亲告案件（包括胁迫、诽谤、通奸等罪）外，凡刑事案件，无论因被害者告诉、他人告发、警察的移送或检察官自行发觉，都由检察官提起公诉。检察官独立行使的职权包括：对刑事案件提起公诉，需要指出的是，清末实行的是不告不理原则，即“公诉的效力不得及于检察官所指被告人以外之人”[1]，检察局可以接受控告或自首并自行进行侦查，侦查结束后决定是否提起公诉；收受诉状请求预审及公判；指挥司法警察逮捕罪犯，对于司法警察移送的案件，也由检察官负责提起公诉；调查事实收集证据；民事保护公益陈述意见；监督预审和公判，并纠正其违误；监视判决之执行，对判决执行的监督，分一般案件和死刑案件两个方面，“凡判决之执行，由检察官监督指挥之”，“凡死刑经法部宣告后，由起诉检察官监视行刑”，[2] 查核审判统计表等。

1909年清政府颁布《法院编制法》，第十一章为检察厅专章，规定在各级审判机构内配置检察厅，分别为初级检察厅、地方检察厅、高等检察厅和总检察厅，管辖区域与各级审判机构相同。总检察厅首长称“厅丞”；高等以下各级检察厅首长称检察长或检察官，其属员则称“典簿”“主簿”“录事”，仍然是旧衙门称谓的沿袭。1910年清政府又颁布了《检察厅调度司法警察章程》，规定检察官有调度司法警察以指挥侦查、逮捕人犯、押送人犯、取保传唤相关人员等权力。

应该说，清末司法改制所确立的司法制度虽然只停留在法典层面上，并没有真正付诸实施就随着清政府的灭亡而“寿终正寝”了，但其司法改制本身的价值却不容否认。它在价值观念上否认了沿袭几千年的司法行政不分、民刑诸法不分、审判检察不分的法制传统，肯定了现代西方司法制度和司法原则的进步意义，并将这些制度和原则引进中国社会进行了首次尝试。虽然尝试没有完全成功，甚至不能说有多大的成功，但其符合时代潮流的倾向是明显的。也正因为如此，清朝被推翻后，司法改制的许多内容在之后的社会中依然存活——北洋政府、南京国民政府以及今日我国台湾地区的司法制度和检察制度，都是在这一基础上建立、发展和完善起来的。

北洋政府基本沿用清末司法体制。1915年北洋政府对《法院编制法》进行修改，改为三级二审制，即大理院、高等审判厅和地方审判厅，在各级审判厅辖区内

---

〔1〕《大清刑事诉讼律草案》第257条。

〔2〕《高等以下各级审判厅试办章程》第114、115条。

设检察厅，从这时起，检察厅内的称谓也发生了改变：总检察厅厅丞改称为总检察长，各级检察厅的典簿、录事均改称为书记官长、书记官。

南京国民政府实行的是“五权分立”政体，设立法院、行政院、司法院、考试院和监察院，其中法院隶属于司法院。1927 年，各级检察厅被取消，而只于各级法院内设置检察官执行检察事务。1932 年，《法院组织法》规定在最高法院设检察署，其他各级法院仅配检察官。检察机关的职权主要包括：实行和指挥侦查；提起公诉、实行公诉；协助自诉；指挥刑事裁判之执行。

三、人民检察制度的孕育

1927 年 10 月，毛泽东率领秋收起义部队到达井冈山，开始创建农村革命根据地，随后中国共产党建立起十几个革命根据地。革命政权需要革命法制来捍卫。1931 年 11 月 7 日至 20 日，中华苏维埃第一次全国代表大会在江西瑞金召开，中华苏维埃共和国临时中央政府成立，建立了中华苏维埃共和国的政权机构，确立了包括人民检察制度在内的人民司法制度，这是人民检察事业的起点。1932 年《中华苏维埃共和国裁判部的暂行组织及裁判条例》规定，省裁判部设正、副检察员各 1 人，县裁判部设检察员 1 人。1934 年《中华苏维埃共和国中央苏维埃组织法》规定：最高法院设检察长 1 人、副检察长 1 人、检察员若干人。地方各级裁判部的检察院隶属于最高法院。检察人员主要负责预审和刑事公诉工作。此外，在鄂豫皖苏区和川陕省苏维埃政权的革命法庭内，设“国家公诉处”，由公诉员代表国家向法庭提起公诉。案件经过两审后，检察员有不同意见的，可以提起抗诉。可见苏维埃政权检察机关的基本职能是追诉犯罪、实施监督。当时的苏维埃政权已经注意到法律监督实施问题，并主要通过苏维埃工农检察部负责这一工作。但苏区并未建立自成体系、独立承担全部检察职能的检察机关，检察职能分别由法院（裁判部）、工农检察部、国家政治保卫局、军事检察所等机关承担。而工农检察部的监督职能与检举职能，可以说是我国当前检察机关监督职能的起源。

（一）抗日战争时期（1931—1945 年）

1931 年九一八事变爆发，中国共产党率先高举武装抗日的旗帜，抗日救亡运动兴起。1937 年七七事变拉开了全面抗日战争的序幕，《中共中央为公布国共合作宣言》的发表与蒋介石实际上承认共产党合法地位的谈话，标志着国共两党重新合作和抗日民族统一战线的形成。8 月，中共中央革命军事委员会宣布红军改编为国民革命军第八路军。9 月，陕甘宁根据地改为陕甘宁边区。在南方八省的红军游击队改编为国民革命军陆军新编第四军。[1] 共产党通过向敌后进军，逐步开辟了十八个敌后抗日根据地，如华北地区的晋察冀、晋冀豫；华中地区的苏北、浙东；华南的东江、琼崖等。各根据地都建立了边区政府、行政公署、县政府、乡政府等各级抗

---

〔1〕 参见《中国共产党简史》编写组编著：《中国共产党简史》，人民出版社、中共党史出版社 2021 年版，第 73—74 页。

日民主政权，人民检察制度也随着抗日根据地的陆续建立而历经变迁和起伏沉浮。

1. 人民检察制度的变迁。1937 年 9 月，抗日民族统一战线形成后，中华苏维埃共和国临时中央政府西北办事处正式更名为陕甘宁边区政府。边区政府成立后，原西北办事处的工农检察局等单位被撤销，人民检察制度在抗日战争时期经历了第一次沉浮。

1939 年 1 月，陕甘宁边区第一届参议会决定在陕甘宁边区高等法院设置检察处。同年 4 月，发布《陕甘宁边区高等法院组织条例》，对高等法院下设检察处、检察长以及检察院的职权等问题作出详细规定。这一时期人民检察制度基本上实行的是审检合署，在法院内设检察处，配备检察人员。1942 年陕甘宁边区及敌后抗日根据地出现极其艰难的局面，党中央遂决定实行“精兵简政”，目的是将边区的主要力量投入大生产等大局建设上，边区高等法院的检察处及其检察员均被撤销，检察工作分别由法院和公安机关承担。人民检察制度经历了第二次沉浮。

1945 年底，在陕甘宁边区第二届司法会议上，与会人员认为审判实践中没有检察机关是不适宜的。审判员既当检察员，又当侦查员，缺乏相应的制约和监督，办案质量在一定程度上受到了影响，与会人员再次提出恢复检察制度。当时边区法院决定，建立检察制度是司法制度中的主要问题，留待下一届参议会定夺。[1]

2. 人民检察制度的现实样态。抗日战争时期，各抗日根据地均建立了法律层面的检察制度，其基础模板就是陕甘宁边区的检察制度，即在法院内设置检察处，不设专门独立的检察机构。但在实践操作中，却没有完全按照法律文本来设置，晋察冀边区就是其中的典型代表。在晋察冀边区，特种刑事案件（敌探、汉奸、盗匪等）由公安机关代行检察职权，普通的刑事案件则由各级行政长官（专员、县长）兼任检察官。在当时特定的历史条件下，为全力保障生产建设和支援战争，各抗日根据地推行精兵简政政策，检察机关处于公安侦查和法院审判的中间环节，其监督工作被简单地视为程序上的增加和手续上的增烦，检察机关的职能被取代。检察机关被视为可有可无的存在，没有引起必要的、足够的重视，结果导致检察虚无主义思想的滋生、蔓延。[2]

3. 有关检察机关的存废之争。在抗日战争这一特殊时代背景下，各根据地的经济比较落后、干部人员短缺，是否需要设立处于承上启下环节的检察机关，往往会让人产生疑问。因此在精兵简政时，检察机关首先成为被精简撤销的对象。

主张不设立专门检察机关的废除论者认为，受边区经济发展的限制，经过土地革命，分散的农村已消灭了封建土地剥削制度，案件比较简单，没有必要设置专门的检察机关，侵犯公共利益的刑事案件由法院和公安机关代为行使检察权即可。对

---

〔1〕 参见曾宪义主编：《检察制度史略》，中国检察出版社 2008 年版，第 215 页。

〔2〕 参见盛波：《刍议山东抗日根据地检察制度的文化启示》，载《民主与法制时报》2020 年 2 月 16 日，第 7 版。

侵犯私人利益的民事案件及一切轻微的刑事案件，采用调解的方式解决更为便捷有效。[1]

主张设立专门的检察机关的存在论者则认为，由法院来统一行使刑事诉讼权力，从侦查、起诉到审判、执行全程统揽，虽然能够保证办案效率，但同时也存在办案质量的隐患，容易形成司法专断。检察权交由公安机关行使，将侦查和审查起诉进行程序合并，同样会出现司法专断问题。边区的社会经济发展处于初级阶段，其萌发的问题均带有一定的历史性，采用传统的调解结案等方式难免会存在诸多弊端。由检察机关来统一行使检察权既有利于司法活动的理性运行，保证各项法律制度的贯彻实施，同时也有利于有效制约和监督公安机关和法院的权力。

抗日战争时期，有关检察机关的存废之争，表面上看，似乎只涉及检察机关的设立与撤销问题，但实质上，却是检察制度在国家政治体制中存在的价值之争。相较于法院和公安机关的稳定存在，检察制度的历史沉浮就显得更为曲折一些。检察制度存废论虽在一定时期内处于“休眠期”，但是这场思想争锋的影响却一直延续到数十年后，这也是新中国成立后我国人民检察制度几经机构整编，在“文化大革命”时重新刮起检察“取消风”的缘由所在。

此外，为了建立抗日民族统一战线，实现国共合作，各革命根据地工农民主政权转变为抗日民主政权，人民司法机构的组织制度和名称也相应调整。抗日根据地检察院的职能基本上是司法监督，虽然在一定程度上受到国民政府的影响，但抗日根据地检察制度也发展出了自己的特色。例如，在山东抗日根据地，除了在各级司法机关设立检察官外，还设立了各级检察委员会，组织和推动检察工作，这是检察委员会制度的开端，是民主集中制原则在检察制度中的贯彻和体现，是人民检察史上的一项制度创举。新中国成立后，检察委员会制度得到了发展和完善，形成了具有鲜明中国特色的检察决策机制。[2]

（二）解放战争时期（1945—1949 年）

解放区基本上沿用了革命根据地的检察制度，多数实行审检合署，专职检察人员不多，有的由公安机关代行检察职能。1946 年，陕甘宁边区在第三届司法会议上决定恢复检察机关。会后，根据这一决定，重新成立了陕甘宁边区高等检察处，在分区设立分处，县设检察员。1946 年 7 月 23 日，首届检察业务研究会召开，会上深入研讨了人民检察的功能、作用和相关业务工作等内容，这是革命根据地召开的唯一一次检察工作会议。1946 年 10 月，制定了新中国成立前首部关于检察职权、组织、办案程序等方面内容的单行法规——《陕甘宁边区暂行检察条例》。与此同时，陕甘宁边区的高等法院检察处被改为陕甘宁边区高等检察处，确立了“审检分

---

〔1〕 参见曾宪义主编：《检察制度史略》，中国检察出版社 2008 年版，第 214 页。

〔2〕 参见孙谦：《人民检察的光辉历程——纪念人民检察院恢复重建 30 周年》，载《人民检察》2008 年第 11 期。

离”的检察体制，建立起独立的检察机关。另外，受当时苏联检察制度的影响，东北解放区规定“在关东的所有机关和组织中，无论他是公务员还是普通公民，检察官都应行使最高检察权，监督他们是否遵守法律”。这一规定使人民检察制度的内容得以丰富，这是走向法律监督本质的前奏。

在新民主主义革命时期，革命根据地检察制度的建立和发展一方面继承了清末引进西方检察制度的尝试，另一方面也有效地探索了人民检察制度的发展道路，为保障人民权利和巩固革命政权作出了重大贡献，也为新中国成立后人民检察制度的建立和发展提供了宝贵经验。

四、人民检察制度的发展

（一）新中国检察制度的建立和发展（1949—1978 年）

新中国检察制度是随着新中国的诞生而建立起来的。它是在新民主主义革命根据地检察制度的基础上，学习借鉴了苏联的检察制度，结合中国国情创制的。这标志着中国共产党领导的人民检察事业翻开了新的篇章。1949 年 9 月 27 日，在中国人民政治协商会议第一次全体会议通过的《中央人民政府组织法》中，明确规定设立国家检察机关。10 月 1 日，中央人民政府任命罗荣桓为最高人民检察署检察长。10 月 22 日，最高人民检察署在中南海举行了第一次检察委员会议，宣布最高人民检察署成立。[1] 1954 年9 月15 日至28 日，中华人民共和国第一届全国人民代表大会第一次会议召开，通过了《宪法》，改“人民检察署”为“人民检察院”，确立了人民代表大会下“一府两院”的国家体制，明确了检察机关在国家机构中的地位，确立了检察机关的垂直领导体制，选举张鼎丞为最高人民检察院检察长。另外，会议还通过了《人民检察院组织法》，进一步规定了国家设置最高人民检察院、地方各级人民检察院和专门人民检察院，并对人民检察院的职权、组织、活动原则和行使职权的程序作了明确规定。据此，各级人民检察院在全国范围内得以逐步建立和健全发展。

在人民检察发展史上，受“文化大革命”中法律虚无主义和极左思潮的影响，从 1967 年到 1977 年，检察机关被取消达 10 年之久。1978 年 3 月 5 日，第五届全国人民代表大会第一次会议通过了修订后的《宪法》，其中第 43 条对检察院的性质、职能和领导关系等作了原则性规定，并决定重建各级人民检察院。1978 年 6 月 1 日，最高人民检察院正式恢复办公，人民检察制度重新走上了全面发展之路。

（二）我国检察机关的恢复和重建（1978 年至今）

1978 年 12 月召开的党的十一届三中全会是中国共产党和国家历史上具有深远意义的伟大转折点，开启了改革开放和社会主义现代化建设新时期，社会主义法制建设也进入了蓬勃发展时期。随着改革浪潮的涌动，人民检察事业也迎来了蓬勃发

---

〔1〕 参见孙谦：《人民检察的发展历程与初心使命》，载《人民检察》2021 年第 21—22 期合刊。

展的春天。

1979 年 7 月，第五届全国人民代表大会第二次会议修订并颁布了《人民检察院组织法》，明确规定“人民检察院是我国的法律监督机关”，取消了人民检察院的一般监督职能，还相应地调整和补充了检察机关的职权和内部组织设置。与《人民检察院组织法》同时制定的还有《刑法》《刑事诉讼法》等 6 部重要法律，中国检察制度的发展开始进入新的时代。1982 年《宪法》第 3 条第 2 款规定：“国家行政机关、审判机关、检察机关都由人民代表大会产生，对它负责，受它监督。”这一规定进一步明确了我国检察机关在国家机构中的地位及其与权力机关的关系。此后，检察机关也走上了法治化和正规化建设的道路。

回顾人民检察制度的发展历程，1931 年 11 月在中华苏维埃共和国政权建设中诞生的检察制度是人民检察的早期探索和尝试。此后，人民检察制度经过在战火纷飞年代的艰辛探索，走过跌宕起伏、波澜壮阔的发展历程，历经 90 多年的时代变迁，正以旺盛的生命力阔步前行。无论是检察往事的厚重与沧桑，还是法治进步的足印与欣喜，都充分表明：人民检察的历史是一部中国共产党在中国革命和建设过程中领导人民检察工作的历史，也是一部中国特色社会主义检察制度不断发展完善的历史。特别是党的十一届三中全会以来，我国检察机关稳步蓬勃发展，成为中国特色社会主义法治体系的重要组成部分。我国的检察队伍也不断壮大，最高人民检察院的检察人员从 1978 年 6 月 1 日恢复重建大会时的“十八罗汉”发展为目前近千人，全国检察人员共有 20 余万人。“检察队伍始终在改革开放大潮中奋勇拼搏、磨砺成长，始终与检察事业发展相伴相生、同向同行，为人民检察事业不断前行提供了有力的组织保障和人才支持。”[1] 2018 年后，为适应新时代人民群众在民主、法治、公平、正义、安全、环境等方面提出的更高要求、更多期待，我国检察机关以反贪反渎职能转隶为契机，以内设机构改革为突破口，着力破解“重刑轻民”，转变检察理念，构建了刑事检察、民事检察、行政检察、公益诉讼检察“四大检察”全面协调充分发展的新工作格局，以充分发挥检察机关的监督职能，为人民群众提供更多更优的检察产品，为中国式现代化贡献检察智慧与力量。

第三节　域外检察制度的历史沿革

环顾全球，世界各国的法律制度因其在历史渊源、哲学理念、思维方式、司法诉讼制度等方面的明显差异而分为大陆法系和英美法系两大类。检察制度是各国司法制度的重要组成部分，也有两大法系之间的区别。

---

〔1〕 王光辉：《伴随改革开放成长的检察队伍》，载《检察日报》2019 年 1 月 14 日，第 3 版。

一、大陆法系检察制度的历史沿革

（一）法国检察制度

法国是检察制度最早诞生的国家，这是目前我国的主流观点。[1] 通常认为14世纪初是法国第一个检察机构的成立时间，同时认为检察制度源自国王代理人（procureur du roi）制度和国王律师（avocat du roi）制度。[2] 随着国王代理人在维护国王自身的“普通”权利和公共利益方面的作用越来越大，到了14世纪，国王代理人就从维护国王的个人利益（尤其是国王的领土利益）发展到维护公共利益，他们的身份在15世纪中期也由国王的私人代理转变成了公务员，一般通过任命产生。到16世纪，公诉基本上由国王代理人承担。[3] 16世纪时，法国以成文法的形式正式规定了检察制度，并将13世纪设在巴黎高等法院中的国王代理人正式更名为检察官，且规定了上下级隶属关系。1670年，路易十四颁布了刑事法律敕令，规定在最高审判机关中设立检察长，在各级审判机关中设立检察官和助理检察官，负责刑事案件的调查和起诉工作。到17世纪时，法国检察制度已完全建立起来，形成了自上而下的完整体系，而独立的检察机构设置在同级法院内的这一做法一直延续至今。

法国现代检察制度的真正确立是在18世纪末法国大革命时期。法国1799年《宪法》（又称《共和八年宪法》）规定在每个法庭设立政府特派员或政府特派员助理，真正奠定了法国现代检察机关的基石。该法将检察机关规定为“政府机构”，是政府手中强有力的工具。此法律不仅恢复了检察机关的统一性，也加强了检察机关对行政权力的隶属性。1808年，拿破仑颁布的《刑事诉讼法典》规定，作为“皇帝代理人”的检察官享有调查与追诉犯罪的权力，而收集证据与决定是否将被告人交付审判的权力赋予预审法官。

---

〔1〕例如，《检察讲义》称“然现今多数国所采用检察制度之发端，实在中古之法国”；郑言的《检察制度》称“由法国发达之检察制度，除英国法系之外，大概采用法国主义之检察制度”；熊元翰的《检察制度》称“夫检察制度本发源于法国”，等等。本节有关法国、德国检察制度的内容，主要参考资料为魏武：《法德检察制度》，中国检察出版社2008年版；何家弘主编：《检察制度比较研究》，中国检察出版社2008年版；何勤华主编：《检察制度史》，中国检察出版社2009年版；刘林呐：《法国检察制度研究》，中国检察出版社2015年版；［法］菲利普·米尔本、卡蒂亚·科斯图斯基、丹尼斯·萨拉斯：《法国检察官：司法使命与政治功能》，刘林呐、单春雪译，中国检察出版社2021年版；［美］肖恩·玛丽·博伊恩：《德国检察机关职能研究——一个法律守护人的角色定位》，但伟译，中国检察出版社2021年版；［澳］维多利亚·科尔文、菲利普·斯坦宁编：《检察官角色的演变——挑战和创新》，谢鹏程等译，中国检察出版社2021年版；甄贞等：《检察制度比较研究》，法律出版社2010年版；张鸿巍：《美国检察制度研究》，人民出版社2009年版。

〔2〕法国的“国王代理人”产生于13世纪末，是指从中世纪裁判所的法官以及处理各种行政、司法事务的官员中选出，在刑事案件中以国王的名义对犯罪嫌疑人提起控告的专门官员。

〔3〕Jean-Marie Carbasse, Introduction. In: Carbasse, Jean-Marie (direction), Histoire du Parquet (Paris: Presse Universitaires de France 2000), p. 13.

随后，经过十来年的改革发展，到 1818 年，法国检察制度基本定型：在刑事诉讼中，检察官不仅拥有指挥司法警察侦查犯罪的权力，也享有提起公诉，指挥、监督预审法官，执行裁判等权力；在民事诉讼中，对与公共利益有关的案件，在审判时享有可以到庭陈述意见、监督审判的权力；在司法行政方面，享有监督警察、律师、法院书记官的权力。可以说，在整个司法制度中，检察官已占据独特而重要的一角，检察机关也成为一个司法行政机关，可以与法院分庭抗礼。1958 年 10 月 5 日，法兰西第五共和国成立后，对司法制度作了改革，但检察制度仍基本保持 19 世纪初的模样。[1]

（二）德国检察制度

19 世纪初，德国的政治和社会都处于激烈的变革时期，不同阶层的人提出了各自的改革建议。许多自由派人士建议改革刑事诉讼制度，取消纠问程序，引进法国式的检察制度。而纠问式程序的取消，就意味着法官依职权主动追究犯罪的控诉和审判职能相分离，其中控诉职能改由检察官来行使，而审判职能仍由法官来行使。[2] 但多数人并不主张全盘照抄法国检察制度，尤其是不主张赋予检察机关以法律保卫者的地位，而是要把检察机关的权力限制在控诉职能上。由于法、德同属大陆法系国家，在理念及运作机制上都更容易接纳，加上德国的莱茵兰地区在法国占领期间就已经实行了法国的刑事诉讼制度，这一制度对德意志各诸侯国的刑事诉讼改革产生了直接而重要的影响，法国检察制度就在德国的一系列改革中被渐渐引入。1868 年 3 月 30 日，北德联邦帝国议会提出制定一部统一刑事诉讼法的请求。在讨论制定《刑事诉讼法》草案时，议员们认为相对简单的做法就是统一联邦各地区的刑事诉讼法，因为这些刑事诉讼法都是以法国和莱茵兰地区的法律为基础的。正式施行的《刑事诉讼法》明确了检察官在刑事诉讼程序中的地位和作用，并规定提起公诉的权力即刑事案件的起诉权专属于检察院，检察院是代表国家行使刑罚权的国家机构。而与《刑事诉讼法》同时生效的《法院组织法》规定了检察院的组织机构和运行方式，这两部法律是构建德国检察制度的主要依据。至此，以法国检察制度为模板的德国检察制度已完全确立。

统一的德国《刑事诉讼法》自 1879 年实施以来，虽曾数次修订，但基本框架仍然未变。而且《法院组织法》第 10 章（第 141 条至第 152 条）有关检察机构设置方面的规定一直未作过大的修改。在检察制度确立初期，法官和检察官的职责界限并不清晰，如检察官与调查法官共同主导侦查程序。但调查法官和主审法官在相应的诉讼阶段仍居于纠问者的位置，在刑事诉讼中依然起着主导性和决定性的作用；而检察官虽享有“调查犯罪、查获犯罪人，既可以自行侦查，也可以督促法官进行

---

〔1〕 参见何家弘主编：《检察制度比较研究》，中国检察出版社 2008 年版，第 115—119 页。

〔2〕 Ernst Carsten, Die Geschichte der Staatsanwaltschaft in Deutschland bis zur Gegenwart: Ein Beitrag zur Reform des Strafprozesses, Breslau 1932, Schletter, p. 15 – 18.

调查”的权力，但在刑事诉讼中，还是处于启动程序和执行监督的从属地位。这一局面直到1975年废除调查法官后才得以改变。此后，检察官才成为侦查程序中引导侦查的角色。

二、英美法系检察制度的历史沿革

（一）英国检察制度

英国是英美法系检察制度的发源地，也是世界上最早建立检察制度的国家之一。但是长期以来，英国一直以“私诉”或“自诉”作为刑事诉讼的基本形式，多数刑事案件都由负责侦查的警察或以私人名义提起诉讼，检察机关代表国家起诉案件并不占主要地位，而且设立检察长一职来负责严重案件的起诉工作也是19世纪后期的事。这是英国检察制度的一大鲜明特点。但随着侦诉分离现代诉讼理念的发展和现实的需要，英国最终在20世纪80年代中期确立了现代检察制度，检察机关遂成为主要的公诉机关。[1]

在早年的英国，刑事犯罪仅被认为是犯罪人对受害人所造成的个人伤害行为，起诉活动也由受害人自己或其亲属以“私诉”方式向法院提起诉讼。但到了盎格鲁-撒克逊时代后期，随着社会的发展和国家集权的强化，人们的观念也发生了变化，认为刑事犯罪不仅仅是对受害者个人的侵犯，同时也破坏了国王的“安宁”，国王及其代理人也可以向法院提起诉讼。人们对犯罪观念的改变为检察制度的孕育奠定了基础。诺曼王朝时期，为加强王权统治，亨利二世于1166年颁布了《克拉伦敦法典》。该法典规定了控诉陪审团，经多年发展完善，到1352年后，起诉陪审团与审判陪审团相分离，前者称为大陪审团，后者称为小陪审团，大陪审团承担专门的起诉职能。这种起诉方式就有了检察公诉的类似功能，故有学者认为英国的大陪审团是英国检察机构的雏形。[2] 1461年，爱德华四世任命约翰·赫伯特（John Herbert）为国王代理人，在其任命特许状中，首次称之为英格兰的总检察长（Attorney General），这是英国“总检察长”头衔第一次出现在官方文件中。这一称呼源于中世纪的国王代理人和王室高级律师职务。因此，当时的英国总检察长被视为政治和公共利益的代表，具有多重身份，既是总检察长，又是国王的法律顾问，同时还是政府的法律官员、律师界的领袖。这种身兼数职的总检察长职位一直延续至今。1515年，又设立了副总检察长（Solicitor General）职位，遂逐渐形成了英国的检察制度。

英国虽然在16世纪初就设立了总检察长和副总检察长职位，并逐步确立其作为王室首席检察官的地位，在此基础上产生了英国早期的检察制度，但因他们的主要职责是处理涉及王室利益的案件，以“私诉”为基本模式的刑事诉讼制度并没有因总检察长的设立而发生根本性的变化。直至1880年英国才设立检察长（DPP，Di-

---

[1] 本章所述的英国检察制度，仅指英国的英格兰和威尔士的检察制度（皇家检察总署是英格兰和威尔士的国家公诉机关），苏格兰拥有独立司法制度。

[2] 参见程汉大、李培锋：《英国司法制度史》，清华大学出版社2007年版，第379页。

rector for Public Prosecutions）一职，[1] 约翰·莫尔爵士（Sir John Maule）被内务部任命为第一任检察长。但当时规定由警察机关移送检察长进行起诉的案件仅限于几类案件：十分严重的犯罪案件，如杀人；需要统一起诉的案件，如出版淫秽物品；需要排除地方干扰的案件，如腐败案件等。这三类案件由检察长作出起诉决定，而他的职员则在全国各地起诉案件，其他案件都由负责侦查的警察在各地自行起诉。历史流淌至20世纪80年代初，随着犯罪率的增长，人们对欺诈、抢劫、贩卖毒品、滥用武器和恐怖主义等活动日益担心，同时对由从事案件侦查工作的警察行使起诉决定权是否妥当表示忧虑，再加上在 Maxwell Confait 一案中，上诉法院推翻了对三个年轻人所作的判决，引起人们对警察侦查案件的方式产生极大的怀疑和不安。结果，统一的检察机构即皇家检察总署（the Crown Prosecution Service）才应运而生。该署成立于1986年4月至10月间，检察长（DPP）负责该署的工作，并对总检察长（Attorney General）负责。皇家检察总署的成立，有助于增强公众对司法机关的信任。同时，由独立的、受过良好法律培训的人员对警察的起诉工作进行把关，也是提高刑事司法公正性的重要保证。[2]

（二）美国检察制度

在世界各国检察制度中，美国的检察制度颇具特色。虽然美国也是英美法系国家的代表国，其检察制度与英国有着渊源关系，但经过自身多年发展以后，却形成了一套独有的检察制度体系。

美国是一个移民国家，来自不同国家的移民都会或多或少带着自身原国家的烙印，英国、法国、荷兰的法律制度在历史上都曾影响过美国检察制度的产生和发展。所有这些影响都通过“新大陆”这片土壤的培育形成了具有自身特色的美国检察制度。可以说，以本土特性为基础，融合多种文化传统的综合体才是美国检察制度的起源。[3]

美国检察制度分联邦和地方两大系统。地方自治原则在美国历史上第一个公民协议《五月花号公约》就作了明确规定，这一原则也奠定了美国现代分散型和多样化检察制度的基础。地方检察系统形成较早，主要由检察长和检察官组成。在北美殖民地初建时期，受英国法律传统的影响，刑事案件以“私诉”为主要起诉方式。无论是公民个人，还是警务官和司法刑事官等，都以私人名义起诉。随着殖民地社会的发展，侦查职能开始与起诉职能相分离，一些专门负责刑事案件起诉的地方官

---

〔1〕 有关设立检察官制度法案中的赞成及反对的具体理由，可参见杨兆龙：《由检察制度在各国之发展史论及我国检察制度之存废问题》，载杨兆龙：《杨兆龙法学文集》，法律出版社2005年版，第287—288页。

〔2〕 参见时任英国总检察长戈德史密斯勋爵：《英格兰和威尔士检察官在二十一世纪不断变化的刑事司法体制中的作用》，2002年9月在北京的演讲稿。

〔3〕 有关美国检察制度起源的详细情况，可参见何家弘：《美国检察制度》，载何家弘主编：《检察制度比较研究》，中国检察出版社2008年版，第3—4页。

员就出现了。美国地方检察制度的形成是以北美殖民地县一级政府设立检察官为标志的。1662 年，康涅狄格第一个设立县检察官，负责刑事案件起诉工作。1704 年，又在县级法院确立公诉制度，其法律规定各县的检察官负责所有刑事案件的起诉。这一模式很快就被其他殖民地所效仿。

美国的联邦检察系统是在独立战争以后建立的。在建国之初，联邦总统特别需要一位法律顾问来帮助他处理各种法律事务。1789 年，国会第一次会议通过一项法案，授权总统任命一名联邦检察长，其职权主要有：为在联邦最高法院审理的刑事案件提起公诉；参与联邦政府为一方当事人的诉讼；为联邦总统或各部部长提供法律咨询意见等。《1789 年司法法》（*The Judiciary Act of* 1789）规定设立联邦最高法院和下级法院，同时规定在每个联邦司法区任命一位有法律经验的人担任检察官，这就产生了联邦地区检察官。联邦检察长，同时也是司法部部长，是联邦政府的首席法律官员和首席公诉官员，但与各地区的联邦检察官之间并无实质性的隶属关系，无权干涉各地区检察官的事务。联邦地区检察官的这种做法来源于各州地方检察官的模式，是美国所特有的，同时也体现了美国联邦检察体制的分散型特点。

三、苏联与俄罗斯检察制度的历史沿革

苏联检察制度是社会主义检察制度的渊源与标本，指的是十月革命后，列宁领导建立的苏维埃共和国检察制度。虽然在 1991 年，苏联作为一个国家解体了，其检察制度也随之消亡，但并不意味着法律监督模式的检察制度的终结。1949 年新中国成立后，在建立检察制度时，深受列宁法律监督思想的影响，并且在具体制度构建上，也以苏联检察制度为模板。可以说，我国当前检察制度从立法规定到检察机关的法律监督性质和宪法定位，都明显带有苏联检察制度的印记，其影响是最为全面而深远的。[1]

（一）苏联检察制度

苏联检察制度起源于沙俄时代彼得一世大帝执政时期。伴随着经济的快速发展、政治的繁荣，各类犯罪也大量涌现。为解决大量犯罪问题，彼得大帝于 1711 年 3 月签署命令，设立监察局。但监察局因资金来源等问题，在预防犯罪和打击犯罪方面，其运行没有明显成效。彼得大帝吸取经验教训，于 1722 年又设立俄罗斯帝国检察机关，并签署了有关总检察长职位的命令，规定各省检察长协助总检察长工作，各级检察长之间是上下隶属关系，总检察长直接听命于沙皇。同时，赋予检察机关广泛的职权，如有权监督其他国家机关遵守法律情况，公开实施监督检查活动。由此，全国形成了一个统一的负有监督职责的检察机关。

沙俄帝国的检察制度一直延续到 1917 年，随着沙俄政权在十月革命的炮火中灰飞烟灭，其检察制度也随之终结。但苏维埃检察制度并没有马上建立，直到 1922 年

〔1〕 有关苏联检察制度的历史沿革，可参见何家弘主编：《检察制度比较研究》，中国检察出版社 2008 年版，第 209—252 页。

5月28日，全俄中央执行委员会才通过《俄罗斯社会主义联邦苏维埃共和国检察机关条例》，世界上第一个社会主义检察机关由此诞生。列宁关于法律监督和检察机关组织构架的两大思想在组建工作中予以落实，苏维埃检察机关拥有四大职能：一是监督执法，即以国家的名义对一切国家权力机关、经济机构、社会组织、私人组织和个人的行为是否合法实施监督；二是对侦查机关揭露犯罪的活动实施直接监督，对国家政治局各级机关（即国家安全机关）的活动实施直接监督；三是在法庭上支持公诉；四是对是否正确监禁被羁押者实施监督。[1]由此可见，虽然列宁领导建立的苏维埃政权与沙俄政权有着本质性的不同，但检察制度仍存在诸多传承关系。苏维埃检察机关的重要职能就是法律监督权，不但可以对侦查机关的侦查活动进行监督，还可以监督其他组织和个人的行为是否合法，也就是通常所说的一般监督权。此后，随着1922年12月30日苏维埃社会主义共和国联盟成立，一个崭新的社会主义法律体系也随之形成。

1924年1月，《苏维埃社会主义共和国联盟宪法（根本法）》颁布后，苏联最高国家权力机关依照宪法规定，制定颁布了苏维埃社会主义共和国联盟和各加盟共和国的第一批立法原则，其中包括1924年颁布的《苏维埃社会主义共和国联盟和各加盟共和国法院组织原则》。该组织原则进一步扩大了检察机关的职权，即检察机关有权对司法活动是否合法实施监督，同时各加盟共和国一级检察机关首次获得了依照上诉程序和监督审程序对本国法院的判决和裁定提出异议的权力。

苏联的成立，也要求将各加盟共和国的检察机关联合为一个统一的全苏联的检察体系。1923年11月23日，《苏维埃社会主义共和国联盟最高法院条例》颁布。依照该条例，1924年成立了苏联最高法院检察院。1933年，为继续加强全苏联范围内的革命法制，苏联中央执行委员会和人民委员会共同颁布了《关于革命法制的决议》。该决议撤销了苏联最高法院检察院，建立了一个独立的苏联检察院。1936年7月，苏联检察机关进一步改革，将各加盟共和国和自治共和国的检察机关从相应的司法人民委员部中划分出来，直接隶属于苏联检察长，苏联中央检察机关和地方各级检察机关的内部机构也进行了相应改组。

1936年12月5日，苏联通过了新的《宪法》（又称《斯大林宪法》），确立了苏联人民在苏联共产党领导下的高度集中的社会主义经济体制和政治体制。其政治体制的具体表现之一，就是苏联检察机关得到了进一步的强化和发展。1936年《宪法》第9章“法院和检察院”规定了苏联检察机关的集中统一原则、独立行使职权不受任何地方国家机关干涉原则等。

1977年10月7日，苏联又通过了新的《宪法》。该《宪法》首次以专章形式（第164—168条）确认了检察机关的法律地位，同时进一步强化了检察机关的集中

---

〔1〕 参见刘向文：《俄罗斯检察制度》，载何家弘主编：《检察制度比较研究》，中国检察出版社2008年版，第212页。

统一原则。1979 年 11 月 30 日，苏联最高苏维埃通过了苏联检察史上第一个《苏联检察机关法》。该法将《宪法》中有关检察监督的目的、任务和内容，检察机关的组织和活动原则等予以具体化。[1] 1982 年和 1987 年，该法先后作了两次修改补充，一直生效至 1991 年 12 月底苏联解体前。

（二）俄罗斯检察制度

1991 年 11 月 5 日，俄罗斯联邦最高苏维埃通过了《关于组建俄罗斯苏维埃联邦社会主义共和国统一检察机关体系的决议》。根据该决议的规定，俄罗斯最高苏维埃决定在现有检察机关的基础上，组建由俄罗斯联邦总检察长领导的统一的检察机关体系。1991 年 12 月苏联解体，独立国家联合体（以下简称独联体）成立后，苏联检察机关改组为独联体检察机关。1992 年 1 月，俄罗斯联邦最高苏维埃[2]通过了《俄罗斯苏维埃联邦社会主义共和国检察机关法》，其规定了保障法律至高无上是检察监督的首要目的。独联体各成员国（包括俄罗斯联邦）的检察机关开始由本共和国总检察长领导。此后，因俄罗斯联邦属于转型期国家，俄罗斯检察制度也一直处于转型之中，正在不断地完善和发展。俄罗斯联邦检察机关活动的目的就是保障法律至高无上、保障法制的统一和巩固、保障公民的权利和自由以及保障由法律保护的社会利益和国家利益。实现这一目的的基本手段，就是实施法律监督。具体职能包括：监督职能、诉讼职能、侦查职能以及协调职能等。[3] 由此可见，俄罗斯检察制度与苏联检察制度之间存在着密切的传承关系。

第四节　中国检察制度的特色优势

我国检察制度充分吸收了传统政治、法律制度的有益经验，传承了中华传统优秀法律文化，借鉴了西方和苏联检察制度的经验，并随着我国社会现实的变迁不断更新完善。中国检察制度是中国共产党领导人民在法治领域的伟大创举，符合我国国情，与国家民主法治建设的目标要求相适应，具有鲜明的中国特色和显著优越性。

一、中国检察制度的特色

我国的人民检察制度是在借鉴苏联检察制度基础上形成的具有中国特色的人民检察制度，与英美法系国家的检察制度有着本质上的区别。人民检察制度受到中国传统文化的浸润，并经过本土化改造和多年发展完善，逐渐形成了自己独有的特征。

---

〔1〕 参见［俄］Ю. Е. 维诺库罗夫主编：《检察监督》（第七版），刘向文译，中国检察出版社 2009 年版，第 35—36 页。

〔2〕 苏联解体后，俄罗斯联邦最高苏维埃作为议会性质的机构继续存在，1993 年俄罗斯宪政危机之后，被俄罗斯联邦委员会和国家杜马取代。

〔3〕 相关职能的具体内容，可参见何家弘主编：《检察制度比较研究》，中国检察出版社 2008 年版，第 244—252 页。

（一）多样的历史源流

把检察机关确定为国家的法律监督机关，是中国共产党在领导中国革命和建设过程中，把马克思主义基本原理同中国具体实际相结合、同中华优秀传统文化相结合的伟大创举。主要体现在：

首先，人民检察制度与马克思主义基本原理相契合。马克思主义辩证思维强调事物之间不是孤立存在的，而是互相联系、互相影响的。当前，检察机关的四项主责主业——刑事检察、民事检察、行政检察和公益诉讼检察，彼此之间既相互独立，又互相联系、互相依存、互相促进、共生共长，如刑事检察中有附带民事公益诉讼等内容，民事、行政及公益诉讼检察中也会涉及刑事立案和司法工作人员职务犯罪案件线索，形成“四大检察”融合一体发展的工作格局，让检察机关能够结合工作实际，不断适应新形势、应对新变化，推动检察工作高质量发展。

其次，人民检察制度充分贯彻了中国共产党百年奋斗史中一直坚持的人民立场。人民检察制度发端于新民主主义革命时期的中华苏维埃共和国，其在工农民主政权中的根本任务和从事的工作，就是巩固人民政权、为老百姓办事，接受老百姓的控告，主持公平正义，这为后来人民检察制度90多年来矢志不渝坚持为大局服务、为人民司法奠定了基础。

最后，人民检察制度是对中华传统优秀法律文化的发扬。“天下之事，不难于立法，而难于法之必行”[1]，强调了法治建设的重点和难点在于法律的实施，指引检察机关要推进法律正确实施，把“纸上的法律”变为“行动中的法律”；“德主刑辅”“明刑弼教”的思想为检察机关在新的历史条件下坚持政治效果、法律效果和社会效果相统一，促进提升国家治理体系和治理能力现代化提供了思想遵循；“刑期无刑”“慎刑恤刑”“刑罚世轻世重”等刑罚思想则在一定程度上启发了宽严相济刑事政策。

（二）坚定的政治方向

我国的检察制度是新中国成立以后在中国共产党领导下逐步建立并完善起来的，是马克思主义中国化的产物。可以说，没有党的领导，就没有今天的检察制度。因此，坚持党的领导是检察工作必须一以贯之的原则，是检察制度必须坚持的正确政治方向。在实践工作中，检察机关也是政治性极强的国家机关，从上到下坚持党对检察工作的绝对领导，坚决服从党中央的决策和指挥，在各级党委的领导下，服务中心大局。也是在党中央和各级党委的支持下，检察机关的法律监督事业才能顺畅发展。2021年6月，党中央专门印发《中共中央关于加强新时代检察机关法律监督工作的意见》；党的二十大报告专门强调“加强检察机关法律监督工作”“完善公益诉讼制度”，这在党的全国代表大会工作报告历史上是首次，充分体现了党中央对法治建设、检察工作的高度重视和坚强领导。

---

〔1〕出自明代张居正《请稽查章奏随事考成以修实政疏》。

（三）独特的法律地位

在西方国家，立法权、行政权与司法权相并列，而检察权往往只是隶属于行政权，如美国的检察机构归属于司法部。但我国的政权结构是人民代表大会制度下设立人民政府、监察委员会、人民法院、人民检察院等国家机构，分别行使国家权力，这些国家机构要对人民代表大会负责并受其监督。《宪法》第三章第八节单独对人民法院和人民检察院作了具体规定，明确检察机关是国家的法律监督机关，并给予检察机关依法独立行使检察权的宪法地位。检察机关本身不再隶属于行政机关或是司法机关，能够依法独立行使法律监督职权，并不受行政机关、社会团体和个人干涉，检察制度也是我国政治法律制度的重要组成部分，这都为维护国家法律统一正确实施营造了良好的制度环境。

（四）合理的职权配置

我国的检察机关不仅是法律监督机关，还是司法机关。法律监督机关需要维护国家法制统一、监督权力滥用，这是检察权的出发点和落脚点。作为司法机关的检察机关则需要在诉讼过程中与公安机关、法院做好分工配合，负责诉讼的不同阶段。检察机关的这两项职权之间既有联系又有区别。司法权是法律处置权的一种，要依法对案件的诉与不诉作出决定，是处分权，但法律监督权是对执法和司法活动的监督。检察机关通过直接参与到诉讼过程中，能够更有效发现司法及行政人员的违法监督线索，进行直接有效的法律监督，两者并不矛盾，反而是相辅相成、互相促进的关系。

（五）严密的组织结构

《宪法》《人民检察院组织法》确立了我国检察机关上下一体的组织结构。主要体现在：一是独立而完整的组织系统。地方按照行政区划设立省（自治区、直辖市）人民检察院、市（州）人民检察院（包括直辖市检察院分院）、县（市、区）人民检察院三级检察机关，并根据实际需要，设立军事检察院、铁路运输检察院等专门检察院。二是上下级检察机关之间遵循“检察一体”的领导体制。不同于人民法院上下级之间监督与被监督的关系，我国上下级检察机关之间是领导和被领导的关系，上级检察院的决定，下级检察院必须服从、执行。三是人民检察院内部实行检察长负责制与民主集中制相结合的决策制度，检察机关在检察长领导下开展工作，重大办案事项由检察长决定。检察委员会讨论案件时虽然实行民主集中制，即一般情况下遵循多数意见，但如果检察长不同意本院检察委员会多数的意见，可以报请上一级检察院决定，不同于法院审判委员会必须遵循“多数意见”。四是“双重领导”的职务任免程序。检察官的任免需要通过同级人民代表大会常务委员会进行，同时地方各级人民代表大会选举产生的检察长需由上一级检察院检察长提请同级人民代表大会常务委员会批准。上级检察院如果认为下级人民代表大会选举出的检察长有不适合担任职务的情形，也可行使向同级人民代表大会常务委员会提出不批准任命案的权力。认为下级人民代表大会常务委员会任命的检察官违反《检察官法》规定的选任条件的，应责令下级人民检察院依法撤销任命或提请下级人民代表大会常务委员会撤销任命。

二、中国检察制度的优势

（一）明确的性质定位

我国《宪法》确立了检察机关作为国家法律监督机关的性质定位，使得检察权从行政权中独立出来，成为国家权力架构中的基础性组成部分，摆脱了外国检察机关司法属性和行政属性相混淆的尴尬，理顺了检察机关与其他国家机关的关系，具备了督促行政机关、审判机关正确实施法律的职责使命，从而成为执法司法制约监督体系中的关键一环，进一步破解了掣肘检察履职的体制机制障碍，在法治国家、法治政府和法治社会建设中发挥关键的作用，这是中国检察制度显著的优势。

（二）职权的充分行使

有些国家的检察机关因为不具备独立的法律地位，其机构、职权设置相对孤立、分散，无法形成上下协同、协作紧密的工作机制。而我国检察机关依托于严密的组织机构和上下一体的工作领导体制，形成纵向指挥顺畅、横向协作紧密、运转高效有序的一体化工作机制，让检察机关有条件进行法律监督特别是对公权力进行监督，才有可能秉持客观公正立场，排除各种阻力干扰，秉公司法。例如，对可能受到地方政府阻碍或干扰的案件，上级检察机关可以指定其他地区检察机关管辖或者提级亲自办理案件，有效排除地方干预，确保国家法律的统一正确实施。[1]

（三）正确的发展方向

人民检察制度是国家法治体系的重要组成部分，具有鲜明的政治属性和人民属性。在中国共产党的领导下，检察机关确立了服务大局、检察为民、高质效履职的发展方向。习近平法治思想为检察工作高质量发展、更好服务保障中国式现代化提供了根本遵循，推动人民检察制度持续迸发蓬勃的生命力，始终在全面建设社会主义现代化国家、全面推进中华民族伟大复兴的事业中发挥重要作用，并以此为指引不断完善检察机关内外工作机制和管理机制，以检察机关法律监督理念、体系、机制和能力的现代化保障高质效检察履职，形成了刑事、民事、行政、公益诉讼“四大检察”的新时代检察机关法律监督主体框架，在此基础上进一步推进更加协调、更高质效的法律监督工作格局；法律监督顶层设计不断完善，检察机关与其他执法司法机关之间制约监督和相互配合机制逐渐健全，能够更直接更及时发现和监督纠正立案、侦查、审判等活动中的违法问题，“在办案中监督、在监督中办案”的制度优势不断凸显。

---

〔1〕 参见朱孝清、张智辉主编：《检察学》，中国检察出版社2010年版，第142页。

第五节 习近平法治思想引领中国检察制度新发展

党的十八大以来，以习近平同志为核心的党中央从坚持和发展中国特色社会主义的全局和战略高度，结合领导全面依法治国、建设法治中国的实践经验，深刻回答了新时代实行全面依法治国的根本原因和基本对策等一系列重大问题，创造性提出了关于全面依法治国的一系列新理念新思想新战略，形成了习近平法治思想。2020 年 11 月召开的中央全面依法治国工作会议正式提出习近平法治思想，明确了习近平法治思想在全面依法治国、建设法治中国中的根本指导地位。习近平法治思想的提出，标志着中国共产党对社会主义法治建设规律的认识达到了新的历史高度，是顺应实现中华民族伟大复兴时代要求应运而生的重大理论创新成果，是马克思主义法治理论中国化的最新成果，是新时代全面依法治国的根本遵循和行动指南。检察机关是党绝对领导下的法律监督机关和司法机关，肩负着保障法律统一正确实施的重要职责，是全面依法治国不可或缺的重要力量。党的十八大以来，以习近平同志为核心的党中央高度重视检察工作，对检察工作作出一系列重要指示，深刻阐明检察机关法律监督的宪法定位、主要职责、基本任务，构成了习近平法治思想的重要组成部分，为新时代党的检察事业创新发展把脉定向、指路领航。〔1〕

一、坚持党的绝对领导

党的领导是推进全面依法治国的根本保证。国际国内环境越是复杂，改革开放和社会主义现代化建设任务越是繁重，越要运用法治思维和法治手段巩固执政地位、改善执政方式、提高执政能力，保证党和国家长治久安。党的领导与依法治国高度统一，全面依法治国决不是要削弱党的领导，而是要加强和改善党的领导，要健全党领导全面依法治国的制度和工作机制，推进党的领导制度化、法治化，通过法治保障党的路线方针政策有效实施。〔2〕

全面依法治国要求建立高效的法治实施体系、严密的法治监督体系和有力的法治保障体系，而检察机关通过履行法律监督职能，能够有效维护法治实施，保障法律权威。加强检察机关的法律监督工作，是加强党的全面领导、厚植党的执政根基的必然要求，也是强化执法司法制约监督、维护社会公平正义的内在要求，更是推进国家治理体系和治理能力现代化的客观需要。在 2023 年大检察官研讨班上，应勇检察长强调，检察工作现代化是党绝对领导下的现代化，是走中国特色社会主义法治道路的现代化，是中国特色社会主义检察制度更加成熟定型的现代化。检察机关必须坚持党的绝对领导，这是检察工作的最高原则、最大优势。要牢牢把握检察机

---

〔1〕 参见张军：《以习近平法治思想为指引　加强新时代检察机关法律监督》，载《民主与法制》2021 年第 44 期。

〔2〕 参见《习近平著作选读》（第二卷），人民出版社 2023 年版，第 376—377 页。

关这一政治属性，坚持以习近平新时代中国特色社会主义思想武装检察队伍、指导检察实践，筑牢检察事业发展的思想根基。坚持讲政治与抓业务有机统一，从政治高度认识和处理业务问题，让业务工作更深更实体现政治要求，在司法办案中落实和维护党的领导。坚定不移走中国特色社会主义法治道路，增强政治自信、底气和定力，推动中国特色社会主义检察制度更加成熟更加定型。[1]

二、坚持服务中心大局

习近平法治思想是把马克思主义法治理论同中国法治建设具体实际相结合、同中华优秀传统法律文化相结合的重大理论创新成果，是原创性的当代中国马克思主义法治理论、21世纪马克思主义法治理论。其充分体现了马克思主义辩证唯物主义思想，用普遍联系的、全面系统的、发展变化的观点观察和审视国家治理中方方面面的问题，把握国家各项工作事业的发展规律。全面依法治国，关系党执政兴国，关系人民幸福安康，关系党和国家长治久安，这“三个关系”充分说明了全面依法治国在治国理政中的全局性、战略性、基础性、保障性地位。[2] 法治建设通过对公权的制约和对私权的保障，规范社会行为、配置社会资源、协调社会利益、处理社会冲突，从而实现党对政治经济文化社会生态、内政国防外交、改革发展稳定、治党治国治军等各领域和各方面的科学治理。

当前，检察机关的重要职责是以检察履职助推国家治理能力的现代化，服务和保障“中国之治”，因此，融入大局、服务党和国家中心工作是检察履职的必然要求，必须将检察工作放在党和国家工作大局中思考、谋划和推进，找准工作的结合点和着力点。根据《中共中央关于加强新时代检察机关法律监督工作的意见》，检察机关服务中心大局，一要坚决维护国家安全和社会大局稳定，坚持总体国家安全观[3]，积极投入更高水平的平安中国建设。二要服务保障经济社会高质量发展，深入贯彻新发展理念[4]，服务构建新发展格局，充分发挥检察职能作用，为经济社会高质量发展提供有力司法保障。三要切实加强民生司法保障。坚持以人民为中心的发展思想，顺应新时代人民对美好生活的新需求。四要积极引领社会法治意识，将社会主义核心价值观融入法律监督，通过促进严格执法、公正司法，规范社会行为、引领社会风尚。

---

〔1〕 参见张军：《全面贯彻习近平法治思想 以高度的政治自觉法治自觉检察自觉履职尽责》，载《学习时报》2021年1月22日，第A1版。

〔2〕 参见熊选国：《论全面依法治国的战略地位和作用》，载《中国法学》2023年第2期。

〔3〕 习近平总书记在2014年中央国家安全委员会第一次全体会议上提出了总体国家安全观，这一概念涵盖政治、军事、国土、经济、金融、文化、社会、科技、网络、粮食、生态、资源、核、海外利益、太空、深海、极地、生物、人工智能、数据等诸多领域。

〔4〕 习近平总书记在2015年党的十八届五中全会上提出了创新、协调、绿色、开放、共享的新发展理念，其中创新发展注重的是解决发展动力问题，协调发展注重的是解决发展不平衡问题，绿色发展注重的是解决人与自然和谐问题，开放发展注重的是解决发展内外联动问题，共享发展注重的是解决社会公平正义问题，强调坚持新发展理念是关系我国发展全局的一场深刻变革。

三、坚持以人民为中心

习近平法治思想深刻阐述了全面依法治国最广泛、最深厚的基础是人民，明确提出坚持人民主体地位。坚持以人民为中心是党治国理政的宗旨，也决定了全面依法治国的性质和方向、出发点和落脚点，解决了依法治国“为了谁、依靠谁”这一关键和核心问题，也是中国特色社会主义法治区别于西方资本主义国家法治的根本所在。

应勇检察长指出，为人民司法、让人民满意是一切检察工作的出发点和落脚点，要始终坚持、全力做实。检察机关是人民的机关，以人民为中心的理念贯穿于整个检察制度之中。检察履职应以满足人民日益增长的美好生活需要为出发点和落脚点，持续提升人民群众幸福感和司法获得感。高质效办好每一个案件，让公平正义切实可感可知；充分倾听、回应人民群众合理诉求，完善正确处理新形势下人民内部矛盾机制；立足各项检察职能，办好检察为民实事，例如大力推进网络综合治理、扎实履行未成年人司法保护、维护特殊群体合法权益、坚持和发展新时代“枫桥经验”[1]；紧紧抓住人民群众急难愁盼问题，推出更多惠民生、暖民心的检察为民举措。

四、坚持数字化改革

数字技术作为世界科技革命和产业变革的先导力量，日益融入经济社会发展各领域全过程，深刻改变着生产方式、生活方式和社会治理方式。面对数字化浪潮的一系列机遇与挑战，习近平法治思想从治国理政的全局高度深入剖析了数字法治的内涵、要义、路径，明确了数字化不仅仅是技术变革，更可以促成组织和思想变革，对法治施以数字赋能、智慧赋能从而重塑社会治理体系，实现治理能力跃升，并以此种数字理念为纽带，将法治观念和价值追求贯穿立法、执法、司法、守法等各个环节，增强法治社会与法治政府、法治国家一体建设的系统性、整体性和协同性。

数字化也深刻改变了检察机关的履职模式。在习近平法治思想的指导下，数字检察被定为当前检察发展的战略性举措。因此，应结合全局政策导向、数字技术实践、现实办案需求、检察基本理念，构建数字理念、数字手段与制度体系之间的相互贯通、相互支撑的体系，以数字检察办案程序和规则的系统性建构助推传统法律监督理念向数字理念思维迭代升级，形成全面覆盖、有机融合、统一规范的数字检察生态，将过去微观式、碎片式、条线式、线性式的数字检察实践凝聚为宏观性、系统性、交互性、网状性的数字检察应用系统和规范系统。

---

〔1〕“枫桥经验”是20世纪60年代初浙江省诸暨市枫桥镇干部群众创造的“发动和依靠群众，坚持矛盾不上交，就地解决，实现捕人少、治安好”的管理方式。1963年毛泽东同志就曾亲笔批示“要各地仿效，经过试点，推广去做”，后得到不断发展，成为新时期把党的群众路线坚持好、贯彻好的典范。

五、坚持主动融入社会治理

“坚持在法治轨道上推进国家治理体系和治理能力现代化”是习近平法治思想的核心要义之一。法治是国家治理体系和治理能力的重要依托。只有全面依法治国才能有效保障国家治理体系的系统性、规范性、协调性，才能最大限度凝聚社会共识。要在法治轨道上构建科学完备的社会治理法治体系，推进形成共建共治共享的社会治理新局面，保障社会治理过程中的民众参与，加强社会矛盾纠纷的预防和源头治理，打造专业化的社会治理队伍，不断提升社会治理的智能化水平。在此种背景下，检察机关作为国家法律监督机关，应适应社会治理的新趋势和新需求，立足检察办案，主动融入和服务社会治理大局，协同推进社会治理体系和治理能力现代化。

第一，法律监督具有治理之责。中国特色社会主义检察制度是国家治理体系的重要组成部分，《中共中央关于加强新时代检察机关法律监督工作的意见》鲜明提出检察机关要“为坚持和完善中国特色社会主义制度、推进国家治理体系和治理能力现代化不断作出新贡献”。特别是在刑事、民事、行政、公益诉讼“四大检察”全面协调充分发展的法律监督新格局下，检察机关法律监督职能不断优化拓展，检察工作涉及的社会治理领域更加广泛，与社会治理的融合程度更加紧密，在满足人民群众在民主、法治、公平、正义、安全、环境等方面的新需求上肩负着更重责任。

第二，法律监督具有治理之长。作为国家法律监督机关，检察机关在促进社会治理现代化方面有着独特优势。监督实质上就是发现问题、纠正问题、预防问题的过程。检察机关是执法司法活动的参与者，直接在具体办案过程和环节中履行监督职责，是参与、跟进、融入式监督，是“在办案中监督、在监督中办案”，发现问题更及时、监督纠错更直接。因而，检察机关通过开展高质效法律监督，能够更及时、直接、深入地发现隐藏在案件背后的社会治理难点堵点，如同“行医看病”一般，由外在的“病症”挖出内在的“病根”，为找准、破解、预防社会治理层面隐蔽性、深层次、“老大难”问题，发挥不可替代的重要作用。

第三，法律监督具有治理之能。参与社会治理，既是检察机关对法律监督职能的履职尽责，更是对法律监督功能的极致追求。紧扣服务大局热点焦点、执法司法突出问题、社会治理薄弱地带、公共利益弱项短板，通过履行法律监督职责促进某一类堵点难点痛点问题的系统治理，在充分发挥检察职能作用的同时，也有力提升了法律监督的功能价值。促进社会治理现代化，也是监督者与被监督者的共同目标，是“双赢多赢共赢”的生动体现。监督者和被监督者只是法律上、工作中分工不同、职能不同，但目标是一致的，赢则共赢、败则同损。通过协力破解社会治理深层次问题，既增强了人民群众的获得感，也提升了被监督者的认同感、信服感，从而更加凝聚社会治理共同体的共识，更加提升法治促进国家治理体系和治理能力现代化的效能。

六、坚持构建严密法治监督体系

“坚持建设中国特色社会主义法治体系”是习近平法治思想的重要内容，对于发展创新中国特色社会主义法治理论，推进全面依法治国，实现国家治理体系和治理能力现代化，如期基本建成法治国家、法治政府、法治社会具有重要意义。中国特色社会主义法治体系包括完备的法律规范体系、高效的法治实施体系、严密的法治监督体系、有力的法治保障体系、完善的党内法规体系。[1] 严密的法治监督体系，是指以规范和约束公权力为重点建立的有效的法治化权力监督网络。其关键在于有权必有责、用权受监督、违法必追究，以坚决纠正有法不依、执法不严、违法不究行为等为主要任务，是宪法法律有效实施的重要保障。严密的法治监督体系对中国特色社会主义法治体系中其他三大体系具有重要的推动和保障作用，是中国特色社会主义法治体系的重要内容和内在目标，也是建成中国特色社会主义法治体系的根本保障和必然要求。

当前，有法不依、执法不严、违法不究的现象仍然存在，执法司法不规范、不严格、不透明、不文明的问题也一直影响着法律权威和公信力。检察机关的法律监督是有宪法和法律明确授权的国家司法权，具有法定性和专门性，在严密法治监督体系建设中具有不可替代的地位和作用，主要体现在：一是对司法活动监督能够切实维护司法公正。检察机关认真履行宪法和法律赋予的职责，不断明确监督范围、加大监督力度、提高监督水平、完善监督手段，从而监督纠正执法不严、司法不公的突出问题。二是加强对行政违法行为的监督，规范和约束行政权的运行。检察机关作为法律监督机关，在履行法律监督职责中发现行政机关违法行使职权或者不行使职权的，可以依照法律规定制发检察建议等督促其纠正。同时，检察机关作为司法机关，对违法行政行为进行监督采用“案件化”办理，遵循必要的程序，确保每个监督案件都经过准确的事实认定和法律适用，能够有效推动行政权依法运行。三是依法严格查办司法工作人员职务犯罪。严惩司法腐败，维护政法队伍的纯洁与健康，清除政法队伍“害群之马”。[2]

七、坚持全面从严管党治检

全面从严治党是“四个全面”总体战略部署[3]的重要组成部分，是解决党目前面临一系列现实问题的必然要求，是总结党历史发展经验的必然结论，是巩固党执政地位的紧迫任务。

作为政治机关，检察机关应认真贯彻落实习近平总书记在浙江工作期间对检察工作提出的“敢于监督、善于监督、勇于开展自我监督”的要求，坚持深化自我革

---

〔1〕 党的十八届四中全会通过的《中共中央关于全面推进依法治国若干重大问题的决定》明确了中国特色社会主义法治体系的总体框架和基本内容。

〔2〕 参见曹建明：《形成严密法治监督体系　保证宪法法律有效实施》，载《求是》2014 年第 24 期。

〔3〕 包括全面建设社会主义现代化国家、全面深化改革、全面依法治国、全面从严治党。

命，纵深推进全面从严管党治检。一是要突出加强检察机关党建，推动各级检察机关深刻领悟“两个确立”[1] 的决定性意义，更加自觉增强“四个意识”[2]、坚定“四个自信”[3]、做到“两个维护”[4]，始终在思想上政治上行动上同以习近平同志为核心的党中央保持高度一致。二是落实全面从严管党治检政治责任。坚持将从严管党治检贯穿于法律监督履职全过程、覆盖检察机关全体工作人员，并建立以人民检察院党组主体责任为核心的责任链条，不断健全全面从严管党治检体系。三是“勇于开展自我监督”，始终坚持“严”的主基调，进一步健全完善违法违规办案责任追究机制，加强对检察权运行的制约和监督，确保检察机关自身严格公正司法，始终坚持把自身监督放到与法律监督同等重要的位置来抓，进一步完善内部监督制约机制，强化警示教育，以案促改、以案促治，以零容忍态度坚决扫除检察机关自身腐败现象。[5]

■问题与思考

1. 检察制度的基本内容包括哪些？
2. 环顾全球，英美法系、大陆法系和社会主义法系中的各主要国家的检察制度的特征是什么？其检察权有什么特点？
3. 中国检察制度的发展分为哪几个阶段？
4. 习近平法治思想对中国检察制度的深刻影响有哪些？

■参考阅读

1. 王桂五主编：《中华人民共和国检察制度研究》，中国检察出版社 2008 年版。
2. 孙谦主编：《中国检察制度论纲》，人民出版社 2004 年版。
3. 孙谦主编：《中国特色社会主义检察制度》，中国检察出版社 2009 年版。
4. 刘方：《检察制度史纲要》，法律出版社 2007 年版。
5. 曾宪义主编：《检察制度史略》，中国检察出版社 2008 年版。
6. 何家弘主编：《检察制度比较研究》，中国检察出版社 2008 年版。
7. 何勤华主编：《检察制度史》，中国检察出版社 2009 年版。
8. 魏武：《法德检察制度》，中国检察出版社 2008 年版。
9. 刘林呐：《法国检察制度研究》，中国检察出版社 2015 年版。

---

〔1〕 中国共产党第十九届中央委员会第六次全体会议公报指出，党确立习近平同志党中央的核心、全党的核心地位，确立习近平新时代中国特色社会主义思想的指导地位。

〔2〕 党的十八届六中全会通过的《关于新形势下党内政治生活的若干准则》强调，全党必须牢固树立政治意识、大局意识、核心意识、看齐意识，自觉在思想上政治上行动上同党中央保持高度一致。

〔3〕 习近平总书记在庆祝中国共产党成立 95 周年大会上提出，坚定中国特色社会主义道路自信、理论自信、制度自信、文化自信。

〔4〕 2018 年 4 月 10 日的中共中央政治局常务委员会提出，坚决维护习近平总书记党中央的核心、全党的核心地位，坚决维护党中央权威和集中统一领导。

〔5〕 参见郭兴旺：《推动检察机关全面从严管党治检向纵深发展》，载《人民检察》2023 年第 6 期。

10. ［美］肖恩·玛丽·博伊恩：《德国检察机关职能研究：一个法律守护人的角色定位》，但伟译，中国检察出版社 2021 年版。

11. 程汉大、李培锋：《英国司法制度史》，清华大学出版社 2007 年版。

12. 贾宇：《习近平法治思想引领新时代检察理念知与行》，中国检察出版社 2022 年版。

■拓展阅读

第二章　检察机关的性质地位

■ **本章导读**

检察机关的性质地位是检察机关在国家结构体系中所处的地位、所承担的任务以及所具有的本质特征的综合体现，其不仅可以反映检察机关在国家制度中的重要性，也是检察机关区别于其他国家机关的重要依据，而且还从根本上决定了检察机关的职权范围和活动方式。[1] 历经《宪法》和《人民检察院组织法》的多次修正，我国对检察机关作为国家的法律监督机关的性质定位从未变更。在全面依法治国战略布局背景下，2021 年 6 月，《中共中央关于加强新时代检察机关法律监督工作的意见》开宗明义地强调，“人民检察院是国家的法律监督机关，是保障国家法律统一正确实施的司法机关，是保护国家利益和社会公共利益的重要力量，是国家监督体系的重要组成部分，在推进全面依法治国、建设社会主义法治国家中发挥着重要作用”。这一表述不仅再次明确了检察机关作为国家法律监督机关的性质，也系统阐释了人民检察院的地位和作用，对于消除理论误解与实践困惑、明确我国检察制度发展的根本方向具有重要意义。深刻理解人民检察院国家法律监督机关的性质，准确认识我国检察机关与其他国家机关的相互关系及检察机关在国家政治体制中的地位，是把握中国特色社会主义检察制度精髓的前提，也是洞悉我国检察制度各项具体规定必要性、合理性的关键。

第一节　关于检察机关性质的不同学说

检察机关的性质是一国检察制度最基本的问题，决定着检察机关的法律地位、职权范围和活动方式，也决定着检察制度建设的基本方向。但对于检察机关到底属于何种性质的国家机关，历来充满争议。域外的研究中，主要出现过“行政机关说”“司法机关说”“双重属性说”三种观点。而在我国，对于人民检察院的性质，除了以上三种学说外，还有“法律监督机关说”等主张。

---

〔1〕 参见邓思清：《中国检察制度概览》，中国检察出版社 2016 年版，第 29 页。

一、“行政机关说”

检察机关属行政机关之说自检察制度创建之初即被提出，并对之后各国检察制度的发展产生了持续和深远的影响。在域外，该学说的立论根据主要有两点：（1）检察机关组织体制上的上命下从。不管是在法院之外单独设立，还是“审检合署”，检察机关大体上都属于行政机构的有机组成部分。而且，在组织体制和运行规则上普遍体现“检察一体制”，即实行“阶层式建构”，上级对下级具有“指令权”，并有权亲自处理下级承办的案件或事项（职权上提），或者将下级承办的案件或事项转交其他下级承办（职权转移）。（2）宪法上权力归属的推论。在西方，宪法将国家权力分为第一权（立法权）、第二权（行政权）、第三权（司法权）。检察机关不属于立法机关，也不属于依法独立行使裁判权的司法机关，因此，只宜归属于同样贯彻上命下从机制的行政机关。对此，德国学者布赫还援引宪法上政府对国会负责原则作为论据，即“在国会民主之下，政府为除立法、司法外的一切国家权力活动负责，而检察机关的追诉活动，乃行政事项，为第二权之职责，亦为第二权须对第一权负责的项目”[1]。当然，按照“行政机关说”的逻辑，检察机关的上命下从并不等于只对上级负责的绝对服从，其一方面强调上命下从原则应以法定主义为前提和界限，另一方面要求检察机关的强制处分行为须受法院的司法审查。但值得注意的一点是，域外“行政机关说”多从宪法、组织法寻求根据，而很少从诉讼法寻找规范基础。国内也有学者主张人民检察院为行政机关，除了上述检察机关组织体制方面的理由外，多从检察权的特征与司法权本质属性的抵牾入手。

二、“司法机关说”

“司法机关说”曾于20世纪60年代流行于德国、法国。该说的最根本理由是防范行政不当干预司法，排除政治势力对刑事诉讼程序的影响，确保有“站席司法官”[2] 之称的检察官不致成为统治权打击异己的工具。该说将检察机关定位上升为宪法问题，并将检察机关与法院宪法地位及职责的“近似性”和职权行使的“契合度”作为基本的立论根据：（1）检察机关虽非法院，但如同法院般执行着司法领域内的重要职能，同受宪法人身及事务独立性的保障。没有哪一个国家机关的行事准则比检察机关更接近法院。特别是德国，侦查法官撤销后，侦查法官的作用越来越多地转移给了检察官。[3] 检察官从法官那里承继了一些重要特征，其中，最核心的就是客观义务，检察官有责任客观公正地评价事实，有义务全面调查有罪和无罪的各种证据，并且以一种中立的方式向法庭展示案件，可以为被告人的利益而提起

---

〔1〕 转引自林钰雄：《检察官论》，法律出版社2008年版，第65页。

〔2〕 ［英］杰奎琳·霍奇森：《有罪答辩与法国刑事司法中检察官角色的变化》，载［美］艾瑞克·卢拉、［英］玛丽安·L. 韦德主编：《跨国视角下的检察官》，杨先德译，法律出版社2016年版，第108页。

〔3〕 参见［德］托马斯·魏根特：《德国刑事诉讼程序》，岳礼玲、温小洁译，中国政法大学出版社2004年版，第40页。

上诉。检察官的客观义务被认为是“建立于法治国之上的程序的基本和不可或缺的要求”[1]。因此，检察机关不是一方当事人，而是法律守护人或超然的法律守护者。此外，检察机关行使起诉与否的裁量决定权等职权时，就判断基础和法律要件而言，与法院的司法裁决也极为相似。（2）检察机关的职权非常接近法院的裁判权，检察机关与法院的密切契合，犹如相互牵动的钟表齿轮。在刑事诉讼中，法院执掌审理案件并作出裁判的权力，除此之外的诸多诉讼活动检察机关皆有参与，包括对侦查的主导、出庭公诉、提起上诉、参与执行等。据此，即便不能认定检察权是司法权本身，其也是司法权不可或缺的“附件”。“司法机关说”容易受到检察机关组织体制特别是“指令权”方面的质疑。对此，司法机关论者通常认为，司法部部长没有通过具体指令影响检察机关具体刑事诉讼活动的权能，否则，就构成了对司法的干预；但检察首长的“内部指令权”可以理解为检察机关内的“审级制度”，并不违宪。[2]

在《中共中央关于加强新时代检察机关法律监督工作的意见》明确人民检察院是“保障国家法律统一正确实施的司法机关”之前，我国也有学者持“司法机关说”，主要理由是：其一，我国《宪法》对人民检察院和人民法院规定了相同的法律地位和产生方式，并且像规定人民法院依法独立行使审判权一样，规定人民检察院依法独立行使检察权，不受行政机关、社会团体和个人的干涉。其二，人民司法的传统中也一直将人民检察院视为司法机关，中央的很多文件和中央领导的很多讲话中也经常将人民检察院称为司法机关。其三，《刑事诉讼法》等也明确规定了人民检察院的客观义务，虽然区分了人民检察院与人民法院的不同分工，但在对人民检察院履行职责的诸多要求和标准上与人民法院并无二致。其四，将检察机关定位于司法机关“有利于保障检察权行使的独立性，有利于检察机关严格执法和有效监督”，同时也符合世界范围内强调检察机关的司法性并由此强化检察机关独立性的普遍趋势。[3]

三、“双重属性说”

“双重属性说”是在对刑事程序引入检察官制的根本目的和萃取行政机关说、司法机关说共识的基础上提出的。该说认为，检察机关既非一般的行政机关，也非纯粹的司法机关，而是兼有行政机关与司法机关的双重属性。在大陆法系创制检察制度之初，既未采取政府代言人的行政机关模式，也未采取完全独立的审前司法机关模式，而是采取了居于行政机关与司法机关之间的中介枢纽模式：检察机关作为法律守护人，既要追诉犯罪，又要保护被追诉人免受来自警察权力及法官权力的不

---

〔1〕转引自［德］托马斯·魏根特：《德国刑事程序法原理》，江溯等译，中国法制出版社 2021 年版，第 191 页。

〔2〕参见林钰雄：《检察官论》，法律出版社 2008 年版，第 71—72 页。

〔3〕参见龙宗智：《论检察权的性质与检察机关的改革》，载《法学》1999 年第 10 期。

当侵犯，扮演着对国家权力双重控制的任务。检察机关在组织上归属行政机关，在功能上则趋向司法权。大陆法系普遍将检察机关隶属于司法部而非内务部，即是对检察机关居间角色和双重属性的集中体现。司法部是司法行政机关，既行使司法职权，又履行行政职责，有别于典型行政机关。为此，德国刑事诉讼法学家施密特等人将检察机关称为“司法官署”或“自主的刑事司法机关”。司法官署在执行职务趋近刑事司法范围时，依照自我负责即自主办案的司法准则行事；而在执行职务趋近行政行为范围时，则依照上命下从等行政原理处理。[1]“双重属性说”将抽象的检察机关性质之争转化为了具体而更具可操作性的检察机关具体职责的属性区分问题，因而，一经提出，便在大陆法系国家跃居通说地位。[2]除德国、法国外，有论者认为，日本检察机关位于行政机关与司法机关之间的“中间形态”的定位，与“双重属性说”完全契合。即便在英国、美国等国，也有不少学者是此说的拥趸。如美国学者琼·雅各比提出：“美国检察官是政府在刑事诉讼中的代表，然而行使着一半是司法的、一半是行政的那种特殊的权力。”[3]“双重属性说”在我国学界也有一定影响，但不同学者可能对人民检察院的属性有不同侧重。

四、“法律监督机关说”

由于自1979年以来，《宪法》对人民检察院作为国家的法律监督机关的定位从未改变，“法律监督机关说”因有明确而稳定的宪法根据而成为我国理论界及实务部门的通说。该说认为，国家法律监督机关的宪法定位表明了检察机关在国家权力结构中的地位及其与国家权力机关、国家行政机关、国家审判机关、国家军事机关的关系，即在国家权力机关的领导与监督下，检察机关与其他“代为行使部分国家权力”的机关并列、平行，正是法律监督这一根本属性将检察机关与其他国家机关区分开来。法律监督机关的性质定位意味着中国特色社会主义检察制度的鲜明特征，“法律监督既是我国检察制度最基本的内涵，也是我国检察制度持续发展的基本方向”[4]。在这一主张之下，有学者强调，应当将宪法对检察机关的性质定位与检察权的属性问题区分开来，二者是属种关系，检察权属性的多样复杂并不能改变检察机关国家法律监督机关的宪法定位，通过对具体检察权的观察、分析，作出检察机关基本属性的多种论断，是多年来检察基础理论研究的一个误区。[5]但也有学者提出，即便从检察权的属性分析，也不影响检察机关法律监督机关的性质定位。因为，检察权虽然在内容和运作方式上兼有一定的行政性质，乃至有非常突出的司法性质，但是，较之于法律监督，无论是司法性，还是行政性，都是检察权局部的、从属性、

〔1〕参见林钰雄：《检察官论》，法律出版社2008年版，第78—79页。

〔2〕参见［德］维尔纳·薄逸克、萨比娜·斯沃博达：《德国刑事诉讼法教科书》（第15版），程捷译，北京大学出版社2024年版，第88—105页。

〔3〕［美］琼·雅各比：《美国检察官研究》，周叶谦等译，中国检察出版社1990年版，第1页。

〔4〕樊崇义：《检察机关深化法律监督发展的四个面向》，载《中国法律评论》2017年第5期。

〔5〕参见徐汉明、张乐：《检察机关法律监督属性的再诠释》，载《法治研究》2018年第6期。

非本质的特征，只有法律监督才是检察权的根本特点，[1] 所以，对于人民检察院而言，法律监督机关才是最基本、最能反映其本质属性的定位。

值得一提的是，近年来，虽然有关人民检察院性质的讨论渐趋平静，“法律监督机关说”逐渐得到大多数人认可，但在承认检察机关之法律监督机关根本性质的前提下，对于法律监督的内涵特别是法律监督与检察机关具体权能的关系依然争议不断。概括起来，大致有以下三种观点：（1）“法律监督全面体现说”。该说认为，在宪制层面，检察机关的所有职权均是为实现法律监督职能而配置，检察机关所有权能的实现都带有广义上的法律监督性质。虽然在技术层面，检察职权又有诉讼职权与狭义上的监督职权之分，但二者都是广义上法律监督职能的实现途径。[2] （2）“诉讼与监督辩证统一说”。该说认为，应将人民检察院的职权划分为司法办案职权和检察监督职权。这两类职权确实有着不同的运行规律，但二者之间存在着互动的可能，有着不可分割的内在联系，司法办案是检察监督的基础，而检察监督是司法办案的保障，检察机关应当做到“在办案中监督、在监督中办案”。[3] （3）“诉讼与监督相对独立说”。该说认为，我国检察权有两种基本权能，即追诉权（制约权）与监督权。当检察机关行使追诉权的时候，其与公安机关、人民法院是制约关系，不适用法律监督。否则，不仅同《宪法》和《刑事诉讼法》规定的专门机关分工负责、互相配合、相互制约的原则相抵触，也很容易使检察机关陷入“既当运动员，又当裁判员”的角色冲突。[4]

五、评析

有关检察机关究竟是司法机关还是行政机关抑或具有双重属性的争论，在很大程度上是基于西方三权分立的学说和制度而提出的。在西方三权分立的政治体制中，对权力的控制主要通过三种基本国家权力的分立制衡来实现的，无须设置专门的监督机关。[5] 而域外立法例也多未在宪法或法律中明确检察机关的性质，没有赋予检察机关独立的宪法地位，检察机关在组织上多隶属于政府机构，而在权能上又多和司法发生交集，从而导致各界对检察机关性质和地位的把握只能在行政机关、司法机关之间推论。而我国是社会主义国家，实行的是以民主集中制为原则的新型政体，将人民代表大会制度确立为我国的根本政治制度。在国家权力配置上实行“一元分立”的权力架构，[6] 即“人民代表大会统一行使国家权力，行政、监察、审判、

---

〔1〕 参见孙谦主编：《检察理论研究综述（1989—1999）》，中国检察出版社2000年版，第22页。

〔2〕 参见魏晓娜：《依法治国语境下检察机关的性质与职权》，载《中国法学》2018年第1期。

〔3〕 参见最高人民检察院检察理论研究所、中国法学会检察学研究会编：《新时代检察理论的创新发展——第二十届全国检察理论研究年会暨中国法学会检察学研究会年会论文集》，中国检察出版社2019年版，第26页。

〔4〕 参见蒋德海：《社会治理回归社会路径研究》，知识产权出版社2015年版，第138页。

〔5〕 参见孙谦：《新时代检察机关法律监督的理念、原则与职能（上）——写在新修订的人民检察院组织法颁布之际》，载《检察日报》2018年11月3日，第3版。

〔6〕 参见朱孝清：《中国检察若干问题研究》，中国检察出版社2008年版，第8页。

检察等职权分别由政府、监察委员会、法院、检察院依法行使”“各国家机关合理分工、密切协作，在党的领导下形成一个统一高效的整体”[1]。在这种权力架构中，“检察权是统一的国家权力的一个方面”[2]，“是一种具有独立存在价值的法律监督权”[3]，而检察机关则是位列人民代表大会之下，并列于行政机关、监察机关、审判机关等，具有独立宪法地位的法律监督机关。因此，认识我国检察机关的性质，必须首先跳出域外三权分立理论的窠臼，尊重我国政治制度的实际。就此而言，用“行政机关说”“司法机关说”“双重属性说”解读人民检察院的性质均是不可取的。“淡化性质争论说”貌似务实，但却漠视了我国的政权结构和检察制度的鲜明特色，不仅容易影响对人民检察院各项职权的准确、深入理解，甚至可能妨碍我国检察制度建设的思路和方向。

应当说，人民检察院作为国家法律监督机关的性质定位既是宪法的规定，也是国情的需要，并且具有坚实的法理基础。法律监督机关是检察机关的根本属性，检察机关的每一项权力都带有法律监督的属性。检察机关通过行使检察权实现法律监督职能，是国家监督体系的重要组成部分。当然，说法律监督机关是检察机关的根本属性，并不是否认检察机关具有任何其他属性，也并不是排斥从其他角度对检察机关进行多元定位。检察机关的多种权能既有统一于法律监督权的根本属性，也有各自的一些特点，每种权能对法律监督属性体现的内容和方式也有所不同。人民检察院的法律监督主要是诉讼监督，人民检察院承担维护社会公平正义的使命，行使检察权时需要遵循公开、公正、独立、适用法律上一律平等的原则，承担着客观义务，遵循着权责一致的司法权力运行机制，而检察官也采取司法官的遴选与职业保障机制，因此，人民检察院也是保障国家法律统一正确实施的司法机关。而从组织体制和检察权行使的方式看，检察机关也确实带有一定的行政特性。但应当看到，上下一体的组织、统一的行动、积极的追究等，是检察机关通过法律监督有效维护国家利益及社会公共利益和实现国家刑罚权所必需的，所以，作为带有一定行政特性的国家法律监督机关和司法机关，检察机关是保护国家利益和社会公共利益的重要力量。

第二节 我国检察机关的法律监督性质

《宪法》第134条规定：“中华人民共和国人民检察院是国家的法律监督机关。”该规定与新中国第一部《宪法》关于检察机关的性质定位一脉相承。2021年，《中共中央关于加强新时代检察机关法律监督工作的意见》再次强调“人民检察院是国家的法律监督机关”。在2023年大检察官研讨班上，应勇检察长也明确指出，法律

---

〔1〕 信春鹰：《中国共产党与我国的根本政治制度》，载《求是》2021年第23期。

〔2〕 王桂五：《论检察》，中国检察出版社2013年版，第34页。

〔3〕 张智辉：《检察权研究》，中国检察出版社2007年版，第20页。

监督是检察机关的立身之本。法律监督机关的定位准确揭示了我国检察机关的本质特性，体现了对中国特色检察制度内涵及其发展规律的深刻认识和把握。所谓的法律监督，是指检察机关为了维护国家法制的统一、尊严和权威，依照法定职权和程序，通过侦查、公诉、诉讼监督等方式和手段，对法律实施活动进行的具有法律效力的专门性监督。检察机关虽然有多种具体职能和职权，但可以说，“法律监督是隐藏在各项检察职能中内在的、深刻的东西，是各项检察职能最根本、最一般、最普遍、最共同的东西。这就是检察权的本质，是各项检察职能的共性”〔1〕。

检察机关法律监督性质的内涵，可以从以下七个方面理解：第一，检察机关的法律监督是党和国家监督体系的重要组成部分。检察机关是国家权力机关之下的法律监督机关，检察机关的法律监督权是由权力机关授予并受权力机关领导和监督的。检察机关进行的只是法律监督，而不是全面监督。在党内监督的主导下，检察机关的法律监督与人大监督、监察监督、审计监督、群众监督、舆论监督等贯通协调，形成全面覆盖、常态长效的监督体系。〔2〕第二，检察机关的监督具有法律属性。一方面，检察机关法律监督的内容侧重于行为的合法性，而不是行为的适当性、合理性、合道德性、合纪律性；另一方面，检察机关须运用法律手段、在法律规定的范围内、严格依照法定程序进行监督，监督结果才会产生法律效力。第三，检察机关的法律监督是有限的法律监督。检察机关进行的法律监督不是监督法律实施的各个方面和环节，而是有一定的限度：对国家权力运行的法律监督，通常以司法权及行政权的运行为限；对公职人员的法律监督，通常以侦查司法工作人员特定犯罪和起诉职务犯罪为限；对守法活动的监督，通常以严重违法犯罪为限。换言之，法律监督的对象主要是法律规定的一定范围内的违法和犯罪，因此，“检察机关的法律监督是法律实施的‘最底线’保障”〔3〕。第四，检察机关的法律监督主要与司法机关的职能职责有关。检察机关法律监督的方式主要就是依照法定程序发现、惩治和预防违法犯罪行为，或者通过侦查、批捕、审查起诉、提起公诉、抗诉等诉讼职能实现，或者是针对与诉讼相关的特定事项，通过调查核实、提出检察建议等专门监督程序实现，但通常均与司法机关维护法律统一、正确实施的职责有关。正因此，检察机关也是保障国家法律统一、正确实施的司法机关。第五，检察机关的法律监督是作为国家利益和社会公共利益代表进行的监督。国家监督体系中的每一个监督主体进行的监督都着眼于维护特定的利益。检察机关的法律监督出于维护国家利益和社会公共利益，这既有别于其他监督主体，也有别于同属司法机关，作为司法正义维护者、居中裁判者的人民法院。〔4〕因此，检察机关也是保护国家利益和社会公共利益的重要力量。第六，检察机关是国家专门的法律监督机关。检察机关是“国

---

〔1〕漠川：《法律监督与检察职能的辩证统一》，载《检察日报》2011年11月25日，第3版。

〔2〕参见瞿芃：《坚持完善党和国家监督体系》，载《中国纪检监察报》2022年9月26日，第1版。

〔3〕孙谦：《检察：法律守护人——以刑事法律监督为基点》，中国检察出版社2019年版，第3页。

〔4〕参见陈瑞华：《论检察机关的法律职能》，载《政法论坛》2018年第1期。

家”的法律监督机关。它是代表国家，并以国家的名义对法律的实施和遵守进行监督的。检察机关也是“专门”的法律监督机关。它以法律监督为专职专责，是专门的法律守护者。检察机关被赋予的所有职权职能也均与法律监督有关。第七，检察机关的法律监督是具体的、程序性的、强制性的监督。检察机关的法律监督是针对具体行为、具体案件的监督，其启动通常是在法律规定的属于法律监督范围的情形出现之后，带有“事后性”。而且，不管是通过诉讼实现的监督，还是借助专门的监督程序展开的监督，检察机关的法律监督都主要是程序性的，或者只是一种程序性的请求或决定，或者是对有关机关或人员自行纠正违法行为的检查督促。当然，只要是依法开展的法律监督，均是以国家强制力为保障的，具有很高的权威性、严肃性。

人民检察院作为国家的法律监督机关的宪法定位，具有历史必然性、理论正当性和现实合理性，是构建在坚实的思想基础、宪法基础、法理基础、社会基础和实践基础之上的。

一、思想基础

新中国成立之初，根据国内外形势客观要求，人民检察制度建设主要以苏联社会主义法制中的检察制度为学习和借鉴对象，当然，也充分考虑了当时的实际情况并吸收了革命根据地时期检察工作的历史经验。[1] 可以说，人民检察制度就是马克思恩格斯民主监督思想和列宁法律监督思想与我国实际相结合的产物。因而，检察机关作为国家法律监督机关定位的最终形成，也至少有两方面重要的思想来源：

一是马克思恩格斯民主监督思想和列宁法律监督思想。马克思、恩格斯提出了民主监督的重要思想，并将其视为防止权力异化和权力腐败的重要手段以及“新型无产阶级国家的重要基石”[2]，阐明了民主监督对社会主义民主制度的重大意义。列宁在继承马克思恩格斯民主监督思想的基础上，对其作了重要发展，提出了法律监督思想。列宁主张，应当建立专门的法律监督机关即检察机关，把松散的、自发的民主监督转化为有组织、制度化、法制化的国家监督，从直接的民主权利对国家权力的监督转换为国家权力对国家权力的监督。[3] 列宁提出：“检察机关和任何行政机关不同，它丝毫没有行政权，对任何行政问题都没有表决权。检察长的唯一职权和必须做的事情只是一件：监视整个共和国对法制有真正一致的了解，不管任何地方的差别，不受任何地方的影响”“检察长的责任是使任何地方政权的任何决定

---

〔1〕 参见孙谦主编：《人民检察制度的历史变迁》，中国检察出版社2009年版，第133页。

〔2〕 参见蔡定剑：《国家监督制度》，中国法制出版社1991年版，第87页。

〔3〕 参见高景峰：《马克思主义经典作家民主监督视野下的检察监督改革研究》，武汉理工大学2016年博士学位论文。

都与法律不发生抵触，检察长必须仅仅从这一观点出发，对一切非法的决定提出抗议”。[1] 这些思想对我国检察机关的性质定位产生了直接影响。在1950年第一次全国司法工作会议上，时任最高人民检察署副检察长李六如提到，苏联的检察机关是法律监督机关，“新中国的检察制度，是与苏联的同一方向”。[2] 1979年，彭真同志在《关于七个法律草案的说明中》再次明确指出：“列宁在十月革命后，曾坚持检察机关的职权是维护国家法制的统一。我们的检察院组织法运用列宁这一指导思想，结合我们的情况，规定……”[3]

二是习近平法治思想。党的十八大以来，习近平总书记对检察工作作出一系列重要指示，深刻阐明了检察机关法律监督的宪法定位、主要职责、基本任务，构成了习近平法治思想的重要组成部分。[4] 习近平总书记强调，严密的法治监督体系是中国特色社会主义法治体系的重要一环。为此，必须加快构建党统一领导、全面覆盖、权威高效的监督体系，以党内监督为主导，推动检察机关法律监督等各类监督有机贯通、相互协调，形成监督合力，确保执法司法各环节、全过程在有效制约监督下进行。[5]《中共中央关于加强新时代检察机关法律监督工作的意见》可谓习近平法治思想在检察机关法律监督工作中的具体化，充分彰显了以习近平同志为核心的党中央对加强检察机关法律监督工作的高度重视。而在一定意义上，上述思想也体现出对邓小平同志等老一辈中央领导有关法律监督讲话精神的传承。邓小平同志提出要加强检察机关和司法机关，做到有法可依、有法必依、执法必严、违法必究，从而将法律监督作为社会主义法制的一个重要环节和原则。在党的八大上，邓小平强调了设立专门监督机构对于民主监督的重要性，并提出，监督的重点应当是及时发现和纠正各种官僚主义作风，及时制止各种侵害人民群众利益的现象，对于违反国家法律和党的纪律的人员，必须予以严肃处分。[6] 之后，针对过去因权力过分集中导致社会主义民主制度被破坏的惨痛教训，邓小平再一次指出，最重要的是要有专门的机构进行铁面无私的监督检查，要把党的领导与法律监督结合起来。而更为重要的是，在国家权力的控制模式及法制现代化的模式上，邓小平提出，必须从中国的实际出发，要学习和借鉴外国的经验，但是照抄照搬别国经验、别国模式，从来不能得到成功。将人民检察院法律监督定位为人民代表大会下的专门监督而非苏联式的“最高监督”，将人民检察院法律监督范围从最初的“一般监督”逐步调整

---

[1] 全国人大常委会办公厅研究室、中国社会科学院法学研究所编：《马克思、恩格斯、列宁、斯大林论法》，法律出版社1986年版，第128页。

[2] 参见最高人民检察院编：《检察制度参考资料》（第一编），1980年（未出版），第149页。

[3] 彭真：《关于七个法律草案的说明》，载《中华人民共和国第五届全国人民代表大会第二次会议文件》，人民出版社1979年版，第101页。

[4] 参见张军：《以习近平法治思想为指引　加强新时代检察机关法律监督》，载《习近平法治思想研究与实践》专刊2021年第2期。

[5] 参见《习近平谈治国理政》（第四卷），外文出版社2022年版，第303页。

[6] 参见王世才：《邓小平法制思想片论》，四川人民出版社2014年版，第102页。

为有限监督，在检察机关领导体制上实行双重领导和民主集中制等，无不是“中国的事情要按中国的情况来办”思想的体现。

二、宪法基础

权力不受监督制约必然导致专横和腐败，因此，现代法治国家的基本任务之一就是“构建一定的权力控制机制”。[1] 当然，受政权性质、历史传统、社会条件等的影响，不同国家会设置不同的控权机制。在孟德斯鸠、洛克等思想家提出的分权理论的指导下，多数西方资本主义国家通过三权分立机制实现权力控制，即对国家权力进行平行分工，各权力间相互牵制、双向制约。其中，美国最为典型，三种权力不分层级，实行“平面化权力结构模式”。而有些国家，三种权力并非完全平行，如在英国，立法权高于其他权力；在法国，则是行政权具有明显优势地位，实行的是“半平面化结构模式”。[2] 在三权分立的体制下，没有必要设置专门的监督机制，检察机关只是其整体的分权制约机制的一部分。而且，检察权处于一种非常尴尬的境地，这种既有行政性又有司法性或者说既非纯粹行政权、又非纯粹司法权的权力却不得不牵强附会地并入其中。

但在我国，情况则完全不同。在国家根本性质上，我国是工人阶级领导的、以工农联盟为基础的人民民主专政的社会主义国家，社会主义制度是中华人民共和国的根本制度，中国共产党领导是中国特色社会主义最本质的特征。这就决定了，中国的权力控制模式不能照搬西方的、不能过分强调搞相互制约的体制，而只能从中国特色社会主义实际出发，在坚持人民主权原则的基础上，主要通过对集中、统一的国家权力进行合理的权能划分，实现权力制约。就此而言，我国在政体上实行人民代表大会制度是历史的必然。在人民代表大会制度下，人民代表大会作为国家权力机关代表人民统一行使国家权力，国家行政机关、监察机关、审判机关、检察机关等都由人民代表大会产生并对其负责，它们根据人民代表大会的授权行使部分国家权力。在国家权力结构中，检察权成为国家权力中一项相对独立的权能，而检察机关作为专门的法律监督机关也获得了相对独立的宪法地位。而之所以要将检察机关设置为一个专门的法律监督机关，主要有以下根据：（1）作为国家权力机关，人民代表大会拥有对由其产生并对其负责的国家机关的监督权，但由于人民代表大会职权广泛，这在客观上决定了其对其他国家机关的监督只能是宏观监督、重大事项监督，而不可能是经常性、具体性的监督。（2）由人民代表大会产生的各国家机关相互独立，互不隶属，难以形成充分、有效的权力制衡，而各个不同性质、不同地域、不同层级的机关在执行、适用法律时也很容易产生不同的理解，导致法律实施上的不准确、不统一。（3）检察机关所享有的职权均带有一定的监督性质，且很难为其他国家机关的职权范围所涵盖。因而，有必要设置一个专门机关，承担常规性

---

〔1〕 参见魏晓娜：《依法治国语境下检察机关的性质与职权》，载《中国法学》2018 年第 1 期。
〔2〕 参见樊崇义：《论检察》，中国人民公安大学出版社 2020 年版，第 23—24 页。

的法律监督职责，维护法律的统一、正确实施。当然，我国的国家权力结构也同时决定了作为法律监督机关，检察机关本身要受到人民代表大会的监督，而且，检察机关法律监督的范围和方式也要由人民代表大会通过法律来规定。

三、法理基础

黑格尔有个著名的哲学命题："凡是合乎理性的东西都是现实的；凡是现实的东西都是合乎理性的。"[1] 该命题所体现出的思维与存在同一学说的两面性同样适合分析人民检察院的法律监督机关的性质定位。在我国，将人民检察院定位为国家的法律监督机关，正是因为其合乎理性，才能入法入宪、成为现实，并在运行中表现出强大而旺盛的生命力。而该定位的强大生命力本身又能反过来证明该定位的意义，并深刻反映出该定位的内在合理性。从法理角度看，人民检察院法律监督机关定位的科学性和必然性，主要有以下两个层面的根据：

一是法治原理和权力控制论。一方面，法律制定出来，就是要人遵守的，因而被赋予普遍适用的效力，而个人服从法律并不是与生俱来的，国家只有通过强有力的督促手段乃至对违法者予以制裁，才能促使人们服从和遵守法律，才能维持法律的普适性。而且，法律的目的是为人们的行为提供统一的规则与界限，因而要求在效力发生作用的范围内统一适用。但法律的执行、适用活动总是具体的、个别的，要保障法制的统一性，除了按照统一的标准训练实施者之外，必须建立起一种监督制约机制。特别是司法，作为社会正义的最后一道防线，发生错误和不公后果严重，因而也特别需要一定的监督制约机制来防范和纠正。另一方面，权力意味着利益，权力很容易被滥用而成为谋取私利的工具。孟德斯鸠说："从事物的性质来说，要防止滥用权力，就必须以权力约束权力。"[2] 没有监督和制约，必然会导致权力的滥用和腐败，这是由权力的本质特征决定的。因此，不论是着眼于维护法律效力的普适性、法制的统一性、司法的公正性，还是立足于国家权力控制的客观要求，都有必要建立起强有力的法律监督机制。

二是马克思主义关于事实矛盾运动的原理。法治原理和权力控制论只能初步解释在国家法治体系和权力结构中建立法律监督机制的必要性，那又如何理解我国将人民检察院确立为专门的法律监督机关的理论正当性呢？本书认为，运用马克思主义关于事物矛盾运动的三个基本原理可以对其进行较为贴切的解读。（1）矛盾的普遍性和特殊性原理。法律普适、法制统一、司法公正以及权力控制的问题是普遍性的，各个国家都需要以监督制约机制去应对。但在不同的国家，权力控制的问题又带有特殊性。"一元分立"的权力结构、推进社会主义法治国家建设的特殊要求、检察机关独立的宪法地位、当前所处的特定发展阶段等因素，决定了我国需要建立起更为专业、更为有效的法律监督机制，而直接参与司法活动的检察机关也非常适

---

〔1〕［德］黑格尔：《法哲学原理》，范扬、张企泰译，商务印书馆1961年版，第11页。
〔2〕［法］孟德斯鸠：《论法的精神》，张雁深译，商务印书馆1961年版，第154页。

合承担起专门性法律监督的责任。（2）矛盾的斗争性和同一性原理。世界上的一切事物都包含着对立、统一的两个方面，两个方面相互依存，并在一定条件下相互转化。斗争性和同一性是矛盾的两种基本属性。我国“一元分立”的权力结构既有多种权力的集中统一，又有各种权力的分立制约，而人民检察院既是一元权力分立的结果，需要与其他分立的各权力协力配合，共同推动一元权力的功能实现，表现出同一性的一面，同时还专司对其他分立权力的监督，体现出斗争性的一面。即便是在具体的诉讼活动中，检察机关也是与其他机关相互配合、相互制约，将监督与办案融为一体，体现出对立统一的矛盾关系。（3）主要矛盾和非主要矛盾原理。矛盾的发展是不平衡的，矛盾有主要矛盾与次要矛盾之分，一个矛盾也有主要方面与非主要方面之别。在我国的监督体系中，每一个监督机关都有不同的监督对象，承担着不同的监督职责，而检察机关则是专门的法律监督机关。而且，检察机关所进行的法律监督也不是对所有法律实施问题的监督，而是侧重于司法监督、办案中的监督、对犯罪行为的监督，这些制度设计无不体现着“分清主次、抓住重点”的主次矛盾分析理路。

四、社会基础

评价制度设计的合理性，仅仅从法律的实然规定或者理论上的逻辑推演是不够的，还要关注其是否能适应具体的社会环境。我国将检察机关定位为专门的法律监督机关，其“合理性深深地植根于中国的特殊国情之中，是建设中国特色社会主义法治国家的客观要求和理性选择”〔1〕。全面推进依法治国，就是要实现科学立法、严格执法、公正司法、全民守法。但从当前的实际情况看，在这几个方面都还有很大的进步空间，需要借力于专门机关的法律监督机制，确保依法治国的顺利推进。

一是民众的法治意识有待进一步提升。亚里士多德说：“法律能见成效，全靠民众的服从。”〔2〕但民众服从法律首先要信仰法律。法治的真正建立必须以民众对法律的信仰为基础。美国法学家伯尔曼指出：“法律必须被信仰，否则它将形同虚设。”〔3〕但由于我国历史上缺乏法治传统，直到今天，民众的守法意识和法治观念仍有待进一步提高。在这种情况下，仅靠民众的自觉实现全民守法是不现实的，法律的遵守需要依赖于强有力的法律监督机制。

二是中国特色社会主义法律体系日益完备，但面对内外新形势、改革新要求，仍有长足的发展空间。随着社会主义法治建设的不断深入，我国陆续出台了很多法律，涉及社会生活的各个方面，公民在经济、文化、社会、生态等各方面的权利得到了有效保障。但也应当看到，不少法律还较为粗糙，而且，这些法律还伴随着社会的转型而处于不断的修改完善之中，法律条款不仅弹性较大，还存在不少矛盾和

---

〔1〕张兆松主编：《检察学教程》，浙江大学出版社2009年版，第93页。
〔2〕［古希腊］亚里士多德：《政治学》，吴寿彭译，商务印书馆1983年版，第81页。
〔3〕［美］伯尔曼：《法律与宗教》，梁治平译，商务印书馆2012年版，第1页。

缺漏，这为实施中的随意解释留出了空间。要保障法律条文得到准确、统一的理解和适用，也需要法律监督机制。

三是实践中还存在不容轻视的执法不严和司法不公现象。由于法律运行机制的不完善、政法队伍方面的不足等，执法权、司法权的行使方式与经济社会发展的要求还不能完全适应，执法、司法中还存在一些乱象。这些乱象直接影响着人民群众的获得感、幸福感、安全感，降低了执法司法的公信力。在坚持以人民为中心的社会主义中国，防范执法司法权的滥用和误用，不仅是法治问题，更是一场“事关人心向背”的“伟大斗争”。因而，法律监督机制的设置就有了特殊的意义。对此，党的二十大报告明确提出，要“全面推进严格规范公正文明执法”“强化行政执法监督机制和能力建设”“规范司法权力运行”“强化对司法活动的制约监督”“加强检察机关法律监督工作”。

四是受到公权力侵害后民众的权利救济途径还不够通畅。特别是在刑事诉讼中，在公权力与诉讼参与人私权利的互动中，诉讼参与人权益的保障高度依赖专门机关的职权自觉，其合法权益受到不当侵害后通常只能向侵权主体申请复议或申诉，效果相当有限。而专门的法律监督机关的设立无疑为诉讼参与人提供了一条更加专业、更加有效的权利救济途径。

五、实践基础

以上论述表明，法律监督机关的设置确有必要。但是，为何将检察机关而非其他国家机关塑造为专门的法律监督机关呢？总体上看，在中国现有的政治框架内，把检察机关作为国家的法律监督机关来定位、来设置，是具有现实合理性的最佳选择。

一是检察权本身就有法律监督的性质。“检察”二字有检查督促之意，“检察机关的本质特点是‘护法机关’”〔1〕。通常认为，现代检察制度起源于法国。13世纪，检察官作为国王的代理人出现，在代理国王私人事务的同时，还负责解释王室制定的法律，并监督该法律在全国各地的实施。对于严重破坏法律实施的犯罪行为，检察官作为国王的代表，承担起追诉犯罪并监督对犯罪人的审判和执行的使命。换言之，自产生之初，检察官便担负有一定的法律监督职责。发展至今，尽管各国检察机关职权各异，但公诉权是一个最基本的共同职权。公诉权，“如果从纯粹诉讼的角度看，当然是一种诉讼权力，但是如果从国家法制建设的角度看，就不能不承认它具有维护国家法律的严格遵守和正确适用的作用。这种作用，正是公诉权的本质属性”〔2〕。

二是人民检察院的多元职能意味着其更有被独立设置为法律监督机关的必要。在我国，除了公诉权之外，人民检察院还被赋予了一系列职权，包括对司法工作人

---

〔1〕 孙谦主编：《人民检察制度的历史变迁》，中国检察出版社2009年版，第338页。

〔2〕 朱孝清、张智辉主编：《检察学》，中国检察出版社2010年版，第182页。

员利用职权实施的侵犯公民权利、损害司法公正的犯罪的侦查权，审查逮捕的权力，提起抗诉的权力，对刑事立案、侦查活动、审判活动监督的权力，对刑事执行和监管执法监督的权力，对民事诉讼、行政诉讼监督的权力，提起公益诉讼的权力等。这些权力既不全属司法权，更不全属行政权，而更适合被确立为一种独立的权力——检察权。而且，这些权力都带有程度不同的法律监督性质。这意味着，人民检察院非常适合被设置为通过行使检察权专门履行法律监督职能的国家机关。

三是人民检察院能够承担起法律监督的使命。法律监督是一种专业性很强的工作，要想确保法律监督的有效性，监督主体必须是实际参与一定法治环节的国家机关。特别是对司法活动的法律监督，如果不了解法律规定，不知晓诉讼规律，不参与案件办理过程，监督根本就无从谈起。而人民检察院本身就有诉讼职能，本身就是办案的主体，人民检察院的法律监督主要围绕其熟悉的办案业务展开，而办案则为法律监督的开展提供了基础和条件，二者相辅相成、相得益彰。

四是人民检察院在履行法律监督职能方面已经积累了丰富经验。新中国成立之后，虽然人民检察院法律监督的范围有过多次调整，但在基本方向上，其始终是作为国家的法律监督机关来建设的。而从整体上看，几十年来，人民检察院依法忠实履行法律监督职责，服务于党和国家在各个历史时期的工作大局，为维护国家法制统一发挥了重要作用。而在这一过程中，检察机关也积累了法律监督工作的丰富经验。

第三节 我国检察机关的地位

检察机关在不同国家的法律地位不尽相同，本质上取决于一国对检察机关的性质定位。我国检察制度是国家政治制度的重要组成部分，检察机关是宪法确立的国家法律监督机关，在国家政治体制中具有独立的法律地位。

一、检察机关在国家政治体制中的地位

（一）检察机关与执政党的关系

中国共产党的领导是我国宪法确立的一项根本性原则，是在革命、建设和改革的长期实践中带有历史必然性的选择。中国共产党领导是中国特色社会主义最本质的特征和最大优势，也是社会主义法治最根本的要求和保证，“是中国特色社会主义法治之魂，是我们的法治同西方资本主义国家的法治最大的区别”[1]。“把党的领导贯彻到依法治国全过程和各方面，是我国社会主义法治建设的一条基本经验。”[2] 我国检察制度的发展史就是中国共产党领导中国人民探索社会主义民主政

---

〔1〕 中共中央文献研究室编：《习近平关于协调推进“四个全面”战略布局论述摘编》，中央文献出版社 2015 年版，第 115—116 页。

〔2〕《中共中央关于全面推进依法治国若干重大问题的决定》。

治和法律监督制度的历史。人民检察制度的创设及其发展成就，都是在党的领导下取得的。坚持党对检察工作的绝对领导，是人民检察事业持续正确稳定发展的首要遵循和根本保证。

坚持党对检察工作的绝对领导与检察机关依法独立行使检察权并不矛盾。首先，坚持和加强党对检察工作的领导，最重要的就是切实保证法律的实施，充分发挥检察机关的作用，切实保证人民检察院依法独立行使检察权，使之不受其他行政机关、社会团体和个人的干涉。国家的法律就是党领导人民制定的，检察机关通过依法履行法律监督职责，维护国家法律的统一正确实施，就是在维护党的权威。其次，从本质上而言，只有坚持党的领导，检察机关才能把握正确的政治方向，担当起党和人民赋予的重大政治责任和政治任务，通过充分发挥法律监督职能作用，坚决维护国家安全和大局稳定，服务保障经济社会高质量发展，切实加强民生司法保障，积极引领社会法治意识，真正做到“为大局服务、为人民司法”。再次，党的领导对于检察权配置具有决定性作用，是检察改革顺利实施的关键。检察机关法律监督范围的合理调整、法律监督模式和机制的优化都离不开党的引领和主导。只有在党的领导下，发挥出党“总揽全局、协调各方”的核心作用，才能排除各种干扰，从根本上解决阻碍检察改革的体制性问题。最后，党对检察工作的领导主要是政治、思想、组织上的领导。检察机关必须坚定不移地贯彻落实党的路线、方针、政策，对于法律监督工作中的重大问题和重大事项，通过党组随时向党委请示报告，接受党的检查、指导和监督。但坚持党的领导并不意味着党包揽一切检察工作，也不意味着党政领导干部可以任意插手、不当干预检察机关办理的具体案件。

（二）检察机关与国家权力机关的关系

人民代表大会制度是我国人民民主专政的政权组织形式，是中国的根本政治制度。根据我国《宪法》规定，国家的一切权力属于人民，而人民行使国家权力的机关则是全国人民代表大会和地方各级人民代表大会。全国人民代表大会是最高国家权力机关，而地方各级人民代表大会是地方国家权力机关，二者均由民主选举产生，对人民负责，受人民监督。其他国家机关由人民代表大会产生，对它负责，受它监督。相对于其他国家机关，人民代表大会具有“先在性”“本源性”“至上性”“全权性”。[1] 因此，检察机关与人民代表大会及其常务委员会的关系，是检察机关最重要的外部关系之一，集中反映了检察机关在国家权力构造中的法律地位。

检察机关由国家权力机关产生，国家权力机关决定着检察机关的设置、职权配置及检察人员的任命。最高国家权力机关通过宪法和法律，规定了我国的检察制度。一方面，通过《宪法》明确了人民检察院国家法律监督机关的性质、组织原则、领导体制等；另一方面，又通过《人民检察院组织法》《刑事诉讼法》等具体规定了人民检察院的设置、组织、任务和职权。根据相关规定，人民检察院依照宪法、法

〔1〕 参见龙宗智：《检察制度教程》，中国检察出版社2006年版，第138页。

律和全国人民代表大会常务委员会的决定设置；在新疆生产建设兵团设立的人民检察院的组织、案件管辖范围和检察官任免，依照全国人民代表大会常务委员会的有关规定；专门人民检察院的设置、组织、职权，由全国人民代表大会常务委员会规定；省级人民检察院和设区的市级人民检察院根据检察工作需要，经最高人民检察院和省级有关部门同意，并提请本级人民代表大会常务委员会批准，可以在辖区内特定区域设立人民检察院，作为派出机构。同时，国家权力机关也直接负责任命检察人员。各级人民检察院检察长由本级人民代表大会选举和罢免，而副检察长、检察委员会委员和检察员则由检察长提请人民代表大会常务委员会任免；地方各级人民检察院检察长的任免，还须报上一级人民检察院检察长提请本级人民代表大会常务委员会批准；全国人民代表大会常务委员会和省、自治区、直辖市人民代表大会常务委员会根据本级人民检察院检察长的建议，可以撤换下级人民检察院检察长、副检察长和检察委员会委员。

检察机关必须向国家权力机关负责，并接受国家权力机关的监督。最高人民检察院对全国人民代表大会及其常务委员会负责并报告工作，地方各级人民检察院对本级人民代表大会及其常务委员会负责并报告工作。检察机关向人民代表大会负责，实质上是要求检察机关向人民负责，即始终坚持以人民为中心的理念，将人民满意与否作为衡量检察工作优劣的根本标准，坚决贯彻人民代表大会的各项决议，特别是有关检察工作的决议，严格遵守宪法和法律的规定，尽心尽力地履行好法律监督职责。根据法律规定，在特定情况下，国家权力机关可以直接决定检察机关的重大事项：地方各级人民检察院的检察长不同意本院检察委员会多数人的意见，属于重大事项的，可以报请本级人民代表大会常务委员会决定。而在监督方面，宪法法律不仅明确规定检察机关要接受国家权力机关的监督，还明确规定了国家权力机关监督人民检察院的工作。监督的方式主要包括听取并审议检察机关的工作报告；根据人大代表的意见对检察机关的工作提出质询；检查检察机关的工作；审查监督检察机关制定的司法解释和规范性文件；罢免有严重失职渎职行为的检察人员。人民代表大会对检察机关的监督主要是宏观层面的检查督促，而不是干预个案的办理。人民代表大会对检察机关的监督以尊重和保障检察机关依法独立行使检察权为基础与前提。

（三）检察机关与其他国家机关的关系

根据宪法规定，人民代表大会是国家的权力机关，国家行政机关、监察机关、审判机关、检察机关都由人民代表大会产生，对它负责，受它监督。这表明，人民代表大会拥有一切国家权力，其他国家机关都由人民代表大会产生并对人民代表大会负责，根据人民代表大会的授权行使部分国家权力。换言之，检察机关与其他国家机关之间在法律地位上相互独立，互不隶属，通过分工、配合，各自履行宪法法律赋予的职能，共同推动国家权力的有序运行。

检察机关独立于其他国家机关。在域外，检察机关多属于政府序列，一般隶属于政府的司法行政部门，并非与立法机关（议会）、司法机关（法院）、行政机关（政府）处于同一层次的第一序列的国家机关。但在我国的国家权力结构中，作为人民代表大会之下分立出的与其他国家机关平行的、独立的国家机关，检察机关在国家机构中是一个独立的序列，设立有统一的机构，具有完整的组织体系，有国家法律监督机关的特殊性质定位，依法享有相对独立的职权。而且，我国《宪法》还明确规定了检察机关依法独立行使检察权的原则，强调检察机关依照法律规定履行职责，不接受其他国家机关的“命令”“指示”，不受行政机关、社会团体和个人的干涉。

检察机关依法监督有关国家机关。在我国的国家权力结构下，期待国家权力机关对其他国家机关进行经常性、具体的监督是不现实的，加之分立的各个国家机关互不隶属，这在一定程度上决定了将检察机关设立为法律监督机关的必然性。[1] 因此，在本源意义上，依法监督有关国家机关是检察机关的基本职能。当然，检察机关对其他国家机关的监督应当恪守法律规定的方式和范围。按照法律规定，检察机关对其他国家机关监督包括但不限于：对于行政执法机关不依法向公安机关移送涉嫌犯罪案件的监督；发现行政执法人员涉嫌职务违法或者职务犯罪线索的，移交监察机关处理；对公安司法机关刑事立案、侦查活动和审判活动的监督；对监狱、看守所刑事执行和监管执法的监督；对人民法院民事审判和行政审判活动的监督；在履行法律监督职责中发现行政机关等违法行使职权或者不行使职权的，可以依照法律规定制发检察建议等督促其纠正。需要注意，除了来自人民代表大会的监督，检察机关的法律监督工作也要同时接受各级政协对检察机关的民主监督、各级纪检监察机关对检察人员履职行为的监督等。

检察机关与其他国家机关在履职时需要配合、衔接。从本质上而言，人民代表大会之下分立的国家机关都是人民代表大会的执行机关，这决定了其他国家机关之间相互支持、相互配合、相辅相成的一面。因此，检察机关在履行法律监督职责时，也需要建立起与其他国家机关间的配合、衔接机制，比如检察机关与行政执法机关、公安机关、审判机关、司法行政机关之间的执法司法信息共享、案情通报、案件移送机制，检察机关与监察机关之间的办案衔接和配合制约机制等。

（四）检察机关与人民法院、公安机关在刑事诉讼中的关系

《宪法》第140条和《刑事诉讼法》第7条均规定，人民法院、人民检察院和公安机关办理刑事案件、进行刑事诉讼，应当分工负责、互相配合、互相制约，以保证准确有效地执行法律。这意味着，作为一项宪法性刑事诉讼基本原则，“分工负责、互相配合、互相制约”是调整刑事诉讼中专门机关相互关系的基本准则。同时，宪法法律规定，人民检察院是国家的法律监督机关，人民检察院依法对刑事诉讼进行法律监督。因此，检察机关与人民法院、公安机关在刑事诉讼中的关系可以

---

〔1〕 参见孙谦主编：《中国检察制度论纲》，人民出版社2004年版，第77页。

概括为检察监督基础上的分工负责、互相配合、互相制约。

检察机关与人民法院、公安机关分工负责、互相配合。《宪法》和《刑事诉讼法》之所以确立三机关原则，既是强调“侦查、检察和审判权由公、检、法依法行使，其他机关、团体和个人无权行使”，又可以保障实现“惩罚犯罪、保护人民”的任务。显然，立法者更为看重的是，三机关根据《刑事诉讼法》的分工，在各自职权范围内实施诉讼活动，互相支持，有效合作，共同实现“惩罚犯罪、保护人民”的诉讼目的及“保证准确有效地执行法律”的共同使命。我国的刑事诉讼带有较为鲜明的层层把关、流水作业、分阶段推进的特点，三机关各管一段，均是特定诉讼阶段的主导者。其中，检察机关负责审查起诉环节，依法行使“检察、批准逮捕、检察机关直接受理的案件的侦查、提起公诉等权力”，上承侦查，下启审判，居于刑事诉讼程序的枢纽位置。检察机关与人民法院、公安机关在分工负责的基础上建立起了紧密的工作联系，只有相互配合，刑事诉讼程序才有可能顺利推进。

检察机关与人民法院、公安机关之间还有制约、监督关系，制约是相互的，监督是单向的，监督的主体是检察机关。一方面，检察机关与人民法院、公安机关互相制约。三机关分工负责本身就意味着权力制衡，而在检察机关与人民法院、公安机关的具体诉讼职权的划分上也充分体现了互相制约的理念。如公安机关侦查过程中需要逮捕犯罪嫌疑人时，需要检察机关批准，这是检察机关对公安机关的制约，而检察机关决定逮捕的，需要交公安机关执行，这是公安机关对检察机关的制约；人民法院对检察机关起诉的刑事案件有权依法作出无罪判决，这是人民法院对检察机关的制约，而人民法院又必须在检察机关起诉的事实范围内作出裁判，且检察机关有权依法对人民法院的判决提出抗诉，这是检察机关对人民法院的制约。另一方面，检察机关有权对人民法院、公安机关的诉讼活动进行法律监督。检察机关的监督主要通过两种途径。一是在办案中的监督或者以办案为基础的监督，比如在审查批准逮捕和审查起诉中监督公安机关有无违法侦查行为，或者通过出庭支持公诉监督人民法院刑事审判行为的合法性。这类监督主要通过职权启动。二是非依赖其诉讼职权行使的专门诉讼监督，比如对公安机关立案活动的监督、对人民法院民事行政审判活动的监督。这类监督可以依职权主动开启，但主要是依据当事人的申诉启动。

二、检察机关法律监督在党和国家监督体系中的地位

（一）检察机关法律监督属于党和国家监督体系中的司法监督

在我国，对党和国家权力的监督是多层次、多主体、全方位的。2010 年 12 月 29 日，国务院新闻办发布的《中国的反腐败和廉政建设》白皮书中提到，我国“已形成了由中国共产党党内监督、人大监督、政府内部监督、政协民主监督、司法监

督、公民监督和舆论监督组成的具有中国特色的监督体系”[1]。2012 年 11 月 8 日，党的十八大报告首次在党的报告层面提出“监督体系”的概念，要求“健全权力运行制约和监督体系”，“加强党内监督、民主监督、法律监督、舆论监督”。2014 年 10 月 23 日，《中共中央关于全面推进依法治国若干重大问题的决定》在谈及“强化对行政权力的制约和监督”时强调，“加强党内监督、人大监督、民主监督、行政监督、司法监督、审计监督、社会监督、舆论监督制度建设，努力形成科学有效的权力运行制约和监督体系，增强监督合力和实效”。2016 年 1 月 12 日，习近平总书记在十八届中央纪委六次全会上讲话时指出：“要把党内监督同国家监察、群众监督结合起来，同法律监督[2]、民主监督、审计监督、司法监督、舆论监督等协调起来，形成监督合力。”[3] 2017 年 10 月 18 日，党的十九大报告明确提出，“健全党和国家监督体系”，“构建党统一指挥、全面覆盖、权威高效的监督体系，把党内监督同国家机关监督[4]、民主监督、司法监督、群众监督、舆论监督贯通起来，增强监督合力”。2020 年 1 月 13 日，习近平总书记在十九届中央纪委四次全会上讲话时要求：“要以党内监督为主导，推动人大监督、民主监督、行政监督、司法监督、审计监督、财会监督、统计监督、群众监督、舆论监督有机贯通、相互协调。”[5] 2022 年 10 月 16 日，党的二十大报告中再次强调：“健全党统一领导、全面覆盖、权威高效的监督体系，完善权力监督制约机制，以党内监督为主导，促进各类监督贯通协调，让权力在阳光下运行。”

不难看出，在党和国家监督体系中，检察机关的法律监督被定位为司法监督。这里的司法监督当然也包括人民法院的监督，即上级法院对下级法院、最高人民法院对全国各级法院审判工作的监督，以及人民法院通过审判对具体行政行为合法性的监督等，但主要指的是检察机关的法律监督。而且，这里的司法监督有双重内涵，既指由司法机关实施的监督，也蕴含着对司法活动的监督之意。这进一步决定了检察机关的法律监督在其中的关键地位。正因此，《中共中央关于全面推进依法治国若干重大问题的决定》在谈到“加强对司法活动的监督”时，首先谈的就是“完善检察机关行使监督权的法律制度，加强对刑事诉讼、民事诉讼、行政诉讼的法律监督”。党的二十大报告在论及“严格公正司法”时，也特意强调“加强检察机关法律监督工作”。

党和国家监督体系中多种形式的监督可以根据不同标准划分为不同类型。比如，根据监督主体不同区分为党的监督、国家机关监督、群众及社会监督，根据监督对

---

[1] 中华人民共和国国务院新闻办公室：《中国的反腐败和廉政建设（2010 年 12 月）》，人民出版社 2010 年版，第 17 页。

[2] 从上下文及相关文件看，这里的“法律监督”并非指检察机关的法律监督，而主要指的是人大监督。

[3] 《习近平谈治国理政》（第二卷），外文出版社 2017 年版，第 169 页。

[4] 从上下文及相关文件看，这里的“国家机关监督”主要指的是人大监督。

[5] 《习近平谈治国理政》（第三卷），外文出版社 2020 年版，第 549 页。

象不同区分为党内监督、对国家权力的监督，根据监督效力不同区分为不具强制力的监督和具有强制力的监督、程序性监督和实体性监督，根据监督范围不同区分为普通监督和专门监督，根据监督主客体关系不同区分为内部监督和外部监督等。按照上述标准，检察机关的法律监督属于由国家机关实施的，针对司法权、行政权等国家权力行使的、具有强制力保障、侧重程序督促的专门性外部监督。

（二）检察机关法律监督与其他监督的互补与协同

作为党和国家监督体系中的专门监督，检察机关的法律监督既有一定的优势，也有一定的局限。当然，检察机关法律监督范围、手段和方式上的特性，也使得其具有其他监督所无法替代的功能。构建包含检察机关法律监督的权力监督体系，既是党和国家在探索权力制约和监督机制方面重要经验与实践成果的总结，也是立足新时期我国权力运行现状而着力规范权力的结构和运行机制的创新性探索。检察机关法律监督与其他监督形式在职能定位、监督范围、监督手段、监督途径、监督效果上的差异，本身就是其与其他各类监督互为补充、配合制约关系的体现。只有将检察机关的法律监督真正融入党和国家的监督体系，实现其与各类监督的有机贯通、相互协调，才能最大限度地发挥出检察机关法律监督的功能，与各类监督形成强大的监督合力，确保权力的正确运行，推进国家治理体系和治理能力现代化。

检察机关法律监督是党内监督主导下对国家权力的外部监督。健全党统一领导、全面覆盖、权威高效的监督体系，强化对权力运行的制约和监督，是党的十八大以来探索出的一条长期执政条件下解决自身问题、跳出历史周期率的成功道路。而在这一监督体系中，融党委（党组）全面监督、纪委专责监督、党的工作部门职能监督、党的基层组织日常监督、党员民主监督等为一体的党内监督居于主导地位，从而确保监督体系契合党的领导体制，遵循正确的政治方向，并借助党的组织优势一体推动各类监督的协同配合，将体制优势转化为监督效能。因此，检察机关的法律监督也必然在党内监督的引领下展开。党内监督固然重要，但检察机关法律监督等外部监督也不可或缺。党内监督渗透在检察机关履行法律监督职责的各个环节、各个方面，是检察机关法律监督的动力和支撑，可以强化检察机关法律监督的资源和能力。而检察机关的法律监督则是党内监督的延伸，有利于促进党内监督的制度化、法治化，保障党内监督的落实，增强党内监督的效果。

检察机关法律监督是人大监督派生的专门监督。人民代表大会是国家权力机关，其他国家机关都由它产生，对它负责，受它监督。人民代表大会对其他国家机关的监督即人大监督是国家监督体系中带有本源性的监督，包括检察机关法律监督在内的其他专门监督都派生自人大监督，是人大监督的延伸和专门化。人大监督的范围广泛，涵盖立法、法律实施、行政执法、人事、外交、军事等各个方面，主要以审议、审批、审查、评议、质询、检查、人事任免等为监督手段。但人民代表大会的组织形式和工作方式决定了，其难以承担对具体司法、执法过程的经常性、参与性监督。这也成为检察机关法律监督存在的重要根据之一。检察机关法律监督主要以诉讼中专门机关的活动及刑事法律的实施等为监督对象，以参与诉讼作为其实现监督职能的基础和手段，是人大监督派生的专门监督体系中的重要分支。

检察机关法律监督与监察监督同为专门监督，但又有诸多区别。监察体制改革的基本精神是要加强“党对党风廉政建设和反腐败工作的统一领导”，“形成全面覆盖国家机关及其公务员的国家监察体系”，“保证国家机器依法履职、秉公用权”，为此，需要实现监察监督与党内监督等的结合、与司法监督等的协调。[1] 监察委员会是《宪法》规定的国家监察机关，是《监察法》规定的行使国家监察职能的专责机关，是实现党和国家自我监督的政治机关。在党的统一领导下，纪委监察委合署办公，实现了党内监督和国家监督的有机统一。[2] 以上定位决定了监察监督是带有政治性的监督，是以反腐败为中心任务的监督，是针对所有行使公权力人员的全覆盖监督，是集检查、调查、处置于一体的实体监督，而且，监督的事项范围也不局限于合法性问题。这与检察机关聚焦于法律实施有限事项的程序性监督有鲜明区别。检察人员当然属于监察监督的对象，而检察机关也可以通过行使刑事诉讼职能对相关监察活动形成一定制约。检察机关与监察机关同为专门监督机关和刑事案件办理机关，有大量的业务协作需求。正因此，党的二十届三中全会通过的《中共中央关于进一步全面深化改革、推进中国式现代化的决定》提出了“健全监察机关、公安机关、检察机关、审判机关、司法行政机关各司其职，监察权、侦查权、检察权、审判权、执行权相互配合、相互制约的体制机制”；《中共中央关于加强新时代检察机关法律监督工作的意见》强调，要“加强检察机关与监察机关办案衔接和配合制约”“健全衔接顺畅、权威高效的工作机制”“不断增强依法反腐合力”。

检察机关既要对外履行法律监督职责，也要在行使检察权时接受监督制约。检察机关不仅要接受党的领导，还要接受人大监督、民主监督、审计监督、舆论监督、群众监督及人民监督员的监督。检察机关工作人员作为行使公权力的公职人员要接受监察监督，检察机关的党员干部要接受党内监督。在刑事诉讼程序中，检察机关还要受到审判机关、侦查机关、刑罚执行机关等的制约。除了这些来自外部的监督制约，检察机关还通过内部分工、业务审批、集体讨论、流程管理等形成了有效的内部监督制约机制。

■问题与思考

1. 如何理解人民检察院作为国家的法律监督机关的宪法定位？
2. 如何理解人民检察院的司法机关性质？
3. 如何理解人民检察院的法律监督在国家监督体系中的定位？
4. 简述检察机关法律监督与监察监督的联系与区别？

---

〔1〕 参见《习近平谈治国理政》（第二卷），外文出版社2017年版，第169页。

〔2〕 参见闫鸣：《监察委员会是政治机关》，载《中国纪检监察报》2018年3月8日，第3版。

参考阅读

1. 樊崇义：《论检察》，中国人民公安大学出版社 2020 年版。
2. 孙谦：《检察：法律守护人——以刑事法律监督为基点》，中国检察出版社 2019 年版。
3. 张智辉主编：《检察权优化配置研究》，中国检察出版社 2014 年版。
4. 邓思清：《中国检察制度概览》，中国检察出版社 2016 年版。
5. 魏晓娜：《依法治国语境下检察机关的性质与职权》，载《中国法学》2018 年第 1 期。

拓展阅读

第三章　检察权行使的基本原则

■ 本章导读

检察权行使的基本原则，是检察机关在行使检察权、履行法律监督职责中应当普遍遵循的一般准则。随着检察制度的不断完善和对检察权运行规律认识的逐渐深化，检察权行使的基本原则也在不断丰富和发展，之前已经确定的基本原则的内涵也在不断拓展。作为国家治理体系和治理能力现代化的重要组成部分，检察权的履行应契合经济社会发展和法治建设进步的新时代背景，遵照检察权运行的客观规律，符合党中央对司法体制改革的顶层设计要求。检察权行使的基本原则可以凝练概括为依法独立行使检察权原则、客观公正原则、检察一体原则。这些原则贯穿于“四大检察”各项工作中，是检察工作开展的基本遵循与指引。

第一节　检察权行使的基本原则概述

《中共中央关于加强新时代检察机关法律监督工作的意见》明确了检察机关的基本性质定位，即人民检察院是国家的法律监督机关和保障国家法律统一正确实施的司法机关，是保护国家利益和社会公共利益的重要力量，是国家监督体系的重要组成部分。检察权的行使须符合法治运行的基本规律，须遵循法治体系的一般性原则；同时，检察权也具有司法属性，应当在司法原则的指导下运行。所以，检察权行使基本原则的设定，既要考虑法治原则和司法原则的共性，从而规范检察权运行，以检察制度的完善推动法治体系和司法制度的完善；同时也要考虑检察机关工作性质、内容和要求的特性，为检察制度进一步发展完善留下空间，保障检察权高质效运行从而不断满足人民群众对公平正义的新需求。本节就从检察权基本原则的选取标准开始，简要介绍我国检察权运行的基本原则。

一、基本原则的选取标准

检察权基本原则的选取标准，即检察权基本原则选取的理由，是基本原则的正当性、合理性支撑。主要包括四个方面：

（一）以政策性为导向，服务国家战略全局和法治建设大局

当前，世界百年未有之大变局加速演进，世界进入新的动荡变革期，我国发展进入战略机遇和风险挑战并存、不确定难预料因素增多的时期。在此关键节点上，党和国家提出了一系列治国理政的大政方针，而全面依法治国正是这些政策的“最大公约数”。检察机关作为国家的法律监督机关，其使命是保障法律的正确实施，维护社会公平正义，维护国家法制统一、尊严和权威，在全面依法治国中起到关键性作用。这一定位是检察机关各项职能的本源和根据，它指导和规范着检察机关各项职能行使的方向与边界。因此，体现检察机关在各项检察履职中保障法律的正确实施，维护社会公平正义，维护国家法制统一、尊严和权威的使命，是检察基本原则的首要特征。

（二）以时代性为线索

所谓时代性，是指准确认识和把握时代主题和变迁规律，构建开放包容的检察权运行基本原则体系，避免现存的合理规范在未来成为制约检察制度发展的桎梏。伴随“风险社会”的发展，新型违法犯罪层出不穷，我国主要社会矛盾发生历史性变化，环境保护、公共卫生安全等问题日趋成为人民的主要关注点所在。我国一切权力来自人民，检察机关应立足党领导下的中国特色社会主义政治制度、检察制度，积极应对来自各领域的风险与挑战，回应人民群众多样化的诉求，在法的本意、精神、原则下实现“以人民为中心”这一立法的本意。这意味着检察基本原则要构建开放性的检察权运行体系，充分包容检察履职向社会治理端延伸，不断满足新时代人民群众日趋多样化的新需求。这也是检察权对于实现国家治理体系、治理能力现代化的必然要求。

（三）以法治性为底线

检察制度是国家法治体系的重要组成部分，检察权的行使必然要依循法治的轨道，否则难以同检察机关本身的性质定位相契合。在刑事检察领域，罪刑法定是现代刑法的核心原则，当然应该被检察机关所遵循，法无明文授权即不可随意限制公民的权利与自由。在民事检察领域，基于平等主体之间的民事法律关系特征，意思自治、权利自决是民事法律关系最核心的要求，因此检察权的行使不可任意干预当事人的意思自治，而应以公权力监督和私权救济相结合，加强对法院审判权和执行权的监督制约，促进法院提升司法权威和司法公信力，并加大对权利受损的当事人、第三方及不特定多数人的合法权益的救济力度，不断健全社会公平正义的法治保障机制。在行政检察领域，基于对人民法院的行政审判和非诉执行活动的监督，实现对行政机关违法行使职权或者不行使职权行为的监督拓展，应准确把握行政权与法律监督权的边界，恪守谦抑性，遵循有限监督、协同监督原则，做到及时、准确、谦抑。在公益诉讼检察领域，检察机关积极稳妥拓展公益诉讼案件范围，以传统法定领域为核心、新增法定领域为增长点、其他新领域为补充，促进行政机关依法行

政、严格执法，切实保障国家利益和社会公共利益。概言之，检察机关既要遵守实体法，又要遵守程序法，同时不受行政机关、社会团体和个人的干涉，这正是其所必须遵循的依法独立行使检察权原则。

（四）以贯通性为要求

检察权运行的基本原则是检察工作整体规律的集中体现，也是各种检察履职活动的指导准则。因此，基本原则的效力应贯穿于检察履职的各领域、各环节。从横向上看，检察机关各职能部门既各司其职，又有机统一，“四大检察”根据各自的职能范围开展工作，它们不是截然分开、互不相干的，而是互相依存关联的，从不同侧面支撑检察机关法律监督的权威性和有效性。从纵向上看，检察机关要维护国家法律的统一正确实施，自身必须严格按照法律规定行使职权，并在检察机关整个组织体系上保持高度的统一性以增强抗干扰能力，在执法司法理念、原则、规范等方面均保持高度的一致性以保证法律监督的准确与高质效运行。因此各级检察机关履职所遵循的基本准则必须具有一致性，维系法规范精神内在的统一秩序，保证法律实施的统一性和公正性。这意味着检察权运行的基本原则不仅贯穿“四大检察”，而且贯穿全国各级检察机关的各种履职行为，包括检察机关综合履职。因为其同样服务保障检察权一体履行，确保法律统一正确实施。这也是检察机关所必须遵循的检察一体原则和客观公正原则，在不同层级的检察业务中可能会有不同侧重。

二、基本原则的主要内容

（一）依法独立行使检察权原则

《人民检察院组织法》第4条规定：“人民检察院依照法律规定独立行使检察权，不受行政机关、社会团体和个人的干涉。”该表述与《宪法》第136条一致。这一原则从检察机关与外部关系的角度，厘清检察机关与行政机关、社会团体和个人的关系。《人民检察院组织法》第五章“人民检察院行使职权的保障”中对该项原则作出了进一步规定，确立了对干预司法活动、插手案件处理以及提出超职责要求等行为处理的具体制度，为检察机关依法独立行使检察权提供了制度保障。[1]

（二）客观公正原则

20世纪90年代以来，检察官客观义务已经上升为国际刑事司法准则。联合国《关于检察官作用的准则》第13条规定，检察官在履行其职责时应保证公众利益，按照客观标准行事，适当考虑到嫌疑犯和受害者的立场，并注意到一切有关的情况，无论是否对嫌疑犯有利或不利。在我国，检察机关是宪法规定的国家的法律监督机关，决定了检察官应恪守客观公正立场。[2] 我国《检察官法》第5条第1款规定：

---

〔1〕参见孙谦：《新时代检察机关法律监督的理念、原则与职能——写在新修订的人民检察院组织法颁布之际》，载《人民检察》2018年第21期。

〔2〕参见朱玉：《刑事诉讼中检察官客观公正立场的实践展开》，载《人民检察》2022年第5期。

“检察官履行职责，应当以事实为根据，以法律为准绳，秉持客观公正的立场。”首次在法律中确认了检察官的履职立场，并将“客观公正”从刑事公诉拓展到了检察工作的各领域，这是习近平法治思想中“深化司法体制改革要遵循司法活动的客观规律”这一要求的具体反映，与我国检察机关作为法律监督机关的宪法定位高度契合。

（三）检察一体原则

根据《宪法》第137条及《人民检察院组织法》第10条规定，我国检察机关呈垂直领导关系，由此框定了我国检察机关检察一体的权力运作体制。检察一体原则是指整个检察系统作为一个完整而不可分割的有机整体依法独立行使检察权，不受任何其他机关或个人的干扰。在检察系统内部，全国各级检察机关上下一体、相互协作，形成一个有机结合的整体，每个检察机关和每个检察官都是整个检察系统的有机组成部分，他们的履职活动也都是检察工作的有机组成部分，而上下一体的关键就在于整个检察系统实行上级领导下级、下级服从上级的工作原则，并按照各自的管辖范围分别行使某些方面的检察职权、开展统筹协作。[1]

三、基本原则的关系及体现

在习近平法治思想的引领下，最高人民检察院主动融入国家治理体系和治理能力现代化进程，适时提出刑事检察、民事检察、行政检察和公益诉讼检察四位一体的“四大检察”权能配置新格局，并完善了相应检察权运行的工作机制。在这一运行体系中，上述四大基本原则之间构成了以依法独立行使检察权为基础，以客观公正为底线，以检察一体为保障，相互依存、相互补充、相互协调的关系。

（一）以依法独立行使检察权原则为基础

检察权的运行必须遵循“法无授权不可为、法定职责必须为”，这是其作为公权力的本质属性决定的。而检察机关作为国家的法律监督机关，为确保其监督职能的充分发挥，增强检察权对审判权、侦查权与行政权的制约效果和监督权威性，检察权运行必须排除其监督对象的干扰。因此，依法独立行使检察权原则是检察权运行的基础性原则，主要体现在：其一，保障检察机关在法律监督履职中能够坚持客观公正立场，不受审判机关、侦查机关、行政机关的干扰，还原事实真相，从而实现司法公正目的。其二，检察一体原则运行的基础就是检察机关整体对外相对独立，同时，其“上命下从”的工作模式必须在法律的轨道上运行。

（二）以客观公正原则为底线

以客观公正原则为底线，就是要求在依法独立行使检察权原则的基础上，检察机关及检察官应当确立机关整体上的客观公正及检察官个体的客观公正。强调客观公正原则，主要基于两大理由。其一，强化检察机关“法律守护人”的定位。从检

---

〔1〕 参见张智辉：《论检察一体化》，载《中国法学》2023年第3期。

察权发展历程来看，检察机关从设立之初就以追求社会公共利益实现为目的，其所具有的角色偏向性与公正平等适用法律的要求存在天然的张力。同时英美法系国家检察机关多为刑事公诉机关，以追诉犯罪为己任，如果没有客观公正原则作为保障，检察机关容易忘却其“法律守护人”的定位，陷入片面的犯罪追诉人角色。[1] 其二，客观公正是确保检察一体原则行使的底线要求。检察一体原则要求检察机关内部遵循“上命下从”的领导模式，行政性较强，可能产生检察权自我扩张的风险。所以，必须将客观公正原则视为检察权行使的底线。

（三）以检察一体原则为保障

检察一体原则体现了检察权的“双中心主义”的特征，包括了纵向的权力中心与横向的权力中心。前者表现为检察机关整体对外，权力运行以上级检察机关的领导为中心；后者表现为检察机关整体对内，权力运行以检察长的领导为中心，此种“双中心”构成了检察机关“上命下从”的权力运行体制。从这个意义上来说，检察一体原则内生地对提升效率、维持秩序、稳定结构、统一规范等价值具有极高的契合性。因此，检察一体原则属于典型的为了发挥机构职能而规范机构内部运行管理的“组织原则”，而依法独立行使检察权原则、客观公正原则属于“履职原则”。显然，检察机关履职有赖于其组织结构，如依法独立行使检察权的主体是检察机关乃至检察系统这一整体，特定检察院或检察官能够立足客观公正立场依法履职，也有赖于检察系统整体性的权威保障、队伍保障和技术保障。

第二节　依法独立行使检察权原则

回溯人类发展的历史长河，司法机关曾经沦为君主私器，而非现代法治国家所倡之公民权利的守护者。因此，现代司法公正，必须保持司法机关的“公器”属性，坚定站在国家和人民立场，代表公益和福祉。依法独立行使检察权原则的核心就在于设定检察权的运行轨道，这也是我国检察机关在新时代背景下，实现国家治理体系和治理能力现代化的前提性要求。

一、依法独立行使检察权原则的内涵

依法独立行使检察权原则，是指检察官行使权力需要保持其独立性的原则。国际检察官协会于1999年制定的《检察官专业责任标准和基本职责及权利声明》第2条第1款规定：“检察官的自由裁量权，在被认为是一种特殊司法权的情形下，应

〔1〕如在工作中比较重视有罪、罪重的事实和证据，对无罪、罪轻的事实和证据重视不够；比较重视对有罪判无罪、重罪轻判的抗诉，而对无罪判有罪、轻罪重判却重视不够；比较重视对诉讼中使犯罪嫌疑人不当受益的违法行为的监督，而对侵犯犯罪嫌疑人合法权益的违法行为的监督重视不够；有的甚至将自己混同于民事诉讼的原告，片面地追求胜诉。

当独立行使并排除干涉。”〔1〕依法独立行使检察权原则，是检察权运行的基本原则之一，也是检察权运行其他基本原则的基础。检察权如果脱离独立行使的轨道，就很难发挥其权力制约、法律监督的功能。正因为如此，《宪法》第136条、《人民检察院组织法》第4条以及《检察官法》第6条均规定了检察机关及检察官独立行使检察权。一般认为，依法独立行使检察权原则的基本内涵包括以下三个方面。

（一）检察权的整体独立

从宪法上国家权力结构的视角来看，依法独立行使检察权原则首先指向的是，检察机关应当具有独立的宪法法律地位，检察权的行使应当与行政机关、社会团体和个人之间保持适度的距离。从立法模式上看，对检察权独立的保障分为两种类型：一是将独立行使检察权作为一项宪法原则加以规定，并派生出相应的检察组织法原则和诉讼活动原则。这种类型主要体现在我国以及苏联等社会主义国家。二是将独立行使检察权作为一项司法原则或诉讼原则在程序法中予以规定。这种类型多见于英、美等西方国家。

（二）检察机关的组织独立

依法独立行使检察权原则还体现在检察机关的组织独立上，即检察机关在组织机构、人员构成方面独立于其他国家机关。检察机关的组织独立主要包括两个方面：一是检察机关的组织体系独立。检察机关应具有自上而下的组织体系，这种组织体系应当与其他国家机关相分离，保持建制上的独立，并受到财政上的独立保障。二是检察机关组织体系内部的独立。检察机关组织体系内部应当遵循“检察行政事务独立”“检察司法事务独立”的两分模式，即对检察行政事务的处理，严格遵从“上令下从”；对检察司法事务，如侦查权之行使、监督、起诉与不起诉之决定等，应当以检察权裁量为原则，排除行政指令的干预，以保障检察权客观公正地行使。

（三）检察机关在党的领导下依法独立行使检察权

党的领导是全面推进依法治国的根本保证，必须把党的领导贯彻落实到依法治国全过程和各方面。《中国共产党政法工作条例》第3条明确规定：“政法工作是党和国家工作的重要组成部分，是党领导政法单位依法履行专政职能、管理职能、服务职能的重要方式和途径。党委政法委员会是党委领导和管理政法工作的职能部门，是实现党对政法工作领导的重要组织形式。政法单位是党领导下从事政法工作的专门力量，主要包括审判机关、检察机关、公安机关、国家安全机关、司法行政机关等单位。”党对检察机关履职的领导，是政治、组织和思想等方面的宏观领导，而非业务方面的具体领导，集中体现在强化检察机关党员干部坚守正确的政治立场、政治方向、政治原则、政治纪律和政治规矩，具体落实党和国家大政方针、政策，

---

〔1〕IAP-International Association of Prosecutors: *Standards of professional responsibility and statement of the essential duties and rights of prosecutors*, 2.1. The use of prosecutorial discretion, when permitted in a particular jurisdiction, should be exercised independently and be free from political interference.

严格依法履行职责等重大事项上。[1] 因此，检察机关作为国家重要的政法机关，必须绝对服从于党的领导，遵循《宪法》《中国共产党政法工作条例》，依法独立完成检察工作各项任务。

二、依法独立行使检察权原则的价值

依法独立行使检察权作为检察权运行的基本原则，同样具有奠定检察制度深入发展的基础价值，主要包括以下三个层面。

（一）依法独立行使检察权原则是推进实现权力制约机能的必要条件

权力制约是独立行使检察权的核心目标，也是独立行使检察权存在的基础。因此，防范公权力的滥用，避免现代民主、法治的倾覆，是检察权存在的核心目的。要实现这一目的，就必然要求检察权具有相对独立的地位。

（二）依法独立行使检察权原则是推进实现权利保障机能的必然要求

权力制约机能的实现是依法独立行使检察权的一个侧面，权利保障机能的实现则是依法独立行使检察权的另一个侧面。权利保障立足于权力的制约，只有权力之间互不隶属，相互制衡，才能避免一家独大，才能发挥检察权的司法属性，凸显其“法律守护人”的角色，从而确保公民权利的实现。可以说，依法独立行使检察权最直接的目的是权力制约，而其更长远的目的则旨在保障公民权利。

（三）依法独立行使检察权原则是推进实现社会治理机能的应有之义

随着技术革新、生产力的进步，公益保护等是社会治理的重中之重，具有独立法律监督属性的检察权便是社会治理的重要推进者。充分赋能新时代背景下的检察权，是推进社会治理机能实现的应有之义。

三、依法独立行使检察权原则的具体要求

（一）坚持党的领导是检察权依法独立行使的首要遵循

检察制度是全面依法治国的重要组成部分，而法治是党领导人民、治国理政的基本方式。习近平总书记指出，我们讲依宪治国、依宪执政，不是要否定和放弃党的领导，而是强调党领导人民制定宪法和法律，党领导人民执行宪法和法律，党自身必须在宪法和法律范围内活动。[2] 我国检察制度的发展历程，正是党领导下健全和推进法治、完善国家监督体制的历程。实践证明，没有党的领导，想要排除行政机关、社会团体和个人的干涉是十分困难的。因为检察机关的职权有限，在行政机

---

〔1〕《中国共产党政法工作条例》第 12 条规定，党委政法委员会在党委领导下履行职责、开展工作，应当把握政治方向、协调各方职能、统筹政法工作、建设政法队伍、督促依法履职、创造公正司法环境，带头依法依规办事，保证党的路线方针政策和党中央重大决策部署贯彻落实，保证宪法法律正确统一实施。第 15 条规定，政法单位党组（党委）在领导和组织开展政法工作中，应当把方向、管大局、保落实，发挥好领导作用。

〔2〕参见习近平：《中国共产党领导是中国特色社会主义最本质的特征》，载《求是》2020 年第 14 期。

关以及某些社会团体和个人面前，有时会因为力量上的差异而难以做到依法独立行使检察权。在这种情况下，就必须紧紧依靠党的领导，通过党作为领导核心的力量来总揽全局，排除阻力，检察机关才可能依法行使检察权。[1] 因此，坚持党的领导既是过去我国检察权发展的首要经验，更是新时代检察权运行的根本逻辑。在当前全面依法治国的背景下，应当按照宪法和法律规定，从思想上、组织上、政策方针上贯彻党对检察工作的领导，在坚持和改善党对检察工作的领导关系中保障检察权依法独立公正行使。

（二）完善中国特色社会主义检察制度是检察权依法独立行使的内在牵引

历史和实践证明，检察权依法独立行使离不开科学有效的检察权配置、清晰合理的职权边界、全面系统的履职保障，而这些都需要在中国特色社会主义检察制度的完善中实现。党的十八大以来，检察机关开展了一系列司法责任制综合配套改革，理顺了检察机关内部机构设置与检察权内部配置的逻辑关系，明确了司法责任承担主体、范围和追责条件、方式，科学界定了检察人员、办案组织的职权、责任，探索开展省以下检察院人财物统管制度改革，为检察机关依法独立行使检察权打下了坚实的基础，为检察权依法独立地运行创造了良好的生态环境。

（三）深化执法司法制约监督体系改革是检察权依法独立行使的重要保障

党领导下各政法机关分工负责、互相配合、互相制约，是我国政法工作体制的鲜明特色和独特优势。在这一工作体制中，检察机关既要"敢于监督，善于监督"，通过依法行使宪法赋予的法律监督职能督促侦查权、审判权、行政执法权依法规范运行，又要自觉接受党委、人大监督和其他政法单位的制约，并"勇于开展自我监督"，不断健全完善检察权运行机制，确保检察权依法公正、规范高效行使。[2] 因此，系统完备、规范高效的执法司法制约监督体系中所包含的执法司法信息共享机制、智能化管理监督机制以及其他相关配套体制机制，都为检察权对审判权、侦查权、行政执法权监督效果的实化提供了制度保障和技术支撑，使检察履职能够切实促进被监督单位履职的法治化、规范化水平，进而提升检察权的权威性与公信力，保障其依法独立行使。

第三节　客观公正原则

检察机关作为法律忠实的守护者，在依法独立行使检察权的同时，还应坚持客观公正原则，追求实体正义与程序正义的统一。面对实践中全面深化改革背景下复杂的社会矛盾，更应秉持客观公正的立场，更好地履行客观公正义务，满足新时代

---

[1] 参见张智辉：《论坚持党的领导与依法独立行使检察权》，载《人民检察》2021年第13期。

[2] 2003年，习近平同志在浙江工作期间出席浙江省第十三次检察工作会议并作重要讲话，要求检察机关要敢于监督，善于监督，勇于开展自我监督，更好地树立起国家法律监督机关的权威。

的新要求。

一、客观公正原则的内涵

客观公正原则，是指检察机关在行使检察权的过程中要坚持客观立场，忠于事实真相，实现司法公正。其中，坚持客观立场是基石，忠于事实真相是核心，实现司法公正是目的。[1]

客观公正原则源于“检察官客观”义务，最初由德国的刑事诉讼法明确规定[2]，其核心理念在于，检察官并非“无所不用其极的追诉者”，而是履行“国家权力之双重控制”功能及民权保障功能的“法律守护人”,[3] 即检察官不得单方面谋求给被告人定罪，而必须全面查清事实真相，公正地展开追诉。联合国《关于检察官作用的准则》第 13 条规定：“检察官在履行职责时应当：（1）不偏不倚地履行其职能，并避免任何政治、社会、文化、性别或任何其他形式的歧视；（2）保证公共利益，按照客观标准行事，适当考虑到嫌疑犯和被害者的立场，并注意到一切有关的情况，无论是对嫌疑犯有利还是不利。”这一条文概括了客观公正原则的主要内容，也反映了世界各国对检察官客观公正义务的基本要求。

检察官客观义务论作为舶来品，于 20 世纪 80 年代前后引入我国。检察官客观公正义务与我国检察机关法律监督属性具有内在的一致性，而且客观公正原则从我国刑事检察延伸到了法律监督履职的各项工作中，在民事、行政和公益诉讼检察中，检察官都践行公平正义要求，追求最佳办案质量、效率、效果，真正作为公共利益的代表、公平正义的守护者。《检察官法》第 5 条第 1 款规定：“检察官履行职责，应当以事实为根据，以法律为准绳，秉持客观公正的立场。”《检察官职业道德基本准则》第 4 条规定：“坚持公正理念，维护法制统一”。

二、客观公正原则的价值

客观公正原则具有为检察权运行划定底线的意义，引导检察官牢记检察权的边界，勤勉审慎地履行职责。正因为如此，客观义务被视为抑制“必要之恶”的有力设置。理解客观公正原则的价值，主要从以下两个层面出发。

（一）客观公正原则是检察官权力行使正当化的标志

检察官权力运作的正当化必须从两个角度理解。其一，检察权运行的规范基础。法谚云“法无授权即禁止”，这是根植于启蒙时代的“自由之根底”。其二，检察权

---

〔1〕 参见朱孝清、张智辉主编：《检察学》，中国检察出版社 2010 年版，第 470 页。

〔2〕 德国 1877 年《刑事诉讼法》正式以法律形式确立了检察官法律守护人的地位，明确了检察官的客观义务。第 160 条第 2 款规定了检察院不仅要侦查证明有罪的情形，还要侦查证明无罪的情形，并且负责提取有丧失之虞的证据；第 296 条赋予了检察官为保护被告人利益提起诉讼救济活动的权力，包括为被指控人的利益提起上诉与申请再审；第 258、344 条还规定了检察官违反客观义务需要追究刑事责任。

〔3〕 参见万毅：《检察官客观义务的解释与适用》，载《国家检察官学院学报》2015 年第 6 期。

运行的社会基础。所谓社会基础，就是民众的支持、认可基础。这两个基础共同构成检察权行使正当化的基础。而客观公正原则以其中立、公正、保障自由的核心理念被普遍接纳，正是在此意义上，立法者才赋予检察机关以法律监督权，使其承担纠导法纪、维护法制统一的责任；民众也因之能够对检察权产生足够信任，悦纳检察履职成果，从而奠定其运行的社会基础。

（二）客观公正原则能为新时代背景下检察权运行划定轨道

新时代以来，我国的检察制度正在进行深刻的改革转型，这些改革无不体现检察权运行的客观公正原则。刑事诉讼中检察官主导责任的提出、监察机关与检察机关办案衔接机制建设等正在不断推进检察体系和检察能力现代化；同时，民事检察类案监督机制、民事行政诉讼监督案件检察建议制度、行政争议实质性化解机制、检察公益诉讼制度的发展完善，不仅体现了“四大检察”客观公正履职，而且推动了“四大检察”全面协调充分发展。

三、客观公正原则的具体要求

检察官践行客观公正原则既不能陷入传统西方学说“检察独立”“司法中立”的幻影中，也不能站到“程序至上”“宽大为怀”的沙堆上，而是要在尊重客观事实、秉持司法公正、注重综合效果的前提下，最大限度地满足人民群众的公平正义感、司法获得感。[1] 在实体上，检察官要秉持客观公正的态度，坚持对案件客观真实的追求，实事求是，决不片面地为提高司法效率而损害相关当事人和其他诉讼参与人的合法权益。在程序上，需要抵制法外因素对客观公正原则和司法公正的干扰，确保司法的廉洁公正，守住程序公正的底线。天下之事，不难于立法，而难于法之必行。在新时代“四大检察”布局下，坚持客观公正原则要立足检察新定位、新格局，吸收新时代检察工作的新理念、新思维指导检察实践，[2] 具体要遵循以下五种义务。

（一）客观取证义务

检察机关承担着守护法律的重要职能，在“四大检察”办案中，都要客观全面地收集、运用、保全证据，并公正地适用法律。以刑事检察为例，检察机关在进行证据收集时，不仅要重视对被追诉人有罪、罪重的证据的收集，更不能忽视对被追诉人无罪、罪轻证据的收集，同时应当符合正当的取证程序，采取合法方式，并在收集证据的过程中不得侵犯相关人员的权利，对于采取非法手段收集的证据应当予以排除。

（二）中立审查责任

检察官履行中立审查责任，秉持不偏不倚的公正态度，全面关注与案件有关的

---

〔1〕 参见贾宇：《检察官客观公正立场的理论彰显和自觉实践》，载《人民检察》2021 年第 18 期。
〔2〕 参见贾宇：《检察官客观公正立场的理论彰显和自觉实践》，载《人民检察》2021 年第 18 期。

所有证据和事实情节，以客观公正的态度对案件作出审查判断，防止失之偏颇、随意取舍。比如在民事诉讼监督案件中，检察机关不能仅仅停留于申请人的监督申请和案件争议焦点，而应当对民事案件中特定事实认定所需的“全部证据”、系争法律关系认定所需的“全部事实”以及系争法律关系之外可能影响民事裁判公正性的其他事实进行全面、系统的审查，并以审查结果为依据对案件事实作出客观中立的判断。

（三）公正判决追求

恪守追求公正判决义务要求检察官在办理每一个案件时，始终坚持法律标准，公正严明。检察官向法院提起刑事公诉、公益诉讼，并非一般意义上的“原告”，而是始终站在国家立场上的公诉人，将国家利益、社会公共利益以及人民群众的利益放在首位，用国家治理现代化的要求履行法律监督职责。检察官对公正判决的追求，既是国家法律守护人角色定位的使然，更是庭审环节坚持客观公正原则的必然要求。

（四）诉讼关照义务

诉讼关照义务是指在刑事诉讼过程中，检察机关对当事人和诉讼参与人予以关照，协助其行使自身权利，帮助其实现诉讼权利的行为。一般而言，为保障当事人和诉讼参与人诉讼权利的实现，检察官应履行诉讼信息和诉讼权利告知义务、诉讼风险提示义务、检方证据开示义务、协助实现诉讼权利的义务。[1]《刑事诉讼法》及《人民检察院刑事诉讼规则》对检察官的诉讼关照义务设定了多项具体且具有实操性的规定，具体包括：（1）案件必要信息以及诉讼权利的告知义务；（2）协助实现律师辩护及律师会见的义务；（3）律师证据先悉权保障；（4）协助调查取证及证据开示义务；（5）实施法律救济义务。

（五）程序维护使命

程序维护使命是指检察官维护正当程序的责任。正当法律程序对刑事、民事、行政、公益诉讼检察的要求就是要依法办事，即各类检察业务中均应当依据有关的法律、法规及司法解释所确定的程序来进行。维护正当法律程序应当贯穿诉讼程序的始终以及检察官履行其职责的各个环节，因此检察官必须保障决策过程的规范性与透明性，维持程序的严格性与正当性。所以检察官践行程序维护使命必须始终贯彻检察权行使的谦抑原则，严格检察机关自由裁量权的行使，着力限制权力滥用，最大限度维护程序正义。

第四节　检察一体原则

新时代背景下，随着国家权力结构的调整和社会主要矛盾的变化，检察权的内

---

〔1〕 参见龙宗智：《检察官客观义务论》，法律出版社2014年版，第283—286页。

涵和外延也发生了改变，法律监督的宪法定位更加鲜明。[1] 作为检察活动和检察权运行的基本原则之一，检察一体化的根本目的在于保障检察权有效运行、检察职能统一行使，即充分整合、发挥内部监督资源优势，促进“四大检察”融合发展，形成履职合力，有效提升法律监督整体效能，确保国家法律良性运转，助力在法治轨道上全面建设社会主义现代化国家。[2] 检察一体原则是检察活动及检察权运行的重要基本原则，与依法独立行使检察权原则、客观公正原则共同组成检察权独特的基本原则体系，对检察权的运行具有根本性的指引作用。

一、检察一体原则的内涵

检察一体原则，是指检察机关上下一体、协同配合、职能统一的检察权运行方式，是自上而下一体对外依法独立行使检察权、对内呈上命下从的领导体制。可以从以下三个方面理解检察一体原则的内涵。

（一）上下级检察机关之间存在上命下从的领导关系

在我国，检察机关为“一心同体”的机关，下级检察机关在上级检察机关的领导之下行使检察权，全体检察官在检察长的领导之下行使检察权。在上下级检察机关之间，上级检察院的决定，下级检察院必须执行；上级检察院可以撤销或者变更下级检察院的决定。在检察机关内部，实行检察长负责制与检察委员会民主集中制相结合的领导体制。

（二）各级和各地检察机关之间具有职能协助的义务

全国各级检察机关属于履行法律监督职能的统一整体，在履职过程中，如需其他检察机关的协助，相应的检察机关有进行职能协助的义务。[3] 例如，最高人民检察院于2005年6月印发的《关于进一步加强公诉工作强化法律监督的意见》指出：“公诉一体化是检察机关领导体制和检察一体化原则在公诉工作中的内在要求和具体体现”，“上级人民检察院根据办案需要，可以选调优秀公诉人或者业务骨干办理重大、复杂案件”。2018年修订的《人民检察院组织法》第24条第1款第4项规定，上级人民检察院“可以统一调用辖区的检察人员办理案件”。

（三）检察院之间和检察官之间在职务上可以承继、转移与代理

检察长有权对检察官行使指挥监督权、事务收取权、事务转移权及人事任免权。所谓事务收取权、事务移转权，即检察长通过对检察官是否足以担当特定案件处理进行理性评估后，认为该检察官存在或基于能力不足或基于中立性不足等理由，即可将案件收回并自行办理或者分派其他检察官办理。事务转移之后，有关诉讼程序可以继续进行，无须因人员变动而重新开始，这是检察官职务与法官职务的重要区

---

〔1〕 参见苗生明：《新时代检察权的定位、特征与发展趋向》，载《中国法学》2019年第6期。

〔2〕 参见王新建：《深化理论认识助推检察一体化创新实践》，载《检察日报》2022年11月28日，第3版。

〔3〕 参见朱孝清、张智辉主编：《检察学》，中国检察出版社2011年版，第458页。

别之一。

我国的检察一体原则与域外不同，最大的区别在于我国检察机关业务范围并不仅局限于刑事司法领域，而是呈现“四大检察”的配置格局，这就意味着检察一体原则不仅作用于刑事司法领域，还拓展至民事检察、行政检察以及公益诉讼检察。新时代，国家治理体系和治理能力现代化要求检察机关更好发挥检察一体作用，检察机关之间、检察机关内部各主体之间都应当发挥主观积极性，优势互补，共享共治，共同推进检察社会治理功能更好地实现。

二、检察一体原则的价值

作为检察权运行最重要的基本原则之一，检察一体原则具有充分推进社会治理、保障法制统一的时代价值。在我国实行检察一体原则有着充分的必要性。

（一）维护法制统一，消弭地方差异

《人民检察院组织法》第2条规定：“人民检察院是国家的法律监督机关。人民检察院通过行使检察权，追诉犯罪，维护国家安全和社会秩序，维护个人和组织的合法权益，维护国家利益和社会公共利益，保障法律正确实施，维护社会公平正义，维护国家法制统一、尊严和权威，保障中国特色社会主义建设的顺利进行。”检察机关履职的统一性、协调性、整体性为平衡法律监督的尺度和力度所必需，因此实行检察一体原则是维护法制统一的必要保障。

（二）统一法律适用标准，避免权力滥用

坚持检察一体原则有利于规范检察权的行使，统一法律适用标准，在确保国家法律运行权威高效的同时努力让人民群众在每一个案件中感受到公平正义。检察机关具有“上命下从”的组织特征，可以上下一体、协调配合，迅速有效地对相关单位开展监督，纠正其违法行为并修复被破坏的法律关系，同时也能保证上级检察机关及时审查纠正下级检察官的误断。[1] 在检察办案中，检察机关有权根据案件的不同情况决定是否开展监督、以何种方式开展监督。我国地域辽阔，发展各异，部分地区在办理“四大检察”案件时对上述问题的认定会有所差异，导致同案不同处理的问题。实行检察一体原则能使最高人民检察院领导地方人民检察院、上级人民检察院领导下级人民检察院统一部署开展法律监督工作，及时监督、纠正下级检察机关的错误决定，提升法律监督工作质效。

三、检察一体原则的具体要求

从世界各国的司法实践来看，检察一体原则主要体现在上级检察机关对下级检察机关、上级检察官对下级检察官可以行使以下几种类型的权力：其一，指令权，即上级检察机关或检察官有权对下级检察机关或检察官就职务上的事项作一般或个

---

〔1〕 参见孙谦：《维护司法的公平和正义是检察官的基本追求——〈检察官论〉评介（三）》，载《人民检察》2004年第4期。

别的指示。其二，指挥监督权，即上级检察机关或检察官对下级检察机关或检察官所作的决定有权监督，可以作出撤销、指令撤销或者直接改变，下级检察机关或检察官有相应的服从义务。其三，职务收取和职务转移权，即上级检察机关和检察官有权将下级检察机关和检察官办理的事务收取到本级或本人手中亲自处理，或者将案件转交给其他检察机关或者检察官处理。其四，职务替代权，即上级检察机关或检察官可以指派下级检察官之间互相替代履行职务，且更换检察官不影响诉讼活动的进行。

面对新时代新任务，落实检察一体原则是实现检察体系和检察能力现代化的有力抓手，完善检察一体化工作机制需要结合我国的基本国情与司法实践，参考域外的有益经验逐步推进落实。

（一）增强检察机关整体独立性

《宪法》和《人民检察院组织法》都明确规定，人民检察院依照法律规定独立行使检察权，不受行政机关、社会团体和个人的干涉。实践中，为保证上级检察机关的决策部署得到全面落实，必须增强检察机关相对于行政机关、审判机关的整体独立性。同时，检察机关是党领导下从事法律监督工作的专门机关，实行双重领导体制。检察一体原则要求检察机关自觉接受党委、人民代表大会对检察工作的领导和监督，积极争取党委、人民代表大会对检察工作的大力支持，形成检察工作与党委中心工作部署、人民代表大会重大议案建议直接关联的态势，进而增强检察机关相对于行政机关、审判机关的整体独立性，有效防止检察权运行的外部干涉。

（二）加强上级检察机关对下级检察机关的领导

如上所言，检察一体原则主要体现为上级检察机关对下级检察机关的指令权、指挥监督权、职务收取和职务转移权以及职务替代权。为进一步加强上级检察机关对下领导，应明确规定上级检察机关在检察业务、检察人员、检察管理等方面对下级检察机关具有领导权；明确规定上级检察机关对下级检察机关享有事务指令权、职务转移权、职权调取权与变更权、检察人员任免权等具体权力；明确规定上级检察机关对下级检察机关行使领导权的具体情形与范围、具体程序与后果，保证领导权的正确行使。

（三）完善检察机关之间的业务协作制度

检察机关之间的业务协作是保证检察一体原则落实的重要条件。在数字化大背景和国家治理体系和治理能力现代化总目标下，完善检察机关之间的业务协作制度显得更为重要。检察机关之间的业务协作包括纵向与横向两个层面。从纵向上看，应在检察机关内部建立上下联动的业务协调机制，健全检察数据层报制度，保证上级检察机关能够获取、梳理和研判下级检察机关的办案数据及其他信息，加强对检察业务工作的指导和监督，从而有效调动、分配和协调各类检察工作。从横向上看，应加强各地检察机关的协作机制，整合检察资源，在重大案件和特殊案件上合理有效调动办案资源，从而有效开展“四大检察”工作，提高办案质效。

（四）健全检察权运行保障机制

检察资源保障机制是实现检察一体原则的系统性制度保障，其涉及检察权力配置、检察机构设置、检察人员管理、司法责任制构建、检察官职业保障等一系列具体机制。除前述对人民检察院的人财物管理予以调整，避免地方对检察权行使的不当影响外，还应保障检察官独立行使检察权，实现“谁办案谁负责、谁决定谁负责”，制定检察官“权力清单”、改革检察长领导方式。落实领导干部干预司法活动、插手具体案件处理的记录、通报和责任追究制度，避免检察官办理案件时受到来自内外部的不当影响与干预。

■问题与思考

1. 检察权运行的基本原则应当具有哪些性质？
2. 在刑事诉讼侦查阶段如何实现检察客观义务原则？
3. 如何认识依法独立行使检察权原则与检察一体原则的关系？
4. 新时代背景下，检察官如何践行客观公正原则？

■参考阅读

1. 林钰雄：《检察官论》，法律出版社 2008 年版。
2. 朱孝清、张智辉主编：《检察学》，中国检察出版社 2010 年版。
3. 谢鹏程：《检察规律论》，中国检察出版社 2016 年版。
4. 甄贞等：《法律监督原论》，法律出版社 2007 年版。
5. 谢小剑：《检察制度的中国图景》，中国政法大学出版社 2014 年版。
6. 龙宗智：《检察官客观义务论》，法律出版社 2014 年版。
7. 周新：《我国检察制度七十年变迁的概览与期待》，载《政法论坛》2019 年第 6 期。
8. 魏晓娜：《依法治国语境下检察机关的性质与职权》，载《中国法学》2018 年第 1 期。
9. 李奋飞：《检察再造论——以职务犯罪侦查权的转隶为基点》，载《政法论坛》2018 年第 1 期。

■拓展阅读

第四章　新时代检察理念*

■ **本章导读**

党的十八大以来，习近平总书记从坚持和发展中国特色社会主义全局和战略高度，创造性地提出了关于全面依法治国的一系列新理念新思想新战略，深刻回答了新时代为什么实行全面依法治国、怎样实行全面依法治国等一系列重大问题，形成了习近平法治思想。

最高人民检察院自觉以习近平法治思想为引领，准确把握新时代检察机关所处的历史方位和时代坐标，积极适应国内外形势变化、经济社会发展对检察机关履职提出的新的更高要求，创造性提出并践行“服务大局”“政治性与业务性相统一”“全面协调充分发展”“高质效办好每一个案件”等一系列具有新时代特点的检察理念，引领新时代法律监督工作重塑性变革和高质量发展。

第一节　新时代检察理念概述

党的十九大向世人庄严宣布，中国特色社会主义进入新时代。新时代我国社会主要矛盾发生历史性变化，检察事业进入新的历史发展阶段，面临恢复重建以来影响至为深远的转折、重构和提升。[1] 以习近平同志为核心的党中央对完善党和国家监督体系特别是加强检察机关法律监督工作高度重视，既为检察机关依法履职提供了坚实的政治保障，也为检察工作创新发展提出了更高的政治责任。国家监察体制改革的实施、检察公益诉讼制度的确立、检察机关空前而深刻的职能调整，给检察工作带来新的挑战和机遇；司法责任制改革的深入推进，对检察机关和检察人员的法律监督能力提出更高的标准要求；这些构成了新时代检察理念产生的时代背景、内生动力和逻辑前提。

新时代检察理念，就是习近平总书记全面依法治国新理念新思想新战略在检察

---

* 本章内容主要参考中国检察出版社 2022 年出版的《习近平法治思想引领：新时代检察理念知与行》一书的内容。

〔1〕 参见最高人民检察院《关于加强和改进新时代检察理论研究工作的意见》。

工作中的体现和具化，就是新时代司法政策、检察政策，是指导、引领检察人员办好检察案件的思想、灵魂。具体包括：服务中心大局理念、政治性与业务性相统一理念、全面协调充分发展理念、高质效办好每一个案件理念。

一、服务中心大局理念

为大局服务，是我国社会主义法治的本质体现，是社会主义法治的核心功能所在。服务中心大局是任何一个政法机关包括检察机关的根本使命。检察机关作为党领导下的国家法律监督机关和司法机关，必须始终牢记"国之大者"，围绕党和国家中心大局履职尽责，维护国家政治安全、确保社会大局稳定、促进社会公平正义、保障人民安居乐业。

二、政治性与业务性相统一理念

作为人民民主专政的国家政权机关，检察机关首先是政治机关，必须旗帜鲜明讲政治。检察工作是政治性极强的业务工作，也是业务性极强的政治工作。新时代检察理念，必须坚持讲政治与抓业务有机统一。始终坚持党对检察工作的绝对领导、坚持人民立场、坚持服务中心大局的原则不动摇，深刻领悟"两个确立"的决定性意义，增强"四个意识"、坚定"四个自信"、做到"两个维护"。始终把讲政治落实到检察业务工作中，把党的领导贯穿检察工作的全过程、各方面，从政治高度认识和处理业务问题，让业务工作更深更实体现政治要求。

三、全面协调充分发展理念

推动"四大检察"全面协调充分发展，是新时代检察机关未来发展所向。主要内涵包含四个方面：一是做优刑事检察。以内设机构改革为契机，突出刑事检察专业化，完善捕诉一体办案体制、认罪认罚从宽制度等，强化刑事立案、侦查和审判活动监督，加强检察机关与监察机关办案衔接和配合制约，完善刑事执行和监管执法监督，让刑事检察的办案质效优势充分发挥出来。二是做强民事检察。从人民最迫切、最根本的需求出发，精准开展民事诉讼监督，提高民事再审检察建议的采纳率，加大惩治虚假诉讼力度，强化对法院执行活动监督、支持力度，促进民事检察监督的水平提升。三是做实行政检察。围绕行政诉讼监督，抓好典型性、引领性案件的监督；在履行法律监督职责中发现行政机关违法行使职权或者不行使职权的，依法制发检察建议督促其纠正，积极开展行政争议实质性化解，促进案结事了；加强与审判机关、行政机关沟通，争取双赢多赢共赢。四是做好公益诉讼。持续加大公益诉讼办案力度，积极稳妥拓展公益诉讼案件范围，切实解决公益诉讼中数量与质量、广度与深度、效果与效益、监督与共赢等方面的关系。

四、高质效办好每一个案件理念

应勇检察长强调，要加强法律监督，坚持"高质效办好每一个案件"，努力实现办案质量、效率与公平正义的有机统一，让"高质效办好每一个案件"成为新时代新征程检察履职办案的基本价值追求。检察机关办理案件，一要做到"办准"案件，即事实清楚、证据确实充分、适用法律得当、诉讼程序合法，这是“高质效”最坚实的基础；二要做到“办实”案件，实现案结事了、实质性化解矛盾纠纷，也就是在对涉案行为进行精准法律评价的基础上，还要做好相关人员思想教育、息诉服判、息诉罢访工作，而非简单地就案办案、就事论事；三要做到“办好”案件，即切实发挥司法案例的法治宣传教育功能，实现从源头上预防、减少犯罪、矛盾、纠纷；四要在办准、办实、办好案件的基础上做到“办快”案件，进一步提升办案效率，尽快恢复被违法犯罪、矛盾纠纷破坏的社会关系，实质性实现公平正义。

第二节　服务中心大局

中心是中央的中心任务，大局是国家经济社会发展的大局。应勇检察长强调，围绕中心、服务大局是检察工作的基本政治要求。检察机关是党领导下的国家法律监督机关和司法机关。《中共中央关于加强新时代检察机关法律监督工作的意见》明确强调检察机关要“充分发挥法律监督职能作用，为大局服务、为人民司法”。检察工作担负着在法律监督领域贯彻落实党和国家工作部署的重任，必须牢固树立服务中心大局的理念，围绕党和国家工作大局履职尽责。

一、维护国家安全和社会大局稳定

检察机关通过履行批捕、起诉等职能，依法打击各种渗透颠覆破坏活动、暴力恐怖活动、民族分裂活动、宗教极端活动，捍卫党的领导和社会主义制度，维护新时代国家安全。根据社会经济发展和犯罪结构的变化贯彻落实宽严相济刑事政策，在依法惩治各类刑事犯罪、严厉打击严重暴力犯罪和黑恶势力违法犯罪的同时，依法积极适用认罪认罚从宽制度和宽严相济刑事政策，最大限度地维护社会和谐稳定。履职办案中坚持以人民为中心，重点围绕保障发展教育事业、加强社会保障体系建设、实施健康中国战略等，依法严惩教育、社会保障、扶贫开发、医疗卫生等领域犯罪，强化对妇女儿童、老年人、残疾人等特殊群体合法权益的司法保护，聚焦法律监督主责主业，推动解决执法司法领域人民群众反映强烈的突出问题，努力让人民群众在每一个司法案件中感受到公平正义，提升人民群众的获得感、幸福感、安全感。

二、服务保障经济社会发展

检察机关要把保障经济社会发展与履行法律监督职能密切结合起来，以良好的司法服务经济社会发展，在职能履行中服务大局，通过服务大局体现法律监督职能的价值意义。增强大局意识，更加自觉地将检察工作放到大局中谋划部署，不断提高检察机关服务保障中心工作的针对性、有效性和精准性。要紧扣国家战略部署，明确服务重点，找准服务载体，充分运用检察职能调节社会关系，引导社会观念，提高服务效果。依法惩治金融诈骗、破坏金融管理秩序犯罪，依法妥善处置不稳定因素，有效防范和化解金融风险。在依法惩治破坏生态环境资源犯罪的同时，充分发挥公益诉讼检察职能，加强对生态环境领域公共利益保护。加强对各类经营主体的依法平等保护，助力优化法治化营商环境。

三、促进和完善社会治理创新

习近平总书记指出，政法机关承担着大量公共服务职能，要努力提供普惠均等、便捷高效、智能精准的公共服务。无论是案件办理，还是检务公开，都是检察综合公共服务的具体表现形式。运用办案成果，促进社会治理机制进步，是检察机关积极参与公共服务的重要途径。推动类案监督，并进一步促进社会治理，实现“办理一案，治理一片”的社会效果。定期开展社会治安综合治理情况分析，敏锐发现带有倾向性、苗头性的民生诉求和矛盾隐患，分析特点，剖析原因，积极向党委政府提出可行性的治理建议和对策，协助党委政府把住政策源头，制定政策措施，有效促进和完善社会治理创新。发挥法律监督职能作用，针对非诉工作以及相关司法公共服务工作的特点，针对其中存在的问题和矛盾，寻找合适的切入点和方法手段，推动加强和改进律师、公证、司法鉴定、仲裁、基层普法、人民调解工作，促进其规范化、公开化、透明化运作，提高相关领域司法产品的供应水平，营造完善、良好的司法供应体系，促进社会治理。

第三节　政治性与业务性相统一

检察机关作为党领导下的政法机关，必须旗帜鲜明讲政治，坚持党对检察工作的绝对领导；检察机关作为国家法律监督机关和司法机关，必须始终如一坚守司法的专业属性，一以贯之重视业务建设。从某种意义上说，检察工作是政治性极强的业务工作，也是业务性极强的政治工作。应勇检察长在2023年大检察官研讨班上强调，既要从政治上着眼，旗帜鲜明讲政治，坚定拥护“两个确立”、坚决做到“两个维护”；又要在法治上着力，全面履行检察职能，坚定捍卫“两个确立”、忠实践行“两个维护”。这是新时代新征程检察工作最大的政治、最大的大局、最大的责任，也是新时代新征程检察机关鲜明的政治底色。

一、检察工作的政治性内涵

检察工作的政治性内涵，归根结底就是坚持党对检察工作的绝对领导。党的绝对领导是检察工作的最高原则，也是最大优势，是人民检察制度与生俱来、一直赓续的“红色基因”。旗帜鲜明坚持党的绝对领导，不仅是检察机关的基本政治态度，更是检察机关的政治责任。

（一）坚持习近平新时代中国特色社会主义思想指导地位

习近平新时代中国特色社会主义思想是马克思主义中国化时代化的新飞跃。检察机关要始终坚持不懈地用习近平新时代中国特色社会主义思想指导检察工作，自觉运用其所蕴含的基本立场、基本观点、基本方法，分析新时代检察机关面临的新形势，理解检察机关肩负的任务，解决检察机关遇到的实际问题，统筹推进各项检察工作创新发展，坚定不移走中国特色社会主义法治道路，坚持和完善中国特色社会主义检察制度。

（二）把坚持党的绝对领导落实到具体检察工作中

坚持党对检察工作的绝对领导既是一个理念，也是一项具体要求，应当把它落实到具体岗位中，体现到检察人员履职全过程、司法办案各环节，在检察履职中厚植党的执政根基。一是要正确处理执行法律和执行党的政策的关系，自觉把党中央大政方针政策和重大决策部署全面贯彻到检察工作中，围绕党和国家大局履职尽责，以实际行动体现对党的忠诚。二是要建立健全检察办案重大问题、重大事项向党委请示报告制度，对于涉及社会稳定、重大民生、可能引起舆情关注的案件，及时向党委报告。三是要进一步加强各级检察机关党组建设，充分发挥地方党组在推动检察工作科学发展中的领导核心作用，切实保证党对检察工作的集中统一领导和检察工作的正确方向。

二、检察工作的业务性内涵

检察机关作为国家的法律监督机关和司法机关，是业务机关，其业务性主要体现在以下几个方面。

（一）以办案为主要手段

办案是检察工作的基本业务表现形式。《宪法》和《人民检察院组织法》规定，人民检察院是国家的法律监督机关。如何履行法律监督职能？履行法律监督职能的载体是什么？归根结底，就是坚持以办案为中心，“在办案中监督、在监督中办案”，这是新时代检察机关做好法律监督工作的基本途径。办案既是检察机关履行法律监督职责的基本手段，也是彰显法律监督效用的重要途径。检察机关要把法律监督的本质属性和要求贯彻落实到刑事、民事、行政及公益诉讼“四大检察”司法办案实践中，加大办案力度、提升办案质量、注重办案效果。

（二）坚守法律规则和底线

检察机关作为国家司法机关，依法履行职责是检察机关的基本任务。检察机关履职的基本依据是宪法法律，依法办案是现代司法机关的基本特质。依法规范办案是坚守防止冤错案件底线的重要保证，检察机关在侦查、批捕、起诉等各个检察环节，在受理、调查、审查等各个流程，在事实、证据、程序和适用法律等方面均要严格把关，确保办案工作经得起法律和历史的检验。廉洁办案是依法办案的基本保证，要适应司法体制改革背景下司法责任制落实的需要，完善司法办案内部监督，筑牢防止司法腐败的堤坝。

三、政治性与业务性相统一理念的实现路径

检察机关作为党绝对领导下的政治机关、法律监督机关和司法机关，既要从政治上着眼，旗帜鲜明讲政治；又要在法治上着力，依法全面履行检察职能。政治性与业务性相统一理念，要求把讲政治与讲法治有机结合起来，把执行党的政策与执

行国家法律统一起来，把讲政治落实到监督办案、司法为民全过程，在法治轨道上维护稳定、促进发展、保障善治。

（一）以政治指导业务

从政治大局出发，全面加强和改进各项检察业务工作，通过办案、工作指标的设置，把党的绝对领导融入每项业务工作、每一起案件办理中。处理法律问题要有政治意识，注重从政治根基、大局稳定上考量，看到这些问题背后的政治要求和政治属性。在办理业务处理个案时，注重加强对司法政策的运用，在遵守法律规定的同时，还必须以司法政策为指导，充分发挥司法政策对检察实践的引导功能。

（二）以业务服务政治

以业务服务政治，就是要通过检察履职，为大局服务、为人民司法。主要体现在三个方面：一是在刑事犯罪惩治方面，要全面准确落实宽严相济刑事政策，既要始终坚持“严”的一面决不动摇，又要依法规范落实“宽”的一面，有力维护国家安全、大局稳定、社会和谐。要适应严重暴力犯罪持续下降、轻微犯罪上升的刑事犯罪结构变化，重视和加强对轻微犯罪的理论研究和司法实践探索，推进国家治理体系和治理能力现代化。二是在服务经济发展方面，既要依法惩治严重经济犯罪，又要依法平等保护各类经营主体，充分运用法治力量，维护经济秩序，守住安全发展底线，服务经济社会高质量发展。三是在司法为民方面，坚持把为人民司法、让人民满意作为一切检察工作的出发点和落脚点，围绕“努力让人民群众在每一个司法案件中感受到公平正义”目标，高质效办好每一个案件，让人民群众可感受、能感受、感受到公平正义。

（三）正确处理党的领导与依法独立公正行使检察权的关系

检察机关讲政治，最大的政治就是坚持党对检察工作的绝对领导。检察机关讲业务，最核心的就是坚持依法独立公正行使检察权。在检察工作中贯彻实施政治性与业务性相统一理念，关键就是要正确处理好党的领导与依法独立公正行使检察权的关系，把依法独立公正行使检察权自觉置于党的领导之下，紧紧依靠党的领导确保检察权的依法独立公正行使，以生动的检察实践证明中国特色社会主义检察制度的鲜明特点和独有特色。通过检察权的依法独立公正行使，巩固党的执政地位，充分发挥中国特色社会主义检察制度的优越性。

（四）全面推进检察官专业化建设

检察官的专业化是检察权有效运行的必然要求。所谓检察官的专业化，指的是检察官在职业知识和职业技能方面的专业化，即检察官身为专业的法律工作者，应当具备处理法律（检察）事务的专业知识与技能，成为检察业务方面的专家。党的十八届四中全会以来开展的检察官员额制改革是推进检察官专业化的重要制度安排。检察官员额制改革仅是检察官专业化的基础条件，还需要对检察官加以培训引导，跳出就案办案的思维，除了掌握法律知识，还要掌握理论和政策，善于从个案中发现并解决好个案背后的社会问题，努力成为社会发展需要、人民群众信任满意的司法“大家”。同时，检察官的专业化需要相应的配套措施，如要建立健全员额检察官退出机制、考核机制、惩戒机制和职业保障机制等。

第四节　全面协调充分发展

自党的十九大以来，面对人民群众在司法领域的更高需求，面对反贪转隶检察职能发生深刻变化的新形势，为改变检察机关过去以反贪为主为重导致反贪工作与其他工作不平衡，并由此派生形成刑事检察与民事检察、行政检察、公益诉讼检察工作发展不平衡局面，检察机关以内设机构系统性、整体性、重塑性改革为切入点、突破口，及时调整检察工作重心，重新组建专业化刑事办案机构，设立专门的民事、行政和公益诉讼检察机构，由此形成了“四大检察”法律监督工作新格局。应勇检察长指出，“四大检察”是新时代新征程检察机关法律监督的主体框架，也是检察工作进一步创新发展的基本格局，要努力推动全面协调充分发展，并提出了实现“做优、做强、做实、做好”目标要求的具体路径。

一、全面协调充分发展的内涵

“四大检察”全面协调充分发展内涵丰富，全面、协调、充分发展三者既相互独立，又相互支撑，引领法律监督工作高质量发展。

（一）全面发展

全面发展，是指在“四大检察”横向比较基础上的均衡发展，检察机关根据“四大检察”业务各自发展需求提供足够的保障。全面发展，要求刑事、民事、行政和公益诉讼检察“四大检察”业务并驾齐驱、不可偏废，但并不意味着在“四大检察”之间平均分配资源，也并不意味着“四大检察”之间案件数量上的平衡。“四大检察”业务性质不完全相同，案件性质和数量也会有较大的差别，完成相应业务所需的人力物力也会有所不同，根据各自业务发展需求提供足够保障即为全面发展提供了基础。

（二）协调发展

协调发展，要求刑事、民事、行政和公益诉讼检察“四大检察”之间和谐一致，彼此配合，相互补充，检察机关法律监督的整体效能得以充分实现。协调发展是对处理“四大检察”业务之间关系的要求，“四大检察”不是相互独立、没有联系的个体，不可各自为政，而是要打破信息壁垒，相互沟通，相互配合，形成合力，取得“1＋1＞2”的整体效果。协调发展并不是简单的“四大检察”之间的加法，不是量的叠加，而是要做乘法，是要做质的交融。“四大检察”内部之间有紧密的业务联系，刑事公诉可以附带民事公益诉讼，民事检察中有可能发现刑事检察中的监督犯罪线索，民事检察和刑事检察中可能发现行政机关怠于履行职责的行为。负责各检察业务条线的部门或者检察官如果不能有效沟通协调，会降低运行效率，部分监督职能得不到有效发挥，进而减损法律监督的整体效能。因此，检察机关各业务部门之间要加强沟通协作，形成长效机制确保形成合力，协调发展。

（三）充分发展

充分发展，要求检察机关充分履行宪法和法律赋予的监督职责，使“四大检察”的各项法律监督效果最大化。充分发展是对各检察业务自身达到何种发展程度的要求，从理论上讲，充分发展是使检察机关的各项监督效果达到理想化的应然状态。从当前的司法实践看，由于受到制度、机制等多方面因素的制约，“四大检察”业务都没有完全实现充分发展，监督效果还有很大的提升空间。以刑事检察为例，这是检察机关长期深耕的业务，然而在司法实践中“重办案轻监督”的现象比较明显，检察机关将主要精力放在批捕和起诉业务上，对审前侦查机关刑事侦查活动的监督和引导还不够重视，监督和引导的效果不够好。再如民事检察对生效民事裁判监督较为重视，但对违法执行行为监督尚重视不够，与人民群众的期待尚有距离。

（四）全面、协调、充分发展之间的内在关系

全面发展、协调发展、充分发展三者之间既独立又统一，是不可分割的统一体，其中全面发展是基础，协调发展是纽带，充分发展是关键。一是全面发展具有基础性作用。全面发展解决各项检察业务“存在”的问题，有“存在”基础才会有各项检察业务的协调发展和充分发展。如果某一个或者数个检察业务萎缩或者缺失，该萎缩或者缺失的检察业务就不存在充分发展的可能性，和其他正常的检察业务之间也难以做到通力合作，影响到协调发展。二是充分发展具有关键性作用。充分发展解决各项检察业务“价值”的问题，有“价值”的发展才会使得全面发展具有实质意义。“四大检察”的发展成果最终体现在监督效果上，充分发展更需要发挥各业务条线检察官的主动性和积极性，正确理解政策和法律规定的内容和精神实质，依法履行法律监督职责，取得法律预设的监督效果。三是协调发展具有纽带作用。协调发展通过相互提供信息，相互提供技术及人力支撑，解决各项检察业务“连接”问题，各项检察业务有效的“连接”能够形成“四大检察”监督合力，提升整体监督效果。

二、全面协调充分发展理念的实现路径

贯彻落实全面协调充分发展理念，就是要按照“做优、做强、做实、做好”的目标要求，实现刑事、民事、行政、公益诉讼检察高质量发展，从供给侧方面为人民群众提供更好更优更实的法治产品、检察产品，积极回应新时代人民群众的新要求新期待。

（一）做优刑事检察

刑事检察是检察机关固有的核心业务，无论是在大陆法系中还是在英美法系中，检察机关的主要职能之一是刑事检察。传统理念认为，检察机关履行刑事检察的职责主要是打击犯罪，维护国家政治安全，维护社会秩序。进入新时代，人民群众对

刑事检察的期待和要求更高，检察机关应及时调整刑事检察的工作思路和工作方向，为人民群众提供更加优质的检察产品。2023 年 7 月 19 日，应勇检察长在大检察官研讨班上指出，要强化包括检察权运行制约监督在内的刑事诉讼制约监督体系建设，进一步提升立案监督、侦查活动监督、刑事审判监督和刑事执行监督的质量。

（二）做强民事检察

民事检察是中国特色社会主义检察制度的重要组成部分。民事检察从无到有、从弱到强、从抽象到具体，为维护司法公正作出了重大贡献。《民事诉讼法》赋予检察机关对民事诉讼实行法律监督的职责，监督范围涵盖了整个民事审判活动和执行活动，还包括对调解书和审判人员的监督。应勇检察长提出，民事检察重在提升自身能力水平，加大监督力度，实现有效监督。民事检察监督方式由一元化向多元化方向转变，检察机关根据案件情况灵活选择适用检察建议、抗诉等监督方式，此外《民事诉讼法》第 221 条〔1〕还赋予检察机关调查核实等新职权。

（三）做实行政检察

检察机关依法履行对行政诉讼活动的法律监督职能，促进审判机关依法审判，推进行政机关依法履职，维护行政相对人合法权益。行政检察的核心职能是对行政诉讼进行监督，既有结果监督，又有程序监督，同时也对行政机关行使相关职权进行监督。行政检察既维护司法公正，又监督和促进依法行政。法律赋予检察机关对行政诉讼实行法律监督的权限，监督范围涵盖了整个行政诉讼活动和执行活动，还涵盖对调解书和审判人员的监督。检察机关可以选择检察建议、抗诉等方式进行监督。行政检察工作起步晚，行政诉讼监督职能发挥不足，相较于其他三大检察，行政检察是“弱项中的弱项”“短板中的短板”。这既有检察机关前期发展不平衡的因素，也有行政诉讼体量小的客观因素。应勇检察长强调，行政检察重在强化履职，实现有力监督。要加强对行政生效裁判以及行政审判和执行活动的监督，这是行政检察工作的重中之重，要切实解决不敢监督、监督不力的问题，重大监督案件要上下联动、一体履职。在切实履行好行政诉讼监督基本职能的同时，按照《中共中央关于加强新时代检察机关法律监督工作的意见》要求，积极探索行政违法行为监督。对检察机关履行法律监督职责中发现行政机关违法行使职权或者不行使职权的，可从建立督促起诉制度、完善工作机制入手，依法督促其纠正，推动依法行政、建设法治政府。

（四）做好公益诉讼检察

“赋予检察机关提起公益诉讼的职权，就是为了弥补缺失行政违法侵害公共利益的司法监管的治理漏洞，有效地发挥司法在监督行政、维护公益方面的治理效能，

---

〔1〕《民事诉讼法》第 221 条规定：“人民检察院因履行法律监督职责提出检察建议或者抗诉的需要，可以向当事人或者案外人调查核实有关情况。”

其实质就是推进国家治理体系和治理能力的现代化。"[1]应勇检察长指出，公益诉讼检察重在突出“精准性”“规范性”。突出抓好法定领域办案工作，在做优生态环境和资源保护、食品药品安全、国有财产保护和国有土地使用权出让四大领域的基础上，做好英烈保护、未成年人保护、安全生产、军人地位和权益保障、个人信息保护、反垄断、反电信网络诈骗、农产品质量安全、妇女权益保障、无障碍环境建设、文物保护等十一个领域的公益诉讼工作。同时，依法拓展公益诉讼案件范围，找准损害公益的突出问题，多办有影响、效果好的案件。特别是对于一些检察建议解决不了的问题，具有示范引领意义的案件，要敢于以“诉”的确认体现司法价值引领，推动类案治理、行业治理、系统治理，促进社会进步。加快落实党的二十大报告关于“完善公益诉讼制度”的精神，积极推动公益诉讼检察立法，促进提升公益诉讼检察工作法治化、规范化、专业化水平。

三、“四大检察”融合发展

“四大检察”内在统一于法律监督这一宪法赋予的根本职责。融合互通是“四大检察”的基本发展取向。推动“四大检察”全面协调充分发展，要坚持依法一体履职、综合履职，以融合发展提升法律监督的整体质效。

（一）以刑事检察为基础，助推民事、行政和公益诉讼检察发展

“四大检察”都肩负着特殊的任务和使命，处于同等重要、无法取代的地位。在“四大检察”融合发展过程中，“四大检察”的价值功效会有所区别，刑事检察处于基础性地位。刑事检察范围涵盖了从刑事立案监督到刑罚执行监督等全部刑事诉讼阶段，跨度长、覆盖领域广，刑事检察部门以整体监督观行使检察职责能够发现一系列行政检察和公益诉讼检察的案件线索。刑事检察部门在审查行政执法和刑事司法衔接的案件中或办理刑事案件中，有可能会发现行政机关履行职责中存在的问题，推动广义上的行政检察或行政公益诉讼检察发展。另外，实践中相当比例的民事公益诉讼案件都是在刑事检察案件中发现的，部分民事公益诉讼程序依托刑事检察来推进。刑事检察部门相较于其他三大检察部门，具有无可比拟的调查取证优势，刑事检察案件中发现行政检察或者公益诉讼检察案件线索，行政检察或公益诉讼检察部门调查取证存在困难时，刑事检察部门可利用刑事案件管辖权协助调查取证。

（二）以公益诉讼检察为纽带，穿插于民事检察和行政检察中

基于现行法律规定，民事检察和行政检察主要侧重于诉讼监督，无法有效触及起诉前问题。公益诉讼检察制度的确立，打破了现有民事检察和行政检察监督范围的局限，将其范围向前延伸到调查和起诉阶段，丰富和完善了民事检察和行政检察的内容和体系。且与刑事检察中相对不诉、认罪认罚从宽等制度相对应，公益诉讼检察中也探索了民事公益诉前赔偿、行政检察建议等制度。公益诉讼检察与民事检

---

〔1〕 胡卫列：《国家治理视野下的公益诉讼检察制度》，载《国家检察官学院学报》2020 年第 2 期。

察、行政检察有机融合后，以刑事、民事和行政三大公诉权为核心的，涵盖诉讼全过程的刑事、民事和行政检察监督体系更加科学化、系统化。

（三）构建发现线索和线索移送、信息共享、交叉案件办理机制

构建发现线索和线索移送激励机制，确保“四大检察”部门积极主动发现并向其他部门移送相关案件线索。具有高度关联性的案件被移送多个检察部门办理的，案件管理部门需要向相关检察部门发出提示信息。明确检察部门之间的职责分工，如对于刑事检察中发现的民事公益诉讼案件，明确何种类型的案件需要公益诉讼检察部门单独提起民事公益诉讼；对于刑事和民事交叉、民事和行政交叉的重大敏感案件，可由多部门共同组建检察官办案组联合办理，以保障法律监督的整体效果。

（四）强化审查、调查、侦查“三查”融合

个案审查是检察机关司法办案的基本模式，也是开展法律监督的传统路径。“四大检察”融合发展，要求检察人员在整个司法办案过程中除了案件审查之外，同时需要充分运用检察机关的调查核实权以及对司法工作人员相关职务犯罪的立案侦查权、自行（补充）侦查权、机动侦查权。审查、调查、侦查“三查”融合，既是思维的融合，也是方法的融合；既是手段的融合，也是线索的融合；既增强了法律监督的系统性，也增强了法律监督的刚性。要通过完善监督线索统筹研判机制、优化检察侦查体制机制和强化检察调查核实权运用机制等路径，不断推进“三查”融合，促进“四大检察”融合发展。

第五节　高质效办好每一个案件

党的十八大以来，习近平总书记反复强调，“努力让人民群众在每一个司法案件中感受到公平正义”。2023 年 3 月，最高人民检察院党组对标习近平总书记的要求，明确提出“要加强法律监督，坚持高质效办好每一个案件，努力实现办案质量、效率与公平正义的有机统一，既要通过履职办案实现公平正义，也要让公平正义更好更快实现，还要让人民群众真正、切实‘感受到’公平正义，这应当成为新时代新征程检察工作的基本价值追求”。检察机关应当在“高质效办好每一个案件”的价值引领下，严格依法、公正司法，不断深化检察改革的质效，持续提升履职办案的能力和水平。

一、“高质效办好每一个案件”的内涵

“高质效办好每一个案件”根本源于习近平新时代中国特色社会主义思想、习近平法治思想，是习近平法治思想检察实践的重要方面。其理论内涵应从政治、法理和实践三个维度上认识和把握。

（一）政治内涵

高质效办好每一个案件，就是要把习近平法治思想对公正司法的原则性、基础性要求真正落实。习近平总书记强调，“公平正义是司法的灵魂和生命”，“如果不

努力让人民群众在每一个司法案件中都感受到公平正义，人民群众就不会相信政法机关，从而也不会相信党和政府”。“努力让人民群众在每一个司法案件中感受到公平正义”是习近平法治思想关于公正司法的原则性、基础性要求。坚持朝着这个目标不懈努力，高质效办好每一个案件，具体落实习近平总书记的要求，是检察机关必须承担的重要政治责任。

高质效办好每一个案件，做到严格执法、公正执法，本质上是讲政治的具体化和实践化，是从政治上着眼、在法治上着力的有机统一，是坚持党对司法工作的绝对领导、坚持中国特色社会主义法治道路的必然要求，是为大局服务、为人民司法、为法治担当的基本载体和重要抓手。

（二）法理内涵

公平正义也是社会主义法律的基本要素和重要内核，是社会主义法治的基本要求和价值追求。“高质效办好每一个案件”追求的是实体公正、程序公正、社会公正，体现质量、效率、效果在公平正义上的有机统一。

实体公正，重在提高办案质量，确保案件处理的结论经得起法律、历史和人民的检验。刑事、民事、行政三大诉讼法以及《人民检察院组织法》《检察官法》均明确规定“以事实为根据，以法律为准绳”，这是实体公正的法理，也是高质效办案的实体标准。程序公正，旨在规范办案过程，提高办案效率，保证实体公正。法治既是规则之治，也是程序之治，司法程序公正是实现实体公正的必要前提和手段，实体公正是程序公正的最终目的和结果，两者相互依存、不可偏废。社会公正，重在提升办案的社会效果。为人民司法是检察官的法定义务，这就要求检察人员在办案中不能就案办案、机械办案，要综合考虑天理、国法、人情，在切实增强人民群众获得感、幸福感、安全感中实现最佳的办案效果。质量、效率、效果作为司法办案的三个基本要素，彼此相互联系、相辅相成、环环相扣。

（三）实践内涵

办案是检察履职的主要方式。司法公正作为人民群众感受社会公平正义的一把标尺，寓于个案之中，并通过无数个案表现出来。高质效办好每一个案件，重在“高质效”、关键在“办好”、难在“每一个”。高质效办好每一个案件、案件的每一个环节，是检察履职办案的基本标准、基本要求，体现以个案高质效促进法律监督整体高质效。

二、“高质效办好每一个案件”的实践路径

作为保障国家法律统一正确实施的司法机关，检察机关必须严格依照法律规定和“三定”履职，聚焦法律监督这个主责主业，始终按照法律的规定和程序办事，坚持实事求是，严格遵循客观司法规律，在履职办案中一体落实“高质效办好每一个案件”在实体、程序、效果上的要求。

（一）在实体上确保实现公平正义

实现实体公正就是要落实“以事实为根据，以法律为准绳”，做到法理情有机

统一。司法办案的逻辑思维一般是由浅入深，由表及里，由形式审查到实质判断。具体而言，高质效办案要坚持“三个善于”，提高正确运用法律政策的能力，做实“高质效办好每一个案件”。

1. 善于从纷繁复杂的法律事实中准确把握实质法律关系。履职办案关键在于找准统领法律事实的实质法律关系，进行实质性判断，解决实质性问题。一是加强证据审查。这是认定法律事实、把握实质法律关系的基础性工作。加强证据审查、分析、论证，是以法律事实重现或最大限度接近客观事实，做到“案件事实清楚，证据确实、充分”。用足用好调查核实权，以亲历性保障准确性、实效性，以法律事实最大限度还原客观真实。二是厘清主次矛盾。实质法律关系往往蕴含在众多法律事实、法律关系之中，只有分清哪些是主要矛盾、哪些是次要矛盾，把起主导和支配作用的实质法律关系理出来、把握住，才能准确适用法律。三是坚持由表及里。准确把握实质法律关系是抽丝剥茧、察微析疑的过程。特别是针对刑事、民事、行政法律关系相互交织的案件，必须由表及里，加强深层次、实质性监督。

2. 善于从具体法律条文中深刻领悟法治精神。司法实践中遵循法律规范是法律适用的第一层次要求，坚持在法治精神指引下适用具体法律条文是法律适用更高层次的要求。一是把握法律规范和法律条文的关系。法律条文必须放在整部法律中进行体系性理解适用。一些案件呈现出刑事犯罪、民事侵权、行政违法交叉的特点，必须统筹运用各类部门法，吃透各类部门法的精髓要义。二是把握严格依法和法与时转的关系。履职办案既要坚持严格依法、公正司法，也要与时俱进，把静态的法律规定和鲜活的办案实践更好结合起来，跟上人民群众对公平正义的更高要求。三是把握法律授权和依法履职的关系。检察履职要立足宪法法律赋权，恪守职能边界，不脱离检察职能，不超越检察职权，不代行其他部门职权。四是把握法律规定和司法政策的关系。司法政策是法治精神在司法实践中的延伸，具有指导法律适用的重要作用。检察办案相对具体、精细，需要统筹落实法律规定和司法政策，在司法政策引导和规范下准确适用法律规定。

3. 善于在法理情的有机统一中实现公平正义。天理、国法、人情有机统一，实际上就是政治效果、法律效果、社会效果有机统一。一是符合法律规定。这是检察机关保障国家法律统一正确实施的应有之义。二是符合社会主义核心价值观。《中共中央关于加强新时代检察机关法律监督工作的意见》明确提出：“将社会主义核心价值观融入法律监督。”三是符合人民群众对公平正义的基本认知。法律适用要回应人民群众朴素的法感情，履职办案要更好契合人民群众对公平正义的基本认知。

（二）程序上让公平正义更好更快实现

在司法办案中尊重程序，按照法定程序行使司法权，是司法公正和公信的重要保障。让公平正义更好更快地实现，强调“更快”服从于“更好”，“更好”的基础上“更快”，两者辩证统一。

1. 注重程序保障。充分保障诉讼各方依法行使诉讼权利、履行诉讼义务是程序公正的应有之义，也是实现司法公正的必然要求。实践证明，如果只重视案件实体的处理结果而忽视处理程序，程序法执行不严格，不仅容易滋生违法调查、违法取证的情况，不能实现实体公正，还会损害法律权威和司法公信，甚至导致冤错案件的发生。因此，履职办案全过程、各环节，都要严格依照程序法规定，保障当事人和其他诉讼参与人的基本诉讼权利，督促当事人和其他诉讼参与人遵守诉讼秩序、履行生效裁判，监督纠正程序违法行为，由程序公正保障实体公正。

2. 提升司法效率。遵守法定办案期限是公正司法的底线要求，检察机关不仅不能自身长期“挂案”，也要依法监督其他执法司法机关严格遵守办案期限。同时，落实党中央关于深化诉讼体制改革的任务，推进案件繁简分流、轻重分离、快慢分道，协同其他执法司法机关健全案件快速办理机制，提高办案整体效率。无论繁案简案，都要在依法依规的基础上，让公平正义更好更快实现。

（三）在效果上让人民群众可感受、能感受、感受到公平正义

高质效办好每一个案件，要让人民群众发自内心地认可、接受，让公正司法与老百姓心中的“秤”同频共振。“可感受”是前提，表明公平正义客观存在；“能感受”是关键，表明感受公平正义渠道畅通；“感受到”是结果，表明公平正义真实已感。让人民群众可感受、能感受、感受到的公平正义，是客观结果与主观感知相统一的公平正义，是司法判断和群众评判相一致的公平正义。

1. 办案中加强释法说理。法律不应该是冷冰冰的，司法工作也是做群众工作。履职办案要准确把握群众心态、群众情绪，把释法说理贯穿办案的全过程，争取以人民群众看得见、听得懂的方式讲清法理、讲明事理、讲透道理，让当事人既解开法结又解开心结。

2. 做优检察听证工作。党的二十届三中全会决定强调，“要深化和规范司法公开”。司法越公开，越能彰显公平正义。检察听证是检务公开的有效举措，也是接受外部监督、强化自我监督的重要形式。要坚持“应听证尽听证”，更加重视听证的必要性、实效性、便利性，把听证的质量、效率、效果统一到更加注重质量上。

3. 发挥案例引领作用。典型案例是生动的普法教材，案例所体现的司法理念能引领法治进步。加强典型案例的总结提炼，做好做实典型案例的培育、运用和宣传机制，以案释法，积极引领社会法治风尚，弘扬社会主义法治精神和社会主义核心价值观。

三、“高质效办好每一个案件”的配套机制

党的二十届三中全会对健全公正执法司法的体制机制作专节部署，重点解决影响司法公正和制约司法能力的深层次问题。检察机关实现“高质效办好每一个案件”的价值目标，要健全相关的机制体系。

（一）优化检察管理机制

高质效的案件既是办出来的，也是管出来的。检察管理机制应遵循司法工作规

律，严格依法、实事求是，把有质量的数量和有数量的质量统筹到更加注重质量上。业务管理中应避免唯数据、唯指标倾向，调整和改变简单地以对数据进行考核管理的惯性思维，取消一切不必要、不恰当、不合理的考核。构建检察“大管理”格局，把宏观的数据分析与微观的案件评查结合起来，把管理方式从过去过于注重数据管理调整到更加注重业务管理、案件管理、质量管理上，引导检察官把注意力聚焦到高质效办好每一个案件、案件的每一个环节上，真正做到严格依法办案、公正司法。

（二）完善检察权运行制约监督机制

随着检察官决定的办案事项的增加，检察权滥用的风险也在增大。检察机关既要敢于监督、善于监督，更要勇于自我监督。关键在于完善司法责任制，统筹落实《关于人民检察院全面准确落实司法责任制的若干意见》和《人民检察院司法责任追究条例》，把责任的落实、认定、追究与检察机关的业务管理、案件管理、质量管理紧密结合起来，在更高层次上实现权力与责任的平衡、放权与管权的统一、管案与管人的结合，从而倒逼和促进高质效办好每一个案件、案件的每一个环节。

（三）加强检察队伍管理机制

与“高质效办好每一个案件”的要求相比，检察人员素质能力总体还跟不上、不适应。应当落实新时代检察队伍建设的意见和检察教育培训的布局规划，加强政治和业务的融合培训，一体提升检察人员政治素质、业务素能和职业道德素养。政治上坚持以习近平法治思想作为检察工作的根本遵循和行动指南；业务上着力提高正确运用法律政策的能力；职业道德上始终践行司法为民的理念，坚持法律面前人人平等，不偏不倚、不枉不纵。纪律作风是履职办案的重要保证，必须全面从严治检，严格执行防止干预司法的“三个规定”，用改革的精神和严的标准管党治检。

■问题与思考

1. 如何正确认识处理坚持党的绝对领导与依法独立公正行使检察权的关系？
2. 如何认识和把握检察机关在刑事诉讼审前程序中的主导地位？
3. 如何进一步加强和完善公益诉讼检察工作？
4. 如何推动刑事、民事、行政、公益诉讼“四大检察”融合发展？
5. 如何实现办案“高质”与“高效”的统一？

■参考阅读

1. 张军：《关于检察工作的若干问题》，载《人民检察》2019 年第 13 期。
2. 易志斌：《深化检察理念建设　加强法律监督工作》，载《人民检察》2022 年第 4 期。
3. 张建伟：《比较法视野下检察机关的主导作用》，载《国家检察官学院学报》2022 年第 1 期。
4. 韩旭：《刑事诉讼中检察官主导责任的理论考察》，载《人民检察》2020 年第 5 期。

第五章　检察机关的组织结构和运行机制

■ **本章导读**

检察机关的组织结构和运行机制阐释了整个检察系统如何能够上下一体地运行，通过一系列具体机制促进检察权公正高效运行，实现高质效办好每一个案件。检察机关的组织结构反映了不同级别的检察机关和检察机关的内部组织机构、办案组织围绕工作任务的分解、组合和协调而形成的组织关系，主要内容包括各级检察机关之间的层级设置、主要职能、领导与被领导的关系，检察机关内部组织机构、办案组织之间的职权范围。检察机关的运行机制则是在检察机关的法律地位、性质、组织结构和工作任务的基础上，建立的保障检察机关高质效实施组织活动的一系列基本机制。其中的主要内容包括检察一体化机制，领导、决策机制，检察权运行结果评估机制等。

检察机关是检察权配置、运行的组织载体和组织保障，要理解检察制度的基本原理，必须了解检察机关运行的相关原理和机制。即在了解检察机关的法律地位和性质的前提下，熟悉检察制度、检察权配置和运行的组织学原理，特别是要理解检察机关的层级、机构、办案组织、职能、机制等基本要素如何被组织形成一个层级结构分明、内外运行良好的组织系统。

第一节　检察机关的组织设置

检察机关组织设置的主要内容包括全国各级检察机关和专门检察机关的建制及其主要职能、领导关系。研究检察机关的组织设置，重点在于透过全国各级检察机关所形成的“检察一体、上命下从”的科层结构，进一步理解从整个检察系统到检察制度运行的基本逻辑，特别是检察机关在层级设置、职能分配上如何体现检察一体原则，以及检察系统与法院系统的重要区别。

一、检察系统的层级设置

我国检察机关的组织体系包括最高人民检察院、地方各级人民检察院和军事检察院等专门人民检察院。根据《宪法》《人民检察院组织法》的规定，最高人民检察院是我国的最高检察机关，领导地方各级人民检察院和专门人民检察院的工作。我国检察系统的层级设置如下：（1）最高人民检察院；（2）省级人民检察院，包括省、自治区、直辖市人民检察院；（3）设区的市级人民检察院，包括省、自治区辖市人民检察院，自治州人民检察院，省、自治区、直辖市人民检察院分院；（4）基层人民检察院，包括县、自治县、不设区的市、市辖区人民检察院。此外，另有军事检察院等国家设立的专门检察院，其设置、组织、职权和检察官任免由全国人民代表大会常务委员会规定。

从层级设置看，我国检察系统与法院相对应，设置四级人民检察院和军事检察院等专门检察院。地方层面，我国分别设置省级人民检察院、设区的市级人民检察院和基层人民检察院。同时，我国地方各级人民检察院的层级设置还遵循“以行政区划为主、特定区域为辅的原则”[1]，除了基层政府之外，每一级的人民检察院的管辖地域一般与行政区划高度对应，但在辖区内工矿区、农垦区、林区等特定区域，省级人民检察院和设区的市级人民检察院可以根据检察工作需要，依据法定程序在特定区域设立人民检察院派出机构。

二、人民检察院的主要职能

根据《宪法》《人民检察院组织法》《中共中央关于加强新时代检察机关法律监督工作的意见》，人民检察院是国家的法律监督机关，是保障国家法律统一正确实施的司法机关，是保护国家利益和社会公共利益的重要力量，是国家监督体系的重要组成部分。《人民检察院组织法》第20条规定了与上述性质地位相契合的职权。同时，为了巩固和发挥最高人民检察院在中国检察事业中的领导地位和作用，一系列相关法律法规、司法解释也赋予了最高人民检察院一些专门职能。

（一）“四大检察”法律监督职能

通过刑事、民事、行政和公益诉讼检察，立足检察办案，维护国家法律的正确实施，是各级检察机关的基本职能。

1. 刑事检察。在“四大检察”中，刑事检察是检察机关最传统也是最被外界熟知的一项职能。主要包括：（1）依照法律规定对有关刑事案件行使侦查权。[2]（2）按照《刑事诉讼法》及有关司法解释的管辖规定，对刑事案件进行审查，批准或者决定是否逮捕犯罪嫌疑人。（3）决定是否提起公诉，对决定提起公诉的案件支持公诉。（4）对刑事第一审裁判提出抗诉。各级人民检察院均有权向上一级人民法院提出抗诉，上级人民检察院如果认为抗诉不当，可以向同级人民法院撤回抗诉，并且通知下级人民检察院。（5）对刑事诉讼程序开展法律监督，包括立案监督和侦查活动监督，即对侦查机关该立案而不立案，或不该立案而立案，以及在侦查活动中是否存在违法的情况进行监督；刑事审判监督，即对于各级人民法院已经发生法律效力、确有错误的刑事裁判，由作出该判决人民法院的上级人民检察院按照审判监督程序对其同级人民法院提出抗诉；刑事执行监督，即对看守所、监狱、法院的刑罚

---

〔1〕 朱孝清、张智辉主编：《检察学》，中国检察出版社2010年版，第259页。

〔2〕 关于检察侦查职能的案件范围，在本书第八章有详细介绍，此处不再赘述。

执行和监管活动进行监督，包括最高人民检察院依法对最高人民法院的死刑复核活动的监督和省级人民检察院依法对高级人民法院复核未上诉且未抗诉死刑立即执行案件和死刑缓期二年执行案件活动的监督。

2. 民事检察。各级人民检察院有权对人民法院的民事审判活动开展监督。对人民法院已经发生法律效力的裁判（含调解书）符合《民事诉讼法》第 211 条规定情形或者调解书损害国家利益、社会公共利益的，上级人民检察院向作出裁判的人民法院提出抗诉，同级人民检察院可以向该人民法院提出检察建议，或提请上级人民检察院提出抗诉。另外，还包括对民事审判程序中审判人员违法行为的监督和民事执行活动的监督，后者包括对人民法院执行生效民事裁判、支付令、仲裁裁决以及公证债权文书等法律文书的活动实施法律监督。

3. 行政检察。根据《行政诉讼法》《中共中央关于加强新时代检察机关法律监督工作的意见》规定，行政检察包括对人民法院行政诉讼的监督、对行政非诉执行的监督以及对行政机关违法行为的监督。与民事检察类似，行政诉讼程序监督也包括了行政生效裁判监督、行政审判人员违法行为监督和行政诉讼执行监督，其中行政生效裁判监督除了启动条件存在差异外，监督主体、对象和方式都与民事裁判监督类似。此外，各级人民检察院在履行监督职责中还应开展行政争议实质性化解工作，促进案结事了。[1]

4. 公益诉讼检察。2014 年 10 月，党的十八届四中全会审议通过《中共中央关于全面推进依法治国若干重大问题的决定》，提出“探索建立检察机关提起公益诉讼制度”。经过两年的试点探索，公益诉讼检察在全国范围内全面铺开。当前，各级人民检察院主要根据《行政诉讼法》《民事诉讼法》以及相关单行法律的规定，针对侵害国家利益、社会公共利益的行为，开展行政公益诉讼、民事公益诉讼和刑事附带民事公益诉讼等，通过检察建议、提起诉讼和支持起诉等方式，履行公益守护职能。

（二）最高人民检察院的专有职能

最高人民检察院是我国最高检察机关，是所有其他人民检察院的上级检察院，因此上述有关“上级人民检察院”的所有职能，最高人民检察院均有权行使。除此之外，最高人民检察院还有以下专有职能：

1. 统一法律适用，制定、修改和废止司法解释，编纂指导性案例。司法解释能够保障检察机关正确理解法律，促进司法办案尺度的统一；弥补立法和立法解释迟延之不足，为立法或者立法解释积累司法经验；弥合司法机关之间对具体应用法律问题的认识分歧，促进公正司法，维护司法权威。[2] 而指导性案例是在事实认定、证据运用、法律适用、政策把握、办案方法等方面对办理类似案件具有指导意义的

---

〔1〕相关内容在本书第十章有详细介绍，此处不再赘述。

〔2〕参见孙谦：《最高人民检察院司法解释研究》，载《中国法学》2016 年第 6 期。

案例，具有准司法解释性质。根据全国人民代表大会常务委员会《关于加强法律解释工作的决议》、《人民检察院组织法》、《最高人民检察院司法解释工作规定》等，凡属于检察院检察工作中具体应用法律的问题，只能由最高人民检察院进行解释。这种解释对各级人民检察院具有普遍约束力，并由最高人民检察院对与新法律规定相矛盾的司法解释及时予以修改或者废止。最高人民检察院《关于案例指导工作的规定》也明确了检察机关指导性案例由最高人民检察院发布和废止。

2. 对省级人民检察院报请核准追诉的案件进行审查、决定是否追诉。根据《人民检察院刑事诉讼规则》，法定最高刑为无期徒刑、死刑的犯罪，已过二十年追诉期限的，不再追诉；如果认为必须追诉的，须报请最高人民检察院核准。最高人民检察院收到省级人民检察院报送的报请核准追诉案件报告书及案卷材料后，应当及时审查，必要时指派检察人员到案发地了解案件有关情况。经检察长批准，作出是否核准追诉的决定，并制作核准追诉决定书或者不予核准追诉决定书，逐级下达至最初受理案件的人民检察院，由其送达报请核准追诉的公安机关。

3. 向全国人民代表大会及其常务委员会提出属于全国人民代表大会职权范围内的议案，向全国人民代表大会常务委员会提出法律解释要求。《全国人民代表大会议事规则》第23条第1款规定，最高人民检察院可以向全国人民代表大会提出属于全国人民代表大会职权范围内的议案，由主席团决定列入会议议程。但是地方人民代表大会组织法以及议事规则中并未将人民检察院列为提案主体，故只有最高人民检察院有权向国家权力机关提出议案。

4. 向全国人民代表大会常务委员会提出规范性文件审查要求。主要有两方面内容：一是向全国人民代表大会常务委员会提出对行政法规、地方性法规、自治条例和单行条例是否符合宪法和法律进行审查的要求。二是认为国务院、中央军事委员会和省、自治区、直辖市的人民代表大会常务委员会作出的具体应用法律的解释同法律规定相抵触的，可以向全国人民代表大会常务委员会书面提出进行审查的要求，由常务委员会工作机构送有关专门委员会进行审查、提出意见。

三、上下级人民检察院之间的领导关系

《宪法》规定了上下级检察院的领导与被领导关系。《人民检察院组织法》第10条也规定，最高人民检察院领导地方各级人民检察院和专门人民检察院的工作，上级人民检察院领导下级人民检察院的工作。因此，在检察一体的组织运行原则之下，上级人民检察院具有对下级人民检察院的领导、监督、管理职能。

根据《关于加强司法权力运行监督管理的意见》《人民检察院案件请示办理工作规定（试行）》《关于加强上级人民检察院对下级人民检察院工作领导的意见》等的规定以及检察工作实践，上级人民检察院对下级人民检察院的领导，主要体现在以下几个方面：（1）对下级检察院相关业务进行指导，研究制定检察工作方针、总体规划，部署辖区内检察工作任务。上级人民检察院可以要求下级人民检察院作出书面报告，报告内容包括一个时期的工作情况，检察工作中的重要情况、紧急情况、

决定事项落实情况等，并结合报告提出工作部署和要求。下级人民检察院要结合本地区实际，将最高人民检察院和上级人民检察院关于检察工作的各项部署和要求落实到各项工作中，及时向上级人民检察院报告执行中遇到的新情况、新问题。（2）审查下级人民检察院在行使检察权中作出的决定，纠正错误决定。上级人民检察院发现下级人民检察院制定的关于业务工作的规范性文件存在超越法定权限，或者与效力更高的规范相抵触，或者有其他不适当情形的，应当及时提出纠正意见或者指令撤销。上级人民检察院认为下级人民检察院的决定错误，可以指令纠正，或者依法撤销、变更。（3）领导一体化办案，统筹调度辖区内检察资源。上级检察院可以指定管辖下级人民检察院管辖的案件；可以办理下级人民检察院管辖的案件；可以在辖区内各检察院之间调配检察官异地履行职务。针对人民检察院直接受理侦查案件的线索，上级人民检察院可以直接调查核实或者组织、指挥、参与下级人民检察院的调查核实，可以将下级人民检察院管辖的案件线索指定辖区内其他人民检察院调查核实，也可以将本院管辖的案件线索交由下级人民检察院调查核实；下级人民检察院认为案件线索重大、复杂，需要由上级人民检察院调查核实的，可以提请移送上级人民检察院调查核实。必要时可以整合辖区内上下级检察院办案力量，形成联合办案专班处理疑难、复杂案件。（4）处理下级人民检察院在司法实践中遇到的疑难、分歧问题；下级人民检察院在办理具体案件时，应当就案件涉及法律适用、办案程序、司法政策等方面确属重大疑难复杂的问题，向上级检察院请示。上级人民检察院可以要求下级人民检察院报告有关情况。（5）审核下一级人民检察院检察长的任免，对符合任免条件的，提请本级人民代表大会常务委员会批准。（6）其他管理工作，例如负责辖区内检察机关队伍建设、思想政治工作和检察财务装备工作规划、指导，等等。

第二节　检察机关的内部组织机构

检察机关的内部组织机构是检察机关内部根据不同职能分工形成的部门机构，共有三类：领导和决策机构、业务机构、综合管理机构。其中，内设业务机构是内部组织机构的主体部分，负责具体的检察业务，履行检察机关的主要职能。自检察机关恢复重建以来，内设业务机构的调整就始终是检察机关内设机构改革的主要对象，其设置直接影响到检察权的具体权能配置和高质效实现。

一、内设业务机构

（一）内设业务机构的设置逻辑

2018 年 12 月 24 日，最高人民检察院正式完成内设机构改革，形成刑事检察、民事检察、行政检察、公益诉讼检察“四大检察”新格局，并设置十大内设业务机构。2019 年底，省以下检察院基本完成本院的内设机构改革。此次由最高人民检察院主导推进的内设机构改革实现了检察职能和职权的重塑，以及中央与地方的统筹推进，可谓是“一次系统性、整体性、重塑性的改革”[1]。

内设业务机构的设置应考虑司法责任制及其限度、办案业务量和检察官数量、办案组织的设置、业务工作特性、日常管理需要以及上下级检察机关的业务对接等。[2] 当前检察机关的内设业务机构设置遵循了两重逻辑，一是按照诉讼领域来设置检察机关的内设机构，将与刑事诉讼、民事诉讼或者行政诉讼有关的检察职权分别交由不同部门行使，便于统一行使该领域相关的检察职权，达到法律监督的目的；[3] 二是在刑事检察领域，依据刑事案件类型设置内设机构，实行“捕诉一体”，突出刑法意义上的专业化思维。[4] 在机构设置和命名上，采用“编号+业务特点和性质”的方式，依次设置第一至第十检察厅（部）等内设业务机构，并结合业务特点和性质分别命名。[5] 其中省级检察机关内设机构设置与最高人民检察院内设机构设置基本对应，设区的市级和县（市、区）级检察机关根据机构编制实际情况设置。

当然，检察机关内设业务机构并非一经确立就不再改变的。如何设置，是由党和人民事业的实际需要，以及履行法律监督职能的实际需要所决定的，是可以动态调整的。部分省级检察机关的内设机构设置就有突破“十大业务”部门设置之尝试，如民事检察与行政检察合并设置、行政检察与公益诉讼检察合并设置、增设相关职务犯罪部门等。此外，也有将民事检察业务与行政检察业务合并以及增设侦查业务部门之讨论。截至目前，全国已有28个省级院单独设置了侦查机构。最高人民检察院也在持续加强业务建设，先后成立了知识产权检察办公室和数字检察办公室。由于诸多因素影响，在不同时期内设业务机构设置逻辑的侧重点是有所不同的。但总的来说，内设业务机构的设置，应当沿袭历史经验，遵循司法规律，合理配置司法资源，使法律赋予的各项法律监督职能都得到充分有效履行，为我国经济社会发展提供更好的法律监督服务。

（二）内设业务机构的具体设置

根据《2018—2022年检察改革工作规划》的要求，地方各级人民检察院的内设业务机构设置可以参照最高人民检察院，并统一设置机构名称为“部”。从原理来看，内设机构改革要强调统一和规范，在内设机构设置的名称、理念、思路、业务等方面，各级检察院原则上都要保持一致，下级检察院跟上级检察院的主要业务机

---

[1] 《国新办举行2019年首场新闻发布会　最高检领导就内设机构改革答记者问》，载《检察日报》2019年1月4日，第1版。

[2] 参见龙宗智：《检察机关内部机构及功能设置研究》，载《法学家》2018年第1期。

[3] 参见张智辉：《论法律监督》，载《法学评论》2020年第3期。

[4] 参见张建伟：《逻辑的转换：检察机关内设机构调整与捕诉一体》，载《国家检察官学院学报》2019年第2期。

[5] 最高人民检察院的内设业务机构编号称为“第×检察厅”，地方各级人民检察院的内设业务机构编号为“第×检察部”。

构设置原则上要对应。同时，市级人民检察院、基层人民检察院可以根据人员机构编制、办案数量等实际情况，进行一定调整，允许一个内设业务机构履行多项职能。依据 2018 年底的内设机构改革方案，现行的内设业务机构主要如下：

"普通犯罪检察厅（部）"，又称第一检察厅（部）。主要业务范围包括针对法律规定的普通犯罪，[1] 开展审查逮捕、审查起诉、出庭支持公诉、抗诉等工作，以及相关案件的立案监督、侦查活动监督、审判监督和补充侦查；办理普通犯罪相关的刑事申诉案件。

"重大犯罪检察厅（部）"，又称第二检察厅（部）。主要业务范围包括针对法律规定的重大犯罪，[2] 开展审查逮捕、审查起诉、出庭支持公诉、抗诉等工作，以及相关案件的立案监督、侦查活动监督、审判监督和补充侦查；办理重大犯罪相关的刑事申诉案件。除此之外，最高人民检察院的重大犯罪检察厅还负责死刑复核的法律监督工作。省级人民检察院重大犯罪检察部依法对高级人民法院复核未上诉且未抗诉死刑立即执行案件和死刑缓期二年执行案件的活动实行法律监督。

"职务犯罪检察厅（部）"，又称第三检察厅（部）。主要业务范围包括针对法律规定的国家监察委员会移送的职务犯罪案件，开展审查逮捕、审查起诉、出庭支持公诉、抗诉等工作，以及相关案件的审判监督和补充侦查；办理职务犯罪相关的刑事申诉案件。

"经济犯罪检察厅（部）"，又称第四检察厅（部），加挂"知识产权检察厅"的牌子。主要业务范围包括针对法律规定的破坏社会主义市场经济秩序犯罪案件，开展审查逮捕、审查起诉、出庭支持公诉、抗诉等工作，以及相关案件的立案监督、侦查活动监督、审判监督和补充侦查；办理经济犯罪的刑事申诉案件。

"刑事执行检察厅（部）"，又称第五检察厅（部），加挂"检察侦查厅"的牌子。主要业务范围包括负责对监狱、看守所和社区矫正机构等执法活动的监督；对刑事判决、裁定执行、强制医疗执行、羁押和办案期限的监督；办理羁押必要性审查相关工作；办理罪犯再犯罪的案件；负责对司法工作人员利用职权实施的非法拘禁、刑讯逼供、非法搜查等侵犯公民权利、损害司法公正犯罪，以及按照《刑事诉讼法》规定需要由人民检察院直接受理的其他重大犯罪案件的侦查。

"民事检察厅（部）"，又称第六检察厅（部）。主要业务范围包括对法院民事诉讼活动开展法律监督，即生效民事裁判监督、民事审判程序和审判人员违法行为监督、民事执行活动监督和虚假诉讼监督。

"行政检察厅（部）"，又称第七检察厅（部）。主要业务范围包括对法院行政

---

〔1〕 这些犯罪包括《刑法》分则规定的第四、五、六、七、十章涉及的罪名，即侵犯公民人身权利、民主权利罪，侵犯财产罪，妨害社会管理秩序罪，危害国防利益罪，军人违反职责罪（故意杀人罪、抢劫罪、电信网络诈骗犯罪、计算机信息网络犯罪、邪教犯罪、毒品犯罪除外）。

〔2〕 这些重大犯罪包括《刑法》分则规定的第一章危害国家安全罪、第二章危害公共安全罪涉及的罪名，以及故意杀人、抢劫、毒品等犯罪。

诉讼活动开展监督，即行政生效裁判监督、行政审判程序和审判人员违法行为监督、行政执行活动监督、行政非诉执行活动监督，以及对履行法律监督职责中发现的行政违法行为监督和行政争议实质性化解。

“公益诉讼检察厅（部）”，又称第八检察厅（部）。主要业务范围包括根据《民事诉讼法》《行政诉讼法》和全国人民代表大会常务委员会相关单行法律对公益诉讼的相关规定，办理行政公益诉讼、民事公益诉讼和刑事附带民事公益诉讼案件，并开展相关法律监督工作。

“未成年人检察厅（部）”，又称第九检察厅（部）。主要业务范围包括全面办理涉未成年人的刑事、民事、行政、公益诉讼检察案件；组织协调开展未成年人司法救助、司法保护和预防未成年人犯罪工作，统筹推进未成年人检察社会治理和犯罪预防工作。

“控告申诉检察厅（部），又称第十检察厅（部）”。主要业务范围包括受理向人民检察院提出的控告、申诉和举报，处理、接受群众信访；承办人民检察院管辖的国家赔偿案件和国家司法救助案件。

法律政策研究室。调查研究国家公布的与检察工作有关的法律、法规、政策的执行情况，提出意见和建议，承办有关检察工作法律案的起草和相关法律法规的修改研究论证工作，组织开展检察调研和检察理论研究工作，对检察工作适用法律问题提出司法解释建议案，其中最高人民检察院有权制发相关司法解释；负责司法体制改革综合协调相关工作，承担本院检察委员会日常工作。

案件管理办公室。负责案件的统一受理流转、办案流程监控、涉案财物监管、法律文书监管、案件信息公开；统一组织办案质量评查、业务考评和业务统计分析研判；组织指导人民监督员工作；组织开展检察信息化建设工作和统一业务应用系统的应用。

二、领导、决策机构和综合管理机构

（一）领导、决策机构

检察长和检察委员会是检察机关的领导、决策机构，根据《人民检察院组织法》第 29 条规定：“检察官在检察长领导下开展工作，重大办案事项由检察长决定。”第 36 条规定：“人民检察院检察长领导本院检察工作，管理本院行政事务。人民检察院副检察长协助检察长工作。”检察长作为检察机关的领导、决策机构，主要享有五个方面的职权：（1）组织领导权。检察长领导本院检察工作，副检察长协助检察长工作。（2）重大办案事项的决定权与案件的提请讨论权。检察长决定案件的重大办案事项并承担司法责任；主持检察委员会会议，决定提交检察委员会讨论决定的案件和重大事项。（3）提请任免权。地方各级检察机关检察长向本级人民代表大会常务委员会提请任免副检察长、检察委员会委员和检察员。（4）选举罢免权。选出或者罢免人民检察院检察长，须报上级人民检察院检察长提请该级人民代表大会常务委员会批准。（5）代表权。各级人民检察院的检察长代表本院，向同级人民代表大会报告工作。

检察委员会作为检察机关的重大业务工作议事决策机构，实行民主集中制讨论决定案件和事项。检察委员会由检察长、副检察长、专职委员和若干资深检察官组成，成员为单数。《人民检察院组织法》第 31 条规定了其应当履行的职能，包括总结检察工作经验，讨论决定重大、疑难、复杂案件，讨论决定其他有关检察工作的重大问题。最高人民检察院对属于检察工作中具体应用法律的问题进行解释、发布指导性案例时，同样应当由检察委员会讨论通过。在此基础上，《人民检察院检察委员会工作规则》第 8、9 条进一步明确检察委员会讨论决定的案件和事项范围：(1) 应当提交检察委员会讨论决定的案件。包括涉及国家重大利益和严重影响社会稳定的案件，拟层报最高人民检察院核准追诉或者核准按照缺席审判程序提起公诉的案件，拟提请或者提出抗诉的重大、疑难、复杂案件，拟向上级人民检察院请示的案件，对检察委员会原决定进行复议的案件，以及其他重大、疑难、复杂案件。(2) 应当提交检察委员会讨论决定的事项。包括在检察工作中贯彻执行党中央关于全面依法治国重大战略部署和国家法律、政策的重大问题；贯彻执行本级人民代表大会及其常务委员会决议的重要措施，拟提交本级人民代表大会及其常务委员会的工作报告；最高人民检察院对属于检察工作中具体应用法律的问题进行解释，发布指导性案例；围绕刑事、民事、行政、公益诉讼检察业务工作遇到的重大情况、重要问题，总结办案经验教训，研究对策措施；对检察委员会原决定进行复议的事项；本级人民检察院检察长、公安机关负责人的回避；拟向上一级人民检察院请示或者报告的重大事项；其他重大事项。

（二）综合管理机构

综合管理机构是检察机关出于内部管理和高质效开展检察业务的需要，而设置的以处理检察行政事务为主的内设机构。各级人民检察院设置的综合管理机构一般包括：

1. 政治部和机关党委。政治部负责开展具有检察工作特点的政治思想工作，推进检察人才队伍建设；承担本院检察官、检察辅助人员、司法行政人员的任免、考核、表彰、奖励、调配、工资福利、监督以及机构、编制等工作；负责司法警察、离退休干部管理相关工作；组织检察教育培训和检察宣传工作；负责机关定向扶贫等工作。机关党委负责机关的意识形态工作，宣传和执行党的路线、方针、政策；开展党的主题教育、学习教育活动，对党员进行教育、管理、监督和服务，发展党员；协助院党组管理机关基层党组织和群团组织的干部，全面从严治党主体责任，负责机关党组织和党员的监督、执纪、问责；领导机关工会、共青团、妇女组织等群团组织；承担上级党组织交办的其他任务。

2. 办公厅（室）。负责检察院日常运行，承担机关文电、会务、机要、保密、档案、值班应急等工作；协助院党组、院领导处理检察政务，组织协调院重要工作部署、重大决策的贯彻实施；组织起草综合性材料、重要文件，管理秘书事务，处理检察信息，负责人大代表、政协委员联络工作和特约检察员、咨询委员等的联系工作，以及外事和涉台、港、澳工作；负责领导同志批办事项督查工作等。

3. 检务督察局（处）。负责对下级人民检察院执行法律、法规和上级人民检察院规定、决定情况进行督察；负责研究制定检务督察工作有关政策；承担检察官惩戒委员会和人民检察院党组巡视等具体工作。

4. 计划财务装备局（检务保障处）。负责制定实施检察机关财务和装备规划，指导下级人民检察院计划、财务、装备工作，负责本院财务管理、国有资产管理、政府采购等工作。

第三节　检察机关的办案组织

检察机关的办案组织，是指为依法行使检察院的各项办案职权，由检察官组成的，在法定职责范围内按照法定程序依法办理案件并承担办案责任的基本组织单元。办案组织也是检察机关组织结构中最基础的单位，其形式与职权行使关涉检察权各项权能的实现。检察机关依托办案组织的形式与办案职权配置，在一定范围内实现办案权与定案权统一，进一步理顺检察机关内部各主体之间的关系和职权范围，保障检察官相对独立地位，明确司法责任认定与追究对象。

一、检察机关办案组织的形式及其职权

根据《人民检察院组织法》《最高人民检察院机关司法办案组织设置及运行办法（试行）》《关于人民检察院全面准确落实司法责任制的若干意见》等的规定，检察机关办理案件，可以根据履职需要、案件类型及复杂难易程度等案件情况，分别设置两种办案组织的基本形式和特殊形式。

（一）独任检察官与检察官办案组

独任检察官和检察官办案组是办案组织的基本形式。独任检察官是指由一名检察官依法办理案件并承担办案责任的办案组织形式，主要负责办理事实清楚的普通案件或简单案件，审查逮捕、审查起诉案件，以及诉讼监督等其他法律监督案件。检察官办案组则是由两名以上检察官组成，检察长指定一名检察官担任主办检察官以组织、指挥办案组办理案件的办案组织形式。检察官办案组主要承办重大、疑难、复杂案件，人民检察院直接受理立案侦查的案件，以及诉讼监督等其他法律监督案件。

全面落实司法责任制后，独任检察官和检察官办案组除重大办案事项外，可以在职权范围内办理、决定案件，承担司法责任。综合《最高人民检察院机关司法办案组织设置及运行办法（试行）》《关于完善检察官权力清单的指导意见》《关于人民检察院全面准确落实司法责任制的若干意见》等的规定，独任检察官或检察官办案组的办案职权分为三类：（1）办案事项决定权。独任检察官或检察官办案组依职权对检察官办案职权范围内的事项作出决定，针对检察官职权范围内的决定事项或

不涉及决定权的办案事项，以人民检察院名义签发法律文书。[1]（2）提出意见权。独任检察官和检察官办案组的主办检察官可以在职责范围内提出处理意见，提请业务部门负责人召开检察官联席会议讨论。此外，检察长决定办案事项时，检察官仍可以提出处理意见供参考。（3）提请检察长决定或检察委员会讨论的权力。检察官可以直接就重大案件和其他重大问题，提请检察长决定，或者请求就承办的案件提请检察委员会讨论，依程序报检察长决定。

（二）检察长与检察委员会

检察长和检察委员会是办案组织的特殊形式，是负责决定重大、疑难、复杂案件和重大办案事项的办案组织。检察长既是检察机关的领导机构，也是对独任检察官和检察官办案组承办案件的重大办案事项作出决定的办案组织。检察委员会既是重大业务工作议事决策机构，也是以民主集中制的形式讨论决定重大、疑难、复杂案件的办案组织。

综合《人民检察院组织法》《最高人民检察院机关司法办案组织设置及运行办法（试行）》《关于加强司法权力运行监督管理的意见》《人民检察院检察委员会工作规则》《关于人民检察院全面准确落实司法责任制的若干意见》等的规定，检察长和检察委员会的办案职权主要包括：（1）检察长决定独任检察官或检察官办案组所承办案件中的重大事项。例如，以人民检察院名义提出终结审查、不支持监督申请、提出（提请）抗诉、提出纠正违法意见、检察建议的决定等。（2）检察委员会行使重大、疑难、复杂案件的办案事项决定权。（3）针对检察官提请决定的重大案件和其他重大问题，检察长可以直接作出决定，或者根据案件情况，提交检察委员会讨论决定。（4）检察长有权审核独任检察官、检察官办案组承办的案件。检察长不同意检察官处理意见时，可以要求检察官复核或提请检察委员会讨论决定，也可以直接作出决定。《关于人民检察院全面准确落实司法责任制的若干意见》对检察长和检察委员会的职责作了进一步规定。《关于人民检察院全面准确落实司法责任制的若干意见》第 11 条规定，涉及国家安全、国家重大利益或者严重影响社会稳定的案件；拟层报最高人民检察院核准的案件；拟提请或者提出抗诉的重大、疑难、复杂案件；拟向上级人民检察院请示的案件；对检察委员会原决定进行复议的案件；根据《人民检察院刑事诉讼规则》《人民检察院民事诉讼监督规则》《人民检察院行政诉讼监督规则》《人民检察院公益诉讼办案规则》等的规定，其他需要提请检察

---

[1] 《关于人民检察院全面准确落实司法责任制的若干意见》第 14 条规定："检察官依照法律、司法解释的规定和检察长的委托，依法行使下列职权：1. 传唤、讯问犯罪嫌疑人、被告人；2. 询问证人和对诉讼活动具有重要影响的其他诉讼参与人；3. 组织收集、调取、审核证据，开展调查核实工作；4. 组织搜查、查封、扣押、冻结、勘验、检查等；5. 审查案件材料；6. 主持案件听证会、公益诉讼磋商座谈会；7. 出席法庭，宣读起诉书（上诉书、抗诉书、出庭意见书）、讯问被告人、对相关证据进行举证质证辩论、发表出庭意见等；8. 查阅、调取人民法院案卷；9. 临场监督死刑执行；10. 检察长委托检察官负责的其他办案事项。"

委员会讨论决定的重大、疑难、复杂案件，应当提请检察委员会讨论决定。《关于人民检察院全面准确落实司法责任制的若干意见》第13条规定，检察长负责决定涉及国家安全、国家利益、社会公共利益或者影响社会稳定的案件；涉及国防、外交等敏感案件；重大的职务犯罪、涉黑涉恶犯罪、金融犯罪案件；涉案人数众多，或者社会影响较大，或者危害后果严重的案件；新类型案件以及对于法律适用具有普遍指导意义的案件；上级人民检察院交办、下级人民检察院请示、公安机关要求复议和提请复核的案件；根据《人民检察院刑事诉讼规则》《人民检察院民事诉讼监督规则》《人民检察院行政诉讼监督规则》《人民检察院公益诉讼办案规则》等的规定，其他需要由检察长决定的办案事项。

将检察长和检察委员会作为一种特殊形式的办案组织，保留其在重大、疑难、复杂案件和重大办案事项中的部分决定权，具有必要性与合理性。必要性方面，我国检察机关实行检察长负责制与民主集中制相结合的领导决策机制，检察长和检察委员会需要对案件质量进行内部监督和把关，以此确保检察官依法正确行使办案职权。因此，“检察长必要的审批权和指令权、检察委员会制度、法律文书签发制度，仍然是防范检察官滥权的重要制度，应当在完善后保留”〔1〕。合理性方面，检察机关实行检察一体的基本组织原则，为确保案件中法律适用的统一性，应当允许在少数的重大、疑难、复杂案件和重大办案事项中，由检察官审查案件事实与证据，检察长、检察委员会予以把关质量并最终决策。

二、检察机关办案组织及其形式对全面落实司法责任制的重要作用

党的十八大以来，建立和完善司法责任制是司法体制改革的“牛鼻子”，对其他各项司法改革均具有牵引和统领作用。〔2〕对于检察机关而言，关键在于构建权责统一的检察权运行机制和公平合理的司法责任认定、追究机制，做到“谁办案谁负责、谁决定谁负责”。司法责任制改革的基本要求，便是要突出检察官办案的主体地位，明确检察官办案的权力和责任，形成权责明晰、权责统一、管理有序的司法权运行机制。可以说，全面落实司法责任制涉及检察机关从内部组织结构、办案组织调整到职权划分、责任认定与追究等方方面面。据此，检察机关办案组织的科学设置就成为全面落实司法责任制的首要前提，并为司法责任的准确认定和高效追究奠定基础。

（一）巩固检察官相对独立的主体地位，提升检察办案的亲历性

全面落实司法责任制要求减少行政因素对检察权运行的不利影响，提升检察官办案的相对独立地位，促使检察机关行使检察权更加符合司法亲历性要求。对此，就需要通过调整办案组织的形式和职权，重构检察机关内部的职权结构，让检察官拥有更多决定办案事项的职权。

---

〔1〕 左卫民、谢小剑：《检察院内部权力结构转型：问题与方向》，载《现代法学》2016年第6期。

〔2〕 参见张文显：《论司法责任制》，载《中州学刊》2017年第1期。

检察机关办案组织的形式和职权配置突出了检察官的相对独立地位，据此形成的办案模式更加符合全面落实司法责任制的基本要求。检察官的相对独立地位，在办案组织中体现为“在检察长或检委会领导下，承办检察官对职责或授权范围内的事项，依法独立行使决定权，并承担相应责任”[1]。同时，为避免检察长滥用案件的审核权，《关于完善人民检察院司法责任制的若干意见》《人民检察院司法责任追究条例》等规定，检察官根据检察长的要求进行复核并改变原处理意见的，检察长与检察官共同承担司法责任；检察长改变检察官决定的，对改变部分承担司法责任。

突出检察官相对独立地位的办案组织形式和职权配置，也符合全面落实司法责任制的亲历性要求。“检察机关处理的事务具有司法属性，以公正为价值取向，在涉及证据权衡时，要求决定主体具有‘亲历性’。”[2] 在以往三级审批制下，案件办理者却不是最终的决定者，显然有悖于司法规律，其也并非真正意义上的办案组织。与之不同的是，当前检察官能够决定绝大部分案件的绝大部分办案事项，实现了办案者与定案者的统一。同时，检察长和检察委员会仅保留了重大事项和重大、疑难、复杂案件的决定权。在全面落实司法责任制的背景下，这种办案组织的职权配置更能兼顾司法亲历、权力监督制约与办案质量把关的要求。

（二）厘清检察机关各主体的职权，严格司法责任的认定与追究

在以往三级审批制的办案模式中，办案检察官、部分负责人、检察长和检察委员会在同一案件中分别处理事实认定、证据和法律适用等问题，办案职权相互交织。因此，很难通过办案职权或行为去认定、追究责任主体。全面落实司法责任制要求形成权责明晰、权责统一、管理有序的司法权运行机制，与之相适应的是，当前检察机关的办案组织形式和职权中需要厘清检察长、检察委员会、检察官、主办检察官、部门负责人之间的权限，为司法责任的准确认定和高效追究奠定基础。

具体而言，根据《关于完善人民检察院司法责任制的若干意见》《人民检察院司法责任追究条例》《关于加强司法权力运行监督管理的意见》《关于人民检察院全面准确落实司法责任制的若干意见》等规定，办案组织区分出了办案者和负有监督管理职责的检察人员，进而明确五种应予承担司法责任的情形：（1）独任检察官。独任检察官对其承办并决定的案件，承担司法责任。（2）检察官办案组。主办检察官、检察官共同承担所承办案件的司法责任，主办检察官对其职责范围内决定的事项承担司法责任，其他检察官对自己的行为承担司法责任。[3] （3）检察长。检察长对职权范围内作出的有关办案事项的决定承担司法责任；检察长要求检察官复核，且检察官根据要求复核并改变原处理意见的，检察长与检察官共同承担司法责任；

---

[1] 朱孝清：《检察官相对独立论》，载《法学研究》2015年第1期。

[2] 魏晓娜：《依法治国语境下检察机关的性质与职权》，载《中国法学》2018年第1期。

[3] 《关于人民检察院全面准确落实司法责任制的若干意见》第15条规定：“主办检察官除行使检察官办案职权外，对检察官办案组还应当履行下列职责：1. 负责检察官办案组办理案件的组织、指挥、协调；2. 负责编入检察官办案组检察辅助人员的分工、提出考核建议等管理工作。”

检察长改变检察官的决定时，对改变部分承担司法责任。[1]（4）检察委员会。对于检察委员会讨论的案件，检察官对其汇报的事实负责，检察委员会委员对本人发表的意见和表决负责。检察委员会作出错误决定的，检察委员会委员根据错误决定形成的具体情形和主观过错情况，承担相应的司法责任；没有故意或者重大过失的，不承担司法责任。[2]（5）负有监督管理职责的检察人员。检察长、副检察长、业务部门负责人以及其他负有监督管理职责的检察人员，因故意或者重大过失怠于行使或者不当行使监督管理权，在职责范围内对检察人员违反检察职责的行为失职失察、隐瞒不报、措施不当，导致司法办案工作出现严重错误的，应当承担相应司法责任。

第四节　检察机关的运行机制

如果说检察机关的组织结构是检察机关运行的“骨架”，那么检察机关运行机制则是在“骨架”之间建立联系并使其活动的“神经”与“肌肉”。有效的检察机关运行机制能够通过诸如检察一体化机制、领导决策机制等不同工作机制之间的相互协调、配合，合理安排检察资源，确保检察事务和检察行政事务有序开展。

一、检察机关运行机制概述

（一）检察机关运行机制的概念与基本特征

检察机关运行机制在本质上是一种组织运行机制，是指为实现宪法和法律确定的组织目标，围绕检察机关的性质、法律地位、职能和工作任务所展开建构的、能有效调动组织资源并推动组织运行的一系列机制的集合。检察权运行机制是促使检察权运转，并实现检察职能的工作系统中各要素相互作用的机理或者模式。检察机关运行机制与检察权运行机制高度关联但又有所不同。在检察权公正高效运行、维护国家法律统一正确实施等目标的范畴内，二者指向的具体机制高度重合。不同的是，检察机关运行机制的外延更加宽泛，包括能够实现检察职能和检察行政职能的一系列具体机制。

综合来看，我国检察机关运行机制的基本特征有：

---

〔1〕《关于人民检察院全面准确落实司法责任制的若干意见》第28条规定：“检察长对职权范围内就办案事项作出的决定负责。检察长对办案事项作出的决定，检察官应当执行。检察官执行检察长决定时，认为决定有错误的，可以提出异议；检察长不改变该决定，或者要求立即执行的，检察官应当执行，执行后果由检察长负责，检察官不承担司法责任。检察官执行检察长明显违法的决定且未提出异议的，应当承担相应的司法责任。”

〔2〕《关于人民检察院全面准确落实司法责任制的若干意见》第27条规定：“检察委员会讨论的案件，检察官对其汇报的事实负责，检察委员会委员对本人发表的意见和表决负责。检察委员会作出错误决定的，检察委员会委员根据错误决定形成的具体情形和主观过错情况，承担相应的司法责任；没有故意或者重大过失的，不承担司法责任。”

1. 多重领导体制并存的领导方式。检察机关的领导体制不限于上级检察机关对下级检察机关的领导，是指“由上下级检察机关之间，以及检察机关与对于检察机关有关官员任免、业务指挥及工作监督权限的其他国家机关之间形成的组织关系”[1]。我国检察机关实行多重领导并存的领导体制，在检察系统的内部，检察机关接受最高人民检察院和上级人民检察院的领导，以此确保全国检察机关形成一个整体；在检察系统的外部，检察机关在政治、思想和组织上受党的绝对领导，并接受同级人民代表大会及其常务委员会的监督。据此，检察机关的领导决策机制就呈现出检察长负责制与民主集中制相结合的特点。

2. 司法性与行政性兼具的运行特点。《中共中央关于加强新时代检察机关法律监督工作的意见》明确人民检察院是国家的法律监督机关、司法机关。我国检察机关运行机制的司法性是检察机关和检察官的司法性的延伸逻辑，机制运行的重点在于保障检察官办案的主体地位、检察机关依法独立公正行使检察权。我国检察改革的重要趋势之一就是突出检察机关运行的司法性，例如，“检察机关办案方式适度司法化成为更迫切的课题”[2]。当然，检察机关运行机制仍然具有一定的行政性，体现为上下级检察机关之间和检察机关内部的领导关系，以及基于检察一体所建构的具体运行机制。检察一体化机制就是检察机关运行机制的双重属性的最好注解，如果将检察机关视为纯粹的司法机关或者行政机关，则完全没必要构建检察一体化机制。因为纯粹的司法机关需要保持独立，排斥检察一体化机制；纯粹的行政机关则天然实行上命下从的管理，无须刻意强调检察一体化机制。

3. “整体独立、上命下从”的运行逻辑。在我国现行司法体制下，人民检察院依法独立行使检察权，是指人民检察院整体独立，而非检察官独立。[3] 检察权主体相应地呈现出二元化特征：“检察机关是检察权行使的职能主体，检察官是检察权行使的执行主体。”[4] 检察官以人民检察院的名义行使检察权、开展检察活动。基于这一制度基础，我国检察机关遵循“整体独立、上命下从”的运行逻辑：对外，检察机关依法独立行使检察权，“检察权应当独立于政府、独立于侦查与审判、独立于被害人，并保证组织本身及财政的独立”[5]；对内，检察机关“既要确认检察官个体一定程度的相对独立性，也要强调检察机关内部的统一性和上下级隶属关系”[6]。这一运行逻辑不同于法院的运行逻辑，上下级法院之间则实行一种监督关系；上下级检察机关和同级检察机关内部实行的是领导关系，检察机关运行的具体机制都是围绕这一逻辑展开建构的。

---

〔1〕 孙谦主编：《中国检察制度论纲》，人民出版社 2004 年版，第 102 页。

〔2〕 龙宗智：《检察机关办案方式的适度司法化改革》，载《法学研究》2013 年第 1 期。

〔3〕 参见陈光中、魏晓娜：《论我国司法体制的现代化改革》，载《中国法学》2015 年第 1 期。

〔4〕 卢建平主编：《检察学的基本范畴》，中国检察出版社 2010 年版，第 114 页。

〔5〕 陈国庆：《检察制度原理》，法律出版社 2009 年版，第 65 页。

〔6〕 童建明、万春主编：《中国检察体制改革论纲》，中国检察出版社 2008 年版，第 105 页。

（二）检察机关运行机制的基本要素

检察机关运行机制作为一种组织运行机制，至少应当涵盖组织目标、组织原则、组织结构、组织管理等基本要素。其中，组织目标和组织原则集中体现了检察机关的性质、地位、职能和工作任务，组织结构是检察机关运行机制建构的“载体”，组织管理则为机制运行提供必要的“燃料”。

1. 组织目标。“我国检察机关之所以在国家机构中处于重要地位，是由法制的统一性，以及检察机关法律监督的特殊任务所决定的。”[1] 检察机关的组织目标就在于依法公正高效行使检察权，保障国家法律统一正确实施，保护国家利益和社会公共利益。围绕这一组织目标及其延伸的工作任务，检察机关才能建立并完善更为具体的运行机制。

2. 组织原则。检察机关运行的组织原则，是指宪法和法律规定的检察机关开展活动时所必须遵循的行为准则，也是建构和完善检察机关运行机制时所必须遵循的基本原则。依据《宪法》《人民检察院组织法》相关规定，检察机关运行的基本原则包括：（1）依法独立行使检察权原则。依据该原则，检察机关要在接受党对检察机关的绝对领导和国家权力机关的监督前提下，独立行使检察权，排除行政机关、社会团体和个人的干预。据此，检察机关要建立起领导体制和机制、检察业务相关的工作机制和人财物管理机制。（2）检察一体原则。该原则既是检察权行使的重要原则，也是检察机关运行的组织原则。检察机关要建立并完善上下一体、上命下从的检察一体化机制，以保证检察机关依法独立、公正高效行使检察权，统一检察办案的标准，实现检察权运行的层级监督。（3）客观公正原则。检察机关作为国家和社会公共利益的代表，必须遵循客观公正义务，忠实于事实真相，实现司法公正。根据该原则，检察机关运行机制的具体内容应当包含关于监督和规范检察官行使检察权的相关机制。（4）适用法律一律平等原则。检察机关行使检察权在适用法律上一律平等，不允许任何组织和个人有超越法律的特权，禁止任何形式的歧视。（5）保障人权原则。检察机关运行机制应当促使检察机关坚持司法公正，以事实为根据、以法律为准绳，遵守法定程序，尊重和保障人权。

3. 组织结构。检察机关的组织结构，是指上下级检察机关之间和检察机关内设机构围绕工作任务的分解、组合和协调而形成的框架体系，“要解决的主要问题是检察机关在国家机构中如何建制以及检察机关的不同级别之间和一个检察机关内部如何组织起来，形成一个有机系统，保证检察权的有效运作”。[2] 检察机关组织结构构成了检察一体化机制、领导决策机制、检察权运行结果评估机制等具体运行机制的制度基础。基于这种建制化的组织结构，检察机关才能够区分出检察业务和检察行政事务，厘清上下级检察机关之间和检察机关内部组织机构的权责范围。

---

〔1〕 王桂五：《论检察》，中国检察出版社2013年版，第59页。

〔2〕 参见孙谦主编：《中国检察制度论纲》，人民出版社2004年版，第328—335页。

4. 组织管理。组织管理是指管理者通过组织、领导、计划等手段，运用、优化配置组织资源，协调管理对象之间的活动，确保组织运行的活动过程。检察机关作为一个组织，其检察管理要素由管理者、管理手段和管理对象组成。[1] 检察机关运行中的组织管理活动就体现为上级检察机关、本级检察机关的检察长和检察委员会等检察机关的管理者运用检察权运行结果评估等管理手段，确保检察业务和检察行政事务有序开展、检察权公正高效运行和组织目标实现。

（三）检察机关运行机制与检察权配置的逻辑联系

"检察机关充分、有效地履行法律监督职能，必须拥有与其履行职能相适应的检察权能，这就是检察权的配置问题。"[2] 检察机关运行机制与检察权配置之间有着千丝万缕的逻辑联系。

首先，检察权配置及其在组织结构中的权能分布，是建构检察机关运行机制的基本前提。检察权配置涉及三个方面的权力分布问题：一是在国家权力结构中，宪法和法律赋予的检察权包含哪些具体权能；二是不同级别检察机关之间的权力分配问题；三是检察机关内部的职权分配问题。在基本的逻辑上，先有检察权配置，后有围绕检察权建立起的检察机关运行机制。因此，运行机制的建立和完善应体现检察权配置的基本逻辑。例如，在上下级检察机关之间进行检察权配置时，就需要建立并完善检察一体化机制去适应上下级检察机关之间的领导关系。

其次，检察机关的法律地位、性质、职能和工作任务，以及在此基础上形成的组织目标、组织原则，是检察权及其权能配置的重点考量因素。检察权配置主要基于检察机关的法律地位、性质、职能和任务，"符合法律监督性质是检察权配置的根本要求，有效履行职责使命是检察权配置的直接目的，保证接受监督制约是检察权配置必须考虑的控制措施"[3]。检察机关的法律地位、性质等进一步决定了其组织目标和组织原则，为实现这一目标和原则，自然需要配置相应的检察权。从这一角度看，检察权配置应当遵循有利于保障检察机关充分发挥法律监督职能原则、有利于保障司法公正原则、有利于保障对权力进行制约原则。

最后，检察权的合理配置是检察机关运行机制有效运行的基础，检察机关运行机制的有效性反过来又能验证检察权配置的科学性，为优化检察权配置提供基本路径。不合理的检察权配置伴随着检察机关运行的现实困境，"司法职权受制于地方行政权、司法主体的职权配置交叉混同、司法职权内部配置行政化倾向"[4]。从检察机关运行的基本要素看，优化司法职权的内部配置，涉及司法机关内部的权力关

---

[1] 参见冯中华：《检察管理论》，中国检察出版社 2010 年版，第 7 页。

[2] 李建明：《优化权能结构：检察权优化配置的实质》，载《河南社会科学》2011 年第 2 期。

[3] 谢鹏程：《检察权配置的原理》，载《国家检察官学院学报》2012 年第 4 期。

[4] 徐汉明、王玉梅：《我国司法职权配置的现实困境与优化路径》，载《法制与社会发展》2016 年第 3 期。

系问题。因此，优化检察权配置要职责明晰、职能协同和效力保证；[1] 考虑严格区分检察业务与检察行政事务，完善监督、规范检察权运行的工作机制；理顺检察机关与行政机关等外部相关单位，以及检察系统内部各主体之间的关系。

二、检察机关运行机制的主要内容

（一）检察一体化机制

检察一体原则是检察机关运行的一项基本组织原则，其要解决的问题是“上命下从及其界限问题，在何等范围内应遵从上级之指示”[2]。检察一体化机制则是基于检察一体原则所构建的检察机关运行机制，是指检察机关在行使检察权过程中形成的整体统筹、上下一体、指挥灵敏、协作配合，统一行使检察权的运行机制。从组织运行的角度看，检察一体的本质在于组织协调各级检察机关的行为，确立统一的行为规范和办案标准。

综合法律和相关司法解释，我国检察一体化机制包含了三个方面的基本内容，分别涉及检察机关的组织结构和运行机制要求：（1）检察系统被视为一个保障国家法律统一正确实施的不可分割的整体力量，全国各级检察机关形成一个整体独立、结构严谨、科层分明的主体。下级检察机关应当执行上级检察机关的决定，同时，全国各级检察机关之间和检察机关内设机构之间应当加强协调配合。（2）上级检察机关对下级检察机关主要享有检察业务与检察行政事务上的指令权。[3] 检察业务方面，上级检察机关有权纠正、撤销或变更下级检察机关的决定，指定下级检察机关管辖案件、线索调查，调用辖区内检察官等；下级检察机关应当就办案中的重大疑难复杂问题，向上级检察机关请示报告。检察行政事务方面，上一级检察机关检察长提请本级人民代表大会常务委员会批准下级检察机关检察长的人事任免，或要求下级检察机关撤销不符合任职条件的检察官的任命。（3）本级检察机关实行检察长负责制与民主集中制相结合的领导决策机制。检察长领导检察院工作，检察官服从检察长的领导、指挥和监督及检察委员会的集体领导。检察长可以要求检察官行使办案事项的复核权，也可以直接作出决定，或者提请检察委员会讨论决定。检察官应当执行检察长或检察委员会的决定。

检察一体化机制指向工作机制上的贯通、协调及整体性关系，[4] 其也需要与检察机关的双重属性相适应。因此，检察一体化机制的完善不能仅仅考虑“检察一体”这一面，而是要处理好“依法独立行使检察权”“检察一体”之间的关系。依据检察机关的行政性要求，“依法独立行使检察权”是受指令限制的相对独立，“检

---

〔1〕 参见谢鹏程：《检察权配置的原理》，载《国家检察官学院学报》2012 年第 4 期。

〔2〕 林钰雄：《检察官论》，法律出版社 2008 年版，第 28 页。

〔3〕 理论上，指令权是上级对下级针对职务上之事项所为的一般或个别的指示的权力，其类型不仅限于检察业务上的指令，而是包括一般指令权与个案指令权、外部指令权与内部指令权、检察事务指令权与检察行政事务指令权。参见林钰雄：《检察官论》，法律出版社 2008 年版，第 29—32 页。

〔4〕 参见龙宗智：《论“检察一体”与检察官统一调用制度之完善》，载《中外法学》2022 年第 2 期。

察机关应当保持独立，但检察官个人不能完全单纯实行个人独立办案的做法，而需要整体节制”[1]。依据检察机关的司法性要求，检察机关依法独立行使检察权，检察官相对独立地办理案件。因此，“检察长负责制与检察一体制是有限度的，是受检察官相对独立的法律地位与职责权限所制约的”[2]。

（二）领导决策机制

根据《宪法》《人民检察院组织法》《人民检察院检察委员会工作规则》《关于人民检察院全面准确落实司法责任制的若干意见》等的规定，我国检察机关实行检察长负责制与民主集中制相结合的领导决策机制。这种领导决策机制既能通过检察委员会的民主议事凝练集体智慧、防止检察长独断专行，又能够以检察长的审慎判断避免多数决定的不利后果。

《人民检察院组织法》第29、36条规定了检察长负责制的基本内容，即检察官在检察长领导下开展工作，重大办案事项由检察长决定，检察长可以将部分职权委托检察官行使，可以授权检察官签发法律文书；检察长领导本院检察工作，管理本院行政事务，副检察长协助检察长工作。“由于立法上明确规定检察长对整个检察机关的工作行使统一领导权，根据权责一致原则，理论上遂称为‘检察长负责制’。”[3] 司法责任制改革之后，检察长作为检察机关的首长，仍然具有组织领导权、重大办案事项的决定权与案件的提请讨论权、提请任免权和代表权。此外，检察长不同意本院检察委员会多数委员的意见时，如果意见属于办案事项，则可以报请上一级人民检察院决定；如果意见属于重大事项，则可以报请上一级人民检察院或者本级人民代表大会常务委员会决定。

检察委员会的集体议事程序则是民主集中制的具体体现，即由检察长、副检察长、专职委员和若干资深检察官组成的检察委员会以集体议事的方式，按照法定民主程序讨论决定案件和事项。根据《人民检察院组织法》《人民检察院检察委员会工作规则》的规定，检察委员会实行例会制，集中讨论特定的案件和事项。检察委员会会议由检察长或者检察长委托的副检察长主持，且应当有全体委员半数以上出席会议。检察委员会讨论决定案件和事项的程序依次为：（1）办案检察官或者事项承办人汇报，其所在内设机构负责人可以补充说明情况。（2）检察委员会委员提问。（3）检察委员会委员发表意见。顺序一般为：委员、专职委员、担任副检察长的委员、主持会议的委员。必要时，主持人可以请有关列席人员发表意见。（4）主持人总结讨论情况。（5）表决。其中，检察委员会委员应当围绕讨论决定的案件和事项发表意见，提出明确的观点，并说明理由和依据。检察官对其汇报的事实负责，检察委员会委员对本人发表的意见和表决负责。检察委员会表决案件和事项，一般

---

〔1〕 樊崇义主编：《检察制度原理：中国特色检察制度原理研究》，法律出版社2009年版，第67页。
〔2〕 龙宗智：《检察官客观义务论》，法律出版社2014年版，第417页。
〔3〕 万毅：《检察改革“三忌”》，载《政法论坛》2015年第1期。

按照全体委员过半数的意见作出决定，检察官应当予以执行。

（三）检察业务情况的分析评估

对检察业务开展分析评估，从宏观层面而言，能对一个地区乃至全国检察机关业务运行情况进行系统梳理，基于检察业务类型、法治实践要求等形成科学全面的评价标准和体系，切实反映检察权运行过程中的结构性问题，为检察履职整体方向的把控、检察改革目标的确定提供有力参考。同时还能与其他政法机关业务运行整体情况、社会法治相关指标进行比对分析，透析法律运行和法治建设中存在的问题和风险。从微观层面而言，能够反映特定检察官、检察办案组织和检察院在一定时期内的办案整体质效和履职总体情况，并基于对履职中各环节质量、效率以及规范性的全面、定量分析，为进一步优化办案模式提供准确客观的参考，切实减少办案过程中的人为错误和疏漏，有力提升办案质效。

一直以来，最高人民检察院都致力于建立科学合理的检察业务情况分析评估体系。“四大检察”的法律监督新格局确立后，最高人民检察院于 2019 年初组织研制办案质量评价指标。2020 年 1 月，最高人民检察院首次印发《检察机关案件质量主要评价指标》（以下简称《评价指标》），设置评价指标 87 项。后经 2021 年 10 月、2023 年 3 月和 2024 年 1 月的三次修改，指标数量逐步精简为 60 项、46 项和 38 项。在历次修改精简的过程中，《评价指标》更加重视数据管理简洁、直观的效能，逐渐淡化了指标的通报、考核、评比功能，侧重于关注相关统计分析数据对检察履职方向和履职重点的研判与指引作用。《评价指标》对于引导各级检察机关依法履行、科学履行法律监督职责、推动“四大检察”格局的发展完善发挥了重要作用。

但是，检察权的司法属性和社会属性决定了对于检察业务运行情况的分析评估很难通过建立一整套标准化的指标体系、对各环节一一进行赋值来实现。第一，检察机关的法律监督必须依托办案展开，因此必须符合司法规律，而每一个案件的社会背景、当事人情况与诉求等一系列要素都有其特殊性，抽象的指标体系无法做到涵盖每一个具体案件办理过程中的关键节点。第二，检察制度作为上层建筑必然受到经济基础的制约。我国幅员辽阔，各地经济社会发展方向和重点各异，发展进度也存在一定不平衡。故各地、各级检察机关履职的基础、条件、环境千差万别，不同地区高发案件类型、重点办案领域差异较大，检察机关队伍业务素能、履职硬件保障等方面不具有可比性。以一套统一的指标体系统摄全国检察机关业务情况的分析评估，既不科学，也不全面，更不合理。第三，随着国家从高速发展迈进高质量发展阶段，检察履职应更加紧密贴合党和国家工作中心大局、更加深入满足人民群众对公平正义的新需求。而相对静态的指标体系显然无法契合检察机关主动适应经济社会发展需求，参与和融入国家治理、社会治理的履职需求。此外，在业务指标体系实际运行过程中，也出现了一些地方唯指标、卷数据的问题，严重影响检察机关法律监督的权威性。

2024 年 8 月，中共中央办公厅、国务院办公厅印发《整治形式主义为基层减负若干规定》，要求考核应当化繁为简，压减考核指标，不层层加码，不得以通报排名的形式变相进行考核，把基层干部从繁复考核中解脱出来，把更多精力用到抓落实上。[1] 为响应党中央号召，最高人民检察院检察长应勇提出“要让检察工作进一步回归到高质效办案这个本职、本源上来”[2]。最高人民检察院经过深入调研和反复论证，认为在高质效办案、检察工作现代化的历史背景下，通过指标考核方式进行管理的模式已经不能适应新的时代要求。2024 年 12 月，最高人民检察院印发《关于全面深化检察改革、进一步加强新时代检察工作的意见》（以下简称《意见》），明确提出“取消一切对各级检察机关特别是基层检察机关的不必要、不恰当、不合理考核，更加注重业务管理、案件管理、质量管理”的“一取消三不再”。根据最高人民检察院部署，全国各级检察机关不再执行检察业务评价指标体系，停止执行之前依据《评价指标》设置的本地指标，更不得再设置新的指标。最高人民检察院也不再对各地业务数据进行排名通报。

“一取消三不再”意味着检察工作从指标数据管理转向了质效管理。《意见》对于完善检察工作现代化背景下检察业务分析评估机制也作出了具体规定：

一是提出“更加注重业务管理、案件管理、质量管理”的“三个管理”。业务管理侧重于通过数据统计分析，对检察业务、检察工作的趋势、规律、特点等进行研究，对检察工作进行整体把控。《意见》提出，“完善业务研判、指导、评价体系”，其核心是建立以真实数据和实事求是为基础的检察决策管理体系，统筹宏观业务指导与具体案件评查，从而支持检察决策，加强业务指导。案件管理侧重于对案件办理流程、环节、实体等全方位管理，包括办案组织设置、办案职权划分、办案监督管理等，其关注案件办理，通过流程监管、质量监管和数据监管等管理手段，全过程、实质化地覆盖每一个案件，确保每个案件都能够在严格的法律框架内得到公正及时办理，推动司法责任制落实到每一个案件、每一个办案环节、每一个办案组织、每一名检察官。质量管理侧重于追求所办具体个案的政治效果、法律效果和社会效果的有机统一，是对每一个案件办理效果的全面质检，确保无论程序还是实体均于法有据，实现公平正义，且让公平正义可触可感可见。三者相互交织、相互促进，形成了紧密的互动协同效应。[3] “三个管理”对业务数据的精准分析、深层分析和动态分析提出了更高要求，将业务分析评估的重点从数据分析转到对重点案件类型、重点办案领域、重要业务态势的分析研判上来，为高质效履职办案提供更

---

〔1〕 参见《健全为基层减负长效机制以作风建设保障改革促进发展——中央办公厅负责人就〈整治形式主义为基层减负若干规定〉答记者问》，载中国政府网，https://www.gov.cn/zhengce/202408/content_6969296.htm，2025 年 1 月 15 日访问。

〔2〕《让检察工作进一步回归到高质效办案本职本源上来》，载最高人民检察院网，https://www.spp.gov.cn/spp/zhuanlan/202409/t20240902_664840.shtml，2025 年 1 月 15 日访问。

〔3〕 参见胡春健、林竹静：《深入推进以“三个管理”为导向的检察管理转型》，载《检察日报》2024 年 11 月 29 日，第 3 版。

加科学全面的参考和依据。

二是提出“健全案件质量检查评查制度，压实业务部门自我管理、案件管理部门专门管理和相关部门协同管理责任”。具体而言，就是要加强案件管理部门、办案部门、检务督察部门和院领导、检察委员会之间的协同，形成质效提升合力。案件管理部门侧重业务的宏观管理，通过业务数据统计分析为宏观决策提供参考，也负有流程管理等案件管理职责、统筹组织实施案件质量评查等质量管理职责。办案部门既承担本部门案件管理、质量管理的主要职责，也承担对本条线业务管理的具体职责。如民事检察部门，承担加强民事检察案件管理、质量管理职责，也承担加强对民事抗诉、再审检察建议情况等重要业务态势、虚假诉讼防治等重点办案领域进行分析研判的业务管理职责。要结合具体个案，研判类案，深入剖析问题根源，制定行之有效的措施。检务督察部门侧重通过司法责任认定与追究，推动提升质量管理实效。要全面分析检察履职办案的质量、效率、效果，及时发现检察办案质效中存在的问题。检察长和检察委员会要加强会商意见落实的审核把关，更加注重落实和完善司法责任制，引导各级检察机关、广大检察干警树立和践行正确政绩观，进一步聚焦法律监督主责主业，进一步回归高质效履职办案本职本源，进一步落实和完善司法责任制，把注意力和主要精力聚焦到高质效办好每一个案件和案件的每一个环节上。[1]

三是提出“深化研究运用‘四大检察’的履职结构比，依程序办案与依职权监督的案件结构比，依程序移送、依申请受案与主动发现的案源结构比，推动检察职能全面协调充分发展”的“三个结构比”。“‘四大检察’履职结构比”重点关注刑事检察、民事检察、行政检察和公益诉讼检察职能全面协调充分发展；“案件结构比”注重办案和监督相互协调、有机贯通；“案源结构比”关注主动发现监督线索，着力提高法律监督能力水平。“三个结构比”是对一定时空范围内“四大检察”履职情况的宏观判断、趋势判断、系统判断，是从全量业务视角进行的宏观管理评价。“三个结构比”打破了“四大检察”业务边界，能更好地把握检察业务工作的趋势性、动态性，牵引检察业务整体向前。[2]

■问题与思考

1. 简述我国检察系统的层级设置。
2. 简述检察机关办案组织的基本形式及其职权。
3. 如何理解检察机关办案组织与全面落实司法责任制之间的关系？
4. 如何理解检察机关运行机制与检察权配置之间的逻辑关联？

---

〔1〕 参见董超凡：《检察机关“一取消三不再”，如何看怎么办?》，载最高人民检察院网，https://www.spp.gov.cn/zdgz/202411/t20241113_673098.shtml，2025年1月15日访问。

〔2〕 参见涂龙科、吴真：《运用“三个结构比”，推动“四大检察”全面协调充分发展》，载《检察日报》2024年8月16日，第3版。

5. 简述我国检察一体化机制的主要内容。

■参考阅读

1. 贾宇:《新时代检察理念研究》,中国检察出版社 2021 年版。
2. 朱孝清、张智辉主编:《检察学》,中国检察出版社 2010 年版。
3. 陈光中、魏晓娜:《论我国司法体制的现代化改革》,载《中国法学》2015 年第 1 期。
4. 王敏远:《透视"捕诉一体"》,载《环球法律评论》2019 年第 5 期。
5. 龙宗智:《检察官办案责任制相关问题研究》,载《中国法学》2015 年第 1 期。
6. 朱孝清:《检察官相对独立论》,载《法学研究》2015 年第 1 期。

■拓展阅读

第六章　检察官制度

■ **本章导读**

检察官制度是指国家制定专门的法律，对在检察机关中行使国家检察权的检察官依法进行科学管理的制度，通常包括检察官职责、权利与义务、资格条件、任免、考核、培训、奖惩、福利待遇、辞职、退休等一系列内容。检察官制度改革是司法体制改革的重要内容。新中国成立后，经由多次改革，我国形成了具有中国特色的检察官制度，它是中国特色社会主义检察制度的重要组成部分，是坚持全面依法治国，推进法治中国建设，严格公正司法，深化司法体制综合配套改革，全面准确落实司法责任制，加快建设公正高效权威的社会主义司法制度的重要内容。

第一节　检察官制度概述

一、检察官的概念及特点

《检察官法》第 2 条将检察官定义为："依法行使国家检察权的检察人员，包括最高人民检察院、地方各级人民检察院和军事检察院等专门人民检察院的检察长、副检察长、检察委员会委员和检察员。"这一概念包含三重内涵：

一是检察官是代表国家行使检察权的公职人员。检察权是国家赋予检察机关的权力，是国家权力在社会生活中的体现，检察官代表检察机关行使国家权力，依法履行职责，保障司法公正。

二是检察官是依法履行国家检察权的公职人员。在我国，检察官依据法律规定与授权，行使侦查权、审查逮捕权、审查起诉权、出庭支持公诉权、公益诉讼检察权、诉讼监督权等国家检察权，权力内容较为明确，权力体系较为完善。

三是检察官是人民检察院的国家机关工作人员。1993 年《国家公务员暂行条例》[1] 标志着我国开始对人事制度进行改革，并将国家公务员限定为"各级国家行政机关中除工勤人员以外的工作人员"，检察官并非严格意义上的公务员；但

〔1〕 该暂行条例经 2005 年 4 月 27 日第十届全国人民代表大会常务委员会第十五次会议通过，自 2006 年 1 月 1 日起施行的《公务员法》废止。

1995年《检察官法》将检察官从国家行政人员即国家公务员中分离出来，建立了单独的检察官序列并实行检察官职业化，检察官属于代表国家机关行使职权的国家机关工作人员。

根据我国法律的规定和检察官工作性质，从检察官内涵出发，检察官具有以下特点：

第一，职业性。社会分工中，检察官首先是一种职业。职业是商品经济发达后社会分工的产物，其与经济发展的水平、社会发展的深度、职业细化的程度等有较大关联，因此，职业具有经济性、社会性、规范性。对于依法行使国家检察权为职业内容的检察官而言，一方面其职业权力来源于法律授权，另一方面其职业尊严和人身安全受法律保护。

第二，伦理性。检察官的伦理，是调整检察官和相关主体之间的伦理规范及精神内容。伦理，是人与人之间的行为准则，具有外在性、客观性、群体性等特征。一般认为，检察官的伦理包括平等伦理、诚信伦理。[1] 前者主要指法律程序进行时，职业检察官应平等对待与其职业相关的所有主体；后者主要指检察官必须忠实执行宪法和法律，维护社会公平正义，全心全意为人民服务，以及法律程序之内，检察官应守诚信、讲规范，以最大善意及真诚对待与其职业相关的所有主体。

第三，法定性。检察官作为法律职业共同体不可或缺的组成部分，代表国家行使检察权，是维护司法公正的中坚力量，其主体资格、权力内容、实现方式等皆来自明确的法律规定或授权。为全面推进高素质检察官队伍建设，深化检察官制度改革，《检察官法》及相关法律规范对检察官的选拔、任免、权力职责、权力行使等均有明确规定，以督促、保障检察官依法履行职责。

二、检察官队伍建设的原则

新时代检察工作高质量发展需要有专业的人才支撑和组织保障。全面推进依法治国，建设一支德才兼备的高素质法治队伍至关重要。党的十八大以来，以习近平同志为核心的党中央高度重视政法队伍建设，明确提出“五个过硬”[2]、“四个忠于”[3]、“四个铁一般”[4]、“信念坚定、执法为民、敢于担当、清正廉洁”、“革命化、正规化、专业化、职业化”的政法队伍建设的核心内容，为新时代加强政法队伍建设提供了根本遵循。习近平总书记在对检察工作的重要指示中强调，建设过硬检察队伍，强化法律监督能力。《中共中央关于加强新时代检察机关法律监督工

---

〔1〕 参见宋远升：《检察官职业伦理强化认同感》，载《检察日报》2020年12月24日，第3版。

〔2〕 2014年中央政法工作会议上，习近平总书记对政法队伍的建设提出了“政治过硬、业务过硬、责任过硬、纪律过硬、作风过硬”的要求。

〔3〕 2015年中央政法工作会议上，习近平总书记要求：“培育造就一支忠于党、忠于国家、忠于人民、忠于法律的政法队伍，确保刀把子牢牢掌握在党和人民手中。”

〔4〕 2019年全国公安工作会议上，习近平总书记提出了“铁一般的理想信念、铁一般的责任担当、铁一般的过硬本领、铁一般的纪律作风”的要求。

作的意见》明确部署“加强过硬检察队伍建设”的基本原则，这是新时代加强检察队伍建设必须牢牢把握的总纲领，全国检察机关应以革命化、正规化、专业化、职业化为方向，全面推进思想政治、领导班子、人才队伍、专业能力、职业保障、纪律作风建设，努力建设高素质专业化检察官队伍。

中国特色检察官队伍建设应遵循以下原则：

（一）坚持党的绝对领导原则

坚持党的绝对领导是中国特色社会主义检察制度最本质的特征、最大的政治优势、最高的工作原则。《中共中央关于加强新时代检察机关法律监督工作的意见》明确要求，强化政治机关意识，不断提高检察人员政治判断力、政治领悟力、政治执行力。

第一，将党的绝对领导贯彻到检察官队伍建设全过程、各方面。健全推动党中央决策部署和习近平总书记重要指示批示精神贯彻落实的工作机制，严格落实《中国共产党政法工作条例》和重大事项请示报告制度。

第二，坚持党管干部原则。应健全政治素质识别和评价机制，建立干部政治档案，持续推动党史学习教育常态化长效化，加强理想信念教育和政治忠诚教育，永葆检察队伍对党忠诚的政治本色。

第三，坚持科学理论武装。检察官履行法律监督职能，需要较强的政治判断力、政治领悟力、政治执行力。应持续深化社会主义法治理念教育，增强意识形态领域主导权和话语权，坚决抵制西方“宪政”“三权分立”“司法独立”等思想侵蚀，坚定中国特色社会主义司法制度、检察制度自信。

第四，推动政治有机融入业务。把“政治效果”融入检察业务之中，大力推进政治融入检察官业务学习培训，强化检察官政治素养和专业能力，切实做到讲政治与抓业务有机统一，不断提升政治判断力、政治领悟力、政治执行力；健全检察机关党建和业务一起谋划、一起部署、一起落实、一起检查的运行机制，推动党的建设与业务发展同频共振、互促共进。

（二）坚持以人民为中心原则

人民检察为人民。以人民为中心是检察队伍的初心使命。新时代，人民群众在民主、法治、公平、正义、安全、环境方面有了水平更高、内涵更丰富的需求。对此，《中共中央关于加强新时代检察机关法律监督工作的意见》鲜明指出，与人民群众新需求相比，法律执行和实施仍是亟须补齐的短板，检察机关法律监督职能作用发挥还不够充分。

坚持以人民为中心的检察官队伍建设原则，应顺应新时代人民对美好生活的新需求，依法严惩涉及民生福祉的刑事犯罪；重视人民群众反映强烈的执法不严、司法不公等问题，加大法律监督力度，维护社会公平正义；以全面实施《民法典》为契机，进一步加强民事检察工作，畅通司法救济渠道，加强对损害公共利益的程序违法、裁判显失公平等突出问题的监督；坚持和发展新时代“枫桥经验”，健全控告申诉检察工作机制，完善办理群众信访制度，引入听证等方式审查办理疑难案件，有效化解矛盾纠纷；观护祖国未来，强化未成年人司法保护，完善专业化与社会化相结合的保护体系。

（三）坚持专业性原则

检察官队伍建设必须坚持走专业性原则、走专业化路径。“四大检察”的全面协调充分发展，需要检察官队伍专业化、高质量、高标准的业务水平。随着新型刑事犯罪层出不穷、民事与行政检察案件法律关系纷繁复杂、公益诉讼案件范围不断拓展，对检察官素质要求越来越高，检察官队伍的专业性建设迫在眉睫。

检察官队伍建设的专业性，要求各级检察机关必须牢固树立人才是第一资源的战略思想，全方位培养、引进、用好检察人才，努力造就专业齐备、结构合理、数量充足、素质优良的检察人才队伍。为此，《中共中央关于加强新时代检察机关法律监督工作的意见》明确提出着力提升检察人员专业素养的具体要求，必须“围绕检察机关专业化建设目标，全面提升检察人员专业知识、专业能力、专业作风、专业精神。按照政法队伍人才发展规划要求，加快实施检察领军人才培养计划，健全检察业务专家制度，深化检察人才库建设。健全检察人员职业培训制度……”。

三、检察官的职业道德

检察官的职业道德，是指对检察官的职业行为具有普遍约束、引导、教育和奖惩功能的职业规则与职业准则，一般由司法规范予以明确，是检察官在职业活动中必须遵循的基本行为规范。加强检察官的职业道德建设，有利于更好地推进检察队伍道德素质方面的建设，有助于检察官自觉形成与时代发展要求相适应的职业道德素养。

检察官职业道德是检察官司法办案的道德规范，是检察官政治信仰、工作宗旨、职业伦理和道德品质的体现。检察官职业道德规范，是我国法律职业道德规范和司法制度的重要组成部分，总是与相关伦理规范的出台相伴而行：1995 年《检察官法》和 2002 年《检察官职业道德规范》的颁布，对保障并促进检察官伦理素质的提高具有重要作用；为进一步加强检察官正规化、专业化、职业化建设，2009 年 9 月，最高人民检察院印发《检察官职业道德基本准则（试行）》，明确检察官职业道德的基本要求是“忠诚、公正、清廉、文明”；2010 年 10 月，最高人民检察院印发《检察官职业行为基本规范（试行）》，首次对检察官职业信仰、履职行为、职业纪律、职业作风、职业礼仪、职务外行为作出全面系统规范；2016 年 12 月，最高人民检察院印发《检察官职业道德基本准则》，要求全体检察官遵照执行，检察辅助人员参照执行，同时废止《检察官职业道德基本准则（试行）》。至此，我国检察官职业道德被以相关规范、基本准则的方式明确化、体系化。

《检察官职业道德基本准则》是中国特色检察官职业道德的明确、简洁表达：坚持忠诚品格，永葆政治本色；坚持为民宗旨，保障人民权益；坚持担当精神，强化法律监督；坚持公正理念，维护法制统一；坚持廉洁操守，自觉接受监督。结合其他职业道德规范与准则，我国检察官职业道德规范可以总结为忠诚、为民、担当、公正、廉洁五个方面。

（一）忠诚

忠诚，是检察官职业道德的核心，是检察官践行职业道德的政治和法律基础，是检察官的精神基石和价值依托。《检察官法》第3条也要求："检察官必须忠实执行宪法和法律，维护社会公平正义，全心全意为人民服务。"检察官忠诚的职业道德，要求检察官必须坚决维护党中央权威、坚定"四个自信"、严守政治纪律和政治规矩、强化"四个意识"，忠于党、忠于国家、忠于人民、忠于宪法和法律，这是推进检察事业全面发展的强大精神动力和思想保证。

（二）为民

全心全意为人民服务是我国检察官职业道德规范的基本内容。检察权来源于人民，人民性是检察机关的根本属性，检察官首先承担的是对人民的责任，通过履行法律监督职能努力让人民群众在每一个司法案件中感受到公平正义。检察官为民的职业道德，要求检察官始终把维护人民群众的利益放在心上，与所从事的检察工作联系在一起，把"司法为民"作为检察机关的使命，保障民生，服务群众，亲民、为民、利民、便民；"听民声、察民情"，在检察办案过程中充分尊重民众的人格和尊严，依法维护和保障诉讼当事人、诉讼参与人及其他有关人员的合法权益。

（三）担当

担当精神和担当行为是检察官履职的坚实基础。习近平总书记在浙江工作期间，对检察工作提出"敢于监督、善于监督、勇于开展自我监督"，就是对检察履职担当的要求。法律监督是宪法赋予检察机关的基本职责，检察官作为承担法律监督职责的司法人员，如果对执法不严、司法不公问题不敢监督、不愿监督，法律监督将刚性不足、力度不够。担当是一种境界、一种态度，更是一种责任、一种行动。检察官为民的职业道德，要求检察官必须严明刚正、勇敢坚毅，要积极践行"敢于监督、善于监督、勇于开展自我监督"，坚决捍卫宪法和法律的尊严。

（四）公正

公正是司法的生命，恪守客观公正义务是对检察官的根本要求。促进社会公平正义是政法工作的核心价值追求，检察官践行公正的职业道德，应坚持公正信仰，维护公平正义，并做到：正确理解和行使检察权；以事实为根据，以法律为准绳，不偏不倚，不滥用职权和漠视法律，正确行使检察裁量权；遵守证据裁判规则；尊重诉讼当事人、参与人及其他有关人员的人格；严格遵循法定程序；尊重庭审法官，遵守法庭规则，维护法庭审判的严肃性和权威性；支持律师履行法定职责；严格遵守检察纪律；努力提高案件质量和办案水平；严格执行检察人员执法过错责任追究制度。

（五）廉洁

廉洁是检察官履行法定职责的重要保障，也是检察官最基本的职业操守。廉洁奉公是世界各国公共职业者的首要伦理准则，同时也是检察官职业伦理规范的底线要求。《检察官法》第 4 条规定："检察官应当勤勉尽责，清正廉明，恪守职业道德。"检察官必须保持与职业伦理规范相适应的良好品行和情操，坚持廉洁操守，自觉接受监督，并必须做到：拒腐防变，遵纪守法，严格自律，秉持清正廉洁的情操；不以权谋私，以案谋利；不利用职务便利，谋取不正当利益；不利用地位、身份形成的影响和便利条件，过问、干预执法办案活动等。

第二节 检察官的职责、权利和义务

一、检察官的职责

我国检察官的职责较为系统、完善，"四大检察"领域内各司其职，职责清单较为明确。同时，《检察官法》第 7 条对检察官的基本职责进行了规定，进一步厘清了检察官各项职责间的逻辑关系，体现了"四大检察"全面协调充分发展的要求，并做到了与相关法律规定的衔接。[1]

（一）业务类型不同，检察官职责内容明确

《人民检察院组织法》第 20 条规定了检察官的"八大职责"："（一）依照法律规定对有关刑事案件行使侦查权；（二）对刑事案件进行审查，批准或者决定是否逮捕犯罪嫌疑人；（三）对刑事案件进行审查，决定是否提起公诉，对决定提起公诉的案件支持公诉；（四）依照法律规定提起公益诉讼；（五）对诉讼活动实行法律监督；（六）对判决、裁定等生效法律文书的执行工作实行法律监督；（七）对监狱、看守所的执法活动实行法律监督；（八）法律规定的其他职权。"而上述职责在"四大检察"中的分配又有所不同，如刑事检察中包含除第四项职能外的七项职能，行政和民事检察则以第五、六、八项为主，公益诉讼检察则包括第四、五、六、八项职能。

（二）级别类型不同，检察官职责内容不同

检察官对其职权范围内就案件作出的决定负责。在执行层面上，最关键的不是追责机制，而是权限的边界，毕竟"职权范围"作为前提条件，直接决定了能否负责、能否追责；同时，要按不同的检察官类型，具体划定权力边界，一个权力经由多个层级检察官、不同类型检察官分别行使的，还要进一步纵向划分负责的范围。

---

〔1〕参见周玉庆：《修订后检察官法的理解与适用》，载《人民检察》2019 年第 17 期。

第一，检察长、副检察长、检察委员会委员除履行检察职责外，还应当履行与其职务相适应的职责。一方面，检察长、副检察长、检察委员会委员本身就是检察官，自然应当履行检察官最基本的职责，即检察办案职责，而且要加强重大复杂敏感案件、新类型案件和在法律适用方面具有普遍指导意义的案件的办理；另一方面，检察长、副检察长、检察委员会委员作为担任一定职务的检察官，除了要履行检察官的检察职责，还应履行与其职务相适应的其他职责，包括立足检察职能服务中心大局的专项职责。其中，检察长的其他职责主要包括管理检察机关的行政事务，列席同级法院审判委员会会议，依法提请任免副检察长、检察委员会委员、检察员等；副检察长的其他职责包括协助检察长工作、受检察长的委托主持检察委员会会议等；检察委员会委员的其他职责主要是参加检察委员会会议等。

第二，检察长对办案工作的领导权和检察官的办案主体地位。《检察官法》第9条规定，检察官在检察长领导下开展工作，重大办案事项由检察长决定。检察长可以将部分职权委托检察官行使，可以授权检察官签发法律文书。这是根据《人民检察院组织法》第29条规定作出的修改，体现了检察官的职业特色：其一，检察官依据检察长授权履行职责，可以在职权范围内作出办案决定，签发法律文书。其二，检察长或副检察长参加检察官办案组或独任承办案件的，依法在职权范围内对办案事项作出决定。其三，检察长具有案件审核权。检察长（副检察长）有权对独任检察官、检察官办案组承办的案件进行审核。其四，检察长具有监督管理权，有权对司法办案工作进行监督管理，具有主持检察委员会会议，决定检察人员的回避，指定重大、疑难、复杂案件的承办人，要求检察官报告办案情况，更换承办案件的检察官等权力。

二、检察官的权利

检察官在履职过程中，享有如下权利：

（一）工作条件保障权

为提升检察官履职质效，使其有效行使刑事检察、民事检察、行政检察和公益诉讼检察权，应保障检察官具备相应的工作条件，这里的工作条件包括办公地点、办公用具、检察官服装、办案所必需的装备等。

（二）职务行为保障权

检察官非因法定事由、非经法定程序，不被调离、免职、降职、辞退或者处分。被免职的情形包括：丧失中华人民共和国国籍的；调出所任职人民检察院的；职务变动不需要保留检察官职务的，或者本人申请免除检察官职务经批准的；经考核不能胜任检察官职务的；因健康原因长期不能履行职务的；退休的；辞职或者依法应当予以辞退的；因违纪违法不宜继续任职的。法定被降职或辞退主要是指不能胜任现职工作或者其他违反有关规定的情况。检察官有下列行为之一的，应当给予处分，构成犯罪的，依法追究刑事责任：贪污受贿、徇私枉法、刑讯逼供的；隐瞒、伪造、变造、故意损毁证据、案件材料的；泄露国家秘密、检察工作秘密、商业秘密或者个人隐私的；故意违反法律法规办理案件的；因重大过失导致案件错误并造成严重后果的；拖延办案，贻误工作的；利用职权为自己或者他人谋取私利的；接受当事人及其代理人利益输送，或者违反有关规定会见当事人及其代理人的；违反有关规定从事或者参与营利性活动，在企业或者其他营利性组织中兼任职务的；有其他违纪违法行为的。

（三）职业保障和福利待遇权

检察官作为国家的劳动者，同样有权获得劳动报酬（既包括检察官的工资收入，也包括合法的其他收入）。关于检察官的工资制度、工资标准和其他报酬，国家有专门的规定。另外，检察官还享受法律规定的保险和福利待遇。

（四）人身、财产和住所安全受法律保护

检察官担负维护国家法律统一正确实施，打击一切犯罪行为，保护国家、集体和个人的合法权益的任务，其在履职过程中，也可能受到打击报复。因此，法律对检察官的人身、财产和住所的安全受保护专门作了规定。

（五）申诉权或控告权

申诉权和控告权是检察官对于自身权利受到侵害或者对处理不服时的一种救济的权利。检察官对于国家机关及其工作人员侵犯本人权利的，有权提出控告。对于本人的处分或者处理不服的，有权向原处分、处理机关申请复议，并有权向原处分、处理机关的上级机关申诉。检察官提出申诉和控告，应当实事求是，不得捏造事实、诬告陷害。

三、检察官的义务

检察官履行检察职权，应遵守法律、法规规定的义务。《检察官法》第 5 条明确规定：“检察官履行职责，应当以事实为根据，以法律为准绳，秉持客观公正的立场。检察官办理刑事案件，应当严格坚持罪刑法定原则，尊重和保障人权，既要追诉犯罪，也要保障无罪的人不受刑事追究。”这是我国首次以立法形式规定了检察官应当秉持客观公正的立场，具有训示性、宣示性。在客观公正义务立场上，检察官履行检察职权还应遵守下列义务：

（一）严格遵守宪法和法律

严格遵守宪法和法律是检察官履行职责的首要义务。宪法赋予了人民检察院检察权，作为行使检察权的检察官必须严格遵守宪法和法律所规定的原则，依照法律规定独立行使检察权，不受行政机关、社会团体和个人的干涉，在适用法律上一律平等，不允许有任何超越法律的特权。检察官是国家司法权的具体运作者，必须依据宪法和法律的规定，在宪法和法律规定的职权范围内，按照法律规定的程序进行检察活动，依法办案，不能违背宪法和法律，随意处理案件。

（二）秉公办案，不得徇私枉法

秉公办案、不得徇私枉法是对检察官职业素质最基本的要求。检察官行使的是国家司法权，其权力的运用直接关系到当事人的切身利益，关系到执法司法的统一，关系到司法的公正和法律的尊严。具体而言，检察官在案件办理过程中，必须出于公心，而不能为本地区或者某个部门的局部利益，或者是为个人私利，更不得在办理案件中徇私利、徇私情、以权谋私。为防止司法工作人员的渎职行为，《刑法》在渎职罪中明确规定了徇私枉法罪，即对于司法工作人员徇私枉法、徇情枉法，对明知是无罪的人而使他受追诉、对明知是有罪的人而故意包庇使他人不受追诉的，应当依法追究刑事责任。

（三）保障诉讼权利

我国检察官在“四大检察”业务领域，权力内容丰富。根据三大诉讼法，以及《人民检察院刑事诉讼规则》《人民检察院民事诉讼监督规则》《人民检察院行政诉讼监督规则》《人民检察院公益诉讼办案规则》等司法解释和规范性文件，检察院、检察官权力清单明确。检察官行使权力过程中，必须周延保障当事人和其他诉讼参与人的诉讼权利，当事人和其他诉讼参与人对于司法工作人员以限制、剥夺等形式侵犯其依法享有的诉讼权利，或对其进行人身侮辱的行为，有权提出控告；如果查证属实，应当严肃处理，构成犯罪的，应当依法追究其刑事责任。

（四）维护合法权益

权益保障是法律实施的根本目的，因而合法权益维护内蕴于检察官代表国家行使法律监督权、保障法律正确统一实施的目的之中。因此，检察官在履职中必须维护个人和组织的正当的合法权益：个人包括我国公民，也包括外国公民；组织包括机关法人、社会团体法人、企业法人、事业单位法人、其他组织。

（五）保守工作秘密

严格保守工作秘密是检察官必须具备的基本素质。检察官对于涉及国家秘密的案件，应当严格按照法律规定的程序办理，严禁泄露；对于检察官在办理案件时知悉的当事人的商业秘密和个人隐私，也应当严格遵守检察纪律，不得随意散播；对于办理案件过程中形成的内部意见、内部材料和不应当透露的其他与检察工作有关的材料等工作秘密，一律不得泄露。

（六）依法接受监督

法律监督权属于公权力，自然应受到制约和监督。首先，依照法律规定，地方各级人民检察院检察长由本级人民代表大会选举和罢免，副检察长、检察委员会委员和检察员由检察长提请本级人民代表大会常务委员会任免，上述人员受同级人民代表大会及其常务委员会的监督；其次，检察官的职务行为还要受国家机关，社会团体和组织的监督，对于检察官违背法律规定的，国家机关、社会团体和组织有权提出意见；最后，检察官的职务活动还应当接受广大人民群众的监督。

第三节 检察官的选任制度

一、检察官的任职条件

我国检察官包括最高人民检察院、地方各级人民检察院和军事检察院等专门人民检察院的检察长、副检察长、检察委员会委员和检察员。担任检察官有符合性条件和否定性条件。

（一）符合性条件

担任检察官必须具备下列条件：具有中华人民共和国国籍；拥护中华人民共和国宪法，拥护中国共产党领导和社会主义制度；具有良好的政治、业务素质和道德品行；具有正常履行职责的身体条件；具备普通高等学校法学类本科学历并获得学士及以上学位，或者普通高等学校非法学类本科及以上学历并获得法律硕士、法学硕士及以上学位，或者普通高等学校非法学类本科及以上学历，获得其他相应学位，并具有法律专业知识；从事法律工作满五年，其中获得法律硕士、法学硕士学位，或者获得法学博士学位的，从事法律工作的年限可以分别放宽至四年、三年；初任检察官应当通过国家统一法律职业资格考试取得法律职业资格。

需要特殊说明的是，《检察官法》修改后，明确了对于初任的检察官应当通过法律职业资格考试，取得法律职业资格证书这一条件，打破了过去封闭的初任检察官选任壁垒，使更多受到共同法律职业教育和训练，具备共同的法律知识、法律技巧、法律思维、法律语言的法律职业群体人员可以形成职业互动。事实上，这也体现了包括检察官在内的法律职业共同体成员基于共同的法律信仰和对法律职业的崇尚所形成的对实现社会正义的共同价值追求。[1]

（二）否定性条件

职业化、专业化检察官的良性选任是保障司法公正和确保检察权依法行使的基石，因此，我国相关法律规定，具有下列情况之一的人员不得担任检察官：因犯罪受过刑事处罚的；被开除公职的；被吊销律师、公证员执业证书或者被仲裁委员会除名的；有法律规定的其他情形的[2]。

二、检察长、副检察长、检察委员会委员的任职条件

人民检察院的检察长应当具有法学专业知识和法律职业经历，副检察长、检察委员会委员应当从检察官、法官或者其他具备检察官条件的人员中产生。检察长领导本院检察工作，管理本院行政事务。除检察长外，担任副检察长、检察委员会委员，如果是首次担任检察官，根据《检察官法》第12条的规定，均需要通过国家

---

〔1〕 参见诸葛旸、黄春红：《初任检察官选任机制多元化的路径思考》，载《中国检察官》2018年第7期。
〔2〕 如有违回避规定、具有国外居留权等情况。

统一法律职业资格考试取得法律职业资格。[1] 在党管干部的大原则下，对检察长和副检察长作出了不同于普通检察官的规定，主要原因在于，检察长和副检察长除具有法律职务外，还负责行政领导职务。根据司法责任制改革的要求，无论是检察长还是副检察长，其主体身份是检察官，主责是办案，检察长作为选举制的检察官，应当具备法学专业知识和法律职业经历以保障检察长职责的履行；副检察长、检察委员会委员主要应从检察官中产生，或具备检察官条件，从中择优提出人选，以保证提高检察官专业化素质，保证司法质量、效率和公信力。[2]

三、检察官的逐级遴选制度

通过遴选胜任的检察官是我国检察制度的主体基础，这也是设立和维持我国检察制度能够良好运行的重要方面，关系到我国检察权能否有效行使和法律监督的实际成效。根据《宪法》和有关法律规定，各级检察官由全国人民代表大会和地方各级人民代表大会及其常务委员会进行选举和任命。

我国检察官的遴选制度有较为详细的规定：初任检察官一般到基层人民检察院任职；上级人民检察院检察官一般逐级遴选；最高人民检察院和省级人民检察院检察官可以从下两级人民检察院遴选；参加上级人民检察院遴选的检察官应当在下级人民检察院担任检察官一定年限，并具有遴选职位相关工作经历。

关于“初任检察官一般到基层人民检察院任职”。初任检察官，是指第一次担任检察官，即以前未被任命过法律职务，通过考核、考试等方式，经检察官遴选委员会审核通过，并经基层同级人民代表大会常务委员会任命后进入检察官队伍的检察官，对于地市级以上检察院已经具有检察员或助理检察员职务的未入额人员，不属于初任。

关于“上级人民检察院检察官一般逐级遴选产生，最高人民检察院和省级人民检察院检察官可以从下两级检察院遴选”。逐级遴选，是指上一级检察院检察官从下一级检察院检察官中择优挑选产生。其中，最高人民检察院和省级检察院遴选检察官较为特殊，可以从下两级检察院遴选，即最高人民检察院的检察官可以从省级、地市级两级检察院的检察官中择优遴选；省级检察院的检察官可以从市、县两级检察院的检察官中择优遴选。

关于“参加上级人民检察院遴选的检察官，应当在下级人民检察院担任检察官一定年限，并具有遴选职位相关工作经历”。对于“一定年限”和“相关工作经历”这种不确定的规定，主要是为了避免限制条件过严导致人选范围过窄、遴选周期过长，《检察官法》并未对年限作具体规定，上级检察院在遴选时应当根据工作需要、岗位职责以及员额空缺等情况，综合研究确定任职年限和相关工作经历的具体

〔1〕 参见周玉庆：《修订后检察官法的理解与适用》，载《人民检察》2019 年第 17 期。

〔2〕 参见刘涛：《检察院的人员组成、任免程序和任职条件》，载《检察日报》2019 年6 月 13 日，第3 版。

要求。[1]

四、检察官的任免制度

（一）检察官的任免程序

我国检察官有选举制与任命制两种选任方式。其中，检察长实行选举制，其他检察官实行任命制。根据《人民检察院组织法》的相关规定，最高人民检察院检察长由全国人民代表大会选举和罢免；地方各级人民检察院检察长由本级人民代表大会选举和罢免。同时，地方各级人民检察院检察长的任免，在同级人民代表大会选举后，须报上一级人民检察院提请本级人民代表大会常务委员会批准。

关于几类特殊检察院检察官的任免程序：省、自治区、直辖市人民检察院分院检察长、副检察长、检察委员会委员和检察员，由省、自治区、直辖市人民检察院检察长提请本级人民代表大会常务委员会任免；新疆生产建设兵团设立的人民检察院和专门人民检察院的检察官任免，依照全国人民代表大会常务委员会的有关规定进行。

同时，检察院内部特殊职务人员也有相关任免程序：根据检察人员分类管理的相关政策，检察辅助人员中的司法警察参照公安机关实行单独警察职务序列管理；检察技术人员按照国家有关规定执行专业技术类公务员相关规定；其他检察辅助人员职务序列，执行综合管理类公务员的有关规定；司法行政人员管理按照综合管理类公务员的有关规定执行。综上，检察辅助人员和司法行政人员职务的任免应当执行《公务员法》及其相关政策规定。

（二）检察官的免除制度

我国对免除检察官职务的情形也有明确规定。

第一，自然退出员额的情形。其中包括：丧失中华人民共和国国籍的，检察官任职资格丧失；调出所任职检察院的，不再属于原任职检察院的检察官，若调入其他检察院继续担任检察官工作，则应由调入检察院相应的任命机关重新任命；职务变动不需要保留检察官职务的，主要是指该检察官因职务调整，到本院其他岗位任职，不再担任检察官职务、不承担检察官职责的情况。

第二，自愿申请退出员额的情形。实践中有的检察官因健康、家庭、工作等原因，提出不再继续担任检察官职务的申请，经组织批准的，也需要免除其检察官职务。

第三，经考核（主要是指对检察官办案业绩的考核）不能胜任检察官职务。这体现了员额制改革中能上能下、能进能出的精神。

第四，不能履行职责退出员额的情形。因健康原因长期不能履行职务的，因违反党纪、政纪及违反其他相关法律的行为，或违反《检察官法》中所规定的对检察

---

〔1〕 参见周玉庆：《修订后检察官法的理解与适用》，载《人民检察》2019 年第 17 期。

官的禁止性规定，不宜继续任职的，应当退出员额。

（三）检察官不得兼任特定职务的规定

为排除职务冲突，保证检察官依法履职，保障司法公正，检察官不得兼任人民代表大会常务委员会组成人员，不得兼任行政机关、审判机关、监察机关职务，不得兼任仲裁员、公证员等。除此之外，检察官兼职还应当遵守《公务员法》及国家关于公务员兼职的有关规定。

（四）违反法律规定任职后的处理

《检察官法》第 21 条规定："对于不具备本法规定条件或者违反法定程序被选举为人民检察院检察长的，上一级人民检察院检察长有权提请本级人民代表大会常务委员会不批准。"其中，"不具备本法规定条件"主要是指《检察官法》第 12 条中所规定的担任检察官的条件和第 14 条规定的担任检察长应当具有法学专业知识和法律职业经历的条件；"违反法定程序"主要是指违反地方各级人民代表大会和地方各级人民政府组织法关于选举检察长的有关程序规定。发现违反《检察官法》规定的条件任命检察官的，任命机关应当撤销该项任命；上级人民检察院发现下级人民检察院检察官的任命违反《检察官法》规定的条件的，应当要求下级人民检察院依法提请任命机关撤销该项任命。

五、检察官的任职回避制度

为促进司法廉洁，提高检察机关司法公信力，回应社会各界对检察官回避利益冲突、保持客观公正立场的呼声，我国对检察官的任职回避进行了明确、严格规定。

第一，同时任职回避。为杜绝不利于案件公正办理和检察官队伍建设的行为发生，在我国检察官之间有夫妻关系、直系血亲关系、三代以内旁系血亲以及近姻亲关系的，不得同时担任下列职务：同一检察院的检察长、副检察长、检察委员会委员；同一检察院的检察长、副检察长和检察员；同一业务部门的检察员；上下相邻两级检察院的检察长、副检察长。

第二，禁业任职回避。为防止近亲属从事法律相关职业，妨害司法公正，我国规定了禁业任职回避：检察官的配偶、父母、子女在其任职辖区内担任律师事务所的合伙人或设立人的，或以律师身份担任诉讼代理人、辩护人，或者为诉讼案件当事人提供其他有偿法律服务的，检察官应当实行任职回避。

第四节　检察官管理考核制度

一、检察官员额制度

检察官实行员额制管理。检察官员额制，就是将检察官数量严格控制在稳定且较低水平，根据检察院辖区内的案件数量、人口数量、经济发展水平等因素进行综合考量，确定各院具体的检察官员额比例，并将检察官从行政人员序列中分离出来，设立独立的检察官管理序列。

我国检察官员额制改革，从 2014 年的试点到正式推行前后经历三年时间。2017 年 7 月，最高人民检察院遴选产生首批 228 名员额检察官，检察官员额制改革在四级检察机关全面落地落实；2019 年的《检察官法》首次以立法的形式确定了检察官实行员额制管理；2021 年 6 月，《中共中央关于加强新时代检察机关法律监督工作的意见》提出完善检察官遴选入额和员额退出机制及其配套政策，员额制逐步完善。

检察官员额根据案件数量、经济社会发展情况、人口数量和检察院层级等因素确定，在省、自治区、直辖市内实行总量控制、动态管理，优先考虑基层检察院和案件数量多的检察院办案需要。根据中央司法体制改革要求，全国检察机关中检察官员额比例严格控制在中央政法专项编制的 39% 以下，相比于改革前比例减少近一半，但一线办案力量增加了 20% 以上，检察长、副检察长及检察委员会委员等检察院领导也纳入办案组，带头办案。员额制改革后，检察人员分为检察官、检察辅助人员和司法行政人员，对不同的人员实行不同序列的管理制度。人员分类管理要求严格控制“三类人员”的各自比例，明确区分其工作任务和范围，检察辅助人员负责检察办案过程中的事务性辅助工作，司法行政人员负责检察院内部行政等综合性工作，检察辅助人员和司法行政人员共同致力于让检察官全身心投入检察办案业务，凸显检察院的法律监督职能，突出检察官在检察院内的核心地位，提升检察官正规化、专业化、职业化的水平。

二、职务序列管理制度

检察官实行单独职务序列管理，与行政职级脱钩，体现了检察官在管理模式和职务序列设置上与普通公务员的区别。

第一，首席大检察官具有法定性、唯一性、排他性。首席大检察官是检察官等级而非职务，只适用于最高人民检察院检察长，是检察官等级中的最高、唯一等级。除最高人民检察院检察长以外，其他检察长等级均不能称“首席”。

第二，检察官单独职务序列等级有单独的晋升通道和晋升方式，不受综合管理类公务员的职务或职级变化影响。检察官分为四等十二级[1]，实行按期晋升、择优选升和特别选升，非经上述等级晋升方式和程序，检察官等级不得晋升。

第三，检察官等级与领导职务的行政职级不是一一对应关系。检察官等级与行政职级并不对应，但考虑到与目前检察官单独职务序列等级相配套的独立保障体系尚未建立，我国在现有公务员职业保障制度政策框架内，采取与综合管理类公务员比照对应的方式，落实相关待遇。根据中央相关规定，可以比照综合管理类公务员相应层次落实检察官等级待遇。

---

〔1〕 即首席大检察官；大检察官：一级、二级；高级检察官：一级、二级、三级、四级；检察官：一级、二级、三级、四级、五级。

第四，员额检察官转任交流时，检察官等级与综合管理类公务员职级套转应按中央规定综合考虑。虽然单独职务序列的检察官等级与综合管理公务员职级脱钩，但检察官在进入或退出员额时，两个序列还存在着一定的套转关系，即司法行政人员、其他机关公务员进入员额，应当综合考虑其职务职级、任职年限、工作年限等因素，比照检察院同等条件人员，确定检察官单独职务序列等级；检察官转任检察辅助人员、司法行政人员或者交流到其他党政机关的，根据检察官等级晋升审批权限，综合考虑任职资历、工作经历等条件，比照确定职务层次。

三、考评奖惩制度

考评奖惩制度指对考核对象工作质量和数量进行评价，并根据其完成工作任务的态度以及完成任务的程度给予奖惩的一整套科学、合理、全面的考核制度。应勇检察长在北京调研期间指出，要重视实绩评价，坚持“考实、评准、用好”导向，统筹案件质量评价和检察官考核，不能让检察官被数据所困、被考核所累。检察机关考评奖惩的对象是检察院内设机构及检察人员，员额检察官拥有对案件的检察权和决定权，对办案质量终身负责，对其进行考评奖惩有利于保证司法公正、提升司法质效。

员额检察官考评奖惩是检察机关运用科学专业的方法对检察官的工作职责进行严格考核、评价的管理和监督活动，从而促进检察机关不断改进和发展的管理机制。员额检察官考评奖惩除考察业务能力外，对其综合能力及个人作风建设等方面也应进行全面的考核。由于各个部门业务的不同，岗位职责也会有所不同，因此，针对考核的内容标准也应有所差异。

一般而言，考评奖惩制度主要涉及检察官考评委员会、检察官考核、检察官奖惩等三个方面内容。

第一，关于考评委员会的设立、职责及人员组成。其一，检察官考评委员会负责对本院检察官的考核工作，应在本院党组领导下，重点加强对检察官工作业绩的考核，切实履行考核体系建立、考核标准制定、考核规则执行、考核结果评定、复核申请受理等工作职责，确保检察官考核的全面、客观、公平。其二，检察官考评委员会的组成人员为五至九人，考评委员会主任由本院检察长担任，考评委员会副主任、其他委员一般由本院相关院领导、职能部门负责人以及检察官代表担任。其三，检察官考评委员会实行民主集中制原则，根据工作需要，适时召开会议。考评委员会会议由主任或受委托的副主任主持，决定事项须经全体委员的半数以上同意。

第二，关于检察官考核原则、内容、等次、结果运用及申请复核。其一，考核原则。检察官实行单独职务序列管理，在考核过程中，应当把握检察岗位的特殊性，做到考察全面、重点突出、结果公正。对于考核事宜《检察官法》没有规定的，适用公务员管理的相关法律法规。其二，考核内容。采用公务员考核一般规定与检察官职业特点相结合的方式，根据检察官履职要求，将考核内容细化为检察工作实绩、职业道德、专业水平、工作能力、工作作风五个方面，明确重点考核检察工作实绩。

其三，考核等次和结果运用。年度考核结果分为优秀、称职、基本称职和不称职四个等次；考核结果作为调整检察官等级、工资以及检察官奖惩、免职、降职、辞退的依据。其四，申请复核。考核结果以书面形式通知检察官本人。检察官对考核结果如果有异议，可以向检察官考评委员会申请复核。

第三，关于检察官奖励、处分、暂停履职。其一，奖励规定。检察官在检察工作中有下列情形的，应当给予奖励：公正司法，成绩显著的；总结检察实践经验成果突出，对检察工作有指导作用的；在办理重大案件、处理突发事件和承担专项重要工作中，作出显著成绩和贡献的；对检察工作提出改革建议被采纳，效果显著的；提出检察建议被采纳或者开展法治宣传、解决各类纠纷，效果显著的；有其他功绩的。其二，处分规定。对检察官一般违纪违法行为，尚未达到构成犯罪程度的，应当给予行政或纪律处分；构成犯罪的，应当依法追究刑事责任。其三，暂停履职规定。检察官涉嫌违纪违法，已经被立案调查、侦查，不宜继续履行职责的，按照管理权限和规定的程序暂时停止其履行职务。

四、检察官惩戒委员会

完善司法管理体制和司法权力运行机制，规范司法行为，加强对司法活动的监督，是保证检察官制度顺畅运行的关键。2015 年 9 月，最高人民检察院印发《关于完善人民检察院司法责任制的若干意见》，对严格司法责任认定和追究、建立检察官惩戒制度提出了明确要求；2016 年 10 月，最高人民法院、最高人民检察院联合印发了《关于建立法官、检察官惩戒制度的意见（试行）》，明确了制度基本框架，对检察官惩戒工作的相关问题作出原则性规定；2019 年修订的《检察官法》从立法层面对检察官惩戒制度的核心内容予以明确，并就检察官惩戒委员会审议惩戒事项的具体程序，授权最高人民检察院商有关部门确定；2020 年 10 月，最高人民检察院制定印发《人民检察院司法责任追究条例》，各地开始成立检察官惩戒委员会；2022 年 3 月，最高人民检察院印发《检察官惩戒工作程序规定（试行）》。至此，我国检察官惩戒制度基本形成。

检察官惩戒委员会的建立是为去除司法的行政化、地方化，建立权责一致、符合司法规律的司法制度而做的努力，其所针对的是原有的行政化处理模式，作为司法责任追究程序中的“审议”环节，仍可为提升司法官惩戒的公信力和专业化程度奠定基础。[1]

检察官惩戒委员会具有如下三种功能：

第一，区分功能。检察官惩戒委员会的区分功能表现为三个方面：首先，将检察官从事检察活动的惩戒与其从事其他活动的惩戒相区分，避免因职责混同造成追责混同；其次，将检察官行使检察职责的追责形式与一般公职人员的追责方式区分

〔1〕 参见葛琳：《检察官惩戒委员会的职能定位及其实现——兼论国家监察体制改革背景下司法责任追究的独立性》，载《法学评论》2018 年第 2 期。

开来，避免司法履职行为遭遇行政评价的尴尬，让对检察官的惩戒更具有司法属性；最后，将检察官履行检察职责的行为与检察院的司法辅助人员和司法行政人员的履职区分开来，助推员额制改革的落实，增强检察官的尊荣感和责任意识。

第二，惩戒功能。惩戒委员会一般区分故意、重大过失、一般过失等情形而予以相应的惩处，能够更好地体现过错与责任相适应。[1] 对检察官的惩戒包含惩处、预防两种功能：对未能恰当履行检察职责、失范的检察官予以惩处；对其他检察官实现预警，以督促检察官勤勉履职、恰当用权、恪守廉洁。

第三，保护功能。检察官惩戒委员会强调对检察官的保护功能，体现在检察官惩戒委员会的级别设立和组织架构当中：首先，级别保障免受下级系统干扰，检察官惩戒委员会只在中央和省一级设立，较高的级别为免受干扰提供了较好的基础条件；其次，虽然检察官惩戒委员会须与检察院协作完成惩戒工作，但是其独立于检察院；最后，检察官惩戒委员会采取三分之二多数表决的方式进行，免受同级干扰。

五、检察官离职后的从业禁止义务

为禁止检察官与律师不正当交往，规范检察院离任人员从事律师职业相关制度机制，推动长效常治，实现标本兼治，全面加强检察官与律师队伍建设，构建检察官与律师“亲”“清”关系，共同维护司法廉洁和司法公正，我国对检察官离职后的从业禁止义务作了较为明确的规定：检察官从检察院离任后两年内不得以律师身份担任诉讼代理人或辩护人；两年后能从事律师职业但仍不得在原任职的检察院代理案件，但可作为监护人或是当事人的近亲属或系当事人才能担任诉讼代理人或辩护人；检察官被开除后，不得担任诉讼代理人或辩护人。

2021 年 9 月，最高人民检察院、最高人民法院、司法部联合发布《关于进一步规范法院、检察院离任人员从事律师职业的意见》，其中第 4 条第 2 款规定，辞去公职或者退休的人民检察院领导班子成员，四级高级及以上检察官，四级高级检察官助理以上及相当职级层次的检察辅助人员在离职三年内，其他辞去公职或退休的检察工作人员在离职二年内，不得到原任职人民检察院管辖地区内的律师事务所从事律师职业或者担任“法律顾问”、行政人员等，不得以律师身份从事与原任职人民检察院相关的有偿法律服务活动。

第五节　检察官的职业保障

一、检察官权益保障委员会及其职责

检察官职业保障制度是司法制度的重要组成部分，是为了保证和落实检察官依法履行职责、避免外界非法干涉检察权的行使而建立的职业保障性制度体系。《检察官法》第 53 条规定：“人民检察院设立检察官权益保障委员会，维护检察官合法

[1] 参见王洪祥：《检察官惩戒委员会制度研究》，载《人民检察》2017 年第 1 期。

权益，保障检察官依法履行职责。”2022 年，最高人民检察院发布《最高人民检察院检察官权益保障委员会章程》，并设立最高人民检察院检察官权益保障委员会，指导地方检察机关设立各级检察院检察官权益保障委员会，落实法定保障机制，在完善检察官依法履职、维护检察官及其近亲属人身财产安全、保护检察官职业尊严不受玷污、及时提供救助等方面，切实发挥检察官权益保障委员会的积极作用。

检察官权益保障委员会在职业权利保障、职业身份保障、职业收入保障、职业安全保障等方面发挥作用。为切实保障检察官职业群体以及每一位检察官的合法权益，维护检察官职业尊严，确保检察官依法、独立、公正履行法律监督职责，当检察官在职业权利保障、职业身份保障、职业收入保障、职业安全保障等方面遭受权益损害时，检察官权益保障委员会将提供权益保障的保护帮助机制、安全防范机制、身心健康关怀保障机制，以确保检察官合法权益得到有效维护，保障检察官在社会中的生活水平和社会地位，提升检察官在依法履责中实际具备的抗压能力。

二、职业权利保障

检察官依法履行职责，受法律保护，不受行政机关、社会团体和个人的干涉。检察官有权拒绝任何单位或者个人违反法定职责或者法定程序、有碍司法公正的要求。对任何单位或者个人干预检察职权行使、插手具体案件处理的情况，检察官应当全面、如实记录。有关机关应当根据相关规定，对干预司法活动和插手具体案件处理的，根据情节轻重追究有关责任人员、行为人的责任。

任何单位或者个人不得要求检察官从事超出法定职责范围的事务。从实践看，检察官从事超出法定职责范围的事务通常有：招商引资、行政执法、治安巡逻、交通疏导、卫生整治等事务。对于要求检察官从事超出法定职责范围的，检察官有权拒绝并予以全面如实记录和报告。

三、职业身份保障

检察官的身份一经确定，非经法定程序或法定理由不得随意更换、免职、降职。除下列情形外，不得将检察官调离检察业务岗位：按规定需要任职回避的；按规定实行任职交流的；因机构调整、撤销、合并或者缩减编制员额需要调整工作的；因违纪违法不适合在检察业务岗位工作的；法律规定的其他情形。需要特殊说明的是，检察官被调离检察业务岗位后，符合《检察官法》第 20 条规定情形的，应当依法提请免除其检察官职务。

四、职业收入保障

检察官享有工资、伤残待遇、亲属抚恤和优待，以及养老金等福利待遇。

第一，检察官按照等级享有国家规定的工资待遇，并建立与公务员工资同步调整机制。其他公务员调整基本工资标准时，相应调整检察官基本工资标准。同时，检察官实行定期增资制度，经年度考核确定为优秀、称职的，可以按照规定晋升工资档次。

第二，检察官享受国家规定的津贴、补贴、奖金、保险和福利待遇。需要特别强调的是，检察官的绩效考核奖金不应与检察官等级或行政职务挂钩，而应主要依据检察官办案质量、办案数量等综合评定。

第三，检察官因公致残的，享受国家规定的伤残待遇。检察官因公牺牲、因公死亡或者病故的，其近亲属享受国家规定的抚恤和优待，具体可依据《伤残抚恤管理办法》和公务员有关规定标准执行。

第四，检察官退休后，享受国家规定的养老金和其他待遇。检察官退休后，除了享受养老保险金外，还享受公费医疗，住房标准及房租、取暖、物价补贴，特殊贡献补助，易地安家补助，护理、丧葬补助，抚恤等待遇。

五、职业安全保障

检察官的职业尊严和人身安全受法律保护，对于损害检察官的职业尊严、侵犯检察官及其近亲属人身安全的行为，应当依法从严惩治。

第一，任何单位和个人不得对检察官及其近亲属打击报复。对检察官及其近亲属实施报复陷害、侮辱诽谤、暴力侵害、威胁恐吓、滋事骚扰等违法犯罪行为的，应当依法从严惩治。

第二，检察官因依法履行职责遭受不实举报、诬告陷害、侮辱诽谤，致使名誉受到损害的，人民检察院应当会同有关部门及时澄清事实，消除不良影响，并依法追究相关单位或者个人的责任。检察官个人也可以依法要求侵权人承担民事责任。

第三，检察官因依法履行职责，本人及其近亲属人身安全面临危险的，人民检察院、公安机关应当对检察官及其近亲属采取人身保护、禁止特定人员接触等必要保护措施。司法实践中，保护措施的方式、限度应遵循“相当原则”“比例原则”，以足以保障检察官及其近亲属安全为限，避免保障措施滥用或侵犯他人权益。

第六节　检察官助理制度[1]

检察官助理与检察官都是检察职业体系的重要组成部分，是检察机关的重要办案力量。建设高素质专业化的检察官助理队伍，关系到党的检察事业后继有人这个长远性问题。党中央高度重视检察官助理等司法辅助队伍建设，多次部署完善司法辅助人员管理制度机制。《中共中央关于加强新时代检察机关法律监督工作的意见》

---

〔1〕 该节内容主要参考丁旭涛、王一鸣、王新博：《加强检察官助理职业化建设进一步完善检察职业体系——最高检〈关于进一步加强人民检察院检察官助理管理工作的意见〉的理解与适用》，载《人民检察》2024 年第 21 期。

也提出了“健全检察辅助人员招录、管理、保障制度”的要求。

为此，最高人民检察院于2024年印发了《关于人民检察院全面准确落实司法责任制的若干意见》《关于进一步加强人民检察院检察官助理管理工作的意见》，对检察官助理的职责、选任、管理、培养等重要问题加以规范，为进一步健全完善检察职业体系，优化检察人员分类管理，加强检察官助理职业化建设提供了制度保障。

一、检察官助理的职责

《人民检察院组织法》《检察官法》将检察官助理的职责简略规定为在检察官指导下负责审查案件材料、草拟法律文书等检察辅助事务。2024年最高人民检察院印发《关于人民检察院全面准确落实司法责任制的若干意见》，对检察官助理可承担的具体检察业务和职责作了详细规定。第17条规定：“检察官助理在检察官的指导下，可以履行下列职责：1. 讯问犯罪嫌疑人、被告人，询问证人和其他诉讼参与人；2. 接待律师及案件相关人员；3. 收集、调取、核实证据，协助开展调查核实工作；4. 实施搜查、查封、扣押、冻结、勘验、检查等；5. 审查案件材料，草拟法律文书；6. 协助检察官出席法庭，经检察长批准，高阶段的检察官助理可以在检察官就主要事实和法律问题发言后，辅助进行举证质证、补充发表出庭意见、参与法庭辩论；7. 检察官交办的其他办案事项。”《关于进一步加强人民检察院检察官助理管理工作的意见》对此也作了相同的规定。

检察官助理承担的检察辅助事务以证据审查、事实认定、法律适用为核心内容，与书记员承担的事务工作、司法警察负责的警务工作、检察技术人员负责的专门技术工作有明显不同。根据《关于人民检察院全面准确落实司法责任制的若干意见》规定，检察官职权有10项[1]，检察官助理职责有7项，范围基本一致，都包括侦查、调查、审查、出庭等诉讼活动，两者是指导与被指导的一体履职关系，不是各司其职的分工负责关系，“主辅”定位的根本在于检察官对部分办案事项有决定权，而检察官助理没有决定权。检察官助理参与办理案件，按照“谁办案谁负责、谁决定谁负责”的原则在其职责范围内承担相应司法责任。考虑到部分检察官助理在能力和资历上已经符合检察官的履职要求，《关于进一步加强人民检察院检察官助理管理工作的意见》明确，经遴选委员会审核后等待递补担任检察官的检察官助理，以及曾有检察官任职办案经历的检察官助理，可以在办案部门负责人或资深检察官的指导下相对独立承担办案任务；指导办案的检察官应当承

---

〔1〕《关于人民检察院全面准确落实司法责任制的若干意见》第14条规定：“检察官依照法律、司法解释的规定和检察长的委托，依法行使下列职权：1. 传唤、讯问犯罪嫌疑人、被告人；2. 询问证人和对诉讼活动具有重要影响的其他诉讼参与人；3. 组织收集、调取、审核证据，开展调查核实工作；4. 组织搜查、查封、扣押、冻结、勘验、检查等；5. 审查案件材料；6. 主持案件听证会、公益诉讼磋商座谈会；7. 出席法庭，宣读起诉书（上诉书、抗诉书、出庭意见书）、讯问被告人、对相关证据进行举证质证辩论、发表出庭意见等；8. 查阅、调取人民法院案卷；9. 临场监督死刑执行；10. 检察长委托检察官负责的其他办案事项。”

担审核把关责任。

二、检察官助理的分阶段培养机制

《关于进一步加强人民检察院检察官助理管理工作的意见》将检察官助理分为新任职的检察官助理、具备一定辅助办案经验的检察官助理、高阶段的检察官助理三个阶段，分别确定履职和培养训练的重点。检察官助理的分阶段培养训练是检察机关内部管理工作，具体人员培养阶段由检察机关内部掌握，不同阶段的检察官助理对外履职时统一使用“检察官助理”称谓。这三类检察官助理培养阶段的划分主要以办案能力养成和职业发展方向为依据，不与职级直接挂钩。从事法律工作达到一定年限、业务能力较强、工作业绩较为突出、拟作为检察官人选的人员，可以作为高阶段的检察官助理进行培养训练，全面参与需由检察官亲自承担的各类办案事项。对于在辅助办案中展现出独立办案的能力和担当，具有担任检察官的潜质和优势的检察官助理，即使尚未晋升到很高的职级，也可以确定为高阶段的检察官助理。有的检察官助理虽然能够胜任交办的工作任务，但不愿意尝试全面履职、不愿意承担更多办案任务和责任，或者本人没有担任检察官的意愿，则不应作为高阶段的检察官助理进行培养。

三、检察官助理的职业发展路径

从长远看，受检察官员额数量制约，各级检察院都可能有一定数量的人员长期从事检察官助理的岗位。因此更需要详细规划检察官助理的职业发展路径，为相关人员提供展现专业才能、成就人生价值的履职平台。

（一）选拔检察官助理担任领导干部

《关于进一步加强人民检察院检察官助理管理工作的意见》提出，通过建立优秀检察官助理人才库、举办业务竞赛、评选办案能手、选树先进典型等多种方式，增强检察官助理的责任感、使命感和尊荣感。综合素能优秀的资深检察官助理，可以协助部门负责人承担对本部门检察辅助人员的日常管理工作，承担对新入职检察辅助人员的传帮带等职责；符合条件的，可以根据 2019 年中共中央《党政领导干部选拔任用工作条例》及有关规定选拔、推荐担任领导干部。此处的领导干部，可以理解为选拔担任检察院内设机构的副职领导、综合部门的正副职领导，以及推荐交流到其他政法单位、党政机关担任领导职务等。检察官助理担任业务部门副职的，不能履行对检察办案的监督管理职责；业务部门正职由于承担对办案的监督管理责任，不能由检察官助理担任。比如，湖北省人民检察院制定了《关于进一步激发基层工作活力加速干警成长成才的意见》，明确建立检察官助理分层培养模式，搭建初阶、中阶、高阶三层培养阶梯，确保优秀检察官助理进入检察官队伍。除了入额成为检察官，检察官助理还可以成长为既懂检察业务又懂综合管理的复合型人才。湖北省罗田县人民检察院将检察官助理统筹纳入领导干部选任和干部交流的“大盘子”，坚持多岗位锻炼人才，提拔 1 名检察官助理任部门负责人，选拔9名检察官助理担任部门副职，逐步形成完整、宽广的检察官助理职业发展平台。[1]

（二）促进检察官助理与其他检察人员的双向交流

检察人员既要实行分类管理，也要统筹考虑不同类别人员的有序交流。检察官助理与司法行政人员同属于综合管理类公务员，二者之间的交流不存在制度障碍。《关于进一步加强人民检察院检察官助理管理工作的意见》提出，要研究确定、跟踪培养一批优秀年轻检察官助理，有意识加强全方位培养锻炼。根据检察工作和干部培养需要，可以有计划地安排检察官助理到综合部门锻炼。此外，《关于进一步加强人民检察院检察官助理管理工作的意见》对检察官助理与司法行政人员职级职数统筹核定和使用、交流转任后任职年限累计计算等问题进一步明确了政策，为检察官助理的培养和发展做好配套保障。检察官单独职务序列等级与检察官助理职级不一一对应，检察官助理与检察官可以相互转任，转任后首次晋升等级、职级时，对于转任前后的任职年限不能简单累加，也不能完全不予考虑，可以综合考虑比照确定的等级、职级等因素，研究确定任职年限是否符合晋升资格条件。这一政策精神同样适用于检察官与其他各类公务员相互转任。

（三）增强检察官助理职业发展可预期性

检察官逐级遴选制度实施后，改变了以往本院招录、本院培养、本院使用为主的管理模式，检察人员的上选下任工作进一步制度化和体系化，跨层级、跨地域遴选交流成为工作常态，需要检察人员选育管用工作着眼长远、提前布局、统筹谋划、统一实施。《关于进一步加强人民检察院检察官助理管理工作的意见》提出，对于拟到下级检察院初任检察官的检察官助理，上级检察院要会同下级检察院，统筹研究其初任检察官后的职业发展规划，增强职业发展的可预期性。目前，最高人民检察院正在会同中央有关单位研究完善检察官逐级遴选制度，进一步优化检察官逐级遴选的条件和程序，完善上级检察院检察官助理到下级检察院初任检察官的配套政策，进一步畅通检察官助理的职业发展通道。

■问题与思考

1. 如何正确理解检察官的客观公正义务？
2. 如何正确认识中国特色检察官的职业道德？
3. 如何正确理解我国员额制检察官改革的路径？
4. 如何归纳中国特色检察官的回避制度？

■参考阅读

1. 林钰雄：《检察官论》，法律出版社2008年版。

---

〔1〕 参见《优秀检察官助理的培养路径》，载《检察日报》2024年9月20日，第5版。

2. 石少侠：《检察权要论》，中国检察出版社 2006 年版。

3. 樊崇义、吴宏耀、种松志主编：《域外检察制度研究》，中国人民公安大学出版社 2008 年版。

4. 孙谦：《检察：理念、制度与改革》，法律出版社 2004 年版。

■拓展阅读

分　论

第七章　刑事检察

■ 本章导读

刑事检察是检察机关最重要的职能之一，是现代检察制度传统的和基本的内容，也是检察权的发展源头所在。我国检察机关的刑事检察职能具有与其他国家不同的法律属性和职责任务。伴随着国家监察体制改革、以审判为中心的诉讼制度改革、认罪认罚从宽制度改革、捕诉一体办案体制改革、检察机关内设机构改革等叠加推进，中国检察制度完成了重塑性改革发展，检察机关开启了“四大检察”全面协调充分发展的新阶段，刑事检察职能和刑事检察工作有了新的重要发展。

第一节　刑事检察概述

一、刑事检察的职责任务

刑事检察，是指检察机关为了维护国家法制的统一正确实施，依法代表国家侦查、指控犯罪和开展刑事诉讼活动监督的职能和工作内容的总称。刑事检察是我国检察机关最传统、最基本的业务，是检察机关履行法律监督职能，在国家政治、经济、社会生活中发挥保障法律实施作用的最为重要的方式和途径。

《宪法》第134条规定：“中华人民共和国人民检察院是国家的法律监督机关。”《人民检察院组织法》第2条规定：“人民检察院是国家的法律监督机关。人民检察院通过行使检察权，追诉犯罪，维护国家安全和社会秩序，维护个人和组织的合法权益，维护国家利益和社会公共利益，保障法律正确实施，维护社会公平正义，维护国家法制统一、尊严和权威，保障中国特色社会主义建设的顺利进行。”这是宪法和法律关于检察机关性质和任务的规定，也是理解刑事检察工作的职责任务乃至全部检察职责任务的根本依据。

法律监督是我国检察机关性质和职责的宪法定位，各项检察职能在根本上是实现法律监督的手段和途径。理解检察机关刑事检察的职责任务需要把握以下几点：

第一，刑事检察是我国检察机关通过行使侦查、批捕、起诉、诉讼监督和执行监督等刑事诉讼法定职权，实现依法惩治犯罪，并对刑事诉讼活动和执行活动本身是否合法进行法律监督，从而在刑事领域监督保障国家法制统一、完成宪法赋予的法律监督使命。

第二，检察机关的刑事检察职权，在本质上是法律监督的性质，这是由中国特色社会主义检察制度的根本属性决定的，也是我国刑事检察职权区别于其他国家的根本特点。法律监督这一根本属性，是宪法决定的，它蕴含了深刻的本土理论、文化和实践内涵。这一根本属性，在理论上和实践上赋予了我国刑事检察职权特殊的禀赋，是证成刑事检察工作创新发展、刑事检察职权改革完善的理论基点和发展动力。作为检察机关核心业务，刑事检察与民事检察、行政检察、公益诉讼检察一样，在根本属性上都是实现检察机关法律监督职能的方式和途径。

第三，我国刑事检察的职责任务可以理解为两个方面，一方面，通过行使检察权，追诉犯罪，维护国家安全和社会秩序，维护个人和组织的合法权益，维护国家利益和社会公共利益；另一方面，保障法律正确统一实施，维护社会公平正义，维护国家法制统一、尊严和权威，保障中国特色社会主义建设顺利进行。刑事检察职责主要的内容是追诉犯罪和保障法制统一两部分，这体现了检察权与同在刑事司法活动中的侦查权和审判权的职责分工的区别，同时也需要明确，追诉犯罪和保障法制统一是内在一致的。

二、刑事检察的职能内容

《人民检察院组织法》第 20 条规定："人民检察院行使下列职权：（一）依照法律规定对有关刑事案件行使侦查权；（二）对刑事案件进行审查，批准或者决定是否逮捕犯罪嫌疑人；（三）对刑事案件进行审查，决定是否提起公诉，对决定提起公诉的案件支持公诉；（四）依照法律规定提起公益诉讼；（五）对诉讼活动实行法律监督；（六）对判决、裁定等生效法律文书的执行工作实行法律监督；（七）对监狱、看守所的执法活动实行法律监督；（八）法律规定的其他职权。"八项职能中除第四项外，其余均是刑事检察或与刑事检察相关的职权职能。《刑事诉讼法》第 3 条规定，检察、批准逮捕、检察机关直接受理的案件的侦查、提起公诉，由人民检察院负责；第 8 条规定，人民检察院依法对刑事诉讼实行法律监督。《人民检察院刑事诉讼规则》第 11 条规定，认罪认罚从宽制度适用于所有刑事案件。人民检察院办理刑事案件的各个诉讼环节，都应当做好认罪认罚的相关工作。这些规定赋予了我国检察机关履行刑事检察职能的法定职责权限，体现了我国检察机关刑事检察工作的特定属性，是刑事检察工作的基本法律依据。

刑事检察的职能内容，涉及如何厘定刑事检察的范围。一般而言，传统的刑事检察也称为狭义的刑事检察，仅指批捕、起诉和诉讼监督三项内容。伴随着监察体制改革，新时代检察职能进行了重塑性变革，刑事检察可以作广义的理解，即包括了侦查、审查逮捕、起诉、诉讼监督、执行监督，以及未成年人检察中的刑事检察等内容。按照广义的刑事检察职能理解，简述主要内容如下：

（一）侦查权

在我国，侦查权并非一项独立、专属的权力，人民检察院、公安机关、国家安全机关、海警机关、监狱、军队保卫部门等都可以行使侦查权，但唯独人民检察院的侦查权具有法律监督属性。人民检察院作为国家的法律监督机关，这一定位自新中国成立以来从未改变，并为《宪法》和《人民检察院组织法》所明文规定，同时，《刑事诉讼法》《人民检察院组织法》明确规定了人民检察院依照法律规定对有关刑事案件行使侦查权，作为法律监督的一种重要方式和手段，进一步突出了检察侦查权行使的监督属性。

（二）审查逮捕权

逮捕是剥夺犯罪嫌疑人、被告人人身自由的一项强制措施，是最严厉的刑事强制措施。《宪法》赋予检察机关审查批准或者决定逮捕的法定职权。《宪法》第37条规定，中华人民共和国公民的人身自由不受侵犯。任何公民，非经人民检察院批准或者决定或者人民法院决定，并由公安机关执行，不受逮捕。《刑事诉讼法》进一步明确规定了检察机关审查批准或者决定逮捕犯罪嫌疑人、被告人的法定职权、具体条件和程序。据此，在我国，审查逮捕权是指人民检察院依据《宪法》和《刑事诉讼法》等法律规定，对侦查机关提请逮捕的案件，以及自行办理的案件经审查，认为有证据证明有犯罪事实，可能判处徒刑以上刑罚，采取取保候审尚不足以防止发生社会危险性，而有逮捕必要的，批准或者决定逮捕的诉讼职能活动。

我国刑事诉讼中的逮捕措施有人民检察院批准或决定和人民法院决定两种。刑事案件的逮捕通常是由公安机关立案侦查过程中，根据案件情况提出请求，人民检察院审查作出是否批准的决定。人民检察院和人民法院对于自己办理的刑事案件，符合逮捕条件，有逮捕必要的依法可以自行决定逮捕。检察机关的审查逮捕权是对逮捕措施的主要控制机制，同时我国检察机关的审查逮捕工作在本质上也包含了其法律监督的宪法属性。

（三）公诉权

公诉权是我国检察机关的传统和基本职权，也是现代各国检察机关的共有职权。《刑事诉讼法》第169条规定，凡需要提起公诉的案件，一律由人民检察院审查决定。据此，在我国，除了法律规定的刑事自诉案件外，人民检察院代表国家依法行使对犯罪的公诉权，即我国实行公诉为主、自诉为辅的起诉制度，检察机关专门行使公诉职权，其他机关、团体和个人无权提起公诉。检察机关的公诉权又包括以下具体权能：

1. 审查起诉权。人民检察院对于公安机关等侦查机关侦查终结移送检察机关起诉的案件依法审查，就案件事实是否查清、法律适用是否准确、影响案件定罪量刑的各种情节是否查清，侦查过程中收集和运用证据是否合法、侦查活动本身是否合法等进行全面审查，以决定是否对案件提起公诉。

2. 提起公诉权。《刑事诉讼法》第176条规定，人民检察院认为犯罪嫌疑人的犯罪事实已经查清，证据确实、充分，依法应当追究刑事责任的，应当作出起诉决定，按照审判管辖的规定，向人民法院提起公诉，并将案卷材料、证据移送人民法院。该条规定了检察机关的提起公诉权，它是检察机关将刑事案件提请人民法院依法审判的一项诉讼权力，公诉案件非经检察机关提起公诉，不会有人民法院对案件事实和相应的犯罪嫌疑人的审判。

3. 不起诉权。不起诉权是人民检察院对移送审查起诉的案件进行审查后，认为不构成犯罪或者不具备起诉条件，或者不适宜提起公诉的，可以依法决定不将案件移送人民法院进行审判进而终止诉讼的一项诉讼权力。根据《刑事诉讼法》的规定，不起诉可以分为五种情况，即法定不起诉、存疑不起诉、酌定不起诉、特殊不起诉和附条件不起诉。

4. 出庭支持公诉权。刑事案件提起公诉后，检察官以国家公诉人的身份出席法庭，根据事实和法律，通过法庭调查和法庭辩论，提出证据支持检察机关对被告人的指控，要求法庭依法对被告人处以刑罚的诉讼活动就是出庭支持公诉。

5. 变更公诉权。变更公诉是指检察机关对于已经提起公诉的案件，在法庭审查过程中，发现案件事实、犯罪性质、指控的被告人等内容发生了变化或者有遗漏等，依法作出改变、追加或者撤回起诉的诉讼活动。具体而言，出庭检察官可以依照法定程序变更起诉、追加或补充起诉、撤回起诉。

（四）刑事诉讼监督权

人民检察院依法对刑事诉讼实行法律监督，这是我国刑事诉讼的一项基本原则，也是一项重要的司法制度。人民检察院的刑事诉讼监督权，指的是作为国家法律监督机关的检察机关，依法对参与刑事诉讼的侦查机关、审判机关、执行机关的诉讼和执行活动是否合法、适用法律是否准确进行审查，依法支持或者提出纠正意见、抗诉等各项业务活动的总称。广义的刑事诉讼监督包括刑事诉讼活动监督和刑事执行监管执法活动监督，其中前者包括立案监督、侦查活动监督、审判活动监督、刑事执行监督以及由诉讼监督活动衍生的特定职务犯罪侦查活动。狭义的刑事诉讼监督仅指对刑事诉讼活动的监督。

三、刑事检察的原则和理念

刑事检察是检察机关依法参与刑事诉讼和执行活动，通过刑事诉讼和执行活动实现法律监督职责的一项业务工作。为切实履行法律职责，刑事检察工作需要坚持和体现一系列法律原则，包括法治的一般性原则，如尊重和保障人权、程序法定等宪法相关原则；刑事诉讼的基本原则，如检察机关的法律监督原则，公检法三机关分工负责、互相配合、互相制约原则[1]，证据裁判原则等；检察权运行中的一些特别原则，如客观公正原则、检察一体原则等。

刑事检察需要遵守的基本原则，是宪法和法律原则乃至国际准则相关内容的具体化。以客观公正原则为例，客观公正原则是行使检察权的根本原则，也是现代检察制度确立和不断发展的基础性原则。[2] 它是指检察机关或检察官在刑事诉讼中不能把自己当作一方当事人，片面追求追诉和打击，而应该以客观公正立场进行诉讼活动，发现并尊重事实真相，实现司法公正。我国检察机关作为国家的法律监督机关，是法律的守护人，在刑事检察履职中，既是犯罪的追诉者，也是无辜的保护者，应当秉持客观公正原则，绝不能片面追求追诉和打击。“检察官不是，也不应该是片面追求打击犯罪的追诉狂，而是依法言法，客观公正的守护人，有利不利一律注意。”[3] 这一项原则与检察机关对刑事诉讼实施法律监督这一原则相结合，有丰富的理论内涵和实践指导意义。

另外，刑事检察工作需要遵循的基本原则和基本理念是相通的，在长期的发展中，特别是近二十年的发展中，不管是我国的刑事司法工作还是检察工作都有了长足的进步，刑事司法理念、检察理念有了创新发展，相应的在刑事检察工作中应当坚持和遵循，如坚持为大局服务、为人民司法、为法治担当理念，坚持高质效办好每一个案件理念等。

第二节　刑事立案监督和侦查活动监督

一、刑事立案监督

刑事立案监督是人民检察院对公安机关等侦查机关的刑事立案活动是否合法进行审查，依法作出认可或者提出纠正的法律监督活动。立案监督是检察机关刑事诉讼监督的重要组成部分，也是刑事诉讼活动的重要组成部分之一。

（一）立案监督的意义和内容

我国的立案监督制度肇始于1996年《刑事诉讼法》。1996年《刑事诉讼法》第87条规定：“人民检察院认为公安机关对应当立案侦查的案件而不立案侦查的，或者被害人认为公安机关对应当立案侦查的案件而不立案侦查，向人民检察院提出的，

---

〔1〕党的二十届三中全会通过的《中共中央关于进一步全面深化改革、推进中国式现代化的决定》（第九部分“完善中国特色社会主义法治体系”）第35条（健全公正执法司法体制机制）提出：“健全监察机关、公安机关、检察机关、审判机关、司法行政机关各司其职，监察权、侦查权、检察权、审判权、执行权相互配合、相互制约的体制机制，确保执法司法各环节全过程在有效制约监督下运行。”该规定体现了“五机关”关系原则，是对“三机关”关系原则的发展。

〔2〕参见童建明、孙谦、万春主编：《中国特色社会主义检察制度》，中国检察出版社2022年版，第195页。

〔3〕林钰雄：《检察官论》，法律出版社2008年版，第17页。

人民检察院应当要求公安机关说明不立案的理由。人民检察院认为公安机关不立案理由不能成立的，应当通知公安机关立案，公安机关接到通知后应当立案。”这一规定作为立案监督制度最重要的法律依据，标志我国立案监督制度正式确立，填补了以往检察机关对立案阶段法律监督的空白，具有重要的理论和现实意义。立案是刑事诉讼程序的起点，是刑事案件能否进入诉讼程序的关键环节，检察机关对刑事立案活动进行监督，对于解决司法实践中有案不立、有罪不究、以罚代刑或者利用刑事手段违法插手民间纠纷等现象，纠正打击不力，发现和惩治司法人员徇私舞弊犯罪，维护国家法律尊严，保障当事人合法权益具有重要意义。[1]

根据《刑事诉讼法》和《人民检察院刑事诉讼规则》，刑事立案监督主要包括对公安机关应当立案侦查而不立案侦查案件的监督和对公安机关不应当立案侦查而立案侦查案件的监督。具体而言：

1. 对公安机关应当立案侦查而不立案侦查案件的监督。《刑事诉讼法》第 109 条规定：“公安机关或者人民检察院发现犯罪事实或者犯罪嫌疑人，应当按照管辖范围，立案侦查。”《刑事诉讼法》第 112 条规定：“人民法院、人民检察院或者公安机关对于报案、控告、举报和自首的材料，应当按照管辖范围，迅速进行审查，认为有犯罪事实需要追究刑事责任的时候，应当立案；认为没有犯罪事实，或者犯罪事实显著轻微，不需要追究刑事责任的时候，不予立案，并且将不立案的原因通知控告人。”据此，公安机关应当立案的情形包括以下三种：一是公安机关发现犯罪事实；二是公安机关发现犯罪嫌疑人；三是公安机关对于报案、控告、举报和自首的材料，经审查后认为有犯罪事实需要追究刑事责任的。对于符合以上情形之一而公安机关不予立案的，即属于公安机关应当立案侦查而不立案侦查的案件，人民检察院应依法对其进行监督。

2. 对公安机关不应当立案侦查而立案侦查案件的监督。对公安机关不应当立案侦查而立案侦查案件的监督又称为监督撤案，监督撤案与监督立案构成了刑事立案监督的一体两面。《刑事诉讼法》第 8 条规定：“人民检察院依法对刑事诉讼实行法律监督。”根据这一规定精神，为进一步完善立案监督制度，防止公权力机关动用刑事立案手段插手民事、经济纠纷等行为的发生，逐步探索了监督撤案制度，即对不应当立案而立案的，监督公安机关撤销案件。《人民检察院刑事诉讼规则》第 559 条规定：“对于有证据证明公安机关可能存在违法动用刑事手段插手民事、经济纠纷，或者利用立案实施报复陷害、敲诈勒索以及谋取其他非法利益等违法立案情形，尚未提请批准逮捕或者移送起诉的，人民检察院应当要求公安机关书面说明立案理由。”另根据《人民检察院刑事诉讼规则》第 561 条，公安机关说明立案的理由后，人民检察院应当进行审查。认为公安机关立案理由不能成立的，经检察长决定，应

---

〔1〕 参见童建明、孙谦、万春主编：《中国特色社会主义检察制度》，中国检察出版社 2022 年版，第 326 页。

当通知公安机关撤销案件。

严格讲，刑事立案监督的对象还应该包括人民检察院侦查部门应当立案侦查而不报请立案侦查或者不应当立案而不报请撤销案件线索的两种情形。[1]

（二）立案监督的程序

刑事立案监督的法律程序主要包括受理案件、对案件进行审查、通知立案或撤销案件以及对公安机关后续处理结果的监督。

首先，刑事立案监督案件的受理。具体途径主要包括检察机关在履职中主动发现、受理被害人申诉，或者由报案人、控告人、举报人报案、控告和举报等。

其次，检察机关对刑事立案监督案件进行审查。检察机关受理案件后，应指定专人进行审查，必要时可以进行调查核实，询问办案人员和有关当事人，查阅复制相关证据材料。

再次，通知公安机关立案或撤销案件。人民检察院经审查，认为需要公安机关说明不立案理由的，应当要求公安机关书面说明不立案的理由。对于有证据证明公安机关可能存在违法动用刑事手段插手民事、经济纠纷，或者利用立案实施报复陷害、敲诈勒索以及谋取其他非法利益等违法立案情形，尚未提请批准逮捕或者移送起诉的，人民检察院应当要求公安机关书面说明立案理由。公安机关说明立案的理由后，人民检察院应当进行审查。认为公安机关立案理由不能成立的，经检察长决定，应当通知公安机关撤销案件。

最后，对公安机关后续处理结果的跟踪监督。人民检察院通知公安机关立案或者撤销案件的，应当依法对执行情况进行监督。公安机关在收到通知立案书或者通知撤销案件书后超过十五日不予立案或者未要求复议、提请复核也不撤销案件的，人民检察院应当发出纠正违法通知书。公安机关仍不纠正的，报上一级人民检察院协商同级公安机关处理。公安机关立案后三个月以内未侦查终结的，人民检察院可以向公安机关发出立案监督案件催办函，要求公安机关及时向人民检察院反馈侦查工作进展情况。

二、侦查活动监督

侦查活动监督，是指人民检察院对于侦查主体的侦查工作是否合法进行的专门法律监督。广义的侦查监督包括立案监督和侦查活动监督，狭义的侦查监督仅指侦查活动监督。

（一）侦查活动监督的本质

刑事侦查权作为刑事诉讼中最具扩张性和强制性的国家权力，对公民权利可能带来的侵犯程度最高，因此，法治国家为了防止侦查权过度扩张与滥用，都设置了

---

〔1〕 参见孙谦、陈国庆、万春、张建伟主编：《刑事检察业务总论》，中国检察出版社 2022 年版，第 403 页。

相应的监督制约机制。例如，英美法系的令状主义和预审程序以及大陆法系的令状主义和检察指挥侦查等，都是结合各国国情和司法传统的侦查权控制制度安排。我国侦查活动监督制度的确立具有特定的理论、制度和实践基础。我国人民代表大会制度之下的检察机关的宪法定位是国家的法律监督机关，对刑事诉讼实行法律监督是检察机关的重要职能，对侦查活动进行监督是检察机关的刑事诉讼监督的重要方面也是重要的途径。

侦查活动监督对于规范侦查权依法行使，强化人权刑事司法保障具有重要意义。一方面，检察机关通过侦查活动监督，强化对侦查权的制约，促进侦查权力依法行使，减少侦查权的滥用对公民权利的不当侵害。另一方面，通过对权益受到侵害的相对人提供法律救济，如通过撤案监督纠正以刑事手段非法插手经济纠纷，通过排除非法证据遏制刑讯逼供、违法讯问等，实现对公民权利的救济和保障。可以说，我国的检察机关侦查监督制度与域外侦查权控制模式在遏制侦查恣意、保障公民权利、维护公平正义等价值取向上是一致的。[1] 不同在于，我国检察机关的侦查活动监督在本质上是法律监督的性质，是检察机关实现刑事诉讼法律监督的途径和手段。法律监督是侦查活动监督理论与实践发展的基础、前提和发展推动力。

（二）侦查活动监督的内容、途径和方法

侦查活动监督是对刑事侦查活动是否合法进行的专门法律监督，旨在发现和纠正侦查违法行为，是区别于刑事立案监督、审查逮捕的狭义的侦查监督。[2]

《刑事诉讼法》对审查逮捕、审查起诉过程中对侦查活动合法性的审查进行了较为明确的规定。例如，《刑事诉讼法》第 100 条要求人民检察院在审查批准逮捕工作中，如果发现公安机关的侦查活动有违法情况，应当通知公安机关予以纠正，公安机关应当将纠正情况通知人民检察院；第 88 条进一步要求，对于侦查活动可能有重大违法行为的，审查逮捕应当讯问犯罪嫌疑人；第 171 条强调和要求检察机关对公诉案件进行审查时，必须查明“侦查活动是否合法”；第 175 条第 2 款还规定，检察机关审查案件，对于需要补充侦查的，可以退回公安机关补充侦查，也可以自行侦查。除了审查逮捕和审查起诉环节以外，《刑事诉讼法》第 57 条还对检察机关对证据收集活动合法性的专门监督进行了规定，明确：人民检察院接到报案、控告、举报或者发现侦查人员以非法方法收集证据的，应当进行调查核实。对于确有以非法方法收集证据情形的，应当提出纠正意见；构成犯罪的，依法追究刑事责任；等等。

除《刑事诉讼法》层面对侦查活动监督的授权和规定外，《人民检察院刑事诉讼规则》也在“刑事诉讼法律监督”一章以一节的篇幅对“侦查活动监督”作了较为细致的规定，特别是关于侦查活动监督的内容进行了细化。

---

〔1〕 参见孙谦：《检察：法律守护人——以刑事法律监督为基点》，中国检察出版社 2019 年版，第 87 页。

〔2〕 参见孙谦：《检察：法律守护人——以刑事法律监督为基点》，中国检察出版社 2019 年版，第 87 页。

根据上述规定，特别是《人民检察院刑事诉讼规则》第567条规定，人民检察院应当对侦查活动中是否存在以下违法行为进行监督：

一是侦查取证方面，主要包括以下违法行为：（1）采用刑讯逼供以及其他非法方法收集犯罪嫌疑人供述的；（2）讯问犯罪嫌疑人依法应当录音或者录像而没有录音或者录像，或者未在法定羁押场所讯问犯罪嫌疑人的；（3）采用暴力、威胁以及非法限制人身自由等非法方法收集证人证言、被害人陈述，或者以暴力、威胁等方法阻止证人作证或者指使他人作伪证的；（4）伪造、隐匿、销毁、调换、私自涂改证据，或者帮助当事人毁灭、伪造证据的。

二是强制措施适用方面的违法行为，主要包括：（1）违反《刑事诉讼法》关于决定、执行、变更、撤销强制措施的规定，或者强制措施法定期限届满，不予释放、解除或者变更的；（2）应当退还取保候审保证金不退还的；（3）违反《刑事诉讼法》关于讯问、询问、勘验、检查、搜查、鉴定、采取技术侦查措施等规定的。

三是侦查措施方面的违法行为，主要包括：（1）对与案件无关的财物采取查封、扣押、冻结措施，或者应当解除查封、扣押、冻结而不解除的；（2）贪污、挪用、私分、调换、违反规定使用查封、扣押、冻结的财物及其孳息的；（3）不应当撤案而撤案的。

四是妨害当事人或诉讼参与人依法行使诉讼权利方面的违法行为，主要包括：（1）侦查人员应当回避而不回避的；（2）依法应当告知犯罪嫌疑人诉讼权利而不告知，影响犯罪嫌疑人行使诉讼权利的；（3）对犯罪嫌疑人拘留、逮捕、指定居所监视居住后依法应当通知家属而未通知的；（4）阻碍当事人、辩护人、诉讼代理人、值班律师依法行使诉讼权利的；（5）应当对证据收集的合法性出具说明或者提供证明材料而不出具、不提供的。此外，还设置了“侦查活动中的其他违反法律规定的行为”这一兜底条款。

关于侦查活动监督的途径，根据《刑事诉讼法》以及相关司法解释的规定和实践惯例，大致有如下几种途径：一是在审查批捕、审查起诉过程中发现。二是通过受理报案、控告、申诉、举报或者接收其他部门移送的违法线索来进行监督。三是通过介入侦查活动进行侦查活动监督。前两种途径，已通过《刑事诉讼法》规定简要介绍，此处不赘述。关于介入侦查，即通常所言的“提前介入”，主要是指检察机关派员参加公安机关对重大案件的讨论和其他侦查活动的一种监督形式。根据邀请或者主动适时介入侦查，一方面可以充分发挥提前介入引导侦查的作用，促使侦查人员更为规范地收集证据，另一方面也是对公安机关侦查活动是否合法进行监督的重要途径和方式。需要注意的是，介入公安机关的侦查活动，需要把握好度，介入更多的是参与、引导，而不是干预或者替代，检察机关参与侦查活动不能干扰和妨碍侦查活动正常进行。

关于侦查活动监督的方法，根据《刑事诉讼法》和《人民检察院刑事诉讼规则》，主要有以下几种：对于侦查活动中的违法行为，情节较轻的，可以提出口头纠正意见；对于情节较重的违法或不当行为，可以通过制发纠正违法通知书的形式予以书面纠正；对于其中带有普遍性的违法情形，经检察长决定，可以向侦查机关提出检察建议；此外，对于侦查活动违法行为已经涉嫌犯罪的，属于人民检察院管辖的应依法立案侦查，不属于人民检察院管辖的，应依法移送有管辖权的机关。

第三节　审查逮捕和刑事公诉

审查逮捕和刑事公诉是检察机关刑事检察业务的核心内容，对两项业务的概述首先涉及检察机关捕诉一体办案体制的改革。基于该项改革的推动和实施，本章将审查逮捕和刑事公诉放在同一节加以介绍。

一、捕诉一体办案体制

捕诉一体办案体制是检察机关批准逮捕、提起公诉以及刑事诉讼监督职能的一体化行使方式，其既是对办案机构设置的要求，也是对办案职权配置和职权行使方式的要求。捕诉一体办案体制的具体工作模式是，对同一刑事案件的审查逮捕、审查起诉、出庭支持公诉和立案监督、侦查监督、审判监督等工作，由同一检察官或者检察官办案组负责。[1]

2018 年，最高人民检察院根据中央确定的国家司法体制改革的总体规划，制定了《2018—2022 年检察改革工作规划》，明确了“深化内设机构改革”的任务之一是捕诉一体改革。2018 年 12 月，最高人民检察院撤销侦查监督厅、公诉厅、公诉二厅等内设部门，设立第一至第四刑事检察厅，分别负责普通刑事犯罪、重大刑事犯罪、职务犯罪、经济犯罪刑事检察工作。各地检察机关按照最高人民检察院的部署要求，稳步推进捕诉一体办案体制改革。2019 年，最高人民检察院正式宣布组建十个业务机构，突出内设机构改革的系统性、整体性和重构性，其中刑事案件实行捕诉一体办案体制。2019 年 12 月，最高人民检察院通过了新修订的《人民检察院刑事诉讼规则》，其中第 8 条明确了捕诉一体办案体制，从司法解释层面将其规范化、制度化。

捕诉一体办案体制是检察机关对刑事检察权行使方式的调整，不是简单的批捕加起诉，而是各项刑事检察职能的整合。其中，审查逮捕和审查起诉是刑事检察的核心业务内容，将其整合行使对于消除捕诉之间的壁垒，发挥检察机关引导取证的作用，摒弃“构罪即捕”的惯性，加强侦查监督等具有重要意义。这一办案机制的调整，为检察机关的审查逮捕和审查起诉工作开启了新的发展阶段。

---

〔1〕 参见孙谦、陈国庆、万春、张建伟主编：《刑事检察业务总论》，中国检察出版社 2022 年版，第 120—124 页。

二、审查逮捕

（一）审查逮捕的概念和属性

在我国，逮捕是司法机关依照法定程序批准或者决定，针对可能判处徒刑以上刑罚的犯罪嫌疑人、被告人采取的，剥夺其一定时限人身自由的刑事强制措施。审查逮捕是指人民检察院对于公安机关、国家安全机关、军队保卫部门、海警机关、监狱等在刑事案件侦查过程中，提请批准逮捕的案件依法进行审查，决定是否对犯罪嫌疑人予以逮捕的一项诉讼活动。理解审查逮捕工作的内涵需要把握以下几点：

首先，逮捕是我国刑事诉讼活动中的一项重要制度，是《刑事诉讼法》规定的五种强制措施之一，也是我国刑事强制措施中最为严厉的一种。其主要的功能是保障刑事诉讼活动的顺利进行，防止发生新的社会危险。我国《宪法》《刑事诉讼法》对逮捕权和逮捕措施的适用规定了严格的条件和程序，相关司法解释对逮捕的适用条件和程序作了进一步规定。

其次，审查逮捕作为一项宪法和法律赋予检察机关的职权，是由法律监督职能派生的，因而应当说审查逮捕在根本上也是检察机关履行法律监督职能的途径和方式，审查逮捕权在性质上是法律监督权。

最后，从比较法的角度看，我国检察机关作为审查逮捕权的行使主体，是中国特色社会主义司法制度的一个重要特征。《宪法》第 37 条规定："任何公民，非经人民检察院批准或者决定或者人民法院决定，并由公安机关执行，不受逮捕。"这一制度安排是我国人民代表大会制度之下国家权力配置的重要选择，是中国特色刑事诉讼制度和检察制度的重要特点之一。

审查逮捕工作具有如下重要意义：首先，检察机关通过依法履行审查逮捕职能，正确适用逮捕措施，能够减少再犯等社会危险的发生，保障刑事诉讼的顺利进行。其次，检察机关通过依法严格把握审查逮捕条件，能够有效降低审前羁押的适用，保障被追诉人合法权益。再次，检察机关通过在审查逮捕过程中严格把握案件质量，依法排除非法证据，有助于防范冤假错案，强化人权刑事司法保障。例如，在检例第 27 号"王玉雷不批准逮捕案"中，办案检察官在审查逮捕过程中主动发现并依法排除非法证据，严格把握审查逮捕的案件质量，从而及时防止了一起冤假错案的发生。最后，捕诉一体改革后，检察机关审查逮捕在引导侦查取证、完善证据体系、强化捕诉衔接方面的作用也更为凸显。

（二）审查逮捕的条件和程序

《刑事诉讼法》第 81 条对逮捕条件作了明确规定，根据这一规定，逮捕条件可以分为"一般逮捕条件""径行逮捕条件""可以转捕的条件"三类。

1. 一般逮捕条件。《刑事诉讼法》第 81 条第 1 款规定："对有证据证明有犯罪事实，可能判处徒刑以上刑罚的犯罪嫌疑人、被告人，采取取保候审尚不足以防止发生下列社会危险性的，应当予以逮捕：（一）可能实施新的犯罪的；（二）有危害国家安全、公共安全或者社会秩序的现实危险的；（三）可能毁灭、伪造证据，干扰证人作证或者串供的；（四）可能对被害人、举报人、控告人实施打击报复的；（五）企图自杀或者逃跑的。”这是关于逮捕条件的一般性规定，具体包括证据条件、刑罚条件以及社会危险性条件。

逮捕的证据条件是“有证据证明有犯罪事实”。《人民检察院刑事诉讼规则》第128条规定，“有证据证明有犯罪事实”是指同时具备下列情形：第一，有证据证明发生了犯罪事实；第二，有证据证明犯罪事实是需要逮捕的犯罪嫌疑人实施的；第三，证明犯罪嫌疑人实施犯罪行为的证据已经查证属实。逮捕的刑罚条件是“可能判处徒刑以上刑罚”。这是适用逮捕的最低刑罚要求，指的是宣告刑，而非法定刑，因此在判断是否符合可能判处徒刑以上刑罚时，应当根据特定被追诉人所涉行为的严重程度、量刑证据、刑罚规定以及刑事政策等综合判断其可能判处的刑罚。逮捕的社会危险性条件是指采取取保候审尚不足以防止发生社会危险性，指的是上述刑事诉讼法规定的五种情形，《人民检察院刑事诉讼规则》对此分别作了进一步具体解释。〔1〕此外，2018年《刑事诉讼法》修改，在逮捕条件中增加规定了“批准或者决定逮捕，应当将犯罪嫌疑人、被告人涉嫌犯罪的性质、情节，认罪认罚等情况，作为是否可能发生社会危险性的考虑因素”，据此，在对社会危险性条件进行评估时，还应当结合被追诉人的认罪认罚情况加以综合考量。

2. 径行逮捕条件。径行逮捕是指《刑事诉讼法》第81条第3款规定的三种应当予以逮捕的情形，即“对有证据证明有犯罪事实，可能判处十年有期徒刑以上刑罚的，或者有证据证明有犯罪事实，可能判处徒刑以上刑罚，曾经故意犯罪或者身份不明的，应当予以逮捕”。由于《刑事诉讼法》的明确规定，具有以上情形之一的被追诉人，可以直接认定为具有较大的社会危险性，一般认为检察机关审查逮捕时不具备自由裁量的空间。

3. 可以转捕的条件。《刑事诉讼法》第81条第4款针对严重违反取保候审、监视居住义务的被追诉人，规定了转捕的条件：“被取保候审、监视居住的犯罪嫌疑人、被告人违反取保候审、监视居住规定，情节严重的，可以予以逮捕。”而《人民检察院刑事诉讼规则》第101、111条分别从应当逮捕和可以逮捕两个层面，对转捕条件作了进一步细化：对于存在故意实施新的犯罪，企图自杀、逃跑，毁灭、伪造证据、串供或者干扰证人作证，对被害人、证人、鉴定人、举报人、控告人及其他人员实施打击报复的，应当予以逮捕；对于违反其他取保候审规定或违反监视居住规定的情形，可以予以逮捕。

人民检察院审查逮捕需要按照以下程序进行：首先，承办人审查案卷材料和证据。对证据合法性存在疑问的，可以调取讯问同步录音录像进一步审查。还应当依法开展讯问犯罪嫌疑人、询问诉讼参与人、听取辩护律师意见等工作。其次，承办

---

〔1〕参见《人民检察院刑事诉讼规则》第129—133条。

人制作审查逮捕意见书，将案件主要事实、证据材料进行概括分析，并根据逮捕的法定条件，提出是否逮捕的意见。其中包括对律师意见是否采纳的情况和说明理由。最后是审核与审批，审查逮捕案件由办案部门检察官审核，报请检察长批准或者决定，重大案件要经检察委员会讨论决定。[1]

（三）捕后羁押必要性审查

《刑事诉讼法》第95条规定："犯罪嫌疑人、被告人被逮捕后，人民检察院仍应当对羁押的必要性进行审查。对不需要继续羁押的，应当建议予以释放或者变更强制措施。有关机关应当在十日以内将处理情况通知人民检察院。"该条规定了我国的羁押必要性审查制度和程序。据此，羁押必要性审查是在逮捕后对被追诉人的羁押必要性进行动态审查的制度性规定，对于避免逮捕后一押到底、强化人权刑事司法保障具有重要意义。《人民检察院刑事诉讼规则》专门以一节的篇幅对羁押必要性审查工作的启动、审查方式、羁押变更条件等问题进行了细化规定。

《人民检察院刑事诉讼规则》第574条规定，羁押必要性审查既可以由人民检察院依职权启动，也可以依被追诉人及其法定代理人、近亲属或者辩护人申请启动，还可以由看守所根据在押人员身体状况建议人民检察院启动审查。

《人民检察院刑事诉讼规则》第577条规定了羁押必要性审查的方式，主要包括：审查犯罪嫌疑人、被告人不需要继续羁押的理由和证明材料；听取犯罪嫌疑人、被告人及其法定代理人、辩护人的意见；听取被害人及其法定代理人、诉讼代理人的意见，了解是否达成和解协议；听取办案机关的意见；调查核实犯罪嫌疑人、被告人的身体健康状况等，必要时可以依照有关规定进行公开审查。

《人民检察院刑事诉讼规则》第578、579条规定了羁押必要性审查的内容和羁押变更的条件，即人民检察院应当根据犯罪嫌疑人、被告人涉嫌的犯罪事实、主观恶性、悔罪表现、身体状况、案件进展情况、可能判处的刑罚和有无再危害社会的危险等因素，综合评估有无必要继续羁押犯罪嫌疑人、被告人。发现犯罪嫌疑人、被告人具有下列情形之一的，应当向办案机关提出释放或者变更强制措施的建议：（1）案件证据发生重大变化，没有证据证明有犯罪事实或者犯罪行为系犯罪嫌疑人、被告人所为的；（2）案件事实或者情节发生变化，犯罪嫌疑人、被告人可能被判处拘役、管制、独立适用附加刑、免予刑事处罚或者判决无罪的；（3）继续羁押犯罪嫌疑人、被告人，羁押期限将超过依法可能判处的刑期的；（4）案件事实基本查清，证据已经收集固定，符合取保候审或者监视居住条件的。

人民检察院还需要对羁押必要性审查有跟踪监督。人民检察院向办案机关发出释放或者变更强制措施建议书的，应当说明不需要继续羁押犯罪嫌疑人、被告人的理由和法律依据，并要求办案机关在十日以内回复处理情况。人民检察院应当跟踪

---

〔1〕参见孙谦、陈国庆、万春、张建伟主编：《刑事检察业务总论》，中国检察出版社2022年版，第298页。

办案机关对释放或者变更强制措施建议的处理情况，办案机关未在十日以内回复处理情况的，应当提出纠正意见。对于依申请审查的案件，人民检察院办结后，应当将提出建议的情况和公安机关、人民法院的处理情况，或者有继续羁押必要的审查意见和理由及时书面告知申请人。

三、刑事公诉

（一）刑事公诉的概念和属性

刑事公诉是检察机关代表国家提起诉讼，要求人民法院审理被指控的被告人的行为，以确定被告人刑事责任并予以刑事制裁的诉讼职能。[1] 刑事公诉包括审查起诉、提起公诉、不起诉、出庭支持公诉等权能。依法履行刑事公诉法定职权，是我国检察机关的一项重要的职能，也是检察机关依法开展法律监督的重要手段之一。伴随改革发展和法治进步，对刑事犯罪的立法规范和司法追诉都发生了深刻的变化。在此背景下，应勇检察长在2023年大检察官研讨班上指出，刑事检察要聚焦证据收集审查运用，主动融入以审判为中心的刑事诉讼制度改革，充分发挥审前过滤把关、指控证明犯罪等作用。

我国检察机关刑事公诉职权具有双重属性[2]：一方面，刑事公诉是国家对犯罪进行追诉的一种诉讼职权。《刑事诉讼法》第169条规定，凡需要提起公诉的案件，一律由人民检察院审查决定。这说明，法律把国家追诉刑事犯罪的公诉权专门赋予了人民检察院，由人民检察院代表国家，审查决定是否对刑事犯罪提起公诉。另一方面，刑事公诉的本质属性是法律监督。在我国，检察机关是宪法和法律规定的国家的法律监督机关，检察机关法律监督的实现离不开具体的检察权能，刑事公诉权是检察机关实施法律监督的一种重要手段。

（二）审查起诉

审查起诉，是指人民检察院对侦查机关、本院侦查部门侦查终结移送起诉的案件或监察机关调查终结移送起诉的案件，经过全面审查，依法决定对犯罪嫌疑人提起公诉或不起诉的诉讼活动。为适应国家监察体制改革，2018年《刑事诉讼法》修改增加了对监察机关移送案件起诉的规定，要求人民检察院对于监察机关移送案件，依照《刑事诉讼法》和《监察法》的有关规定进行审查。

检察机关履行审查起诉职责有特定的内容，一般包括形式审查和实质审查两部分。形式审查，主要包括对案件管辖权、犯罪嫌疑人情况以及是否经过追诉时效等事项进行审查。实质审查主要包括对犯罪主体、犯罪事实、法律适用、案件证据、强制措施、涉案财物情况等内容进行审查。《刑事诉讼法》第171条和《人民检察院刑事诉讼规则》第328条至第353条对此作了明确的规定。

---

〔1〕 参见孙谦：《检察：法律守护人——以刑事法律监督为基点》，中国检察出版社2019年版，第177页。

〔2〕 参见童建明、孙谦、万春主编：《中国特色社会主义检察制度》，中国检察出版社2022年版，第301—308页。

人民检察院审查起诉要遵守法定期限，即对移送起诉的案件，应当在一个月以内作出决定，重大、复杂的案件，可以延长十五日；犯罪嫌疑人认罪认罚，符合速裁程序适用条件的，应当在十日以内作出决定，对可能判处的有期徒刑超过一年的，可以延长至十五日。人民检察院审查起诉的案件，改变管辖的，从改变后的人民检察院收到案件之日起计算审查起诉期限。

（三）提起公诉

提起公诉是人民检察院对公诉案件进行审查后，认为犯罪嫌疑人的犯罪事实已经查清，证据确实、充分，依法应当追究刑事责任，从而作出起诉决定，按照审判管辖的规定，向人民法院提起诉讼，并将案卷材料、证据移送人民法院的一项诉讼活动。

1. 提起公诉的条件。提起公诉的条件亦即起诉条件，是指人民检察院提起公诉时应当具备的法定条件。根据《刑事诉讼法》第 176 条的规定，提起公诉的条件包括：一是犯罪嫌疑人的犯罪事实已经查清，即查清的事实足以定罪量刑。[1] 二是证据确实、充分，即据以定罪量刑的证据属实而且足以认定被追诉人有罪。三是依法应当追究刑事责任。主要是指根据《刑法》的规定，犯罪嫌疑人有刑事责任能力，且不存在《刑事诉讼法》第 16 条规定的情形。

2. 提起公诉的程序。《刑事诉讼法》《人民检察院刑事诉讼规则》明确规定，人民检察院提起公诉应当按照以下程序进行：一是制作起诉书。二是向有管辖权的人民法院移送材料，提起公诉。其中，案卷材料包括案件的诉讼文书和证据材料。证据材料既包括指控犯罪事实以及表明罪行严重等对犯罪嫌疑人不利的证据，也包括有从轻、减轻处罚情节等对犯罪嫌疑人有利的证据。

（四）出庭支持公诉

出庭支持公诉，是指人民检察院在人民法院开庭审判公诉案件时，派员以国家公诉人的身份出席法庭，阐述和论证公诉意见，通过举证、质证和辩论，使人民法院采纳指控意见，依法判决被告人有罪并处以刑罚的一项诉讼活动和诉讼权能。[2] 出庭支持公诉，既是检察机关履行追诉犯罪和法律监督职责的要求，也是其发挥刑事诉讼职能的主要形式。

出庭支持公诉是提起公诉权的延伸，具体包含做好庭前准备、出席庭前会议、正式参加庭审活动等三个阶段。参加庭审活动时，公诉人代表国家出席法庭，依法进行下列活动：宣读起诉书，代表国家指控犯罪，提请人民法院对被告人依法审判；参加法庭调查，包括讯问被告人，询问证人、被害人、鉴定人，申请法庭出示物证，宣读书证、未到庭证人的证言笔录、鉴定人的鉴定意见、勘验、检查、辨认、侦查

---

〔1〕 关于“查清”的具体适用，可参见《人民检察院刑事诉讼规则》第 355 条。

〔2〕 参见童建明、孙谦、万春主编：《中国特色社会主义检察制度》，中国检察出版社 2022 年版，第 318 页。

实验等笔录和其他作为证据的文书，播放作为证据的视听资料、电子数据等，对证据采信、法律适用和案件情况发表意见，提出量刑建议及理由；参加法庭辩论，针对被告人、辩护人的辩护意见进行答辩，全面阐述公诉意见；维护诉讼参与人的合法权利等。同时，公诉人还代表国家对法庭审理案件有无违反法律规定诉讼程序的情况记明笔录，以及依法从事其他诉讼活动。

（五）不起诉

不起诉是人民检察院对侦查终结或调查终结移送起诉的案件进行审查后，认为不符合起诉条件的，依法作出终止刑事诉讼程序、不再将案件移送法院审判的决定的诉讼活动。不起诉权是检察机关公诉裁量权的重要体现，检察机关秉持客观公正立场，充分、合理、妥善运用不起诉权，对于贯彻宽严相济刑事政策、依法运用公诉裁量权，履行法律监督职能，推进国家治理体系和治理能力现代化，具有十分重要的意义。

1. 不起诉的种类。根据《刑事诉讼法》和《人民检察院刑事诉讼规则》的相关规定，我国检察机关的不起诉包括法定不起诉、存疑不起诉、相对不起诉、附条件不起诉以及特殊情形下的不起诉五种类型。

（1）法定不起诉。法定不起诉又称绝对不起诉，是指人民检察院对于监察机关或者公安机关移送起诉的案件，发现犯罪嫌疑人没有犯罪事实，或者有《刑事诉讼法》第 16 条规定的情形之一的，依法应当不起诉而作出的不将案件交付法庭审理决定，进而终止诉讼的诉讼活动。

根据《刑事诉讼法》第 16 条以及第 177 条第 1 款，审查起诉阶段，发现具有以下七种情形之一的，适用法定不起诉，检察机关应当作出不起诉决定：一是没有犯罪事实。“没有犯罪事实”主要指犯罪行为本身根本不存在，或者犯罪行为虽然存在但并非犯罪嫌疑人所为。对于犯罪事实并非犯罪嫌疑人所为，需要重新调查或者侦查的，检察机关应当在作出不起诉决定后书面说明理由，将案卷材料退回监察机关或者公安机关并建议重新调查或者侦查。二是情节显著轻微，危害不大，不认为是犯罪的。这是指根据《刑法》的规定不构成犯罪，不应当追究刑事责任的情形。三是犯罪已过追诉时效期限的。是指行为人的行为已构成犯罪，但根据《刑法》第 87 条至第 89 条的规定，已过了追诉时效期限的。对于超过追诉时效的案件，除最高人民检察院依法核准追诉的以外，不能再追究刑事责任，已进入审查起诉阶段的，应当作出不起诉决定。四是经特赦令免除刑罚的。是指行为人确实犯了罪，但遇有国家发布特赦令，免除了某些犯罪分子的刑罚。在这种情况下，在审查起诉阶段，就应当作出不起诉决定。五是依照《刑法》告诉才处理的犯罪，没有告诉或者撤回告诉的。六是犯罪嫌疑人、被告人死亡的。七是其他法律规定免予追究刑事责任的。

（2）存疑不起诉。存疑不起诉又称证据不足不起诉，是指人民检察院对于经侦查机关补充侦查或监察机关补充调查的案件，仍然认为证据不足、不符合起诉条件的，依法作出的不起诉决定。

《刑事诉讼法》第 175 条第 4 款规定，对于二次补充侦查的案件，人民检察院仍然认为证据不足，不符合起诉条件的，应当作出不起诉的决定。根据这一规定，存疑不起诉以案件在程序上已经经过退回补充侦查或者补充调查为前提，在实体上是检察机关经审查认为案件本身证据不足，不符合起诉条件。对此，《人民检察院刑事诉讼规则》第 367 条规定，人民检察院对于经过一次退回补充调查或者补充侦查的案件，认为证据不足，不符合起诉条件，且没有再次退回补充调查或者补充侦查必要的，经检察长批准，可以作出不起诉决定。人民检察院对于二次退回补充调查或者补充侦查的案件，仍然认为证据不足，不符合起诉条件的，经检察长批准，依法作出不起诉决定。对于证据不足不符合起诉条件，《人民检察院刑事诉讼规则》第 368 条作了较为明确的规定。

存疑不起诉是检察机关公诉裁量权的一种，是刑事诉讼以事实为根据、以法律为准绳原则，证据裁判原则等的重要体现和要求。

（3）相对不起诉。相对不起诉又称酌定不起诉，是指人民检察院认为犯罪嫌疑人的行为虽然构成犯罪，但是犯罪情节轻微，依照《刑法》规定不需要判处刑罚或免除刑罚的，所作出的不起诉决定。相对不起诉是检察机关公诉裁量权的典型体现，《刑事诉讼法》第 177 条第 2 款规定，对于犯罪情节轻微，依照刑法规定不需要判处刑罚或者免除刑罚的，人民检察院可以作不起诉决定。据此，相对不起诉的适用需要具备以下三个条件：

一是人民检察院认为犯罪嫌疑人的行为已经构成犯罪，应当负刑事责任，且不具有《刑事诉讼法》第 16 条规定的情形。

二是犯罪情节轻微。判断犯罪情节是否轻微，不仅要审查犯罪目的、犯罪手段、危害后果等情况，而且应结合行为人的一贯表现以及认罪认罚情况等进行综合考量。

三是依照《刑法》规定不需要判处刑罚或者免除刑罚。“不需要判处刑罚”，与我国《刑法》第 37 条的规定“对于犯罪情节轻微不需要判处刑罚的，可以免予刑事处罚”是一致的；而“免除处罚”主要是指《刑法》规定的应当或者可以免除处罚的情形。

检察机关对案件作出相对不起诉通常要全面审查犯罪事实、情节、动机、目的、犯罪嫌疑人归案后的态度、个人一贯表现等，综合考量犯罪行为的社会危害性、犯罪嫌疑人的人身危险性、再犯可能性以及对所居住社区的影响等，充分考虑相对不起诉是否有利于被不起诉人悔过自新、是否符合公众认知和公共利益基本要求等。

（4）附条件不起诉。2012 年《刑事诉讼法》在“未成年人刑事案件诉讼程序”一编中增加规定了针对未成年犯罪嫌疑人的附条件不起诉制度，即未成年人涉嫌刑法分则第四章、第五章、第六章规定的犯罪，可能判处一年有期徒刑以下刑罚，符合起诉条件，但有悔罪表现的，人民检察院可以作出附条件不起诉的决定。

根据《刑事诉讼法》规定，人民检察院在作出附条件不起诉决定前，应当听取公安机关、被害人的意见。在六个月以上一年以下的附条件不起诉考验期内，由人民检察院对被附条件不起诉的未成年犯罪嫌疑人进行监督考察。被附条件不起诉的未成年犯罪嫌疑人，应当遵守法律法规，服从监督，按规定报告自己的活动情况，若离开所居住的市、县或者迁居应报经考察机关批准，此外还应按照考察机关的要求接受矫治和教育。

被附条件不起诉的未成年犯罪嫌疑人，在考验期内实施新的犯罪或者发现决定附条件不起诉以前还有其他犯罪需要追诉的，或者违反治安管理规定或者考察机关有关附条件不起诉的监督管理规定情节严重的，人民检察院应当撤销附条件不起诉的决定，提起公诉。被附条件不起诉的未成年犯罪嫌疑人，在考验期内没有上述情形，考验期满的，人民检察院最终作出不起诉决定。

（5）特殊情形的不起诉。2018 年《刑事诉讼法》修改，在第 182 条第 1 款规定了一项特殊情形的不起诉，即犯罪嫌疑人自愿如实供述涉嫌犯罪的事实，有重大立功或者案件涉及国家重大利益的，经最高人民检察院核准，公安机关可以撤销案件，人民检察院可以作出不起诉决定，也可以对涉嫌数罪中的一项或者多项不起诉，这被称为特殊情形的不起诉。该种不起诉的适用有两点特殊限制：一是核准主体是最高人民检察院，无论是侦查阶段撤销案件和审查起诉阶段的不起诉都应当报请最高人民检察院核准；二是检察机关可以针对涉嫌数罪中的一项或者多项不起诉。

2. 不起诉的监督与救济。不起诉权是检察机关公诉裁量权的体现，为了加强对该项诉讼权力行使的监督制约，《刑事诉讼法》第 178 条至第 181 条规定了监督与救济机制，主要包括以下几个方面：一是不起诉的决定应当公开宣布。不起诉决定书要及时送达被不起诉人及所在单位、公安机关、被害人。二是公安机关可对不起诉决定申请复议复核。公安机关认为不起诉的决定有错误的时候，可以要求复议，如意见不被接受，可以向上一级人民检察院提请复核。三是被害人对不起诉决定的申诉或提起自诉。被害人如果不服，可自收到决定书后七日以内向上一级人民检察院申诉，请求提起公诉。人民检察院维持不起诉决定的，被害人可以向人民法院起诉。被害人也可以不经申诉，直接向人民法院起诉。四是被不起诉人对不起诉决定的申诉。对于人民检察院作出的相对（酌定）不起诉决定，被不起诉人如不服，可自收到决定书后七日以内向人民检察院申诉。人民检察院应当作出复查决定，通知被不起诉人，同时抄送公安机关。

（六）公诉的变更

根据《刑事诉讼法》《人民检察院刑事诉讼规则》的规定，检察机关享有变更公诉权。变更公诉具体是指检察机关对于已经提起公诉的案件，在法庭审查过程中，发现案件事实、犯罪性质、指控的被告人等内容发生了变化或者有遗漏等，在人民法院宣告判决前，依法作出改变、追加或补充，以及撤回起诉的诉讼活动。

公诉变更首先是狭义的变更起诉，即人民法院宣告判决前，人民检察院发现被告人的真实身份或者犯罪事实与起诉书中叙述的身份或者指控犯罪事实不符的，或者事实、证据没有变化，但是罪名、适用法律与起诉书不一致的，可以制作变更起诉决定书，移送人民法院对公诉作出变更。

追加起诉，是在人民法院宣告判决前，人民检察院发现遗漏同案犯罪嫌疑人的，应当要求公安机关补充移送起诉或者补充侦查，对于犯罪事实清楚，证据确实、充分的，可以直接追加起诉。追加起诉需要制作追加起诉决定书，连同相应的案件材料、证据一并移送人民法院。

补充起诉，是在人民法院宣告判决前，人民检察院发现被告人有遗漏罪行的，应当要求公安机关补充移送起诉或者补充侦查，对于犯罪事实清楚，证据确实、充分的，可以直接补充起诉。补充起诉需要制作补充起诉决定书，载明补充认定的被告人犯罪事实，连同相应的案件材料、证据一并移送人民法院。

撤回起诉，是指人民检察院提起公诉后，在人民法院宣告判决前，发现具有不应当追究被告人刑事责任的情形而撤回指控的诉讼活动。《人民检察院刑事诉讼规则》对检察机关撤回起诉的情形、程序和撤回起诉后的处理作了明确的规定。对于撤回起诉的案件，人民检察院应当在撤回起诉后三十日以内作出不起诉决定。对于撤回起诉的案件，没有新的事实或者新的证据，人民检察院不得再行起诉。

第四节 认罪认罚从宽制度

进入 21 世纪，我国重罪比例持续下降、轻罪比例持续上升，最高人民检察院贯彻宽严相济的刑事政策，因时因势开展认罪认罚从宽制度试点。认罪认罚从宽制度对推动我国刑事诉讼模式向协作式转化，促进刑事司法由“治罪”向“治理”转化，推动我国国家治理现代化具有重要意义。[1]

一、认罪认罚从宽制度的概念和制度背景

认罪认罚从宽制度是指对自愿认罪和认罚的犯罪嫌疑人、被告人，从实体和程序上予以从宽处理的制度。应勇检察长在 2023 年大检察官研讨班上指出，认罪认罚从宽制度是中国特色社会主义刑事司法制度的重大创新，丰富了刑事司法与犯罪治理的“中国方案”。就制度属性而言，它借鉴了域外认罪程序中的合理因素，也是我国宽严相济刑事政策的制度化和规范化发展，是我国刑事法律制度自然演进的结果，是建立在本土文化、法治资源基础上的独具中国特色的制度。

司法改革顶层设计者提出完善认罪认罚从宽制度的改革举措，旨在推动刑事司法领域自上而下的体系化变革，建立和缓宽容、繁简分流的刑事司法制度，既有对刑事实体法的冲击和影响，也有对刑事诉讼程序多元化的更高要求。[2] 一方面，这是对宽严相济刑事政策的贯彻，“根据犯罪的具体情况，区分案件性质、情节和对

---

〔1〕 参见刘凤娟：《认罪认罚从宽制度促进刑事司法由“治罪”走向“治理”》，载《检察日报》2022 年 7 月 29 日，第 1 版、第 2 版。

〔2〕 参见陈卫东：《认罪认罚从宽制度研究》，载《中国法学》2016 年第 2 期。

社会的危害程度，实行区别对待，做到该宽则宽，当严则严，宽严相济，罚当其罪”[1]，推动认罪认罚从宽制度的深化发展，突出彰显了宽严相济刑事政策的核心价值。另一方面，犯罪轻刑化与犯罪数量的增长，凸显我国刑事司法领域犯罪轻刑化、多量化倾向，而法官、检察官员额制改革举措促使司法机关办案力量趋向精简干练，由此造成案多人少的办案压力，因而有限的司法资源与解决司法纠纷的社会需求之间的张力越发明显。在此背景下，为贯彻宽严相济理念和缓解司法实践矛盾，认罪认罚从宽制度应运而生。

2014 年 10 月，党的十八届四中全会通过《中共中央关于全面推进依法治国若干重大问题的决定》，其中“优化司法职权配置”部分提出了“完善刑事诉讼中认罪认罚从宽制度”。2016 年 9 月，经全国人民代表大会常务委员会授权，在有条件的地方开展为期两年的“认罪认罚从宽制度”试点工作。经过试点探索，2018 年 10 月，认罪认罚从宽制度成为《刑事诉讼法》的修法亮点，成为刑事诉讼法的基本原则，标志着制度的正式确立。2019 年 10 月 24 日，最高人民检察院联合最高人民法院、公安部、国家安全部、司法部召开新闻发布会，共同发布《关于适用认罪认罚从宽制度的指导意见》（以下简称《指导意见》），对认罪认罚从宽制度的基本原则、当事人权益保障等作出了具体规定。到 2022 年，检察环节认罪认罚从宽制度的适用率已超过 90%，法院对检察机关的量刑建议采纳率超过 98.3%，一审服判率 97%，高出未适用该制度案件 29.5 个百分点，从源头减少了大量上诉、申诉案件。诉前羁押率从 2018 年的 54.9% 降至 2022 年的 26.7%，为有司法统计以来最低；不捕率从 22.1% 上升至 43.4%，不诉率从 7.7% 上升至 26.3%，均为有司法统计以来最高。[2]

二、认罪认罚从宽制度的规范依据与适用条件

2018 年修改的《刑事诉讼法》对认罪认罚从宽制度的基本内容作了规定，《指导意见》《人民检察院办理认罪认罚案件监督管理办法》《人民检察院办理认罪认罚案件听取意见同步录音录像规定》《人民检察院办理认罪认罚案件开展量刑建议工作的指导意见》等司法解释性文件对认罪认罚从宽制度的适用作出具体要求。根据上述规定，认罪认罚从宽制度适用于所有刑事案件，人民检察院办理刑事案件的各个诉讼环节都应当做好认罪认罚的相关工作。

《刑事诉讼法》第 15 条规定：“犯罪嫌疑人、被告人自愿如实供述自己的罪行，承认指控的犯罪事实，愿意接受处罚的，可以依法从宽处理。”在理解与适用该原则时应着重把握以下几个方面：

---

〔1〕 参见最高人民法院、最高人民检察院、公安部、国家安全部、司法部《关于适用认罪认罚从宽制度的指导意见》。

〔2〕 参见《最高人民检察院工作报告——2023 年 3 月 7 日在第十四届全国人民代表大会第一次会议上》，载最高人民检察院网，https：//www.spp.gov.cn/spp/gzbg/202303/t20230317_608767.shtml，2023 年 6 月 11 日访问。

（一）认罪的认定

《刑事诉讼法》规定，“认罪”是指犯罪嫌疑人、被告人自愿如实供述自己的罪行，对指控的犯罪事实没有异议。这表明：第一，“认罪”必须出于犯罪嫌疑人、被告人自愿，是犯罪嫌疑人、被告人在权衡利弊后基于其意愿而主动供述的行为，而非受到外界强迫、威胁、欺骗、引诱作出的“虚假认罪”。根据《刑事诉讼法》第56条及相关司法解释的规定，采用刑讯逼供、威胁等非法方法违背犯罪嫌疑人、被告人真实意愿所获得的供述，不属于“自愿”供述。第二，“认罪”要求被追诉人“如实供述自己的罪行”，具体应当依照《刑法》中自首的规定，最高人民法院《关于处理自首和立功具体应用法律若干问题的解释》《关于处理自首和立功若干具体问题的意见》，以及最高人民法院、最高人民检察院《关于办理职务犯罪案件认定自首、立功等量刑情节若干问题的意见》等规定予以把握。第三，承认指控的主要犯罪事实，仅对个别事实情节提出异议，或者虽然对行为性质提出辩解但表示接受司法机关认定意见的，不影响“认罪”的认定。犯罪嫌疑人、被告人犯数罪，仅如实供述其中一罪或部分罪名事实的，全案不作“认罪”的认定，不适用认罪认罚从宽制度，但对如实供述的部分，人民检察院可以提出从宽处罚的建议，人民法院可以从宽处罚。

（二）认罚的认定

“认罚”是指犯罪嫌疑人、被告人真诚悔罪，愿意接受处罚。“认罚”具体表现为愿意接受刑罚处罚、主动退赃退赔、积极赔偿被害人损失、预交罚金等。“认罚”考察的重点是犯罪嫌疑人、被告人的悔罪态度和悔罪表现，应当结合退赃退赔、赔偿损失、赔礼道歉等因素来考量。犯罪嫌疑人、被告人虽然表示“认罚”，却暗中串供、干扰证人作证、毁灭证据、伪造证据或者隐匿、转移财产，有赔偿能力而不赔偿损失，则不能适用认罪认罚从宽制度。犯罪嫌疑人、被告人享有程序选择权，不同意适用速裁程序、简易程序的，不影响“认罚”的认定。根据《刑事诉讼法》规定，不同诉讼阶段“认罚”的表现形式不同。在侦查阶段表现为表示愿意接受处罚；在审查起诉阶段表现为接受人民检察院拟作出的起诉或不起诉决定，认可人民检察院的量刑建议，签署认罪认罚具结书；在审判阶段表现为当庭确认自愿签署具结书，愿意接受刑罚处罚。

（三）从宽的处理

认罪认罚从宽制度中的“从宽处理”既包括实体上从宽处罚，也包括程序上从简处理。“可以从宽”是指一般应当体现法律规定和政策精神，予以从宽处理，但对犯罪性质和危害后果特别严重、犯罪手段特别残忍、社会影响特别恶劣的犯罪嫌疑人、被告人，认罪认罚不足以从轻处罚的，依法不予从宽处罚。司法机关应当综合考量认罪认罚的具体诉讼阶段、对查明案件事实的价值和意义、是否确有悔罪表现，以及罪行严重程度等因素，来确定从宽的限度和幅度。

具体来看，实体从宽是适度的量刑减让，在实体从宽上必须依法从宽，而不是法外从宽。具体应当根据《刑法》《刑事诉讼法》及最高人民法院、最高人民检察院《关于常见犯罪量刑指导意见（试行）》等相关规定，对认罪认罚的犯罪嫌疑人、被告人，分别适用自首、坦白、当庭自愿认罪、真诚悔罪认罚、取得谅解和解等法定、酌定从宽情节，依法决定是否从宽、从宽幅度。对不具备法定减轻处罚情节的案件，应当在法定幅度以内提出从轻处罚的量刑建议和量刑；对其中犯罪情节轻微不需要判处刑罚的，可以依法作出不起诉决定或者判决免予刑事处罚。

程序从宽包括适用非羁押性强制措施、简化诉讼程序、作出轻缓的程序性处理等。《刑事诉讼法》第 81 条第 2 款规定："批准或者决定逮捕，应当将犯罪嫌疑人、被告人涉嫌犯罪的性质、情节，认罪认罚等情况，作为是否可能发生社会危险性的考虑因素。"对于认罪认罚后没有社会危险性的犯罪嫌疑人、被告人，可以适用取保候审、监视居住的非羁押性强制措施。在程序处理上，检察院可以作酌定不起诉处理，可以提出适用缓刑的量刑建议。符合适用速裁程序的案件，可通过适用速裁程序，缩短诉讼期限，提高诉讼效率，减少讼累。

犯罪嫌疑人、被告人认罪认罚是"从宽处理"的逻辑起点。一方面，认罪认罚表明犯罪嫌疑人、被告人在特殊预防意义上的人身危险性较弱，刑罚处罚的需求相应降低，根据处罚必要性原则可以对其从宽处理；另一方面，犯罪嫌疑人、被告人自愿认罪认罚，减轻了侦查机关收集证据、检察机关出庭指控的压力，节约了司法成本，提高了诉讼效率。因此，对认罪认罚的犯罪嫌疑人、被告人给予适度的从宽处理，是正当且必要的，这是宽严相济刑事政策制度化的直接反映和有效体现。

第五节 刑事审判监督和刑事执行监督

审判监督和执行监督是检察机关刑事检察工作的重要内容，是刑事诉讼监督的重要组成部分。其中，审判监督是中国特色社会主义检察制度的特有内容，而执行监督则是在"四大检察"的框架下的广义的刑事检察的组成部分，传统上包含在监所检察职能中，以下分述之。

一、刑事审判监督

刑事审判监督，是指人民检察院依法对人民法院的刑事审判活动是否合法以及刑事判决、裁定是否正确进行的法律监督。刑事审判监督是宪法、法律赋予检察机关的重要职责之一，也是检察监督的重点和难点之一，其对于维护司法公正，保障国家法律统一正确实施，保护诉讼参与人的合法权益，实现社会公平正义，促进社会和谐稳定具有重要意义。[1]

---

〔1〕 参见孙谦、陈国庆、万春、张建伟主编：《刑事检察业务总论》，中国检察出版社 2022 年版，第 443 页。

（一）刑事审判监督的职责及依据

根据《宪法》和《刑事诉讼法》的规定，刑事审判监督是人民检察院的法定职责，其目的在于推进法律的统一正确实施。刑事审判监督是宪法赋予检察机关的法律监督职责的实现途径和方式之一，在根本上是通过诉讼手段促进刑事法律的统一正确实施。《刑事诉讼法》还规定了公安机关、人民检察院、人民法院分工负责、互相配合、互相制约的原则，这与检察机关的审判监督原则是一致的。其中，审判监督是在宪法意义上对法律统一正确实施的权力配置保障，分工负责、互相配合、互相制约是在诉讼层面调整三机关具体诉讼职责和诉讼关系的具体原则。检察机关内设机构改革后，强调“在办案中监督、在监督中办案”，依法全面履行审判监督职责。

《刑事诉讼法》第 8 条规定，人民检察院依法对刑事诉讼实行法律监督；第 209 条规定，人民检察院发现人民法院审理案件违反法律规定的诉讼程序，有权向人民法院提出纠正意见；第 228 条规定，地方各级人民检察院认为本级人民法院第一审的判决、裁定确有错误的时候，应当向上一级人民法院提出抗诉；第 254 条第 3 款规定，最高人民检察院对各级人民法院已经发生法律效力的判决和裁定，上级人民检察院对于下级人民法院已经发生法律效力的判决和裁定，如果发现确有错误，有权按照审判监督程序向同级人民法院提出抗诉。根据这些规定，检察机关的刑事审判监督包括两部分内容，即审判活动监督和刑事判决、裁定监督。其中，审判活动监督是对审判活动是否合法进行的监督，也可以称为对审判过程的监督；刑事判决、裁定监督是对刑事判决、裁定是否合法进行的监督，可以称为对审判结果的监督。

（二）刑事审判监督的主要内容

1. 刑事审判活动监督。刑事审判活动监督，是指人民检察院对于人民法院刑事审判活动是否符合法律规定所进行的法律监督。根据《刑事诉讼法》的规定，《人民检察院刑事诉讼规则》也对刑事审判活动监督作了进一步细化规定。

从审判程序上看，对人民法院刑事审判活动进行监督既包括对一审审判活动的监督，也包括对二审、再审审判活动以及死刑复核活动的监督。从案件性质上看，既包括对公诉案件的审判活动，也包括对自诉案件和刑事附带民事诉讼案件审判活动的监督。从审判的具体阶段上看，既包括对人民法院法庭审理活动，又包括人民法院对刑事案件的受理、审判前的审查与准备等庭下活动的监督。可以说，人民检察院的审判活动监督，是针对人民法院审理案件的整个程序所涉整个审判活动进行的。[1]

刑事审判活动监督的主要内容，是指需要人民检察院通过履行审判活动监督职

---

〔1〕 参见童建明、万春主编：《〈人民检察院刑事诉讼规则〉理解与适用》，中国检察出版社 2020 年版，第 403—404 页。

能予以发现和纠正的人民法院在审判活动中的违法行为。对此，《人民检察院刑事诉讼规则》第 570 条归纳、梳理了审判活动监督应当重点发现和纠正的违法行为。

人民检察院对刑事审判活动进行监督，主要通过以下四种途径发现违法行为：一是参加法庭审判，即人民检察院通过派员出席法院的庭审活动，发现是否存在违法行为。对审判活动进行监督是出席一审、二审和再审法庭的检察人员的一项重要职责。二是审阅案卷。人民检察院为了解和核实人民法院审理案件的情况，必要时可以对人民法院审判案卷进行调阅和查阅。三是受理申诉、控告，包括依法受理诉讼参与人关于审判活动和审判人员违法的申诉、控告，处理人民群众来信来访等。四是检察长列席审判委员会会议。根据《人民检察院组织法》第 26 条，人民检察院检察长或者检察长委托的副检察长，可以列席同级人民法院审判委员会会议。检察长列席审判委员会会议是检察机关对审判活动的监督途径之一，是检察机关审判活动监督的重要方式。

根据《人民检察院刑事诉讼规则》第 572 条，人民检察院在审判活动监督中发现人民法院或者审判人员审理案件违反法律规定的诉讼程序，应当向人民法院提出纠正意见。结合《人民检察院刑事诉讼法规则》第 552 条第 1 款关于诉讼监督的形式的一般规定，对于审判活动监督，也应当根据违法程度的不同，采取不同的监督方式：

人民检察院发现人民法院审判活动中的违法行为，对于情节较轻的，由检察人员以口头方式提出纠正意见，对于情节较重的，经检察长决定，以书面形式向人民法院发出纠正违法通知书。对于审判活动中带有普遍性的违法情形，经检察长决定，向人民法院制发检察建议。对于人民法院审判活动中的违法行为构成犯罪的，依法对审判人员立案侦查。

需要注意的是，审判活动监督需要注意时间和方式，出席法庭的检察人员发现法庭审判违反法律规定的诉讼程序的，应当在休庭后及时向检察长报告。对违反程序的庭审活动提出纠正意见，应当由人民检察院在庭审后提出。

2. 刑事判决、裁定监督。刑事判决、裁定监督，是指人民检察院依法对人民法院的刑事判决、裁定是否正确所进行的法律监督。其监督对象是人民法院的刑事判决、裁定，其中“判决”是人民法院对被告人是否有罪、适用何种罪名和刑罚等问题所作的决定；“裁定”是人民法院关于诉讼程序和部分实体问题所作的决定。刑事判决、裁定监督的范围既包括对人民法院第一审未生效判决、裁定的监督，也包括对人民法院已发生法律效力的判决、裁定的监督。

根据《刑事诉讼法》和《人民检察院刑事诉讼规则》的规定，对于人民法院确有错误的判决、裁定，人民检察院应当依法提出抗诉，据此，刑事抗诉是对刑事判决、裁定的法定监督方式。人民检察院的抗诉主要有两种：一是对人民法院一审未生效判决、裁定依据《刑事诉讼法》规定的二审程序提出的抗诉，简称二审抗诉。二是对人民法院已经发生法律效力的判决、裁定依照审判监督程序提出的抗诉，简称再审抗诉，以下分述之。

（1）二审抗诉。二审抗诉，是指地方各级人民检察院对于本级人民法院第一审的判决、裁定，认为确有错误，在法定期限内向上一级人民法院提出抗诉，要求人民法院进行再审改判的监督活动。二审抗诉是原公诉活动的延伸，也是人民检察院对人民法院审判活动合法性以及审判结果公正性进行监督的法定方式，具有启动第二审程序的法律效力。检察机关按照二审程序抗诉的案件，二审人民法院均应当开庭审理。

二审抗诉的条件包括两个方面：一是一审判决、裁定确有错误，这也是抗诉的法定条件；二是确有抗诉的必要性。关于二审抗诉的法定条件，《刑事诉讼法》第228条规定，地方各级人民检察院认为本级人民法院第一审的判决、裁定确有错误的时候，应当向上一级人民法院提出抗诉。《人民检察院刑事诉讼规则》第584条将其细化为认定事实确有错误或者据以定罪量刑的证据不充分，应判有罪而判无罪或者应判无罪而判有罪，罪责刑不相适应，罪名错误影响量刑或者造成严重社会影响，免除刑事处罚或者适用缓刑、禁止令、限制减刑等错误，严重违反法律规定诉讼程序六种情形。在判断应否提起二审抗诉时，除了前述抗诉的法定条件之外，抗诉的必要性也是需要考虑的重要因素。对于刑事判决、裁定中存在的所有错误，人民检察院都应当进行监督，但是监督方式要与错误的性质和严重程度相匹配。因此，尽管《刑事诉讼法》没有对抗诉的必要性作出明确规定，但是长期的司法实践表明，只有把“确有错误”和抗诉必要性结合起来，才能更好地发挥二审抗诉的刑事审判监督职能，有利于实现三个效果相统一。判决、裁定中的错误可能是技术性差错，也可能是程序性错误，还可能是严重的实体性错误，有的判决、裁定尽管存在一定错误，但是可能对案件处理并没有实质影响，有必要分情况，对于严重错误以抗诉形式进行监督，对其他错误采取纠正违法通知书等非抗诉方式进行监督。[1]

关于二审抗诉的主体、期限和具体程序，《刑事诉讼法》[2] 和《人民检察院刑事诉讼规则》[3] 都作了明确的规定。

（2）审判监督程序抗诉。审判监督程序抗诉，又称再审抗诉，是指最高人民检察院对各级人民法院已经发生法律效力的判决和裁定，上级人民检察院对下级人民法院已经发生法律效力的判决和裁定，认为确有错误，按照审判监督程序向同级人民法院提出抗诉，要求人民法院进行再审改判的专门监督活动。审判监督程序抗诉是审判监督的重要内容之一，具有启动案件再审程序的法律效力。

审判监督程序抗诉的监督对象是已经发生法律效力的判决、裁定，具体而言：一是已经超过法定上诉、抗诉期限的第一审刑事判决、裁定；二是人民法院二审终

---

〔1〕 参见陈国庆主编：《新刑事诉讼法与诉讼监督》，中国检察出版社2012年版，第89页。

〔2〕 参见《刑事诉讼法》第228、230、232条。

〔3〕 参见《人民检察院刑事诉讼规则》第584—589条。

审的刑事判决、裁定；三是最高人民法院所作出的判决、裁定；四是最高人民法院核准的死刑判决或高级人民法院核准的死刑缓期两年执行的判决。

审判监督程序抗诉的条件与二审抗诉条件基本相同，均包括判决、裁定确有错误和确有抗诉的必要。需要注意的是，由于审判监督程序抗诉是针对已经生效的判决、裁定的监督，考虑到已生效判决、裁定的稳定性和抗诉的效果，对抗诉标准的把握应当较二审抗诉标准更为严格。根据《人民检察院刑事诉讼规则》第591条，具有下列情形之一的，人民检察院应当按照审判监督程序向人民法院提出抗诉：（1）有新的证据证明原判决、裁定认定的事实确有错误，可能影响定罪量刑的；（2）据以定罪量刑的证据不确实、不充分的；（3）据以定罪量刑的证据依法应当予以排除的；（4）据以定罪量刑的主要证据之间存在矛盾的；（5）原判决、裁定的主要事实依据被依法变更或者撤销的；（6）认定罪名错误且明显影响量刑的；（7）违反法律关于追诉时效期限的规定的；（8）量刑明显不当的；（9）违反法律规定的诉讼程序，可能影响公正审判的；（10）审判人员在审理案件的时候有贪污受贿，徇私舞弊，枉法裁判行为的。

关于审判监督程序抗诉的主体方面，根据《刑事诉讼法》的规定，审判监督程序抗诉的主体只能是原审人民法院的上级人民检察院。人民检察院对于同级人民法院已经发生法律效力的判决、裁定，认为确有错误的，应当提请上一级人民检察院提出抗诉。最高人民检察院发现各级人民法院已经发生法律效力的判决或者裁定、上级人民检察院发现下级人民法院已经发生法律效力的判决或者裁定确有错误时，可以直接向同级人民法院提出抗诉，或者指令作出生效判决、裁定人民法院的上一级人民检察院向同级人民法院提出抗诉。人民检察院按照审判监督程序向人民法院提出抗诉的，应当将抗诉书副本报送上一级人民检察院。

需要注意的是，对按照审判监督程序提出抗诉的案件，人民检察院认为再审作出的判决、裁定仍然确有错误的，如果案件是依照第一审程序审判的，同级人民检察院应当按照第二审程序向上一级人民法院提出抗诉；如果案件是依照第二审程序审判的，上一级人民检察院应当按照审判监督程序向同级人民法院提出抗诉。

二、刑事执行监督

（一）刑事执行监督与刑事执行检察

刑事执行监督的概念与两个概念相关，即检察机关的刑事执行检察和监所检察。其中，刑事执行检察，是检察机关的一项传统业务，过去也称为监所检察。目前的刑事执行检察是在具体职能、业务分类、工作重点和监督方式等方面对监所检察的承继和拓展。

根据《刑事诉讼法》《人民检察院组织法》《监狱法》《社区矫正法》《人民检察院刑事诉讼规则》等法律和司法解释的规定，刑事执行检察是指人民检察院依照法律规定的权限和程序，对人民法院、公安机关、监狱、看守所、社区矫正机构、强制医疗所等执行机关和监管场所执行刑罚、刑事强制措施、强制医疗措施和监管执法活动实行的法律监督。[1] 具体而言，刑事执行检察的职责涉及四个部分：一是刑罚执行和监管执法活动监督、刑事强制措施执行监督[2]；二是查办和预防刑事执行和监管活动中的司法工作人员相关职务犯罪；三是对罪犯又犯罪案件的审查逮捕、审查起诉、出庭公诉及相关立案、侦查和审判活动监督；四是受理刑事被执行人及其近亲属、法定代理人人的控告、举报和申诉。由此可见，刑事执行检察的概念内涵要大于刑事执行监督。刑事执行检察是一项复合了多项检察职能的工作，其中包含了检察权与司法权、行政权的关系等内容，值得深入研究学习。在此，刑事执行监督作为刑事执行检察的一部分，可以作广义和狭义的理解，广义的刑事执行监督指的是上述第一项内容，狭义的刑事执行监督仅指上述第一项内容中的刑罚执行和监管执法活动监督。本节仅就狭义的执行监督作一介绍。

（二）刑罚执行和监管执法活动监督的内涵与属性

刑罚执行和监管执法活动监督，是指人民检察院依法对刑事判决、裁定和决定的执行和监管执法工作进行的专门法律监督。《刑事诉讼法》第 276 条规定，人民检察院对执行机关执行刑罚的活动是否合法实行监督。如果发现有违法的情况，应当通知执行机关纠正。《人民检察院组织法》第 20 条第 7 项规定，人民检察院对监狱、看守所的执法活动实行法律监督。这些是人民检察院履行对刑罚执行和监管执法活动监督职权的法律依据。

刑事执行监督是检察机关刑事执行检察工作的主要内容。在职能属性上，刑事执行监督受到刑事执行权的权力属性的影响，即刑事执行权具有刑事司法权的特征。刑罚执行是刑事追诉权最终实现的方式，特别是刑罚变更执行，如减刑、假释由法院裁定，更是体现了刑罚执行是刑事司法权的延伸，所以，检察机关刑罚执行监督权属于刑事司法监督权，是刑事诉讼监督权。

（三）刑罚执行和监管执法活动监督的主要内容

根据《人民检察院刑事诉讼规则》的规定，刑罚执行和监管执法活动监督的内容主要包括：交付执行监督；减刑、假释、暂予监外执行监督；社区矫正监督；刑事裁判涉财产部分执行监督；死刑执行监督；强制医疗执行监督；监管执法监督以及事故检察等方面。在监督方式上，人民检察院根据工作需要，可以对监狱、看守所等场所采取巡回检察、派驻检察等方式进行监督。在监督措施方面，人民检察院对监狱、看守所等场所进行监督，除可以采取调查核实措施外，还可以采取实地查看禁闭室、会见室、监区、监舍等有关场所，列席监狱、看守所有关会议，与有关监管民警进行谈话，召开座谈会，开展问卷调查等方式。

人民检察院对刑罚执行和监管执法活动实行监督，可以根据下列情形分别作出

---

〔1〕 参见杨春雷、万春主编：《刑事执行检察业务》，中国检察出版社 2021 年版，第 7 页。

〔2〕《人民检察院刑事诉讼规则》将“强制医疗执行监督”置于第十四章“刑罚执行和监管执法监督”项下，本书亦将强制医疗执行监督相关内容放在刑罚执行和监管执法活动监督部分一并介绍。

处理：发现执法瑕疵、安全隐患，或者违法情节轻微的，口头提出纠正意见，并记录在案；发现严重违法，发生重大事故，或者口头提出纠正意见后七日以内未予纠正的，书面提出纠正意见；发现存在可能导致执法不公问题，或者存在重大监管漏洞、重大安全隐患、重大事故风险等问题的，提出检察建议。对于在巡回检察中发现的前款规定的问题、线索的整改落实情况，通过巡回检察进行督导。

具体而言，刑罚执行和监管执法活动监督的主要类型和监督内容如下：

1. 对交付执行活动的监督。是指人民检察院对人民法院、公安机关、看守所等机关的交付执行活动进行监督，发现问题依法提出纠正意见的专门性监督。《人民检察院刑事诉讼规则》第 625 条对此项监督内容作了明确的规定。

2. 对刑罚变更执行的监督。根据《刑法》《刑事诉讼法》的规定，刑罚的变更执行包括减刑、假释、暂予监外执行，这也是刑罚执行监督的重中之重。对减刑、假释、暂予监外执行的监督，包括这些刑罚变更是否符合法定条件和程序，变更后的刑罚执行是否符合法律的规定等。

3. 社区矫正监督。人民检察院发现社区矫正决定机关、看守所、监狱、社区矫正机构在交付、接收社区矫正对象活动中违反有关规定的，应当依法提出纠正意见。

4. 刑事裁判涉财产部分执行监督。《人民检察院刑事诉讼规则》第 645 条规定，刑事裁判涉财产部分执行的监督内容包括：执行立案活动违法的；延期缴纳、酌情减少或者免除罚金违法的；中止执行或者终结执行违法的；被执行人有履行能力，应当执行而不执行的；损害被执行人、被害人、利害关系人或者案外人合法权益的；刑事裁判全部或者部分被撤销后未依法返还或者赔偿的；执行的财产未依法上缴国库的，以及其他违法情形。

5. 死刑执行监督。人民检察院对死刑判决的执行活动进行法律监督，主要包括对死刑立即执行的临场监督和对死刑缓期执行的监督。

6. 强制医疗执行监督。根据《人民检察院强制医疗执行检察办法（试行）》和《人民检察院刑事诉讼规则》的相关规定，人民检察院强制医疗执行检察监督职责主要包括：对人民法院、公安机关的交付执行活动是否合法实行监督；对强制医疗机构的收治、医疗、监管等活动是否合法实行监督等五项内容。

7. 其他。除了以上监督内容之外，检察机关的刑罚执行和监管执法活动监督还包括对监管机关开展在押人员管理、教育、改造等执法活动实行监督，以及对监管场所发生死亡、脱逃等事故后，依法开展审查、调查、督促和追究或建议追究过错责任的一系列监督活动等。

问题与思考

1. 简述刑事检察的职能内容。
2. 简述侦查监督的途径和方法。
3. 简述羁押必要性审查条件和程序。

4. 简述刑事公诉权的属性。
5. 简述认罪认罚从宽制度的内容。
6. 简述检察机关不起诉的类型和条件。
7. 简述刑事执行监督的内涵及历史沿革。

■参考阅读

1. 童建明、孙谦、万春主编：《中国特色社会主义检察制度》，中国检察出版社 2022 年版。

2. 孙谦、陈国庆、万春、张建伟主编：《刑事检察业务总论》，中国检察出版社 2022 年版。

3. 孙谦：《检察：法律守护人——以刑事法律监督为基点》，中国检察出版社 2019 年版。

4. 苗生明等：《刑事检察专论》，法律出版社 2020 年版。

5. 林钰雄：《检察官论》，学林文化事业有限公司 1999 年版。

6. 孙谦：《维护国家安全稳定和秩序　保障刑事法律的统一、尊严和权威——刑事检察五年回顾》，载《人民检察》2023 年第 6 期。

7. 陈国庆：《中国式刑事检察现代化的若干问题》，载《国家检察官学院学报》2023 年第 1 期。

8. 张志杰：《人民检察院侦查监督工作回顾与展望》，载《人民检察》2021 年第 Z1 期。

9. 元明：《刑事抗诉工作的定位与强化》，载《人民检察》2021 年第 Z1 期。

10. 侯亚辉：《刑事执行检察职能定位和权力边界研究》，载《中国刑事法杂志》2022 年第 1 期。

11. 杨立新：《认罪认罚从宽制度理解与适用》，载《国家检察官学院学报》2019 年第 1 期。

■拓展阅读

第八章 检察侦查*

■ 本章导读

检察机关在刑事诉讼中上承侦查、下启审判，无论是英美法系国家还是大陆法系国家，一个共同的特点就是检察机关（检察官）拥有犯罪侦查权，并在犯罪侦查特别是职务犯罪侦查中起到主导和指挥侦查的作用。我国检察制度自创立之初就一直保留着一定的侦查权，随着中国特色检察制度的发展完善，检察侦查制度也更加贴合检察机关作为国家法律监督机关的职能定位，对于支撑法律监督刚性起到了举足轻重的作用。

第一节 我国检察侦查制度概述

我国检察侦查制度最早可以追溯至中华苏维埃共和国时期，当时的检察机构主要负责保障法律和政令的实施，同时兼有职务犯罪侦查的职能。历经时代变迁，检察侦查一直是我国检察机关法律监督职能的关键组成部分，也是我国侦查制度的重要一环，始终站在打击犯罪、惩治腐败的第一线。1989 年最高人民检察院贪污贿赂检察厅成立后，全国检察机关紧紧围绕党和国家中心大局，全面履行反贪反渎职责，一直到 2018 年国家监察体制改革的 28 年中，全国各级人民检察院共计侦办了贪污贿赂犯罪案件 1057099 件、1270759 人，渎职类犯罪案件 208975 件、266051 人，[1]为国家挽回了巨额的经济损失，有力地促进了党风廉政建设，为党和国家各项重要工作打下了坚实的基础。党的十八大以来，为了进一步巩固反腐败斗争胜利成果，加强党对反腐败工作的集中统一领导，形成权威高效的国家监察体系，习近平总书记在党的十八届中央纪委六次全会上明确提出“形成全面覆盖国家机关及其公务员的国家监察体系”，由此开展了国家监察体制改革。2018 年 2 月，党的十九届三中全会审议通过《中共中央关于深化党和国家机构改革的决定》和《深化党和国家机构改革方案》。《中共中央关于深化党和国家机构改革的决定》要求推进党的纪律检

---

* 本章内容主要参考中国检察出版社 2023 年出版的《新时代检察侦查概论》一书第一章至第六章的内容。

〔1〕 数据统计自 1990—2018 历年的《中国法律年鉴》以及历年最高人民检察院工作报告。

查体制改革和国家监察体制改革，健全党和国家监督体系。《深化党和国家机构改革方案》明确组建国家监察委员会，同中央纪委合署办公，履行纪检、监察两项职责。同年 3 月，《监察法》颁布实施，人民检察院对反贪反渎案件的侦查职能整体转隶监察委员会。同年 10 月，全国人民代表大会常务委员会通过《关于修改〈中华人民共和国刑事诉讼法〉的决定》，将人民检察院直接侦查的案件范围限定为司法工作人员利用职权实施的非法拘禁、刑讯逼供、徇私枉法等侵犯公民权利、损害司法公正的犯罪。在此背景下，《刑事诉讼法》中原有的机动侦查、自行（补充）侦查逐渐被激活，更加彰显检察机关法律监督职能定位，维护国家法律统一正确实施。

一、检察侦查的概念及法律渊源

《人民检察院组织法》第 20 条规定了人民检察院八项职权，其中第一项明确“依照法律规定对有关刑事案件行使侦查权”。从广义上而言，检察侦查是指检察机关在履职过程中对特定犯罪线索、犯罪事实和犯罪嫌疑人进行侦查的职权，根据《刑事诉讼法》的规定，主要包括直接侦查、机动侦查和自行（补充）侦查三种类型，即《刑事诉讼法》第 19 条第 2 款规定的对诉讼活动实行法律监督中发现的司法工作人员利用职权实施的侵犯公民权利、损害司法公正犯罪的直接侦查；对公安机关管辖的国家机关工作人员利用职权实施的其他重大犯罪案件的机动侦查；以及《刑事诉讼法》第 175 条等相关条款规定的对于公安机关等侦查机关（部门）移送案件的自行（补充）侦查。而狭义上的检察侦查，一般指《刑事诉讼法》第 19 条第 2 款规定的对司法工作人员相关职务犯罪的“直接侦查”。

二、检察侦查的职能定位

（一）检察侦查是我国侦查制度的重要组成部分

1. 直接侦查。检察机关对司法工作人员相关职务犯罪的直接侦查，是党和国家反腐败大局的重要组成部分。一方面，检察机关承担对诉讼活动法律监督的重大职责，具备专门分析、甄别、审查、调查的有利条件，相较于监察机关而言在线索发现上具有明显的便利性，有利于优化办案资源配置并提高反腐败整体效能。另一方面，检察机关直接侦查，能够做到线索发现与案件侦查两个环节的无缝衔接，有利于较快地对前案某些证据是否合法、是否应当认定为非法证据并及时排除、前案是否构成犯罪等问题作出判断，并正确确定刑事诉讼的走向。[1]

2. 机动侦查。检察机关通过机动侦查能够督促公安机关提高办案效率，优化办案程序，寻求个案正义。机动侦查权的运用受到严格的程序制约，具有后发性、谦抑性的特点，实践中在绝大多数情况下备而不用，对公安机关的立案侦查活动起到内在的监督作用，督促公安机关按照法定程序依法正确履行侦查职能，防止出现不依法立案、不正确立案、不及时立案等情形，切实保障人权和程序正义。

---

〔1〕 参见朱孝清：《检察机关如何行使好保留的职务犯罪侦查权》，载《中国刑事法杂志》2019 年第 1 期。

3. 自行（补充）侦查。自行（补充）侦查对于实现刑事诉讼目的，准确、及时查明犯罪事实，确保无罪者不受刑事追究，有罪者及时受到应有惩罚，具有重要作用。检察机关对刑事诉讼起主导作用，因此有义务将法定证明标准从侦查环节贯穿到审判环节。自行（补充）侦查能够在原有侦查（调查）工作的基础上，对事实不清、证据不足的案件进行亲历性审查，查明事实、查清案情，使证据更加充分、完整，更具证明力，保证侦查收集的证据能够得到庭审的采信，切实提升检察官出席法庭支持公诉的能力，保障庭审效果。

（二）检察侦查是我国检察制度的重要组成部分

应勇检察长在2023年大检察官研讨班上强调，检察侦查是法律赋予检察机关的重要职能，是严惩司法腐败、维护司法公正的重要手段，也是加强法律监督的重要保障。检察侦查在目的上与其他法律监督职能一致，都是维护公平正义和国家法律的统一正确实施。在监察体制改革的大背景下，检察机关保留并充分行使检察侦查权，是对法律监督职能的重要保障，对于高质效办好每一个案件、发现和纠正冤假错案、消除案件办理的寻租风险等具有重要意义。

1. 从检察侦查的领域看。检察侦查主要领域与法律监督领域相一致。在国家监察制度全覆盖的国家监督体系中，检察机关侦查权的重点集中到了在法律实施过程中严重损害司法公正、严重侵犯公民权益的司法工作人员渎职犯罪案件上，更加突出检察机关作为国家的法律监督机关的职责使命。

2. 从检察侦查的方式看。检察侦查坚持以办案为中心。我国检察机关是国家重要的司法机关，办案是司法权运行的基本载体和方式。三种检察侦查模式均贯彻以办案为中心的监督理念，职权运用受到严格的程序限制，严格执行辩护制度、羁押必要性审查、公开听证等诉讼制度，坚持客观公正、检察一体等原则。

3. 从检察侦查的性质看。检察侦查体现了对侦查权的分工和权力制约监督。检察机关在对诉讼活动实行法律监督的过程中保留一定的侦查权，既是对侦查权的优化配置，又是对侦查权的制约监督，从整体上看，都有利于对诉讼活动开展全过程的法律监督，既维护国家法律的统一正确实施，又保障公民、法人和其他组织的合法正当权益。

（三）检察侦查是新时代“四大检察”全面协调充分发展新格局的重要组成部分

检察侦查并非单纯意义上的“诉讼监督”，而是更广泛意义上的“法律监督”，是对检察机关其他监督职能的权威性保障。[1] 检察机关对司法工作人员职务犯罪的

---

〔1〕《刑事诉讼法》第19条第2款规定：“人民检察院在对诉讼活动实行法律监督中发现的司法工作人员利用职权实施的非法拘禁、刑讯逼供、非法搜查等侵犯公民权利、损害司法公正的犯罪，可以由人民检察院立案侦查”，对照“刑事诉讼法修改初步方案”的表述“人民检察院在诉讼监督中发现的司法工作人员违反法律规定、侵犯公民权利、损害司法公正的犯罪，由人民检察院立案侦查”。由此可见，将原先“诉讼监督”之表述修改为当前“对诉讼活动实行法律监督”之表述，实际上是肯定了检察机关侦查权的法律监督性质，保留了法律监督中对法律执行情况的监督和法律遵守情况的监督，而不局限于对法律适用情况的监督。

侦查，作为极具刚性的监督手段，与抗诉、检察建议、纠正违法等措施一并构成闭环完整的法律监督体系。同时，检察侦查也是其他监督手段的刚性保障，对于构建刑事、民事、行政和公益诉讼“四大检察”全面协调充分发展的新格局、真正实现维护公平正义和国家法律的统一正确实施，具有重要意义。因此，依法积极主动行使检察侦查权，有利于强化人民检察院的法律监督，有利于体现国家法律监督机关的宪法定位，对于更好遏制诉讼领域内存在的刑讯逼供、非法取证等侵犯公民合法权益和影响司法公正的违法犯罪行为，更好维护法律监督权威，全面提升我国刑事司法法治化水平，推进法治中国建设具有重要意义。

三、检察侦查制度的特性

我国检察侦查制度的特性是由中国特色社会主义检察制度所决定的。《中共中央关于加强新时代检察机关法律监督工作的意见》明确指出：“人民检察院是国家的法律监督机关，是保障国家法律统一正确实施的司法机关，是保护国家利益和社会公共利益的重要力量，是国家监督体系的重要组成部分，在推进全面依法治国、建设社会主义法治国家中发挥着重要作用。”因此，检察机关作为国家法律监督机关和司法机关的性质定位，决定了检察侦查制度的法治特性。

（一）监督性

监督性是中国检察侦查制度最根本的法治特性，是其区别于其他国家侦查制度的显著标志，既是我国检察侦查制度的国情特点和优势，也是我国检察侦查制度区别于其他国家侦查制度最本质的属性和优势，充分体现了中国特色社会主义检察制度的优越性。[1] 检察侦查在适用领域、监督方式、领导体制等方面充分体现宪法、法律对检察机关专门性法律监督的制度安排，是检察机关最具法律威慑力、强制性的法律监督方式。《刑事诉讼法》第108条专门就“侦查”的概念作了规定，即“公安机关、人民检察院对于刑事案件，依照法律进行的收集证据、查明案情的工作和有关的强制性措施”。检察机关侦查中可以采取《刑事诉讼法》规定的各种强制措施，包括对犯罪嫌疑人、被告人采取拘传、取保候审、监视居住、拘留、逮捕以及对财产的查封、冻结、扣押等，以确保侦查活动的顺利进行。

（二）司法性

司法性是我国检察侦查制度区别于其他国家侦查制度的又一显著特性和职能优势。办案是司法的根本特征和基本形态，司法的核心要义是通过案件办理将法律规定的公平正义转化为人民群众可感可知的公平正义。因此，司法性要求检察侦查权的运行较之一般侦查权运行应当遵循更加严格的程序规范，按照《刑事诉讼法》及有关司法解释规定的程序，坚持在诉讼活动中分工负责、互相配合、互相制约的原

---

〔1〕 检察学界权威观点认为，我国检察权与法律监督是一元化结构，包括职务犯罪侦查权在内的“我国各项检察权都具有法律监督属性”“法律监督需要各项具体检察权来实现”。参见朱孝清、张智辉主编：《检察学》，中国检察出版社2010年版，第326—328页。

则。另外，检察侦查权较之其他侦查权履行更具有实体上和程序上的完整性，除像技术侦查等极其特殊的侦查措施的适用和拘留、逮捕强制措施的执行需要由公安机关办理外，检察机关对侦查案件在刑事诉讼的全过程具有完全意义上的自主权。

（三）诉讼性

检察侦查权的履行以办案为基本载体，坚持以审判为中心的刑事诉讼程序。这就要求检察侦查以案件作为履行侦查权是与否、好与差的唯一标准；遵循刑事侦查的属性和规律，构建共性与特性兼备的案件质量标准、证据证明、检验评判体系；严格遵循办案程式，既有适用《刑事诉讼法》关于侦查程序、措施、方式、文书、期限等的基本规定，也有适用《人民检察院组织法》、最高人民检察院司法解释关于检察一体化、管辖层级、线索初查、立案、办案组织等的特殊规定。同时，侦查办案中要强调诉讼平等地位，充分尊重和保障犯罪嫌疑人的法定权利。

（四）融合性

检察侦查与检察机关的其他法律监督职能深度融合，直接侦查、机动侦查和自行（补充）侦查三种检察侦查职能之间构成“三位一体”的侦查体系。三种检察侦查的案源都来自“四大检察”履职办案之中，检察侦查则以其独有的刚性和权威为“四大检察”提供更深层次的线索和案源，并为检察机关开展法律监督营造更加良好的法治环境和保障条件。同时，检察侦查活动在检察一体化领导体制下运行，能够使检察的各项法定职能、手段、力量、信息相融合，形成侦查办案“一盘棋”的工作合力，有利于排除阻力和干扰，增强法律监督的尊严和权威。因此，在检察一体化领导体制下，检察侦查工作与“四大检察”融合发展、优势互补，建立起检察机关各项法律监督良好的法治生态，形成检察侦查与其他法律监督职能系统性的良性循环。

综上，检察侦查权具有监督性、司法性、诉讼性和融合性，是检察权的重要组成部分和法律监督刚性的重要保障。与普通犯罪侦查制度单一性的侦查程式不同，我国检察侦查制度是一项复合性的侦查制度，即由直接侦查、机动侦查、自行（补充）侦查构成的“三位一体”侦查体系。这三个子系统间既相互区别又紧密联系，既涉及对相关职务犯罪的侦查又涉及对普通刑事犯罪的侦查，系典型的复合型侦查制度。

第二节　直接侦查

2018 年 10 月，修改后的《刑事诉讼法》第 19 条规定，人民检察院在对诉讼活动实行法律监督中发现司法工作人员利用职权实施的非法拘禁、刑讯逼供、非法搜查等侵犯公民权利、损害司法公正的犯罪，可以由人民检察院立案侦查。由此，在职务犯罪侦查职能整体转隶于监察委员会的同时，《刑事诉讼法》明确规定人民检察院继续保留对部分职务犯罪的侦查职能，更加符合其国家法律监督机关的宪法定位，实现对司法渎职侵权的有效惩治。

一、直接侦查的管辖

（一）案件范围

直接侦查的案件范围是人民检察院在对诉讼活动实行法律监督中发现的司法工作人员利用职权实施的非法拘禁、刑讯逼供、非法搜查等侵犯公民权利、损害司法公正的犯罪。根据最高人民检察院《关于人民检察院立案侦查司法工作人员相关职务犯罪案件若干问题的规定》，检察机关可以直接侦查管辖的刑事案件为司法工作人员涉嫌利用职权实施的十四类侵犯公民权利、损害司法公正的犯罪案件，分别为：非法拘禁案，非法搜查案，刑讯逼供案，暴力取证案，虐待被监管人案，滥用职权案，玩忽职守案，徇私枉法案，民事、行政枉法裁判案，执行判决、裁定失职案，执行判决、裁定滥用职权案，私放在押人员案，失职致使在押人员脱逃案，徇私舞弊减刑、假释、暂予监外执行案。其中前五个罪名侧重于侵犯公民权利，后九个罪名侧重于损害司法公正。需要注意的是，司法工作人员的滥用职权、玩忽职守犯罪，可能发生在诉讼活动中，也可能发生在行使其他职权的活动中。根据《刑事诉讼法》和《国家监察委员会管辖规定（试行）》，检察机关立案侦查的这两类犯罪应限于发生在诉讼活动中的司法工作人员渎职类犯罪。

（二）与监察调查的衔接

《监察法》第 3 条规定，国家监察机关对所有行使公权力的公职人员进行监察，自然包括司法工作人员的职务违法案件和职务犯罪案件。因此，对检察机关直接侦查管辖的案件，法律规定实行由监察机关与检察机关共同管辖的制度。2020 年 12 月，国家监察委员会、最高人民法院、最高人民检察院、公安部印发《关于加强和完善监察执法与刑事司法衔接机制的意见（试行）》（以下简称《衔接意见》）对共同管辖案件的理解和执行作出进一步规定。[1] 由于职务犯罪的多样性、复杂性和牵连性，检察机关直接侦查的司法工作人员相关职务犯罪案件的管辖可能会出现相关案件的互涉管辖问题，即某一具体案件中存在不同犯罪事实，分别涉及监察调查和检察侦查管辖的情形。主要可以分为以下两种情况：（1）数罪互涉。即指犯罪嫌疑人既实施了检察机关依法可以管辖的司法工作人员相关职务犯罪行为，又实施了监察机关依法管辖的职务犯罪行为，如滥用职权犯罪与贪污、受贿犯罪的互涉。在这类犯罪案件中，同一犯罪嫌疑人实施了管辖主体不同的两个以上职务犯罪行为，涉及管辖权的互涉。（2）“从一重罪”互涉。根据《刑法》第 399 条规定，当司法工

---

〔1〕 国家监察委员会、最高人民法院、最高人民检察院、公安部《关于加强和完善监察执法与刑事司法衔接机制的意见（试行）》第 1 条规定：“……对于司法工作人员利用职权实施的非法拘禁、刑讯逼供、非法搜查等侵犯公民权利、损害司法公正的犯罪，监察机关和人民检察院均有权管辖。涉嫌上述犯罪的司法工作人员，如不涉嫌贪污贿赂等监察机关管辖的其他职务犯罪，一般由人民检察院立案侦查，必要时监察机关也可以立案调查……”

作人员收受贿赂后，实施徇私枉法，民事、行政枉法裁判，滥用执行判决、裁定职权，执行判决、裁定失职等犯罪行为的，应当择一重罪处罚。对于此种情形，应当按照“重罪吸收轻罪”原则，根据罪名来确定管辖机关。根据《衔接意见》第2条[1]规定，以及最高人民检察院《关于人民检察院立案侦查司法工作人员相关职务犯罪案件若干问题的规定》，检监互涉案件一般由检察机关和监察机关分案管辖，并以监察机关为主调查，检察机关予以协助；也可以由监察机关并案管辖。实践中主要有两种情形：一种是检察机关在侦查中发现犯罪嫌疑人同时涉嫌监察委员会管辖的其他职务犯罪线索的，应当将其他职务犯罪线索及时移送监察机关，并就管辖问题进行沟通，如果认为全案由监察机关管辖更适宜，检察机关应当撤销案件并移送监察机关并案管辖。另一种是监察机关在调查司法工作人员贪污贿赂等职务犯罪中，对可以由检察机关管辖的案件一并管辖的，应当将相关情况通报同级检察机关。这主要是为了确保准确定性、正确把握一罪与数罪之间的关系，有利于精准惩治。

（三）与公安机关侦查的衔接

检察机关与公安机关之间的互涉案件只有数罪的互涉，即某一个案件中同时存在分属检察机关和公安机关管辖的犯罪事实。根据《人民检察院刑事诉讼规则》第18条规定，检察机关与公安机关的互涉案件一般应当分案管辖，以主罪管辖机关为主调查，从罪管辖机关予以配合。当出现一人犯数罪、共同犯罪、共同犯罪的犯罪嫌疑人还实施其他犯罪、多个犯罪嫌疑人实施的犯罪存在关联等情形，并且并案处理有利于查明案件事实和诉讼进行的，人民检察院可以在职责范围内对相关犯罪案件并案处理。实践中，对于“在职责范围内”的理解存在一定的争议，有观点认为作出“在职责范围内”的限定是指检察机关仅能对《刑事诉讼法》第19条赋予管辖权的犯罪案件并案管辖。本书认为“在职责范围内”是对检察机关“法律监督”职责的强调，而不是对《刑事诉讼法》第19条规定的重申，应当允许检察机关在特殊情况下，依据《人民检察院刑事诉讼规则》第18条规定，对互涉的公安管辖案件进行并案处理。因为：一是《人民检察院刑事诉讼规则》第13条已经专门重申了《刑事诉讼法》第19条规定，无须通过第18条再次重申；二是《人民检察院刑事诉讼规则》第18条规范的是检察机关与公安机关互涉案件的管辖问题，检察机关对《刑事诉讼法》第19条赋予管辖权的案件进行并案管辖没必要在本条文中说明。

---

〔1〕国家监察委员会、最高人民法院、最高人民检察院、公安部《关于加强和完善监察执法与刑事司法衔接机制的意见（试行）》第2条规定：“被调查人既涉嫌职务犯罪，又涉嫌其他犯罪的案件（以下统称互涉案件），一般情况下由监察机关和其他机关分别依职权立案，并以监察机关为主调查，其他机关予以协助……对不适宜由监察机关为主调查的互涉案件，由监察机关和其他机关分别依照法定职责开展工作并加强沟通协作。监察机关在调查司法工作人员贪污贿赂等职务犯罪中对其利用职权实施的侵犯公民权利、损害司法工作的犯罪一并管辖的，应当将相关情况通报同级人民检察院……”

二、对直接侦查职能的理解与适用

（一）关于“司法工作人员”的理解

直接侦查所涉及的犯罪主体是特殊主体，即必须是司法工作人员，其他人员可以与司法工作人员构成共同犯罪。《刑法》第94条规定：“本法所称司法工作人员，是指有侦查、检察、审判、监管职责的工作人员。”根据该条规定，“司法工作人员”强调的是“职责”而非“身份”。应从以下两个方面加以理解：（1）不能将“司法工作人员”简单等同为“在司法机关工作的人员”，如公安机关中负责户籍管理、法治宣传、交通管理等工作的人员，通常不属于司法工作人员。（2）“司法工作人员”并不必须具有司法机关的正式编制。例如，人民陪审员、人民监督员、协警、辅警、狱医、司法雇员等，依规定履行司法职责、提供司法服务时，亦属于司法工作人员；离退休、辞职、离职人员在位时利用职务之便的，也可以成为该类犯罪的主体。

1. 有侦查职责的工作人员。包括各级公安机关、国家安全机关、军队保卫部门、监狱、海关缉私部门、海警局等依法行使侦查权的机关（部门）中负责对犯罪嫌疑人的犯罪行为进行侦查、讯问职责的工作人员，当然也包括检察机关中承担侦查职能的工作人员。需要注意的是，履行“侦查”职能并不仅仅限于正式立案后的侦查。例如，徇私枉法对刑事案件降格处理，主要的犯罪行为发生于立案前的调查核实阶段。调查核实行为虽然不属于立案后的侦查，但实质上带有侦查目的，从属于侦查活动，亦应归属于直接侦查的管辖范围。

2. 有检察职责的工作人员。包括最高人民检察院、地方各级人民检察院，以及军事检察院、铁路运输检察院等专门人民检察院中履行《检察官法》第7条规定职责的工作人员。

3. 有审判职责的工作人员。包括最高人民法院、地方各级人民法院和军事法院、海事法院、金融法院、知识产权法院、互联网法院等专门性、区域性人民法院中承担刑事、民事、行政等各类案件审判和执行的工作人员，包括院长、庭长、审判委员会委员、审判员、执行员[1]，以及法官助理、司法警察、书记员等司法辅助人员。

4. 有监管职责的工作人员。是指对处于强制措施和刑事执行措施中的对象进行监督管理的工作人员，包括：（1）在各级看守所、刑事拘留所、监狱中担任监管犯罪嫌疑人、被告人、罪犯职责的人员；（2）指定居所监视居住的执行机构、社区矫正机构、强制医疗执行机构中担任对被执行人监督管理职责的人员；（3）在劳动教

---

〔1〕根据《刑法》中“徇私枉法罪”“民事、行政枉法裁判罪”“执行判决、裁定失职罪”和“执行判决、裁定滥用职权罪”的相关规定，执行人员在执行过程中的失职、渎职行为应当归为司法工作人员职务犯罪。结合《刑法》第94条规定“本法所称司法工作人员，是指有侦查、检察、审判、监管职责的工作人员”，应对《刑法》第94条中的“审判”作广义理解，包括“执行”。

养场所中担任监管劳教人员职责的人员。需要注意的是，行政拘留所、强制隔离戒毒所的民警虽然从事监管活动，但就权力属性而言属于行政权，理论上不应属于司法工作人员。根据《衔接意见》第 1 条规定，司法工作人员以外的公职人员利用职权实施的非法拘禁、虐待被监管人、非法搜查等侵犯公民权利、损害司法公正的犯罪，由监察机关管辖。

（二）关于“利用职权”的理解

司法工作人员的职权一般来源于法律法规、司法解释、部门规章以及其他规范性文件的规定，实践中也可能来自执法、司法机关以及上级机关的授权、委托。但由于执法、司法活动丰富多样，授权、委托方式相对较为概括和笼统，实践中一般需要通过司法工作人员实际履行的办案等工作职责来判断其职权。因此，对于“职权”宜作扩张解释：(1)“职权”的依据不仅包括法律法规、司法解释、部门规章、规范性文件以及单位正式授权，也包括不成文的授权、委托，例如有证据证实的政法单位领导的口头指示、部门分工、工作惯例等。(2)“授权”既包括正确的授权，也包括不正确的授权，例如公安刑事侦查部门负责人违反办案规定，指令不具有资格的辅警负责讯问犯罪嫌疑人，该辅警在讯问过程中对犯罪嫌疑人刑讯逼供，就属于违法履行职权。(3) 不论“职权”依据如何，都必须是在司法工作人员实施相关职务犯罪之前或同时存在，不得以事后追认的方式认定、推定所谓的“职权”。

所谓“利用职权”，通常可宽泛地理解为利用主管、负责或者承办某项执法司法事项、案件等职权，不能简单等同为贿赂犯罪案件的“利用职务上的便利”的客观行为。“利用职权”意味着一定有职务行为存在，对于其具体内容应当结合特定罪名进行具体分析，例如滥用职权罪的“滥用”既包括违反履职规定，也包括超越职权范围；徇私舞弊减刑、假释、暂予监外执行罪中的“职权”包括除报请职权以外的其他司法职权；民事、行政枉法裁判罪中的“职权”则严格限定为具体案件的裁定、判决和调解职权；玩忽职守罪、失职致使在押人员脱逃罪中“利用职权”包括不履行职权的不作为或不依法依规履行职责的乱作为等状态。

（三）关于“对诉讼活动实行法律监督中发现”的理解

直接侦查权的行使还以“人民检察院在对诉讼活动实行法律监督中发现的”为前提。其目的在于，突出直接侦查权在办理专业性、隐蔽性强的司法工作人员职务犯罪案件上的优势，增强检察机关法律监督的整体质效。由于直接侦查案件涉及检察机关对刑事、民事、行政诉讼活动法律监督的各个领域，所以“对诉讼活动实行法律监督中发现的”并不限于检察机关直接办理的诉讼监督案件，而应当包括广泛意义上的在对诉讼活动各项法律监督中发现的案件线索，如受理控告、举报、申诉，检察侦查履职，接受其他单位移送的司法工作人员相关职务犯罪案件等。

三、直接侦查职能的地位与意义

（一）对国家监察制度全覆盖的有效补充

在国家监察体制改革的大背景下，检察机关的直接侦查职能是对监察机关职务犯罪调查权的有益补充。从直接侦查所涉的十四项罪名性质看，检察机关直接侦查更加侧重于对司法公正的维护，而监察机关的调查工作则主要是为了惩治、预防、减少贪污腐败犯罪行为。因此，检察机关对司法工作人员相关职务犯罪案件依法可以立案侦查，有助于监察机关集中力量查办贪污贿赂等严重腐败犯罪案件，最大程度提高司法资源的利用效率。〔1〕而对司法工作人员相关职务犯罪案件实行由监察机关与检察机关共同管辖、检察机关依法可以立案侦查的法律规定〔2〕，进一步表明检察机关与监察机关都对司法工作人员相关职务犯罪案件有管辖权的制度安排上灵活性的一面，即“谁有利谁立案”，最大程度优势互补、形成合力。

（二）对检察机关自身法定职权的补强

检察机关的法律监督既包括对违法行为的监督，也包括对犯罪行为的监督，检察机关只监督诉讼中的违法，而不监督诉讼中的职务犯罪，那诉讼监督只能是不完整的。〔3〕一般而言，检察机关只能通过启动诉讼程序（如提出抗诉、提起公益诉讼）或向监督对象制发纠正违法意见或检察建议实现监督目的，不具备直接处置监督对象的权力。但是，启动诉讼程序的监督仅具备程序而非实体上的约束力；纠正违法意见或检察建议的约束力则更逊一筹，检察机关对于被监督对象接到意见或建议后是否纠正、如何纠正，并无强制手段。要使法律监督发挥其制度作用，检察机关就必须有一项较有力度的职能或措施，以弥补其他监督手段的先天不足。因此，检察机关有权对部分职务犯罪开展侦查，相当于拥有了“求刑权”，对于被监督机关而言更具震慑力。有了职务犯罪侦查权的支撑，检察机关才可以将纠正违法行为和错误决定的权力与职务犯罪侦查权进行协调，诉讼监督才能由软变硬。〔4〕

（三）对反腐资源配置的优化

国家监察体制改革前，反腐资源分散于纪律检查机关、行政机关内部监察机构、检察机关等多个部门中，为贯彻全面从严治党向纵深发展的重大战略举措，监察委员会的成立凝聚了反腐合力，有效保障了反腐攻坚战和持久战。在此种背景下，由检察机关行使对司法工作人员职务犯罪的侦查权，能够充分发挥其履行法律监督职能的优势，对监督过程中发现的职务犯罪线索进行直接立案侦查，保障了问题发现与立案侦查两个环节的无缝衔接，提高了工作效能。对于大部分司法工作人员的职务犯罪，由检察机关直接侦查符合办案规律和诉讼逻辑。例如刑讯逼供、暴力取证、非法拘禁、非法搜查以及采取伪造、抽取、添加证据等方法进行徇私枉法等犯罪，都是司法工作人员在案件办理过程中实施的。检察机关在审查相关案件过程中对发

---

〔1〕 参见朱德安、王喆：《新检察侦查权适用的三个问题分析》，载《政法学刊》2019 年第 3 期。

〔2〕 《国家监察委员会管辖规定（试行）》第 21 条规定：“在诉讼监督活动中发现的司法工作人员利用职权实施的侵犯公民权利、损害司法公正的犯罪，由人民检察院管辖更为适宜的可以由人民检察院管辖。”

〔3〕 参见朱孝清：《检察机关如何行使好保留的职务犯罪侦查权》，载《中国刑事法杂志》2019 年第 1 期。

〔4〕 参见李奋飞：《检察机关的“新”自侦权研究》，载《中国刑事法杂志》2019 年第 1 期。

现的司法工作人员相关职务犯罪嫌疑实施直接侦查，有利于加大法律监督力度，使法律监督工作朝着纵深推进；也能够形成与各项法律监督职能一盘棋的工作格局，增强法律监督的广度，进一步促进司法公正、廉洁、高效和权威，保证国家法律的统一正确实施。

第三节　机动侦查

1979年《刑事诉讼法》第13条规定，对于人民检察院认为需要自己直接受理的其他案件，由人民检察院立案侦查和决定是否提起公诉。这是最早对机动侦查权的明确规定，实践中基本在公安机关依法应当立案侦查而不立案侦查的情形下行使。现行《刑事诉讼法》第19条第2款规定，对于公安机关管辖的国家机关工作人员利用职权实施的重大犯罪案件，需要由人民检察院直接受理的时候，经省级以上人民检察院决定，可以由人民检察院立案侦查。这对机动侦查权作了更为明确的规定，并从实体和程序上对其启动施加了严格限定。

一、机动侦查的管辖

机动侦查的案件范围被限定为“公安机关管辖的国家机关工作人员利用职权实施的重大犯罪案件”，即国家监察机关管辖的国家工作人员的职务犯罪案件不属于检察机关机动侦查权的适用范围，原属于公安机关管辖的国家工作人员[1]利用职权实施的重大犯罪，才有可能在一定条件下从公安机关管辖转移到检察机关运用机动侦查权实施管辖。当然，从法理上而言，其他的刑事案件侦查机关如国家安全机关、海关缉私部门、海警局、监狱、军队保卫部门等管辖的国家机关工作人员利用职权实施的重大犯罪，也可以纳入检察机关的机动侦查权适用范围，但是，由于这些专门的侦查机关管辖的案件具有领域特殊性、高度专业性乃至保密性，检察机关行使机动侦查权的必要性和可能性不大，故而未被纳入机动侦查的案件范围。

二、机动侦查权适用的条件

（一）对“重大犯罪案件”的理解

“重大犯罪案件”在法律上并无明确规定，本书认为，从机动侦查权的属性、价值出发，应当包括“重罪名”案件和“重罪行”案件。所谓“重罪名”案件，主要是指国家机关工作人员利用职权实施的最高刑可以判处无期徒刑、死刑的严重犯罪，例如恐怖犯罪、杀人罪、抢劫罪、强奸罪等；而所谓“重罪行”案件，就是指国家机关工作人员所犯的“重罪名”案件以外的一般案件，犯罪行为性质严重、

---

〔1〕国家工作人员是指在国家机关中从事公务的人员，包括在各级国家权力机关、行政机关、司法机关、军事机关、监察机关中从事公务的人员，还包括2002年12月28日全国人民代表大会常务委员会《关于〈中华人民共和国刑法〉第九章渎职罪主体适用问题的解释》规定的部分依法从事公务及受委托从事公务的人员。

影响恶劣，严重损害司法、执法公信力、公正性，严重破坏法律权威、尊严，如司法工作人员为了充当黑恶犯罪“保护伞”或出于报复、吸毒、赌博的不法动机，利用办案职权对犯罪嫌疑人、被告人及其家属的财物实行盗窃、诈骗、敲诈勒索等。

（二）对“需要由人民检察院直接受理的时候”的理解

该规定主要强调检察机关受理这类案件的必要性和合理性。首先，犯罪手段与犯罪主体的职务具有紧密关联性。对于国家工作人员没有利用其职权实施的重大犯罪案件，与法律监督无直接关系，检察机关不能对其行使机动侦查权。其次，因为案件的特殊情况使得检察机关具有直接受理的必要性。主要包括：公安机关存在消极或不履行侦查职责的情形，对查明案件事实、打击犯罪造成不利影响的；公安机关存在诸如应当回避等影响执法公信力的情形，不宜履行侦查权，需要检察机关主动介入的；案件本身存在特殊情况，比如存在司法工作人员渎职犯罪重大嫌疑，检察机关比公安机关更有优势查明案件事实等。最后，合理性主要是指对于由公安机关直接立案侦查可能会受到地方干扰或多重案外因素影响等情形，由检察机关侦查能够更有效抵制不当干预，纯化诉讼程序，消除民众质疑，实现个案侦查中监督的正义，发挥确保程序正当和司法公正的预防效果。[1]

（三）程序要求

机动侦查的案件是《刑事诉讼法》明确规定的公安机关管辖的国家机关工作人员利用职权实施的重大犯罪案件，其行使应当经由省级以上人民检察院决定。通过规定高层级的检察机关审核把控，充分体现了检察机关通过自上而下的法定领导体制对这类案件决定立案侦查的严肃性和谦抑性。

三、机动侦查权的实践应用

机动侦查权在理论上长期不被关注，在实践中几乎长期处于休眠状态，是新时代检察机关加强法律监督工作亟须激活的具有重大监督价值的侦查职权。近年来随着“扫黑除恶”“破网打伞”斗争的深化，部分地区检察机关激活了休眠的机动侦查权，积极探索以机动侦查为牵引深挖出徇私枉法、滥用职权等属于依法可以由检察机关立案侦查的司法工作人员相关职务犯罪案件，并取得了良好的办案效果。

当然，由于法律规定过于原则，加之实务中对检察侦查适用案件范围的片面认识，以及侦查的人才、能力、保障严重不足，机动侦查权要成为检察机关普遍化常态化践行的侦查职能，还有很长的路要走，需要进一步完善立法和司法解释的可操作性指引，并配置专业组织力量。不过，从现实可行性的角度，检察机关运用机动侦查权的案件应当从当前主要是公安民警利用职权实施的重大犯罪案件，逐步按照法律规定拓展到其他国家机关工作人员利用职权实施的重大犯罪案件上，更充分还

---

〔1〕参见董坤：《检察机关机动侦查权研究——从 2018 年修改的〈刑事诉讼法〉第十九条第 2 款切入》，载《暨南学报（哲学社会科学版）》2019 年第 1 期。

原立法的真正价值。这既需要加强与公安机关的制度建设、机制完善、程序衔接等，也需要理论研究推动。

四、机动侦查权的价值

对检察机关的机动侦查权价值的认识，主要应当从以下三个层面把握：

（一）机动侦查权的本质属性是检察机关的法律监督

适用机动侦查权的案件本属于公安机关管辖的案件范围，检察机关没有法律意义上的立案管辖权，但是，由于出现了检察机关受理更为合适的情形，从而使案件的管辖权转移到检察机关。一般而言，主要是出现了公安机关不便管辖或怠于管辖的特别情形，如相关国家机关干扰、阻止公安机关对国家机关工作人员利用职权实施的重大犯罪的立案侦查；又如犯罪嫌疑人本身就是公安机关的干警，相关公安机关存在回避或出于公信公正的考虑；还如检察机关开展立案监督而相关公安机关不予立案等情形，都需要检察机关通过法律监督维护法律正确实施，运用机动侦查权就是对公安机关以及相关国家机关执法、管理活动的釜底抽薪式的法律监督。

（二）机动侦查权是一种刑事案件的特殊管辖制度

刑事案件的管辖是划分侦查权界限的前提。机动侦查权适用的案件是公安机关管辖的案件，与检察机关立案侦查的案件范围已经作了明确划分。但是，由于检察机关在刑事诉讼中既是国家的法律监督机关，又是国家的司法机关，既要对案件的质量负责，又要对办案的公正负责，所以，对公安机关管辖的国家机关工作人员利用职权实施的重大犯罪，法律规定了严格意义上的管辖权转移程序，从而建立了一种极为特殊的对待特定重大犯罪案件司法性与监督性并重的递进性的管辖制度。

（三）机动侦查权对加强检察机关法律监督具有重大的引导作用

机动侦查权兼具监督性与司法性，在管辖权转移和案件办理中，检察机关与公安机关有大量的衔接工作，虽然实际上适用极少，但是机动侦查权大大拓展了检察机关法律监督的范围，即从刑事诉讼活动走进国家机关管理活动；从对司法工作人员相关职务犯罪案件的侦查扩大到对国家机关工作人员利用职权实施的重大犯罪案件的侦查；从狭隘意义上的职务犯罪侦查发展到包括重大刑事犯罪的广泛意义上的职务犯罪侦查。这对加强检察机关法律监督工作的意义十分重大。

第四节　自行（补充）侦查

1979 年至今，《刑事诉讼法》经过三次修正，一直保留着关于检察机关自行（补充）侦查的规定。《刑事诉讼法》第 175 条第 2 款规定：“人民检察院审查案件，对于需要补充侦查的，可以退回公安机关补充侦查，也可以自行侦查。”因此，在我国刑事诉讼制度中，检察机关的自行（补充）侦查权是我国检察机关侦查权体系中具有共性和基础性的一项重要侦查职能，本质上体现了检察机关的法律监督属性，具有极其重要的价值意义。

一、自行（补充）侦查的管辖

本书认为，法律上虽然明确规定对于需要补充侦查的案件可以退回公安机关补充侦查，但并不等于检察机关的自行（补充）侦查的案件就是指公安机关管辖的刑事案件。从立法精神和原理看，对于法律规定的其他专门侦查机关管辖的案件，如国家安全机关、军队保卫部门、海警、海关缉私部门、监狱等侦查机关（部门）办理的刑事案件，出现需要补充侦查情形时，可以退回上述侦查机关（部门）补充侦查，也可以自行（补充）侦查。换言之，检察机关自行（补充）侦查的案件范围涵盖了公安机关、国家安全机关、军队保卫部门、海警局、海关缉私部门、监狱等侦查机关（部门）办理的刑事案件。当然，对于国家安全机关、军队保卫部门依法立案侦查的危害国家安全犯罪案件、军人犯罪案件，因为涉及国家安全、军事安全等涉密问题，检察机关审查起诉时认为需要补充侦查的，原则上应当将案件退回国家安全机关、军队保卫部门补充侦查，必要时，经充分沟通，在严格执行保密制度前提下检察机关也可以自行侦查。需要注意的是，《刑事诉讼法》第 170 条第 1 款还规定了“自行补充侦查”制度，即对于监察机关移送起诉的案件，人民检察院经审查，认为需要补充核实的，应当退回监察机关补充调查，必要时可以自行补充侦查。这里的“自行补充侦查”与自行（补充）侦查是两个完全不同的概念，因为国家监察机关立案调查程序不是立案侦查程序，所以，检察机关对监察机关移送起诉的案件即便出现必要时的自行补充侦查工作，根本上也是为了共同保证办案的质量和效果。因此，把握自行侦查（补充）管辖应当注意以下两个方面：一是自行（补充）侦查与原案具有关联性。通常情况下，检察机关自行（补充）侦查解决的是案件犯罪事实不清、证据不足、遗漏同案犯罪嫌疑人等问题，与原办案机关侦查的是同一犯罪案件，体现的是“修补式”的功能价值。但是，在一些特殊情况下，自行（补充）侦查并不局限于原案，也可以对原案犯罪嫌疑人遗漏的罪行、原案衍生的新的犯罪案件开展侦查。在这种情况下，自行（补充）侦查的客体实质上是与原案有关联的新案。如对一件衍生了司法渎职犯罪的案件进行自行（补充）侦查时，既要查明司法渎职行为对案件原来认定的事实和证据有无实质影响，也可以联合直接侦查部门查明司法渎职犯罪事实。二是自行侦查源起于原办案机关侦查不充分。这种不充分在实践中主要体现为案件中存在“犯罪事实不清、证据不足、存在遗漏罪行、遗漏同案犯罪嫌疑人等”情形。[1] 自行（补充）侦查是对侦查机关侦查不充分的补位侦查。

二、自行（补充）侦查的适用

法律上对什么样的情况下检察机关可以依法开展自行（补充）侦查并没有作更明确、具体的规定。2020 年，最高人民检察院和公安部联合发布的《关于加强和规

---

〔1〕 参见《人民检察院刑事诉讼规则》第 342 条。

范补充侦查工作的指导意见》，首次对检察机关的自行（补充）侦查的案件范围作出明确规定。该指导意见第11条规定了四种情形：（1）影响定罪量刑的关键证据存在灭失风险，需要及时收集和固定证据，人民检察院有条件自行侦查的；（2）经退回补充侦查未达到要求，自行侦查具有可行性的；（3）有证据证明或者有迹象表明侦查人员可能存在利用侦查活动插手民事、经济纠纷、实施报复陷害等违法行为和刑讯逼供、非法取证等违法行为，不宜退回补充侦查的；（4）其他需要自行侦查的。很明显，该指导意见对自行（补充）侦查的规定既强调了检察机关开展自行（补充）侦查监督性、谦抑性的特点，更出于检察机关开展自行（补充）侦查的必要性与可行性的实际考虑，总体上兼顾了必要性与可行性。另外，适用自行（补充）侦查还需要注意以下两点：

第一，自行（补充）侦查应当遵循必要性原则。对需要补充侦查的案件以退回公安机关补充侦查为常态，以检察机关自行（补充）侦查为补充。根据《人民检察院刑事诉讼规则》第342条规定，当案件出现需要补充侦查的情形时，人民检察院“应当”退回公安机关补充侦查，也“可以”自行侦查。这既符合侦查活动的延续性、完整性要求，也有利于充分有效发挥原办案机关侦查资源的功能作用。只有当出现关键证据存在灭失风险、经退回补充侦查未达到要求、侦查人员存在违法行为等特殊情况时，检察机关才基于必要性和可行性行使自行侦查权能。

第二，检察机关作为整体来行使自行（补充）侦查权。根据检察机关内部分工，检察侦查职能与审查起诉分属不同部门，当审查起诉部门不足以独立完成自行侦查活动时，可以根据侦查活动的复杂程度，确定主次分工，联合检察侦查部门完成自行侦查活动。特别是当有证据证明或者有迹象表明侦查人员在办理案件中，可能存在利用侦查活动插手民事、经济纠纷、实施报复陷害等违法行为和刑讯逼供、非法取证等违法行为时，或者审查起诉部门发现其他司法渎职犯罪案件线索时，应当以检察侦查部门为主对司法渎职犯罪行为进行侦查。

三、自行（补充）侦查的重要价值意义

第一，自行（补充）侦查权与世界主流检察制度中检察机关享有广泛的刑事案件的侦查权高度契合，符合检察制度的一般规律。无论是英美法系国家，还是大陆法系国家，检察机关对刑事案件都享有广泛的侦查权，尤其是大陆法系的德国、日本等国家，检察机关直接享有与警察机构一样的侦查权，法律上就是侦查机关，并拥有对警察侦查的指挥职能，从而有了检察机关与侦查机关构建检警一体化、形成大控方格局的法律基础。我国法律规定的检察机关自行（补充）侦查权虽然在制度设计上不是与公安机关并列式、替代式、交叉式的侦查权，而是授予检察机关审查起诉的空间，但是自行（补充）侦查适用范围是对侦查机关管辖的刑事犯罪案件的全覆盖，是检察机关适用范围最广的侦查权，在检察侦查权体系中处于基础性地位。

第二，自行（补充）侦查权是检察机关确保刑事案件质量极其重要的司法保障制度。我国检察机关是国家的司法机关，在刑事诉讼中承担着指控犯罪的举证责任

和非法证据排除责任，对办案质量负有法律上的主导责任。自行（补充）侦查权被规定在检察机关审查起诉这一刑事诉讼进程中的中枢环节，应当属于公诉制度的范畴，对于确保审查起诉的案件经得起法律和事实的严格检验起着关键性作用，是确保案件质量的一道重要的司法屏障。

第三，自行（补充）侦查权实质上体现了检察机关的法律监督属性。我国法律把自行（补充）侦查权规定在检察机关审查起诉环节，而不是在刑事诉讼的侦查程序之中，是对"刑事案件的侦查由公安机关进行，法律另有规定的除外"这一侦查制度的遵循，也是对公安等侦查机关刑事案件立案、侦查活动的一种有效的法律监督。审查起诉案件中发现需要补充侦查的，既可以退回公安机关补充侦查，也可以自行（补充）侦查，决定权在审查起诉的检察机关。无论作出什么样的决定及什么样的补充侦查方式，都充分反映了检察机关对公安等侦查机关立案及其侦查活动的法律监督。

四、自行（补充）侦查的制度完善

（一）拓展适用范围

有学者认为，为确保案件质量、加强法律监督，促进严格执法、公正司法，自行（补充）侦查的情形应当逐步拓展、更加体现法律监督属性，出现下列情形也应当纳入自行（补充）侦查的案件范围：（1）对检察机关立案监督的案件，公安机关在法律规定期限内未立案或者作出不予立案的理由不充分的案件；（2）对长期以"另案处理"为由的挂案，检察机关要求启动侦查而在规定期限内未启动侦查的案件；（3）对检察机关审查后提出的应当追捕追诉的漏犯、漏罪以及严重罪行，经两次退回公安机关补充侦查未达到目的的案件；（4）办理该案的侦查人员因涉嫌严重违纪违法已经被监察机关立案调查或者检察机关立案侦查的案件；（5）有关行政执法机关移送涉嫌犯罪案件，公安机关不予受理，经检察机关监督，公安机关不予采纳的案件等。[1]

（二）完善程序规定

由于《刑事诉讼法》对自行（补充）侦查规定过于原则，而实际上自行（补充）侦查并不仅限于对审查案件事实、证据的简单补充，因而从总体看，自行（补充）侦查的程序应当分为与审查起诉可以合并的补充性侦查程序和独立于审查起诉程序之外的侦查程序两大类别。补充性侦查程序就是将自行（补充）侦查案件工作嵌于审查起诉期限内、可以运用专门的侦查措施和手段的程序，可以说是审查起诉的一种特殊方式，从完善的角度看，也应当建立检察机关内部规范的立案、办理、文书等制度；而独立性自行（补充）侦查程序则是指检察机关对少数自行（补充）侦查案件依法应当建立与审查起诉程序相分离的独立的侦查程序。换言之，少量的

---

〔1〕 参见王祺国：《论检察机关的"自行（补充）侦查"》，载《法治时代》2022年第5期。

自行（补充）侦查案件虽然与审查起诉程序和案件有联系，但已经不能在同一程序之中进行，必须实行审查起诉程序与立案侦查程序相分离。如检察机关立案监督、两次退查已经穷尽而侦查机关仍然拒不立案的，检察机关就应当以独立立案的方式依法自行（补充）侦查。这应当是最有监督刚性的一种自行（补充）侦查制度设计，无论在办案程序上、组织上、方式上，还是法律文书、案件管理上，都亟须加强理论研究和实践探索，以推动立法的完善。

■问题与思考

1. 国家监察制度改革后，我国检察侦查制度发生了怎样的变化？作出这些调整的原因有哪些？

2. 当前我国检察侦查形成了怎样的结构？该种结构如何体现检察机关作为国家法律监督机关的性质地位？

3. 简述检察侦查在检察机关法律监督职能中的地位和作用。

4. 直接侦查适用于哪些案件？当直接侦查案件与监察机关、公安机关存在互涉情况时应如何处理？

5. 如何理解适用机动侦查的必要性与合理性？

6. 如何完善自行（补充）侦查制度？

■参考阅读

1. 詹复亮：《新刑事诉讼法与职务犯罪侦查适用》，中国检察出版社 2012 年版。

2. 秦前红、叶海波等：《国家监察制度改革研究》，法律出版社 2018 年版。

3. 王祺国：《试论检察侦查》，载《法治研究》2021 年第 6 期。

4. 张智辉：《检察侦查权的回顾、反思与重构》，载《国家检察官学院学报》2018 年第 3 期。

5. 马怀德：《国家监察体制改革的重要意义和主要任务》，载《国家行政学院学报》2016 年第 6 期。

6. 朱孝清：《检察机关如何行使好保留的职务犯罪侦查权》，载《中国刑事法杂志》2019 年第 1 期。

7. 卞建林：《检察机关侦查权的部分保留及其规范运行——以国家监察体制改革与〈刑事诉讼法〉修改为背景》，载《现代法学》2020 年第 2 期。

8. 苗生明：《浅议检察机关特定侦查权的有效行使》，载《中国检察官》2018 年第 23 期。

9. 朱宏军：《检察机关侦查权的行使及保障》，载《人民检察》2019 年第 9 期。

10. 朱德安、王喆：《新检察侦查权适用的三个问题分析》，载《政法学刊》2019 年第 3 期。

11. 王建平、高翼飞：《〈关于人民检察院立案侦查司法工作人员相关职务犯罪若干问题的规定〉理解与适用》，载《人民检察》2019 年第 4 期。

12. 徐伟勇、桑先军：《司法工作人员职务犯罪侦查机制构建的三个重点》，载《人民检察》2020 年第 13 期。

13. 井晓龙：《监察调查权与检察侦查权衔接研究》，载《法学杂志》2020 年第 12 期。

14. 郭华：《我国检察机关侦查权调整及其互涉案件程序的探讨》，载《法治研究》2019 年第 1 期。

15. 易卫中、王德宇、龚盼：《检察机关职务犯罪侦查模式转型路径》，载《人民检察》2021 年第 13 期。

16. 董坤：《检察机关机动侦查权研究——从 2018 年修改的〈刑事诉讼法〉第十九条第 2 款切入》，载《暨南学报（哲学社会科学版）》2019 年第 1 期。

17. 王祺国：《“机动侦查权”具有重大监督潜力价值》，载《检察日报》2021 年 4 月 30 日，第3 版。

18. 洪春、丁建玮、陆秀勇：《检察机关自行补充侦查权的制度设计》，载《人民检察》2019 年第 10 期。

19. 郑永生、周红亚、魏韧思：《改革背景下检察机关补充侦查权的行使与完善》，载《犯罪研究》2019 年第 3 期。

拓展阅读

第九章　民事检察

■ 本章导读

民事检察是检察机关“四大检察”职能之一，与传统的刑事检察相比，民事检察起步较晚，但经过三十余年实践探索，民事检察已经成为“四大检察”职能不可或缺的组成部分。民事检察相关职能由《民事诉讼法》《人民检察院民事诉讼监督规则》等法律和司法解释所明确。当前已进入“做强民事检察”的关键时期，应勇检察长在2023年大检察官研讨班上指出，相较于人民群众日益增长的民事司法需求和司法工作实际，民事诉讼监督还比较薄弱。民事检察要在重自强、提能力的同时，更加注重监督质与量的统一，加强对民事生效裁判、审判活动和执行活动全流程监督，同步加强民事支持起诉，不断拓宽监督的广度和深度。

第一节　民事检察概述

民事检察部门依据《民事诉讼法》和《人民检察院民事诉讼监督规则》等法律和司法解释，对人民法院的民事诉讼、民事执行活动实行法律监督，包括对生效民事判决、裁定、调解书的监督，对审判程序中审判人员违法行为的监督，对人民法院执行活动的监督以及民事支持起诉工作。民事检察监督体现了检察监督的司法属性，本质上是对公权力的监督。民事检察遵循依法监督、不受干涉、客观公正、积极开展监督等原则，在全面协调充分发展、双赢多赢共赢、精准监督、统筹发展等理念的指引下开展工作。

一、民事检察的概念、主要发展历程与主要内容

（一）民事检察的概念

民事检察是检察机关“四大检察”职能之一，是检察业务的重要组成部分，是指人民检察院根据《宪法》的规定，依照《民事诉讼法》，对人民法院民事诉讼活动开展的法律监督活动，既包括对民事审判活动的监督，也包括对民事执行活动的监督。

（二）民事检察的主要发展历程

1982 年《民事诉讼法（试行）》第 12 条规定，“人民检察院有权对人民法院的民事审判活动实行法律监督”，但这项工作当时并没有真正落实，20 世纪 90 年代以后，民事检察工作才在全国范围内逐渐开展起来。民事检察最初是与行政检察同步发展的，1988 年 9 月，最高人民检察院正式成立民事行政检察厅。[1] 1990 年，最高人民检察院积极、稳妥地开展对民事审判活动试行法律监督的调查研究和试点工作，启动了干部上岗培训等一系列准备工作。[2] 到 1991 年，全国有 29 个省级检察院成立了民事行政检察处，72% 的分、州、市院和 26% 的县（市）、区院成立了民事行政检察科，拥有了近 2000 人的民事行政检察干部队伍。[3] 此后，全国检察机关逐步开始探索开展民事、行政检察工作，初期主要集中在对已生效但明显不公的民事、经济、行政判决、裁定提出抗诉，对审判人员贪污受贿、徇私舞弊、枉法裁判行为的监督等。到 1996 年，全国检察机关共受理不服法院生效民事、行政判决、裁定的申诉 32328 件，对确有错误的判决、裁定提出抗诉 3322 件；向法院提出纠正意见 1783 件；对裁判正确的申诉案件，认真做好息诉工作。还查办了审判人员在民事行政审判活动中索贿受贿、徇私舞弊等犯罪案件 237 件 264 人。[4] 2011 年开始，最高人民检察院会同最高人民法院共同出台文件，探索开展民事执行活动法律监督试点工作。2012 年修正的《民事诉讼法》将此前规定的“人民检察院有权对民事审判活动实行法律监督”修改为“人民检察院有权对民事诉讼实行法律监督”，并新增了“人民检察院有权对民事执行活动实行法律监督”的规定，至此，民事检察职能在民事诉讼立法层面得到全面确认。2019 年以后，随着检察机关司法改革的纵深推进，在“四大检察”全面协调充分发展理念的指导下，最高人民检察院将民事检察、行政检察、公益诉讼检察分别从“民事行政检察部门”中分离并单设部门，民事检察厅又称第六检察厅，全国检察机关也随之进行了内设机构改革，民事检察进入实现“做强”战略目标的新阶段。

（三）民事检察的主要内容

根据现行《民事诉讼法》《人民检察院民事诉讼监督规则》规定，民事检察监督的对象是人民法院，工作范围是对民事诉讼、民事执行活动实行法律监督，主要内容包括：一是对生效民事判决、裁定、调解书的监督；二是对审判程序中审判人员违法行为的监督；三是对执行活动的监督。

《2018—2022 年检察改革工作规划》强调，要完善抗诉、再审检察建议、纠正

---

〔1〕 参见王鸿翼：《民事行政检察工作的发展历程与展望》，载《人民检察》2011 年第 12 期。

〔2〕 参见最高人民检察院编：《最高人民检察院工作报告汇编（1979—2018）》，中国检察出版社 2018 年版，第 106 页。

〔3〕 参见王鸿翼：《民事行政检察工作的发展历程与展望》，载《人民检察》2011 年第 12 期。

〔4〕 参见最高人民检察院编：《最高人民检察院工作报告汇编（1979—2018）》，中国检察出版社 2018 年版，第 179 页。

意见、检察建议等多元化监督格局和四级院分工负责、各有侧重的工作格局，努力实现裁判结果监督、审判人员违法行为监督和执行监督全面均衡发展。《中共中央关于加强新时代检察机关法律监督工作的意见》要求以全面实施民法典为契机，进一步加强民事检察工作，畅通司法救济渠道，加强对损害社会公共利益、程序违法、裁判显失公平等突出问题的监督，依法保护公民、法人和其他组织的合法权益；强调进一步健全依职权监督机制，完善申诉受理审查机制和案卷调阅制度，健全抗诉、检察建议等法律监督方式，加强对重大违法执行行为的监督，健全虚假诉讼防范、发现和追究机制等。总而言之，对民事诉讼、民事执行活动实行法律监督是民事检察的主要职责，除此之外，民事检察还承担支持起诉、检察调处和释法息诉等社会治理职能。

支持起诉是指人民检察院依据《民事诉讼法》第 15 条的规定，对损害国家、集体或者个人民事权益的行为，支持受损害的单位或者个人向人民法院提起诉讼的活动。长期以来，检察机关开展民事支持起诉仅有《民事诉讼法》第 15 条的原则性规定作为依据，民事检察支持起诉工作缺乏更为具体、详细的制度规范。2022 年，最高人民检察院民事检察厅印发《民事检察部门支持起诉工作指引》，为进一步规范检察机关民事支持起诉工作提供了基本遵循。根据上述指引，当事人可以申请支持起诉的情形主要包括：（1）请求劳动报酬、社会保险待遇等；（2）因年老、疾病、缺乏劳动能力等不能独立生活或生活困难，请求给付扶养费、赡养费；（3）残疾人的人身权利、财产权利或其他合法权益遭受侵害，提起诉讼确有困难；（4）因遭受人身损害，提起诉讼确有困难等。上述民事权益受到侵害的当事人因诉讼能力较弱提起诉讼确有困难或惧于各种原因不敢起诉的，人民检察院可以支持起诉。人民检察院遵循自愿原则，尊重当事人的处分权，当事人不同意起诉的，不独立启动诉讼程序。从工作内容来看，除出具支持起诉书外，在支持起诉过程中，人民检察院还可以为申请人提供法律咨询，协助申请法律援助，协助收集证据，协助申请缓、减、免交案件受理费等。同时，在办理支持起诉案件过程中，检察机关也应积极运用多元化解纠纷解决机制，做好当事人的矛盾纠纷化解工作。

近年来，检察机关还探索开展了对非诉民事执行活动的监督，即对于一些明显虚假、不公的非诉讼民事活动，比如虚假仲裁、虚假的公证债权文书等，一旦当事人向法院申请执行，进入执行环节，检察机关就可以通过对执行活动的监督实现纠正。对虚假的人民调解协议，如果当事人向人民法院申请司法确认，检察机关也可以依法对其进行监督纠正。最高人民检察院第十四批指导性案例中，陕西甲实业公司等公证执行虚假诉讼监督案（检例第 54 号）指出，当事人恶意串通、捏造事实，骗取公证文书并申请法院强制执行，侵害他人合法权益，损害司法秩序和司法权威，构成虚假诉讼。检察机关对此类虚假诉讼应当依法监督，规范非诉执行行为，维护司法秩序和社会诚信。福建王某兴等人劳动仲裁执行虚假诉讼监督案（检例第 55 号）明确，为从执行款项中优先受偿，当事人伪造证据将普通债权债务关系虚构为劳动争议申请劳动仲裁，获取仲裁裁决或调解书，据此向人民法院申请强制执行，构成虚假诉讼。检察机关对此类虚假诉讼行为应当依法进行监督。

二、民事检察的基本属性与功能定位

（一）民事检察的基本属性

1. 民事检察是检察机关法律监督的重要组成部分。作为国家的法律监督机关，检察机关的职能定位是由《宪法》确立的，法律监督是检察履职的总纲领。民事检察从诞生之日起，就天然具有法律监督的属性，是一项典型的法律监督职能，其监督的对象是人民法院，监督的范围包括民事诉讼和民事执行等人民法院行使审判权、执行权的活动。

2. 民事检察具有司法属性。民事检察权的性质首先是由检察权的性质决定的。“在我国国家权力结构中，法律监督权的含义就是司法权和监督权的交互融合……检察权不能片面强调监督属性忽视司法属性，也不能片面强调司法属性忽视监督属性，两者辩证统一于检察权之中，呈现‘在监督中办案，在办案中监督’的状态。”〔1〕检察权的性质决定了民事检察同样具有司法属性。从民事检察自身来看，也能发现其较强的司法属性。司法权的特征表现为中立性、独立性、统一性、程序性和终极性。〔2〕就民事检察而言，一方面，不论是依职权监督还是依当事人申请监督，检察机关在办理民事检察监督案件过程中，始终都是保持中立地位，坚守客观公正立场的。另一方面，检察机关依法独立办理民事检察监督案件，不受任何行政机关、个人或组织的干涉；民事检察办案须严格依照《民事诉讼法》《人民检察院民事诉讼监督规则》等法律和司法解释开展，具有严格的程序性要求；检察机关对生效裁判案件提出抗诉的，人民法院应当再审。这些都符合司法权的特征表现，体现了民事检察的司法属性。

3. 民事检察本质上是对公权力的监督。《人民检察院组织法》第 20 条对人民检察院的职权进行了列举，其中包括对诉讼活动实行法律监督，以及对判决、裁定等生效法律文书的执行工作实行法律监督。《民事诉讼法》第 14 条规定：“人民检察院有权对民事诉讼实行法律监督。”第 246 条规定：“人民检察院有权对民事执行活动实行法律监督。”根据上述法律规定，民事检察的职权是对民事诉讼活动和民事执行活动实行法律监督，监督的对象是人民法院的诉讼活动、执行活动，具体包括对人民法院民事生效判决、裁定的监督，对损害国家利益、社会公共利益调解书的监督，对审判监督程序以外的其他审判程序中审判人员的违法行为的监督，以及对人民法院执行活动中违法情形的监督。无论是对民事生效判决、裁定的监督，还是对审判人员违法行为或执行活动的监督，民事检察监督最终都是围绕人民法院的职

---

〔1〕参见苗生明：《新时代检察权的定位、特征与发展趋向》，载《中国法学》2019 年第 6 期。

〔2〕参见姜小川：《司法权基本属性之探析》，载《法学杂志》2007 年第 5 期；刘瑞华：《司法权的基本特征》，载《现代法学》2003 年第 3 期。

权进行的，监督的是人民法院的审判权、执行权。因此，民事检察监督的本质是检察权对审判权、执行权的监督，是对公权力的监督。

（二）民事检察的功能定位

1. 监督公权与救济私权相结合。传统民事检察理论认为，民事检察监督的性质是公权力监督而不是私权救济，通过监督人民法院的审判权和执行权，进一步规范司法行为、防范错案发生，监督的价值体现在维护国家法制统一、尊严和权威。但民事检察监督往往会促成当事人权利得到救济。习近平总书记在中央政治局“切实实施民法典”集中学习中指出：“加强民事检察工作，加强对司法活动的监督，畅通司法救济渠道，保护公民、法人和其他组织合法权益，坚决防止以刑事案件名义插手民事纠纷、经济纠纷。”习近平总书记的指示进一步明确，民事检察工作的落脚点是“司法活动监督”，着眼点是“畅通司法救济渠道”。因此，民事检察监督在致力于对审判权和执行权监督的同时，也应当重视对当事人合法权利的救济，权利救济是衡量民事检察监督质效的重要考量。一方面，权利救济是考量民事检察监督必要性的重要因素；另一方面，权利救济也是衡量民事检察监督效果的一个重要标准。如果民事检察监督对当事人权利没有实质性影响，人民群众获得感不强，监督效果不彰，那势必影响检察监督的权威。

2. 对民事诉讼和民事执行活动的全面监督。经过三十余年的发展，民事检察的基本职能和工作范围经由实践检验，已经为我国法律所明确。总体来说，民事检察监督不应是零散的、点状式、阶段性的监督，而应是对民事诉讼和民事执行活动的全面监督。具体而言，关于生效裁判监督，通过落实精准监督理念要求，不断提升检察监督办案的准确性和实效性，注重监督的引领性和导向性，重点办理在司法理念、政策方面有纠偏、创新意义的案件，以典型个案监督引领司法进步，实现优化监督、强化监督；关于审判程序和审执人员违法监督，在传统监督基础上，通过探索开展对特别程序、督促程序、公示催告程序、海事诉讼特别程序、破产程序等领域和委托鉴定、审计等问题的监督，深化审执人员违法监督；关于民事执行监督，进一步加强对消极执行、选择性执行、滥用终结本次执行程序结案等突出问题的监督，积极开展民事非诉执行监督，探索对进入民事执行程序的仲裁、公证文书实施有效监督；关于虚假诉讼监督，通过监督办案实现从预防到监督再到综合治理的全流程作业，提升民事检察监督成效。

三、民事检察的基本原则和基本理念

（一）民事检察的基本原则

民事检察基本原则是民事检察职权运行的基础，它既遵循检察权运行的基本原则，也符合民事检察发展规律的独特原则，主要包括依法监督原则、不受干涉原则、客观公正原则和积极开展监督原则等。

1. 依法监督原则。“以事实为根据，以法律为准绳”是我国《民事诉讼法》的基本原则之一，民事检察监督制度源于《民事诉讼法》，同样必须坚持这一原则，依法监督是民事检察的根本之所在。《人民检察院组织法》第 3 条规定：“人民检察院依照宪法、法律和全国人民代表大会常务委员会的决定设置。”《检察官法》第 3 条规定：“检察官必须忠实执行宪法和法律，维护社会公平正义，全心全意为人民服务。”只有始终坚持依法监督，严格依照《民法典》等实体法规范解决争议，严格依照《民事诉讼法》《人民检察院民事诉讼监督规则》等程序法和司法解释规范办理案件，民事检察监督才能经得起法律检验，才能符合司法规律、符合人民群众的期盼和要求。

2. 不受干涉原则。《人民检察院组织法》第 4 条规定，人民检察院依照法律规定独立行使检察权，不受行政机关、社会团体和个人的干涉；《检察官法》第 6 条强调，检察官依法履行职责，受法律保护，不受行政机关、社会团体和个人的干涉。长期以来，领导干部打招呼、托关系、说人情，影响司法办案的情形时有出现。2015 年，中办、国办、中央政法委、“五部委”先后出台《领导干部干预司法活动、插手具体案件处理的记录、通报和责任追究规定》《司法机关内部人员过问案件的记录和责任追究规定》《关于进一步规范司法人员与当事人、律师、特殊关系人、中介组织接触交往行为的若干规定》，检察机关严格贯彻执行“三个规定”，出台了相关实施办法，为依法独立行使民事检察权奠定了良好基础。

值得注意的是，依法独立行使民事检察权不意味着不受约束。在我国，包括检察工作在内的一切司法活动都必须坚持党的集中统一领导，这是由我国的社会主义性质和国体、政体所决定的。检察机关是业务性很强的政治机关，民事检察工作同样要始终坚持党的领导，自觉接受人大监督和政协民主监督，确保民事检察监督不走样、不跑偏、不逾矩。

3. 客观公正原则。客观公正原则是“四大检察”各职能部门均应遵循的基本原则，也是民事检察工作实现公平公正的有力保障。民事检察工作中，检察官客观公正义务的重要性体现在诸多方面。比如，根据《人民检察院民事诉讼监督规则》，民事检察监督可分为依当事人申请监督和依职权监督，赋予检察机关依职权监督的权力，也意味着选择性监督、不平等监督风险的存在；又如，民事检察部门还享有调查核实权，如果办案检察官不客观公正，就可能出现该调查不调查、不该调查乱调查的情形等。因此，只有坚持客观公正，民事检察工作才能具有持久生命力和发展前景。

4. 全面充分履职原则。民事检察履职过程中，在依法监督、不受干涉、客观公正前提下，人民检察院应全面充分履职，积极发现案件线索、依法调查核实、加强矛盾纠纷化解，不断提升民事检察监督办案成效。相对于“四大检察”中的其他检察工作，民事检察尤其需要主动履职，这是由民事检察的性质决定的。一方面，检察机关要主动去发现案件线索，缺乏主动性，就难以从浩如烟海的生效民事判决、裁定和审判、执行案件中发现监督线索；另一方面，发现案件线索后，要真正实现监督成案，还要积极调查核实，加强与法院、公安机关等部门的沟通协调配合，这都需要民事检察人员主动推进；此外，检察机关还要善于运用新时代“枫桥经验”，加强矛盾纠纷化解，积极引导当事人和解，真正实现案结事了，切实维护社会和谐。

（二）民事检察的基本理念

经由不同理念指引，事物发展会走上截然不同的道路。民事检察基本理念是民事检察工作发展的航标，是民事检察发展中具有基础性、全局性、战略性、引领性的思想方略。民事检察监督理念有一个动态发展、逐渐丰富和深化的过程，民事检察建立之初，比较强调一般监督；发展壮大阶段，强调对包括生效民事判决、裁定和调解书在内的全面监督，以及对包括诉讼程序、执行程序在内的全流程监督。〔1〕进入新时代，人民群众对民事检察工作有更高的要求与期待，最高人民检察院适应民事检察工作发展实际和人民群众的新要求、新期待，明确提出了民事检察监督新理念，主要包括融合监督理念、双赢多赢共赢理念、精准监督理念和统筹发展理念等。〔2〕

1. 融合监督理念。在“四大检察”中，民事检察与社会经济发展及人民群众合法权益保障的关系最为紧密。随着时代发展变迁，社会经济关系日趋复杂，人民群众对民主、法治、公平、正义、安全、环境等方面的要求日益增长。为了积极回应人民群众新要求新期待，研究经济社会发展中的突出问题，民事检察职能的实现离不开其他检察业务的支撑。例如：检察机关在刑事、行政检察履职中发现民事监督线索，对特定案件进行甄别以及就重点监督事项开展专项活动；或者通过民事公益诉讼保障不特定多数人的合法权益。因此，一方面要注重民事检察与其他检察职能之间的融合发展，改变长期以来“重刑轻民”的传统观念；另一方面，民事检察内部各项工作之间要融合发展，既重视实体监督，也重视程序监督，突出对整个诉讼领域以及与诉讼相关领域全方位的民事法律监督。

2. 双赢多赢共赢理念。民事检察监督的精髓在于检察权与审判权的相互制约、相互配合，二者在价值追求层面具有一致性，即维护国家法律统一正确实施、实现公平正义，这是民事检察践行双赢多赢共赢理念的基础所在。“监督不是你错我对的零和博弈，也不是高人一等。监督机关与被监督机关责任是共同的，目标是一致的，赢则共赢，损则同损”，因此，“要与法院形成良性、互动、积极的工作关系”，进而“共同维护司法公正、提高司法公信力”。〔3〕检察机关通过高质量的监督办案

〔1〕参见华炫宁：《民事检察监督理念在实践中逐步丰富和深化——专访中国人民大学教授、博士生导师杨立新》，载《人民检察》2021年第Z1期。

〔2〕2018年10月24日，时任最高人民检察院检察长张军在第十三届全国人民代表大会常务委员会第六次会议上作了《最高人民检察院关于人民检察院加强对民事诉讼和执行活动法律监督工作情况的报告》，详细阐述了新时期民事检察的基本理念。

〔3〕参见《最高人民检察院关于人民检察院加强对民事诉讼和执行活动法律监督工作情况的报告》。

活动，纠正审判机关错误裁判，能够充分提升国家司法公信力，赢得审判机关的尊重和人民群众的信任，为实现良好的法律监督效果营造有利条件。为此，检察机关可以与审判机关通过会签文件、召开联席会议、组织案例研讨等方式，建立常态化沟通协调机制，在增进互信中推动民事检察监督不断发展。

3. 精准监督理念。《中共中央关于加强新时代检察机关法律监督工作的意见》明确要求，“精准开展民事诉讼监督”。所谓精准监督，一是强调监督质量，不搞粗放式办案，防止片面追求监督数量；二是强调监督成效，检察机关“要优先选择在司法理念方面有纠偏、创新、进步、引领价值的典型案件”，通过办理一案，“促进解决一个领域、一个地方、一个时期司法理念、政策、导向的问题，发挥对类案的案例指导作用”。[1] 民事诉讼精准监督应当坚持法定性标准与必要性标准相结合。法定性标准是就民事诉讼监督的依据而言的，主要是指检察机关应当依据《民法典》《民事诉讼法》及其司法解释的相关规定来审查生效裁判和民事审判活动的合法性。必要性标准是就民事诉讼监督的效果而言的，主要是指检察机关应当结合监督的社会效果、裁判作出时的司法政策和社会背景等因素对监督的必要性进行审查，在对相关因素综合考量后再作出是否予以监督的决定。[2]

4. 统筹发展理念。所谓统筹发展，是指省、市、县三级检察机关之间的一体统筹，按照民事诉讼自身特征和民事诉讼监督的基本规律，明确各自的职责分工。总体来说，不同层级检察院民事检察监督侧重点应有所不同，这是由我国民事诉讼法律规定和民事诉讼审级制度以及民事检察人员结构所决定的。在统筹发展理念指导下，根据民事检察实际情况，省级和市级检察院应以生效裁判监督为重点；基层检察院则应以审判人员违法行为监督和执行监督为重点。经由统筹发展理念指引，构建起各级检察院各有侧重、密切配合、各司其职、全面履职的民事检察监督格局。

第二节 民事生效裁判监督

民事生效裁判监督是指检察机关对人民法院生效民事判决、裁定的监督，是民事检察的核心业务，也是检察机关开展最早、最为成熟、成效最为明显的民事检察业务。检察机关开展民事生效裁判监督，可以依当事人申请启动，也可以依职权启动；监督方式主要有两种：一是抗诉，二是再审检察建议。虚假诉讼行为违背诚实信用原则、扰乱司法秩序、损害司法权威和司法公信力，对因虚假诉讼而产生的错误判决、裁定、调解书，检察机关依法提出抗诉或再审检察建议。此外，对损害国家利益、社会公共利益的民事调解书，检察机关也有权依法予以监督纠正。

---

〔1〕 参见《最高人民检察院关于人民检察院加强对民事诉讼和执行活动法律监督工作情况的报告》。
〔2〕 参见冯小光：《以精准监督理念为指引 做强民事检察工作》，载《人民检察》2019 年第 15 期。

一、民事生效裁判监督的内涵与范围

（一）民事生效裁判监督的内涵

民事生效裁判监督是指检察机关对已经发生法律效力的民事判决、裁定的监督。《民事诉讼法》第219条第1款、第2款规定，最高人民检察院对各级人民法院已经发生法律效力的判决、裁定，上级人民检察院对下级人民法院已经发生法律效力的判决、裁定，发现有《民事诉讼法》第211条规定情形之一的，应当提出抗诉。地方各级人民检察院对同级人民法院已经发生法律效力的判决、裁定，发现有《民事诉讼法》第211条规定情形之一的，可以向同级人民法院提出检察建议，并报上级人民检察院备案；也可以提请上级人民检察院向同级人民法院提出抗诉。

（二）民事生效裁判监督的范围

根据最高人民法院《关于适用〈中华人民共和国民事诉讼法〉的解释》第378条和第412条规定，适用特别程序、督促程序、公示催告程序、破产程序等非诉讼程序审理的案件，当事人不得申请再审；检察机关提出抗诉的，人民法院不予受理。因此，检察机关监督的民事生效裁判应当是经人民法院诉讼程序作出的生效判决、裁定，对于人民法院适用非诉讼程序审理的案件，不属于检察机关民事生效裁判监督的范围。

二、民事生效裁判监督的启动方式与条件要求

民事生效裁判监督的启动方式包括检察机关依当事人申请启动监督和检察机关依职权启动监督两种。

（一）依当事人申请启动监督

当事人申请民事检察监督应当符合《民事诉讼法》和《人民检察院民事诉讼监督规则》所规定的条件和程序。一是当事人可以申请监督的具体情形。根据《民事诉讼法》第220条第1款规定，当事人向检察机关申请检察建议或者抗诉应当符合下列三种情形之一：（1）人民法院驳回再审申请的；（2）人民法院逾期未对再审申请作出裁定的；（3）再审判决、裁定有明显错误的。二是申请监督的时间限制。根据《人民检察院民事诉讼监督规则》第20条规定，当事人申请监督的，应当在人民法院作出驳回再审申请裁定或者再审判决、裁定发生法律效力之日起两年内提出。三是不得重复申请监督。《民事诉讼法》第220条第2款规定，检察机关作出相关决定后，当事人不得再次向人民检察院申请检察建议或者抗诉。

（二）依职权启动监督

依职权启动监督是指检察机关在履职过程中发现民事案件存在应当监督的事由，进而依法主动启动监督程序的监督方式。根据《人民检察院民事诉讼监督规则》第37条规定，检察机关对民事生效裁判依职权启动监督程序的事由主要包括：（1）民事生效裁判存在损害国家利益或者社会公共利益情形的；（2）审判、执行人员有贪

污受贿，徇私舞弊，枉法裁判等违法行为的；（3）当事人存在虚假诉讼等妨害司法秩序行为的；（4）已经发生法律效力的民事公益诉讼判决、裁定、调解书确有错误的；（5）依照有关规定需要人民检察院跟进监督的；（6）具有重大社会影响等确有必要进行监督的。检察机关对民事案件依职权启动监督程序，不受当事人是否申请再审的限制，也不受《人民检察院民事诉讼监督规则》第 20 条规定的“两年”这一期限限制。

三、民事生效裁判监督的方式与适用条件

对生效裁判结果的监督方式主要有两种：一是抗诉；二是再审检察建议。再审检察建议与抗诉的主要区别在于：抗诉刚性强，检察机关提出抗诉的，人民法院必然启动再审程序；再审检察建议则刚性比较弱，检察机关发出再审检察建议并不必然启动再审程序，而是由人民法院审查决定是否启动再审。

（一）抗诉

抗诉是指人民检察院对于人民法院已经发生法律效力的判决、裁定，认为符合法律规定抗诉条件的，依法要求法院重新审理的诉讼行为。有权提出抗诉的主体是作出生效判决、裁定的法院的上级检察院，但在生效裁判系最高人民法院作出的情形下，由最高人民检察院提出抗诉。接受抗诉的主体是提出抗诉检察院的同级法院。检察机关提出抗诉，应当制作抗诉书。法院收到抗诉书后，应当裁定中止原判决的执行，启动再审程序。

一直以来，抗诉是检察机关监督民事诉讼活动最常用、最有效的监督手段，抗诉的监督刚性最强。根据《民事诉讼法》第 222 条规定，人民检察院提出抗诉的案件，接受抗诉的人民法院应当自收到抗诉书之日起 30 日内作出再审的裁定。民事诉讼法关于检察机关抗诉后人民法院应当启动再审的规定，充分体现了检察机关法律监督的刚性。

（二）再审检察建议

再审检察建议是指人民检察院发现同级人民法院已经发生法律效力的判决、裁定确有错误，或者发现调解书损害国家利益、社会公共利益，而向人民法院发出的，旨在督促人民法院启动再审程序自行纠正错误判决、裁定或损害国家利益、社会公共利益调解书的检察建议。人民检察院提出再审检察建议，应当经本院检察委员会决定，并报上一级人民检察院备案。

再审检察建议在检察机关监督同级人民法院时使用，监督机关与被监督机关在级别上具有对等性。与抗诉一样，再审检察建议的目的在于启动民事再审，在抗诉之外规定再审检察建议这一监督方式具有积极意义。一是抗诉只有被监督法院的上级检察院才能适用，案件从受理到抗诉时间长、程序烦琐，而利用再审检察建议进行同级监督更加迅速、及时，有利于缩短办案周期，提高办案效率。二是抗诉案件主要由地市级以上检察机关办理，案多人少矛盾较为突出，而基层院却无权办理抗

诉案件，形成不合理的“倒金字塔”结构；适用再审检察建议开展检察监督，可使基层检察院办理一部分生效裁判监督案件，减轻上级院压力，丰富下级院职能。三是再审检察建议相对缓和，充分尊重了法院审判权威，有利于简化再审启动程序，节约司法成本。四是作为抗诉监督方式的补充，对一些虽符合抗诉条件，但争议较小的案件，采取再审检察建议方式进行监督，更能体现检察监督的理性与平和。

（三）提出再审检察建议或抗诉的法定事由

根据《民事诉讼法》第219条规定，检察机关发现民事生效裁判有《民事诉讼法》第211条规定的应当再审的情形，或者发现调解书有损害国家利益、社会公共利益的情形，可以提出再审检察建议或抗诉。《民事诉讼法》第211条规定了13种应当再审的情形，分别是：（1）有新的证据，足以推翻原判决、裁定；（2）原判决、裁定认定的基本事实缺乏证据证明；（3）原判决、裁定认定事实的主要证据是伪造的；（4）原判决、裁定认定事实的主要证据未经质证；（5）对审理案件需要的主要证据，当事人因客观原因不能自行收集，书面申请人民法院调查收集，人民法院未调查收集；（6）原判决、裁定适用法律确有错误；（7）审判组织的组成不合法或者依法应当回避的审判人员没有回避；（8）无诉讼行为能力人未经法定代理人代为诉讼或者应当参加诉讼的当事人，因不能归责于本人或者其诉讼代理人的事由，未参加诉讼；（9）违反法律规定，剥夺当事人辩论权利；（10）未经传票传唤，缺席判决的；（11）原判决、裁定遗漏或者超出诉讼请求；（12）据以作出原判决、裁定的法律文书被撤销或者变更的；（13）审判人员审理该案件时有贪污受贿、徇私舞弊、枉法裁判行为。上述法定事由中，第（1）项至第（5）项是原审在证据方面存在的问题，第（6）项是适用法律错误，第（7）项是审判组织组成或适用回避不合法，第（8）项至第（10）项是对当事人诉讼权利的侵犯，第（11）项是遗漏或超出诉讼请求，第（12）项意味着判决依据不复存在，第（13）项涉及审判人员廉洁问题，这些都是极其重要的、足以影响案件审理结果、影响审判结果公正的事由，因此需要予以再审。

四、对虚假诉讼的监督

虚假诉讼，俗称“打假官司”，是指当事人单方或者与他人恶意串通，采取伪造证据、虚假陈述等手段，以捏造的事实提起民事诉讼，使法院作出错误的判决、裁定、调解、支付令等法律文书，侵害国家利益、社会公共利益或者他人合法权益的行为。虚假诉讼既违背诚实信用原则，侵害社会公共利益或他人合法权益，又扰乱司法秩序，严重损害司法公信力。典型的如民间借贷领域的虚假诉讼，债权人单方隐瞒债务已全部清偿的事实，利用债务人举证不能，仍就已获清偿债权提起诉讼，骗取法院判决、裁定或者调解书。检察机关通过提出抗诉、再审检察建议、检察建议、移送虚假诉讼背后的犯罪线索等方式对虚假诉讼案件进行法律监督，维护国家、集体、第三人合法权益，维护司法公信力与司法权威。

民事检察部门开展虚假诉讼监督可视具体情形采取不同的监督方式。对因虚假诉讼而产生的错误判决、裁定、调解书，应当依法提出抗诉或者提出再审检察建议，同时建议法院按照《民事诉讼法》的规定对参与虚假诉讼的当事人实施惩戒。发现同级人民法院执行的公证债权文书和仲裁裁决书、仲裁调解书存在虚假诉讼的，根据《民事诉讼法》第 246 条和最高人民法院、最高人民检察院《关于民事执行活动法律监督若干问题的规定》第 11 条规定，向同级法院提出检察建议。发现同级法院的督促程序、特别程序、破产程序等存在虚假诉讼的，根据《民事诉讼法》第 219 条第 3 款规定，向同级法院提出检察建议。发现“套路贷”[1] 等犯罪线索的，依法移送公安机关，并及时启动“一案三查”，对案件是否涉及审判人员违法行为、执行程序是否合法一并进行审查，并根据审查的结果作出相应处理。

五、对调解案件的监督

对调解案件的监督，是指检察机关对损害国家利益、社会公共利益的民事调解书的监督。调解是我国民事诉讼的一项基本原则，也是法院审理民事案件的一种结案方式。调解以追求当事人双方利益平衡为目标，具有维护双方关系和长远利益、降低社会对抗面等诸多价值。由于调解遵循当事人意思自治原则，长期以来，对于检察机关能否就调解书开展监督争议较大。但司法实践中也不乏通过人民法院调解达成非法目的、实现非法利益的案例存在，因此，2012 年《民事诉讼法》将民事调解书纳入了检察监督范畴，规定调解书存在损害国家利益、社会公共利益情形的，检察机关可以依法予以监督纠正。

《民事诉讼法》第 219 条规定，最高人民检察院、上级人民检察院发现调解书损害国家利益、社会公共利益的，应当提出抗诉。地方各级人民检察院发现同级人民法院作出的调解书损害国家利益、社会公共利益的，可以向同级人民法院提出再审检察建议并报上级人民检察院备案，也可以提请上级人民检察院向同级人民法院提出抗诉。

因此，检察机关对民事调解书进行监督的前提是调解书损害了国家利益或社会公共利益，监督的方式是提出再审检察建议或抗诉。对于调解违反自愿原则或调解协议的内容违反法律的，检察机关应当根据《人民检察院民事诉讼监督规则》第 100 条第 2 项规定，按照审判程序中审判人员违法行为的监督规则，向人民法院提出检察建议。

---

[1] 最高人民法院、最高人民检察院、公安部、司法部《关于办理“套路贷”刑事案件若干问题的意见》第 1 条规定：“‘套路贷’，是对以非法占有为目的，假借民间借贷之名，诱使或迫使被害人签订‘借贷’或变相‘借贷’‘抵押’‘担保’等相关协议，通过虚增借贷金额、恶意制造违约、肆意认定违约、毁匿还款证据等方式形成虚假债权债务，并借助诉讼、仲裁、公证或者采用暴力、威胁以及其他手段非法占有被害人财物的相关违法犯罪活动的概括性称谓。”

第三节 审判人员违法行为监督

审判人员违法行为监督包括审判人员程序性违法监督和审判人员廉洁性违法监督两个方面，两者所依据的法律规定不同，处理方式和结果也不尽相同。审判人员违法行为危害较大，可能是违反程序正义要求、影响司法公正，也可能是违反法官职业操守、违反廉洁纪律甚至构成犯罪，但最终都会影响人民群众对公平正义的期盼，因而应当予以监督纠正。

一、审判人员违法行为监督的概念与主要内容

《民事诉讼法》第 219 条第 3 款规定："各级人民检察院对审判监督程序以外的其他审判程序中审判人员的违法行为，有权向同级人民法院提出检察建议。"这是《民事诉讼法》首次将审判人员违法行为检察监督正式确定为一项法律制度。审判人员违法行为监督包括两方面的内容：一是审判人员程序性违法监督；二是审判人员廉洁性违法监督。前者主要是指审判人员在审判过程中违反了《民事诉讼法》及其司法解释关于审判程序的有关规定，但不涉及审判人员廉洁或违法违纪等问题；后者主要是从审判人员违反法官职业操守、违反廉洁纪律甚至构成犯罪等角度来讲的。

2021 年修正的《人民检察院民事诉讼监督规则》将两者分开规定，前者规定在第 100 条，后者规定在第 101 条。对于审判人员廉洁性违法的具体情形，《人民检察院民事诉讼监督规则》不再一一列明，第 101 条属于"引致性规范"，指向《法官法》第 46 条，对审判人员违法行为的具体认定即参考该条进行。"审判人员程序性违法监督"和"审判人员廉洁性违法监督"分别放在第 100 条和第 101 条中予以规定，但这两条均位于第六章"对审判程序中审判人员违法行为的监督"之下，具体到监督实践中，有必要对两者加以区分。

二、审判程序、审判人员的范围

（一）审判程序的范围

根据《人民检察院民事诉讼监督规则》第 98 条规定，第一审普通程序、简易程序、第二审程序、特别程序、审判监督程序、督促程序、公示催告程序、海事诉讼特别程序、破产程序等都属于审判人员违法行为监督中"审判程序"的范围。需要注意的是，《民事诉讼法》第 219 条第 3 款规定的是"审判监督程序以外的其他审判程序"，《民事诉讼法》之所以如此规定，目的在于强调对审判监督程序以外的其他程序的监督，并不是将审判监督程序中的违法情形排除在检察监督范围之外。

（二）审判人员的范围

根据《人民检察院民事诉讼监督规则》第 99 条规定，《民事诉讼法》第 219 条第 3 款中的"审判人员"包括法官、人民陪审员、法官助理、书记员。

三、违法行为的具体种类

根据《人民检察院民事诉讼监督规则》第100条规定，人民法院民事审判程序中常见较为严重的违法情形包括：（1）判决、裁定确有错误，但不适用再审程序纠正的；（2）调解违反自愿原则或者调解协议的内容违反法律的；（3）符合法律规定的起诉和受理条件，应当立案而不立案的；（4）审理案件适用审判程序错误的；（5）保全和先予执行违反法律规定的；（6）支付令违反法律规定的；（7）诉讼中止或者诉讼终结违反法律规定的；（8）违反法定审理期限的；（9）对当事人采取罚款、拘留等妨害民事诉讼的强制措施违反法律规定的；（10）违反法律规定送达的；（11）其他违反法律规定的情形。

《人民检察院民事诉讼监督规则》第101条规定，对于民事审判程序中审判人员有《法官法》第46条规定的违法行为且可能影响案件公正审判、执行的，人民检察院应当向同级人民法院提出检察建议。《法官法》第46条规定的法官违法情形包括：（1）贪污受贿、徇私舞弊、枉法裁判的；（2）隐瞒、伪造、编造、故意损毁证据、案件材料的；（3）泄露国家秘密、审判工作秘密、商业秘密或者个人隐私的；（4）故意违反法律法规办理案件的；（5）因重大过失导致裁判结果错误并造成严重后果的；（6）拖延办案，贻误工作的；（7）利用职权为自己或者他人谋取私利的；（8）接受当事人及其代理人利益输送，或者违反有关规定会见当事人及其代理人的；（9）违反有关规定从事或者参与营利性活动，在企业或者其他营利性组织中兼任职务的；（10）有其他违纪违法行为的。

四、审判人员违法行为监督的重难点问题

（一）监督方式

对于审判人员违反审判程序的违法行为，人民检察院一般通过检察建议书进行监督。根据《人民检察院检察建议工作规定》，检察建议主要包括再审检察建议、纠正违法检察建议、公益诉讼检察建议、社会治理检察建议和其他检察建议。对于审判人员违反审判程序的违法行为，人民检察院发出的检察建议属于纠正违法检察建议。检察建议书要有事实和法律依据，建议应具体明确、说理充分，一般要写清楚案件或者问题的来源、依法认定的案件事实或者经调查核实的事实及其证据、存在的违法情形或者应当消除的隐患，以及建议的具体内容、所依据的法律、法规和有关文件的规定等。

需要注意的是，检察机关提出纠正违法检察建议应当把握好量和质的关系。近年来，最高人民检察院强调精准监督、类案监督，对于同一类违法情形，检察机关应发出类案监督检察建议，督促人民法院在后续工作过程中整改落实。类案监督的目的是保证对一类问题的审判思路的正确性和一致性，它不仅要保障个案公正，更重要的使命是从根本上解决民事审判一类问题，这种预防性的监督不仅将监督范围由个案扩展到类案，也通过对妨害公正、独立审判案件的一类问题的排除来维护和

保障审判权独立行使，这也体现了类案监督的价值定位。[1]

对于审判人员廉洁性违法行为，情况则要复杂一些。对于情节较轻的违法行为，检察机关可以直接向人民法院发出检察建议，指出相关违法行为，由人民法院按照最高人民法院关于司法人员廉洁性要求的相关规定进行处理。对于可能涉嫌犯罪的，检察机关应当将相关案件线索移送职能部门进行处理。其中，对于涉嫌司法工作人员职务犯罪情形，应移送检察机关的职务犯罪侦查部门进行侦查；涉嫌其他犯罪的，应当移送同级监察委员会进行处理。

（二）审判程序违法与相关再审事由的区分

简单地说，审判程序违法事项只是单纯的程序性违法，尚不足以构成再审理由，而再审事由则往往是与证据、事实认定、当事人重要诉讼权利等密切相关，足以对案件审判结果造成颠覆性影响的事项。比如，对于违反法定审理期限、违反法律规定送达等这类程序性违法，如果本身并不影响案件审判结果，就只能通过审判人员违法行为监督方式进行救济，再审不具有现实意义。对于与证据有关的、适用法律确有错误的、违反审判组织组成和回避制度的、剥夺当事人辩论权利等情形，则需要通过再审予以纠正，因为此类违法情形较为严重，极有可能对案件裁判结果产生影响。

（三）对深层次审判人员违法行为的高效监督

深层次审判人员违法行为具有隐蔽性强、发现难、查证难、监督难等特点，检察机关要改变主要依靠审查的传统办案方式，探索构建审查、调查、侦查“三查”融合的工作机制，切实提升审判人员违法行为监督成效。所谓“三查”融合，是指检察机关在依法履行法律监督职能过程中，充分运用审查、调查、侦查三种调查核实方式，促进三者之间有机贯通、高效协同、形成合力，构建起以审查为基础、调查为关键、侦查为核心的调查核实工作新格局，实现检察机关法律监督政治效果、法律效果和社会效果的有机统一。[2] 检察机关要建立长效机制，明确“三查”要点、构建融合机制，促进“三查”融合常态化规范化。

第四节　民事执行监督

民事执行监督包括对执行审查活动的监督、对执行实施活动的监督和对消极执行、拖延执行等违法情形的监督等。民事执行监督起步较晚，但发展较快，近年来，检察机关紧盯“执行难”“执行乱”等社会痛点问题，积极开展民事执行监督，实

---

〔1〕参见滕艳军、刘丽娜：《民法典实施与民事检察类案监督实证研究》，中国检察出版社 2023 年版，第101 页。

〔2〕参见贾宇：《以审查、调查、侦查“三查融合”，全面提升新时代检察机关法律监督质效》，载《法治时代》2022 年第 1 期。

实在在地办理了一大批具有深远社会影响的执行监督案件。不过，相较于人民法院的执行案件量，检察机关办理的民事执行监督案件总量、类型都还较为有限。未来，检察机关应重点围绕消极执行、选择性执行、违法拍卖、超标的执行、错误分配财产、滥用终结本次执行程序结案等问题加强监督，推动破解执行难，实现执行工作规范化发展。

一、民事执行监督的发展历程

民事执行监督是指人民检察院对人民法院执行生效民事判决、裁定、调解书、支付令、仲裁裁决以及公证债权文书等法律文书的活动实行法律监督。检察机关是否有权对民事执行活动实行法律监督，是 1991 年《民事诉讼法》施行以来理论界、实务界长期争论的焦点。2012 年修改后的《民事诉讼法》第 235 条正式规定检察机关有权对民事执行活动实行法律监督，民事执行检察监督制度正式确立，但其仅作了原则性规定，2016 年最高人民法院、最高人民检察院联合发布《关于民事执行活动法律监督若干问题的规定》，2021 年最高人民检察院修改了《人民检察院民事诉讼监督规则》，民事执行检察监督制度进一步细化完善。

二、民事执行监督的对象范围与启动方式

民事执行监督的对象是人民法院执行生效判决、裁定、调解书、支付令、仲裁裁决以及公证债权文书等法律文书的活动。执行权是法院依法采取各类执行措施以及对执行异议、复议、申诉等事项进行审查的权力，包括执行实施权和执行审查权。其中，执行实施权包括财产调查、控制、处分和分配以及罚款、拘留措施等；执行审查权则涵盖审查和处理执行异议、复议、申诉及决定执行管辖权的移转等。人民法院在行使上述执行实施权和执行审查权过程中存在的违法或者错误情形的，都属于民事执行监督的对象范围。

《人民检察院民事诉讼监督规则》第 106 条规定："人民检察院发现人民法院在执行活动中有下列情形之一的，应当向同级人民法院提出检察建议：（一）决定是否受理、执行管辖权的移转以及审查和处理执行异议、复议、申诉等执行审查活动存在违法、错误情形的；（二）实施财产调查、控制、处分、交付和分配以及罚款、拘留、信用惩戒措施等执行实施活动存在违法、错误情形的；（三）存在消极执行、拖延执行等情形的；（四）其他执行违法、错误情形。"上述第（一）项是针对执行审查活动存在违法、错误情形的监督；第（二）项是针对执行实施活动存在违法、错误情形的监督；第（三）项是针对消极执行、拖延执行等怠于履行执行职责的监督；第（四）项"其他执行违法、错误情形"是兜底条款。

其中，对执行审查活动和执行实施活动的监督包括"违法、错误情形"两个方面。所谓违法，是指执行审查活动或执行实施活动违反了相关法律或者司法解释的规定。由于民事诉讼法对执行活动的规定较为原则，最高人民法院制定了一系列配套司法解释及其他规范性文件。当法院执行活动违反其他规范性文件时，则属于"错误情形"。

民事执行监督既可以由当事人申请执行监督启动，也可以由检察机关依职权启动。当事人认为人民法院执行活动违反法律规定的，可以向检察机关申请执行监督。检察机关在履职过程中发现人民法院执行中存在违反法律规定情形的，也可以直接依职权启动监督，要求法院对违法执行行为予以纠正。

三、民事执行监督的重难点问题

从实践的情况看，执行违法的重点是执行依据不合法、执行裁决或执行措施违法、执行延误或怠慢行为和违法处理财产等。这些重点执行违法行为自然也是执行监督的重点，由于我国的《强制执行法》尚未正式出台，而执行领域的司法解释、各类规范性文件极其繁杂，且具体执行实践也是复杂多样，因此，执行监督难度可想而知。与表面的、直观的违法行为相比，那些隐藏较深的违法行为监督难度则更大，比如评估拍卖、执行分配等问题。

需要注意的是，检察机关开展民事执行监督，针对的是人民法院的执行活动，而不是直接针对执行案件当事人或其他与案件有关联的人员。如果被执行人或其他有关单位和个人妨害执行活动的，检察机关不宜针对上述主体直接进行监督，发现人民法院怠于对相关违法行为进行依法处理，检察机关可以向人民法院提出检察建议，督促其依照相关法律法规进行处理。

四、民事执行监督的新进展

近年来，民事执行监督不断向纵深方向发展，如司法网拍、涉案车辆执行、非诉执行监督等。以网络司法拍卖为例，常见的执行违法行为有：（1）公布信息不完整，如未公布拍卖标的的权属证书、拍卖依据、评估报告、税费计算方式等；（2）公告内容不符合法律规定，如公告的税费负担方式错误等；（3）价格不符合法律规定，如第一次起拍价低于评估价的70%，第二次起拍价降价幅度超过前次起拍价的20%，保证金超出起拍价的20%，加价幅度过高等；（4）网拍间隔时间不符合法律规定，如第一次流拍后未在30日内组织第二次拍卖等。网络司法拍卖是“互联网+司法”成功应用的优秀实例，但也逐渐滋生了许多违法行为，检察机关紧跟形势发展加强对这些新领域的执行违法行为的监督，有利于推动民事执行工作切实朝着合法化、规范化的道路发展。

第五节 民事检察支持起诉

党的二十大报告在总结新时代十年的伟大变革时指出：“我们深入贯彻以人民为中心的发展思想，在幼有所育、学有所教、劳有所得、病有所医、老有所养、住有所居、弱有所扶上持续用力……建成世界上规模最大的教育体系……社会保障体系、医疗卫生体系，人民群众获得感、幸福感、安全感更加充实、更有保障、更可持续，共同富裕取得新成效。”新时代新征程检察机关如何更好坚持以人民为中心的发展思想，为提升人民群众获得感、幸福感、安全感提供更加优质的司法产品，更好地保障弱势群体的合法权益，民事检察支持起诉工作的持续深化便是应有的题中之义。

一、民事检察支持起诉的概念定位和制度背景

（一）民事检察支持起诉的概念定位

民事检察支持起诉是指当民事权益遭受损害的单位或个人由于某些特殊原因而无法独立维护自身的合法权益时，由有关机关、社会团体、企事业单位等非自然人主体支持其提起诉讼，从而运用社会力量帮助弱势个人或单位实现其诉讼权利的机制。[1] 支持起诉属于我国民事诉讼法特有的制度，其法律依据是《民事诉讼法》第15条规定："机关、社会团体、企业事业单位对损害国家、集体或者个人民事权益的行为，可以支持受损害的单位或者个人向人民法院起诉。"其中，检察机关的支持起诉工作扮演着重要角色。

《中共中央关于加强新时代检察机关法律监督工作的意见》要求"以全面实施民法典为契机，进一步加强民事检察工作，畅通司法救济渠道，加强对损害社会公共利益、程序违法、裁判显失公平等突出问题的监督，依法保护公民、法人和其他组织的合法权益"。民事检察支持起诉是指人民检察院对损害国家利益、社会公共利益或者个人民事权益的行为，支持受损害的单位或者个人向人民法院起诉并参与诉讼的活动。支持起诉是民事检察工作的重要内容，是民事检察监督职能的拓展和延伸，对于依法保障国家、集体和公民个人民事权益，维护社会公平正义，切实保障当事人诉权实质平等具有重要意义。

民事检察支持起诉工作应准确把握检察机关作为法律监督机关的职能定位，畅通司法救济渠道，帮助和支持不敢、不能起诉的特殊群体提起诉讼，保障当事人诉权实质平等；主动加强与有关部门沟通协作，促请有关部门充分履职，凝聚司法机关、行政机关、社会组织、基层群众性自治组织等各方力量，以"我管"促"都管"，形成维护特殊群体合法权益的合力。

（二）民事检察支持起诉的制度背景

通说认为，支持起诉源于苏联的社会干预原则，该原则体现在1961年《苏联和各加盟共和国民事诉讼法纲要》[2] 中。我国的支持起诉制度受到苏联社会干预原则的影响，但结合我国国情进行了本土化修正，目的就是防止代为进行诉讼的行为，

---

〔1〕参见冯小光等：《民法典实施背景下民事诉讼精准监督研究》，中国检察出版社2022年版，第34页。

〔2〕《苏联和各加盟共和国民事诉讼法纲要》第6条第3项规定，法院应当根据社会干预人的起诉开始民事诉讼程序；第30条规定，在法律规定的情况下，国家管理机关、工会、国家事业单位、企业、集体农庄以及其他合作社组织与社会团体或个别公民，为了保护他人的权利和法律所保障的利益，可以提起诉讼。参见陈刚：《支持起诉原则的法理及实践意义再认识》，载《法学研究》2015年第5期。

导致对当事人处分权、法院审判权的过度干预。[1] 1982年《民事诉讼法（试行）》规定了支持起诉原则，全国检察机关以此为基础展开了一系列探索。例如，2006年最高人民检察院出台《检察机关为社会主义新农村建设服务的意见》，提出积极探索对侵害农民工等弱势群体利益的案件支持起诉的做法。此后，不少地方检察机关出台办理支持起诉案件的指导意见，重点办理拖欠薪酬，人身损害赔偿金，追索赡养费、养老金等类型案件，开展维护弱势群体合法权益支持起诉专项活动和孤儿救助等工作。[2]

2017年修改的《民事诉讼法》在第15条规定支持起诉原则的基础上，在第55条第2款规定："人民检察院在履行职责中发现破坏生态环境和资源保护、食品药品安全领域侵害众多消费者合法权益等损害社会公共利益的行为，在没有前款规定的机关和组织或者前款规定的机关和组织不提起诉讼的情况下，可以向人民法院提起诉讼。前款规定的机关或者组织提起诉讼的，人民检察院可以支持起诉。"自此，支持起诉在民事诉讼法中形成了从总则原则到分则规定的逻辑体系构架。[3] 2021年4月，最高人民检察院发布的《"十四五"时期检察工作发展规划》提出"完善支持起诉制度，规范支持起诉的范围、条件和程序"[4]，民事检察支持起诉工作被写入最高人民检察院的发展规划并得到大力推进。2022年，全国检察机关对权益受损但不敢或不懂起诉的老年人、残疾人、农民工和受家暴妇女等，支持提起民事诉讼16.7万件，是前五年的11.5倍；起诉拒不支付劳动报酬犯罪9431人，比前五年上升18.5%。[5]

二、民事检察支持起诉的适用价值

（一）平衡权力监督与权利救济

新时代民事检察工作发展应坚持的基本价值导向是坚持权力监督与权利救济相结合。民事检察性质上是公权力监督，同时也是当事人权利救济的重要渠道。支持起诉作为检察机关践行司法为民理念的重要载体，体现了社会现实的要求，具有合理性与必要性。民事检察支持起诉的目的是维护民事权益受损的国家、集体及个人的利益，通过支持起诉帮助当事人排除行使诉讼权利的各种障碍性因素，将可以通过诉讼解决的民事纠纷，最大限度地纳入诉讼范畴，以此发挥民事诉讼解决矛盾纷

---

〔1〕 参见陈刚：《支持起诉原则的法理及实践意义再认识》，载《法学研究》2015年第5期。

〔2〕 参见兰楠：《民事支持起诉制度的发展与完善》，载《人民检察》2022年第12期。

〔3〕 参见冯小光、姜耀飞、朱光美：《检察机关支持起诉的学理基础及制度建构》，载《人民检察》2022年第15期。

〔4〕 参见徐日丹、戴佳：《培育权力监督与权利救济相结合的民事检察思维》，载《检察日报》2021年4月17日。

〔5〕 参见《最高人民检察院工作报告——2023年3月7日在第十四届全国人民代表大会第一次会议上》，载最高人民检察院网，https://www.spp.gov.cn/spp/gzbg/202303/t20230317_608767.shtml，2023年7月30日访问。

争、保护民事主体合法权益的功能。

（二）彰显司法温度

民事检察工作的最终目的是让人民群众在与自己密切相关的民商事案件上切实感受到公平正义。民事检察支持起诉主要针对农民工、残疾人、老年人、未成年人等诉讼能力偏弱的特殊群体，从而实现双方当事人诉权实质平等，维护弱势群体合法权益，在维护社会公平正义中充分彰显司法温度和人文关怀。民事检察支持起诉工作是检察履职暖民心、惠民生的载体，在增进民生福祉、贯彻实施民法典和做强民事检察工作的多重语境下具有极其重要的现实意义。

（三）促进矛盾纠纷源头化解

社会各类平等主体之间的民事矛盾纠纷，均能够通过外部权力干预与内在规则修补的两种不同方式加以化解。诉讼本身就是社会主体间一种利益对抗状态的消解方式，因此推动民事主体之间通过平等协商，主动化解矛盾纠纷，并不代表拒斥诉讼。检察机关通过支持起诉，引导当事人按照法定程序维护自身权益，并以检察公信力保障判决结果被当事人所接受，最大程度地排除了影响诉讼效率、造成判决次生矛盾的各方面因素，对于促进民事司法效率、妥善解决社会纠纷具有重要作用。

三、民事检察支持起诉制度的适用

（一）工作原则

一是尊重当事人处分权原则，即在诉讼主体权益确有损害事实且有起诉意愿的情形下，检察机关才能支持起诉，诉讼主体不同意起诉的，检察机关不能独立启动诉讼程序；二是客观公正原则，检察机关办理支持起诉案件，应当秉持客观公正立场，依法保障诉讼主体诉讼权利平等，避免造成诉权失衡；三是尊重审判权独立行使原则，即检察机关在履行支持起诉职能的过程中，不能干扰法院审判权的独立行使；四是穷尽救济原则，即应先建议有关组织支持起诉，其他组织拒绝或者无力支持起诉时才由检察机关介入；五是支持和解原则，即检察机关应将实质化解矛盾纠纷放在首位，将社会调解与检察办案相结合。

（二）对象和案件范围

民事检察支持起诉以保障特殊群体诉权实质平等为目标，对象为未成年人、老年人、残疾人、妇女、农民工等诉讼能力偏弱的民事主体，以及依照法律、行政法规规定可以支持起诉的其他民事主体。

民事检察支持起诉的案件范围为损害民事主体民事权益引发的纠纷，不包括刑事附带民事诉讼。重点办理的案件类型包括撤销、变更监护权；追索抚养费、赡养费、抚育费；请求残疾赔偿金；追索劳动报酬、社会保险金等。

（三）程序和方式

一是程序启动。支持起诉案件的来源包括：当事人的申请，检察机关在履职中发现，有关机关、组织移送。为保障被支持起诉人的处分权，避免当事人不愿起诉而检察机关强制起诉的情形，支持起诉的程序启动应以当事人申请为前提条件。检察机关在办案中发现的线索和有关机关、组织移送的案件线索也要由检察机关联系当事人，在当事人提出申请后，检察机关才能启动支持起诉程序。二是案件审查。对符合支持起诉范围的案件，检察机关在审查时应当引入障碍性要素与穷尽性要素相结合的判断方式，审查申请人是否具备足够的诉讼能力及经济能力，如果申请人能够通过其他渠道获得诉讼支持，且该支持能够为其提起诉讼活动提供强有力的支撑，检察机关则无须支持起诉。三是调查核实。为避免破坏民事诉讼两造平衡，检察机关原则上不得依职权代被支持起诉人调查取证。但在当事人因客观原因确实无法自行收集证据，且该证据对案件处理有重大影响的情况下，检察机关可以依法采取查询、调取、复制相关证据材料等调查核实手段。对于调查核实取得的证据材料，检察机关应及时提交法院，并作出相关说明。四是作出是否支持起诉的决定。检察机关经审查，对不符合支持起诉条件的，应当作出不予支持起诉的决定，制作不支持起诉决定书，说明不予支持起诉的理由，并在合理期限内将决定书送达申请人。检察机关经审查，如果决定支持起诉，应制作支持起诉意见书，并送达法院，但一般不派员出庭宣读意见书。

■问题与思考

1. 民事检察监督的范围有哪些？民事检察的基本原则是什么？
2. 再审检察建议的价值表现在哪些方面？
3. 为什么说虚假诉讼损害了国家利益和社会公共利益？
4. 审判人员程序性违法监督与审判人员廉洁性违法监督的区别是什么？
5. 民事执行监督对于解决执行难、执行乱有何积极作用？
6. 试论可以从哪些方面强化检察机关支持起诉职能。

■参考阅读

1. 最高人民检察院编：《最高人民检察院工作报告汇编（1979—2018）》，中国检察出版社 2018 年版。

2. 《最高人民检察院关于人民检察院加强对民事诉讼和执行活动法律监督工作情况的报告》。

3. 最高人民检察院法律政策研究室：《我国民事检察的功能定位和权力边界》，载《中国法学》2013 年第 4 期。

4. 冯小光：《以精准监督理念为指引　做强民事检察工作》，载《人民检察》2019 年第 15 期。

5. 冯小光、滕艳军：《民法典实施背景下民事检察实现高质量发展的路径》，载《中国检察官》2021 年第 1 期。

6. 冯小光：《民事检察制度发展的历史逻辑、理论逻辑和实践逻辑》，载《人民检察》

2021 年第 Z1 期。

7. 苗生明：《新时代检察权的定位、特征与发展趋向》，载《中国法学》2019 年第 6 期。

8. 王鸿翼：《民事行政检察工作的发展历程与展望》，载《人民检察》2011 年第 12 期。

9. 姜小川：《司法权基本属性之探析》，载《法学杂志》2007 年第 5 期。

10. 汤维建：《民事检察监督的新发展与新挑战》，载《人民检察》2021 年第 23 期。

11. 刘瑞华：《司法权的基本特征》，载《现代法学》2003 年第 3 期。

12. 滕艳军：《民事诉讼精准监督的实现与保障》，载《人民检察》2019 年第 13 期。

13. 滕艳军：《新时代民事检察实现创新发展的路径——三十多年来民事检察工作回顾与展望》，载《人民检察》2020 年第 2 期。

14. 滕艳军：《民事执行检察监督之检视与改进》，载《人民检察》2023 年第 5 期。

15. 王立德、张兆玉：《民事支持起诉和解机制探析》，载《中国检察官》2022 年第 23 期。

■拓展阅读

第十章　行政检察

■ 本章导读

行政检察主要通过依法强化对行政诉讼的监督，监督行政审判和执行，依法有序开展行政违法行为监督，维护国家利益、社会公共利益及当事人合法权益，推动行政争议实质性化解，促进公正司法和依法行政，维护社会和谐稳定。行政检察包括行政诉讼监督、行政违法行为监督、行政争议实质性化解、参与社会治理等。其中，行政诉讼监督包括行政生效裁判监督、行政审判人员违法行为监督、行政裁判执行监督、行政非诉执行监督等。

第一节　行政检察概述

行政检察是指人民检察院依法履行对行政诉讼活动的法律监督职能，促进审判机关依法审判，推进行政机关依法履职，维护行政相对人合法权益；在履行法律监督职责中发现行政机关违法行使职权或者不行使职权的，依法督促其纠正，保障国家法律统一正确实施；在履行法律监督职责中开展行政争议实质性化解，促进案结事了；切实履职，积极参与社会治理，主动融入共建共治共享的社会治理格局，促进社会治理规范化、法治化、现代化；构建全面协调充分发展的行政检察监督格局，完善行政检察监督体系，贯通协调行政检察监督与其他各类监督，推动构建严密的法治监督体系。

一、新时代行政检察任务

（一）监督人民法院依法公正审判和执行

2024 年 11 月，应勇检察长在十四届全国人大常委会第十二次会议上《关于人民检察院行政检察工作情况的报告》指出："行政检察工作总体上力度不够，存在不敢监督、不善监督、监督不力等问题。"首先要加强对行政生效裁判以及行政审判和执行活动的监督，这是行政检察工作的重中之重。为切实维护当事人的合法权益，维护司法权威和司法公正，促进依法行政，法律赋予人民检察院行政诉讼监督权，通过监督人民法院行政审判和执行，通过抗诉、再审检察建议、检察建议等方式，监督人民法院纠正错误的生效裁判、违法执行及审判活动违法等，促进人民法院依法公正审判和执行，维护宪法和法律的权威，维护社会公平正义。

（二）促进行政机关依法行政、严格执法

人民检察院开展行政诉讼监督，监督人民法院依法审判，包括通过法院判决确认行政行为违法、撤销违法行政行为、判令行政机关依法履行法定职责。人民检察院在行政诉讼监督中依法有序开展行政违法行为监督，依法规范推动行刑反向衔接，促进行政机关规范执法、严格执法。

（三）推动行政争议实质性化解，促进案结事了人和

坚持诉讼监督与行政争议化解相结合，加强与法院、行政机关的沟通协调，解决当事人合理诉求。充分发挥行政检察职能优势，通过组织调解、引导当事人和解、配合法院调解等方式，促进案结事了人和。结合监督办案，做好释法说理、服判息诉工作，促进社会和谐稳定。

（四）维护公民、法人和非法人组织的合法权益

依法监督纠正人民法院错误判决、裁定、决定，维护行政相对人的正当利益诉求；强化履职担当，提高监督线索的发现能力，督促行政机关依法纠正违法行为，有效保护当事人的合法权益。对于法院剥夺和限制当事人行使诉权的，人民检察院应当实施监督，保障当事人依法行使诉权。

（五）维护国家利益和社会公共利益

针对法院裁判撤销合法行政行为，造成国家利益、社会公共利益损害的，人民检察院应当监督法院通过再审纠正。针对法院裁判维持违法或者不当行政行为，造成国家利益、社会公共利益损害的，人民检察院应当监督法院判决撤销或者变更行政行为，并督促行政机关落实整改。涉及行政不作为造成国家利益、社会公共利益损害的，应当督促行政机关履行法定职责。

二、新时代行政检察理念与原则

（一）行政检察理念

1. 为大局服务、为人民司法、为法治担当。人民检察院应当围绕党和国家中心大局，紧扣党委、政府中心工作，深度融入社会治理体系，以行政检察工作高质量发展服务保障经济社会高质量发展，推进国家治理体系和治理能力现代化。加强行政诉讼监督，促进公正司法和依法行政，助推法治国家、法治政府、法治社会一体化建设。切实保障当事人的实体权利和程序权利，让人民群众在每一个司法案件中都感受到公平正义。积极开展行政争议实质性化解，解决人民群众的烦心事、揪心事、操心事，促进社会和谐稳定。

2. 在办案中监督、在监督中办案。人民检察院办理案件实质上是行使法律监督职能，即办案体现为监督。人民检察院办理各类行政检察案件无不体现法律监督的特性，通过抗诉、再审检察建议、检察建议等形式体现法律监督职能。人民检察院

法律监督需通过办案来实现，办案是实实在在的监督。行政检察监督通常以案件化的形式表现，根据行政诉讼法的有关规定，人民检察院对人民法院生效判决、裁定、决定及审判程序违法的监督都体现为具体案件的办理。

3. 精准监督。坚持高质效办好每一个案件，充分行使调查核实权，强化法律文书说理、公开听证、智慧借助，充分运用大数据推进行政检察监督模式重塑变革，实现智慧监督、整体智治。加强和改进行政诉讼监督，督促检察建议的落实，对行政机关拒不采纳检察建议或整改落实不到位的，依法跟进监督；建立健全质量和效果评估机制、向党委人大报告检察建议落实情况制度等，把检察建议做成刚性、做到刚性。加强与法院、行政机关沟通协调，合力化解行政争议，实现司法办案“三个效果”有机统一。

4. 双赢多赢共赢。法律监督与公正司法、依法行政的目标高度一致，人民检察院通过对审判和执行监督，支持人民法院依法独立行使审判权，维护司法权威和司法公正；通过对行政行为监督，维护当事人的合法权益，促进行政争议实质性化解，促进严格执法和依法行政，完善社会治理。

（二）行政检察原则

人民检察院应当以“公权力监督”为本位，根据宪法、法律定位和检察权的科学配置，遵循司法规律和行政诉讼监督的特点，工作中应当坚持以下原则：

1. 职权法定原则。法律赋予人民检察院行政诉讼监督权，包括对行政审判、执行及审判人员违法行为等实施监督。对于行政诉讼之外对行政机关违法行使职权或者不作为的监督，原则上需要获得法律授权，这是职权法定原则的现实要求。行政检察改革创新、行政检察监督范围和方式的拓展都应当依据法律、司法解释等规定，符合有关立法原则和精神，不得超越法律监督边界。法定之外对行政行为的监督，应当获得全国人民代表大会常务委员会授权，或者经最高人民检察院同意开展试点工作，逐步总结提炼，为完善立法积累经验。

2. 事后监督原则。行政检察主要针对行政诉讼实施法律监督，包括对行政审判和执行实施法律监督。对法院生效判决、裁定的监督应当遵循“审判救济先行”原则，即当事人应当先向法院提起再审申请，在法院驳回再审申请、逾期未对再审申请作出裁定、再审裁判确有错误等情形下，才能申请检察监督，否则人民检察院不予受理。因此，行政检察应当坚持事后监督原则。原则上，行政机关行政行为存在违法情形，人民检察院才介入监督，不干预正常行政执法活动。

3. 比例原则。比例原则又称必要性原则，要求行政检察保持审慎和谦抑，采取的监督手段与监督目的要合乎比例。如对行政审判中一般违法或标的较小、影响不大的案件，尽可能以检察建议方式监督纠正。至于审判程序瑕疵，如法院超办案期限及法律文书不规范，并未影响实体处理的，一般不需要提出检察建议。《人民检察院检察建议工作规定》第4条将“必要审慎”作为检察建议工作的原则，即严格检察建议质量，防止随意性，只有在履行法律监督职责中发现的、与检察业务紧密关联、确有监督必要的事项才能制发检察建议。

4. 依法全面审查原则。人民检察院应当坚持依法全面审查的原则[1]，对行政诉讼监督案件事实认定和法律适用进行全面审查，不限于当事人申请监督范围，不同于人民法院行政审判的“不告不理”原则。为有效化解行政争议，人民检察院不仅要审查行政行为的合法性，还要关注行政行为是否合理和适当，以及法院裁判中存在的瑕疵，以便有针对性协调法院、行政机关化解行政争议，解决当事人的合理诉求。当事人诉求合理，但无法通过诉讼途径解决的，应当协调行政机关帮助解决，以及通过司法救助等方式，开展行政争议实质性化解。当事人诉求不合理的，要认真释法说理并给予心理疏导，做好服判息诉工作。

三、新时代行政检察工作格局

全面深化行政检察监督是以习近平同志为核心的党中央站在全面依法治国、建设社会主义法治国家的全局高度作出的重大决策部署，也是完善中国特色社会主义检察制度的必然要求。行政检察监督是人民检察院重要的法律监督职能，是国家监督体系的重要组成部分。人民检察院要充分发挥行政检察维护司法公正、促进依法行政的职能作用，推进国家治理体系和治理能力现代化，更好为大局服务、为人民司法，以行政检察工作高质量发展服务保障经济社会高质量发展。坚持以数字化改革为牵引，积极推进一体化工作机制，促进行政检察与其他检察业务融合发展，建立健全行政检察与行政执法衔接机制，推进府检联动，以制度机制建设保障行政检察行稳致远。坚持诉讼内监督和诉讼外监督“双轮”驱动，着力构建以行政诉讼监督为基石，以行政争议实质性化解为牵引，以行政非诉执行监督为延伸，以行政违法行为监督为增长点的行政检察监督新格局。

（一）以行政诉讼监督为基石

《行政诉讼法》第11条规定：“人民检察院有权对行政诉讼实行法律监督。”具体监督方式包括对人民法院生效判决、裁定和调解书依法提出抗诉或者检察建议；对审判活动（审判人员）违法行为提出检察建议；对行政执行活动实行法律监督等。行政诉讼监督涵盖对人民法院行政审判和执行的监督，是行政检察的基础和基本定位。

（二）以行政争议实质性化解为牵引

人民检察院开展行政争议实质性化解属于行政检察职能的重要组成部分，是参与社会治理的重要方式。检察机关在办理行政检察案件过程中，在法律范围内寻求行政相对人的正当利益诉求与行政机关权能依法运行的“最大公约数”，促进依法

---

[1]《人民检察院行政诉讼监督规则》第43条规定：“人民检察院审查行政诉讼监督案件，应当围绕申请人的申请监督请求、争议焦点、本规则第三十六条规定的情形以及发现的其他违法情形，对行政诉讼活动进行全面审查。其他当事人在人民检察院作出决定前也申请监督的，应当将其列为申请人，对其申请监督请求一并审查。”

行政和公正司法，维护社会和谐稳定。充分发挥行政检察职能优势，创新发展新时代“枫桥经验”，通过主持调解、引导当事人和解、配合法院调解等方式，解决当事人合理诉求，促进案结事了人和。

（三）以行政非诉执行监督为延伸

行政非诉执行监督是对行政诉讼裁判执行监督的延伸。人民检察院对人民法院行政非诉执行的受理、审查和实施等环节开展监督，有利于促进人民法院依法审查行政决定、正确作出裁定并实施执行。对于行政行为违法的，人民法院仍裁定准予执行的，应当向人民法院和行政机关提出检察建议，督促其纠正；对于行政行为合法的，应当引导行政相对人履行法定义务，支持行政机关依法行政。

（四）以行政违法行为监督为增长点

行政违法行为监督是指检察机关在履行法律监督中发现行政机关违法行使职权或者不行使职权的，依法督促其纠正。《中共中央关于加强新时代检察机关法律监督工作的意见》规定，检察机关在履行法律监督职责中发现行政机关违法行使职权或者不行使职权的，可以依照法律规定制发检察建议等督促其纠正。2024 年 6 月，最高人民检察院印发《关于人民检察院在履行行政诉讼监督职责中开展行政违法行为监督工作的意见》，对检察机关开展行政违法行为监督的工作原则、范围、标准和重点，案件管辖、线索管理、程序及工作配套机制进行了规定。特别强调检察机关在履行行政诉讼监督职责中或者在行政执法和刑事司法反向衔接工作中，检察机关在处理刑事案件过程中，对于决定不起诉的案件，如果认为被不起诉人的行为仍应受到行政处罚，应将案件移送至相关行政机关，由行政机关依法进行行政处罚；发现行政机关违法行使职权或者不行使职权，符合一定条件的，可以启动行政违法行为监督程序。行政违法行为监督是行政检察新的业务增长点。检察机关应当根据检察权的宪法定位，遵循理性谦抑的原则，通过依法制发检察建议等方式督促行政机关纠正，促进依法行政和法治政府建设。

四、行政检察的业务范围

（一）行政生效裁判监督

坚持依法全面审查，落实审查人民法院裁判有无错误、行政机关行政行为有无违法、行政争议化解有无可能的“一案三查”要求。对人民法院错误生效裁判，依法提出抗诉。对一般违法或者瑕疵的生效裁判，可以运用检察建议等方式督促其纠正。发挥再审检察建议的同级监督作用，节约司法资源，方便群众申诉，就地化解行政争议。对人民法院正确生效裁判，积极做好释法说理、服判息诉工作，促进社会和谐稳定。

（二）审判人员违法行为监督

坚持实体监督与程序监督并重，对审判活动中违反回避、送达制度，合议庭组成人员不合法，剥夺当事人诉权等程序违法，应当及时提出检察建议，督促人民法院纠正。坚持对人监督与对事监督相结合，注重发现司法不公背后的审判人员违法行为，对审判人员存在贪污受贿、徇私舞弊、枉法裁判的，依法向有关部门移送线索，配合做好查处工作。

（三）行政诉讼执行监督

行政诉讼执行监督指人民检察院对人民法院执行裁定、决定违法及执行实施行为违法的监督。包括对应执行而不执行、应采取执行措施而不采取、执行措施不充分、超标的执行、执行案外人财产等行为的监督；对执行程序及对执行款物管理发放、终结本次执行等行为实施监督，依法监督纠正违法执行，促进人民法院规范执行活动，依法支持人民法院对生效判决、裁定的执行。

（四）行政非诉执行监督

行政非诉执行监督是指人民检察院依法对人民法院、行政机关的行政非诉执行活动实施监督。人民检察院发现人民法院立案、审查、裁定及行政机关执行行为违法的，依法提出检察建议，督促其纠正，切实有效解决执行难、执行乱的问题。坚持个案监督与专项监督相结合，根据一个地区、一个领域行政非诉执行违法的突出问题，适时开展专项监督活动。

（五）行政争议实质性化解

立足解决人民群众多元利益诉求，充分运用行政检察职能在纠纷解决中的优势，大力推动行政争议实质性化解，最大限度实现案结事了、人和政和。遵循自愿、合法原则，尊重生效裁判既判力和当事人处分权，坚持合法性监督与合理性调处相结合，简便快捷高效化解行政争议，减少和避免当事人诉累，着力解决当事人的急难愁盼。

五、行政检察监督方式

（一）抗诉

抗诉是行政诉讼监督中的刚性监督方式，抗诉遵循“上抗下”的程序，即最高人民检察院对各级人民法院、上级人民检察院对下级人民法院确有错误的生效行政裁判及损害国家利益、社会公共利益的调解书依法提出抗诉，接受抗诉的人民法院应当依法启动再审程序。地方各级人民检察院发现同级人民法院已经发生法律效力的行政判决、裁定确有错误，或者已经发生法律效力的调解书损害国家利益、社会公共利益的，可以提请上一级人民检察院抗诉。人民检察院提出抗诉的案件，接受抗诉的人民法院将案件交下一级人民法院再审，下一级人民法院再审后作出的判决、裁定仍符合抗诉条件且存在明显错误的，原提出抗诉的人民检察院可以再次提出抗诉。

（二）再审检察建议

再审检察建议是人民检察院对生效行政判决、裁定、调解书实施法律监督的重要方式。人民检察院根据《民事诉讼法》《行政诉讼法》等相关规定，对同级法院生效判决、裁定具有法律规定应当再审的情形，或者发现调解书损害国家利益、社会公共利益的，向同级法院提出启动再审的建议。再审检察建议适用于能够通过再审程序纠正的生效判决、裁定和调解书的监督。《人民检察院行政诉讼监督规则》根据《行政诉讼法》第93条规定，参照《人民检察院民事诉讼监督规则》，对《行政诉讼法》第91条列举的八类再审情形中适合通过再审检察建议监督的情形作出规定。最高人民法院、最高人民检察院《关于规范办理行政再审检察建议案件若干问题的意见》第2条规定："人民检察院发现同级人民法院生效行政判决、裁定有《中华人民共和国行政诉讼法》第九十一条规定情形之一的，或者调解书有损害国家利益、社会公共利益情形的，可以向同级人民法院提出再审检察建议；地方各级人民检察院提出再审检察建议的，应当报上一级人民检察院备案。"再审检察建议主要解决同级监督问题，克服"上抗下"的局限性，有利于减少办案环节，节省诉讼资源，及时将行政争议化解在基层。对于判决、裁定、决定、调解书存在明显错误，法院不采纳再审检察建议的，人民检察院应当跟进监督，依法提出抗诉。根据法律、司法解释有关规定，再审检察建议的启动也有两类，即依申请提出再审检察建议和依职权提出再审检察建议，要求与抗诉启动相似。

（三）检察建议

检察建议是人民检察院一种重要的法律监督方式。生效裁判监督的检察建议是指无须通过再审程序监督纠正人民法院裁判结果不当的建议。检察建议是《人民检察院行政诉讼监督规则》明确规定的人民检察院对行政诉讼活动实行法律监督的方式。除个案检察建议外，对同类问题适用法律不一致、适用法律存在同类错误或者其他同类违法行为，针对行政机关或者人民法院的同类违法情形应当制发类案检察建议。为增强监督刚性，可以将检察建议书抄送相关部门，被建议单位在规定期限内经督促无正当理由不予整改或者整改不到位的，可以通报被建议单位的上级机关，必要时还可以报告同级党委、人大，通报同级政府、纪检监察机关。[1]

（四）专项监督

专项监督是指人民检察院在日常监督的基础上，针对行政诉讼和行政执法中的普遍性问题或者突出问题，组织开展专项监督活动。专项监督具有很强的针对性、实效性，是人民检察院融入社会治理体系的重要方式。例如：针对人民群众反映强烈的行政诉讼中案结事不了的"程序空转"问题，人民检察院开展"加强行政检察监督，促进行政争议实质性化解"专项活动；针对违法占地行政处罚案件执行中的乱象，人民检察院开展"土地执法查处领域行政非诉执行监督"专项活动等。

（五）社会治理检察建议

人民检察院办理行政检察监督案件时，发现深层次社会治理问题的，开展专题

---

〔1〕参见《人民检察院检察建议工作规定》第25条规定。

调研，分析案件背后的原因，发现有关单位工作制度、管理方法、工作程序不完善，或者特定行业存在监管漏洞、监管不规范等问题，需要改进、完善的，通过制发社会治理检察建议，督促相关主管部门或者单位改进工作、规范管理，促进源头治理、系统治理。

第二节　行政生效裁判监督

人民检察院对生效裁判监督主要针对人民法院生效判决、裁定错误或者调解书损害国家利益、社会公共利益的情形实施监督，即根据《行政诉讼法》第91、93条的规定，通过提出抗诉或者再审检察建议方式对人民法院生效判决、裁定或者调解书实施监督。

一、行政生效裁判监督具体情形

（一）对人民法院生效判决、裁定监督的情形

1. 不予立案或者驳回起诉错误的。《行政诉讼法》第51条第1款规定："人民法院在接到起诉状时对符合本法规定的起诉条件的，应当登记立案。"如果依法应当立案，法院作出不予立案裁定，或者法院立案后作出驳回起诉裁定不当的，人民检察院应当予以监督。

2. 有新的证据，足以推翻原判决、裁定的。在检察监督中，当事人发现有新的证据足以推翻原判决、裁定的，人民检察院应当依法提出抗诉或者再审检察建议，监督纠正生效错误裁判。需要注意的是，对于原审当事人申请法院依职权取证，符合法定条件，法院不予支持，以及原审当事人因客观原因无法举证的情形，应充分行使调查核实权，查明案件事实。

3. 原判决、裁定认定事实的主要证据不足、未经质证或者系伪造的。主要证据对案件的影响是决定性的，如果认定事实的主要证据不足，或者据以认定案件事实的主要证据的形成过程存在证据未经质证、伪造的情形，证据的证明力被严重怀疑和动摇，进而使得由其证明的、案件据以作出裁判的主要事实存在不真实的可能性极大〔1〕，对此人民检察院应当依法监督纠正。

4. 原判决、裁定适用法律、法规确有错误的。如原审裁判适用的规章及其他行政规范性文件与上位法相抵触；适用的法律、法规已经失效或者尚未施行，损害行政相对人合法权益的；应当适用的法律、法规未适用等。

5. 违反法律规定的诉讼程序，可能影响公正审判的。如审判组织的组成不合法、依法应当回避的审判人员没有回避、未经合法传唤缺席判决、遗漏应当参加诉

---

〔1〕 参见江必新主编：《中华人民共和国行政诉讼法理解适用与实务指南》，中国法制出版社2015年版，第407页。

讼的当事人等。[1]

6. 原判决、裁定遗漏诉讼请求的。如行政相对人请求人民法院确认行政机关强制拆除行为违法，并判令行政赔偿。基于行政机关与行政相对人就强制拆除所造成的损失与行政相对人达成赔偿协议，人民法院未对行政行为进行合法性审查，直接判决维持原行政行为，属于遗漏行政相对人提出的确认违法之诉讼请求。

7. 据以作出原判决、裁定的法律文书被撤销或者变更的。人民法院生效判决书、裁定书或者仲裁机构仲裁文书所认定的事实，可以作为定案依据。如果该法律文书被撤销或者变更，导致作出原判决、裁定认定案件基本事实缺乏依据，对此，人民检察院应当根据该项再审事由实施监督。

8. 审判人员在审理该案件时有贪污受贿、徇私舞弊、枉法裁判行为的。审判人员在审理案件时存在贪污受贿、徇私舞弊、枉法裁判行为的，司法已经不具有合法性和正当性，人民检察院应当予以监督，通过再审程序纠正错误判决、裁定。[2]

（二）对人民法院调解书监督的情形

《行政诉讼法》第60条第1款规定："人民法院审理行政案件，不适用调解。但是，行政赔偿、补偿以及行政机关行使法律、法规规定的自由裁量权的案件可以调解。"但人民法院调解书损害国家利益、社会公共利益，如法院调解造成国有财产损失、生态环境损害等，以及当事人通过虚假诉讼、恶意诉讼所达成的调解协议损害国家利益、社会公共利益的，人民检察院应当实施监督。

二、行政生效裁判监督方式的适用条件与程序

（一）抗诉

抗诉适用于《行政诉讼法》第91条规定的全部再审事由，以及人民法院调解书损害国家利益、社会公共利益的情形。提请抗诉属于行政诉讼监督的内部程序，即地方各级人民检察院对同级人民法院生效裁判错误或者调解书损害国家利益、社会公共利益的，依法提请上级人民检察院向同级人民法院抗诉。提请抗诉意见对外不直接发生法律效力，只有通过上级人民检察院抗诉才能引起人民法院再审。

（二）再审检察建议

再审检察建议是一种同级监督方式，具有减少诉讼环节、缩短诉讼周期、提升监督效率的特点，有利于节省司法资源、及时有效解决行政争议。人民检察院提出再审检察建议首先应当符合监督条件，[3]其次案件适宜由原审法院通过再审方式纠正。相比抗诉，再审检察建议监督刚性较弱，主要针对生效裁判一般违法或者不当且适宜原审法院自行纠正的案件。对于重大疑难复杂的案件，以及不宜由原审法院

---

〔1〕参见《人民检察院行政诉讼监督规则》第85条。

〔2〕《人民检察院行政诉讼监督规则》第90条第3款规定："审判人员在审理该案件时有贪污受贿、徇私舞弊、枉法裁判行为，是指已经由生效刑事法律文书或者纪律处分决定所确认的行为。"

〔3〕参见《人民检察院行政诉讼监督规则》第88条。

再审纠正的案件，原则上应当通过抗诉程序解决，对此，《人民检察院行政诉讼监督规则》第 89 条作了具体规定。最高人民法院、最高人民检察院《关于规范办理行政再审检察建议案件若干问题的意见》第 3 条第 1 款规定：“人民检察院对同级人民法院再审或者审判委员会讨论后作出的生效行政判决、裁定、调解书，不适用提出再审检察建议的方式进行监督。”为规范再审检察建议的适用，避免随意性，确保检察监督质量和效果，法律和司法解释规定提出检察建议的严格程序，包括通过检察委员会讨论决定、备案审查制度等。[1]

（三）检察建议

针对人民法院不需要通过再审纠正的生效裁判错误问题，如一般程序违法，并未影响实体判决、裁定的案件，人民检察院可以通过检察建议予以监督。《人民检察院行政诉讼监督规则》第 119 条规定：“人民检察院发现人民法院在多起同一类行政案件中有下列情形之一的，可以提出检察建议：（一）同类问题适用法律不一致的；（二）适用法律存在同类错误的；（三）其他同类违法行为。人民检察院发现有关单位的工作制度、管理方法、工作程序违法或者不当，需要改正、改进的，可以提出检察建议。”最高人民法院、最高人民检察院《关于规范办理行政再审检察建议案件若干问题的意见》第 3 条第 2 款规定：“人民法院生效行政判决、裁定、调解书存在的笔误或者表述瑕疵不属于提出再审检察建议的情形，人民检察院可以提出改进工作建议。”

第三节 审判人员违法行为监督

审判人员违法行为监督是行政诉讼监督的重要组成部分，对于维护当事人合法权益，维护司法权威和司法公正，促进社会公平正义具有重要意义。行政检察监督应当坚持实体监督与程序监督、对事监督与对人监督并重，善于发现司法不公背后的审判人员违法线索，充分行使调查核实权，做到审查、调查、侦查“三查”融合，加强检察机关相关业务部门的配合协作，形成监督合力。加强与监察部门的配合协作，建立健全相关衔接机制，确保监督权威和效果。

一、行政审判程序监督的类型

审判人员违法行为往往发生在审判程序中，审判人员违法是最严重的审判程序违法，它从源头上、根本上造成司法不公。因此，行政审判程序监督是审判人员违法行为监督的基础。行政检察应当坚持实体监督与程序监督并重，特别要关注审判程序违法中的审判人员违法行为，并加强监督。行政审判程序违法集中体现为《人民检察院行政诉讼监督规则》第 104 条规定的十一种情形，对此，人民检察院应当通过检察建议等方式予以监督：（1）判决、裁定确有错误，但不适用再审程序纠正

〔1〕 参见《人民检察院行政诉讼监督规则》第 92 条。

的；（2）调解违反自愿原则或者调解协议内容违反法律的；（3）对公民、法人或者其他组织提起的诉讼未在法定期限内决定是否立案的；（4）当事人依照《行政诉讼法》第52条规定向上一级人民法院起诉，上一级人民法院未按该规定处理的；（5）审理案件适用审判程序错误的；（6）保全、先予执行、停止执行或者不停止执行行政行为裁定违反法律规定的；（7）诉讼中止或者诉讼终结违反法律规定的；（8）违反法定审理期限的；（9）对当事人采取罚款、拘留等妨害行政诉讼的强制措施违反法律规定的；（10）违反法律规定送达的；（11）其他违反法律规定的情形。

针对审判程序违法，人民检察院要充分运用检察建议等方式，督促相关法院按规定及时处理，并书面回复意见，确保监督质效。对于法院在规定期限内无正当理由不予整改或者整改不到位的，可以将相关情况报告上级人民检察院，通报上级法院，必要时可以报告同级党委、人大，通报纪检监察机关。[1]

二、对事监督与对人监督的有机结合

人民检察院对审判人员违法实施监督，包括普通程序、简易程序、第二审程序、审判监督程序、执行程序等阶段。强化对审判人员违法行为的监督，依法查办审判人员违法违纪，依法依规追究其责任，对潜在的违法审判人员违法形成强大的震慑，有利于从源头上遏制司法不公、司法腐败。对审判人员违法行为的法律监督属于审判程序违法监督中的“深层次监督”，人民检察院在行政诉讼监督中应当充分认识诉讼程序公正对行政裁判实体公正的保障作用，注意发现司法不公背后的审判人员违法行为线索，对审判人员涉嫌违法违纪线索，依法调查核实，及时向有关部门提出处理建议；涉嫌职务犯罪的，依法移送有关部门处理。

行政诉讼监督是对人民法院行使行政审判权的监督，包括对审判人员行使公权力的监督，具体由对事监督和对人监督两部分组成。《人民检察院行政诉讼监督规则》第105条规定：“人民检察院发现同级人民法院行政审判程序中审判人员有《中华人民共和国法官法》第46条等规定的违法行为且可能影响案件公正审判、执行的，应当向同级人民法院提出检察建议。”《法官法》第46条规定：“法官有下列行为之一的，应当给予处分；构成犯罪的，依法追究刑事责任：（一）贪污受贿、徇私舞弊、枉法裁判的；（二）隐瞒、伪造、变造、故意损毁证据、案件材料的；（三）泄露国家秘密、审判工作秘密、商业秘密或者个人隐私的；（四）故意违反法律法规办理案件的；（五）因重大过失导致裁判结果错误并造成严重后果的；（六）拖延办案，贻误工作的；（七）利用职权为自己或者他人谋取私利的；（八）接受当事人及其代理人利益输送，或者违反有关规定会见当事人及其代理人的；（九）违反有关规定从事或者参与营利性活动，在企业或者其他营利性组织中兼任职务的；（十）有其他违纪违法行为的。”

---

〔1〕参见《人民检察院检察建议工作规定》第19、25条。

三、审判人员违法行为监督的重点

（一）在办理行政诉讼监督案件中发现审判人员违法线索

要树立侦查思维，充分行使调查核实权，做到审查、调查、侦查“三查”融合，善于发现裁判不公背后的审判人员违法线索，从审判和执行质量问题中发现疑点和异常情况，对案件线索进行分析研判，获取有价值的案件线索，寻找案件突破口，提升监督层次。如通过中国裁判文书网、执法司法信息共享等途径，拓展案源渠道，开展类案监督，依职权发现审判人员违法线索；充分运用大数据，通过一体化、智能化公共数据平台、政法数据中心及多跨场景中数据链接，实现数据资源在审判人员违法行为监督中的有效配置与运用，通过数据分析、数据碰撞、数据挖掘发现监督线索，取得监督实效，实现精准监督。

（二）建立健全内部案件线索移送机制

审判人员违法行为具有很强的隐蔽性，线索发现难，需要检察机关内部有机衔接、融合监督，做到资源共享、优势互补，形成监督合力。通过建立完善行政检察与刑事检察、民事检察、公益诉讼检察、控告申诉检察、检察侦查等部门案件线索双向移送机制，做到信息共享、线索移送、工作协作，共同提高监督质效。如行政检察部门在办理行政检察监督案件中发现审判人员涉嫌检察机关侦查的职务犯罪的，应当及时将案件线索及相关材料移送刑事检察部门，并协助刑事检察部门办理；检察相关职能部门在司法办案中发现审判人员在行政审判中有贪污受贿、徇私舞弊、枉法裁判等违法行为，可能导致判决、裁定错误的，应当将案件情况通报行政检察部门，由行政检察部门依法开展行政诉讼监督。

（三）加强与监察机关的配合协作

加强与监察机关的配合协作，完善案件线索移送、信息互通、调查协同、结果共享等机制，形成审判人员违法行为监督合力。根据《刑事诉讼法》第 19 条第 2 款规定，人民检察院在对诉讼活动实行法律监督中发现的司法工作人员利用职权实施的非法拘禁、刑讯逼供、非法搜查等侵犯公民权利、损害司法公正的犯罪，可以由人民检察院立案侦查，如审判人员滥用职权、玩忽职守、民事行政枉法裁判、执行判决裁定失职、执行判决裁定滥用职权等。人民检察院主要侦查司法工作人员利用职权实施的犯罪，由刑事执行检察部门负责，行政检察部门应当予以配合。根据最高人民检察院《关于人民检察院立案侦查司法工作人员相关职务犯罪案件若干问题的规定》、《国家监察委员会管辖规定（试行）》的有关规定，人民检察院立案侦查本规定所列犯罪时，发现犯罪嫌疑人同时涉嫌监察委员会管辖的职务犯罪线索的，应当及时与同级监察委员会沟通，一般应当由监察委员会为主调查，人民检察院予以协助。经沟通，认为全案由监察委员会管辖更为适宜的，人民检察院应当撤销案件，将案件和相应职务犯罪线索一并移送监察委员会；认为由监察委员会和人民检察院分别管辖更为适宜的，人民检察院应当将监察委员会管辖的相应职务犯罪线索移送监察委员会，对依法由人民检察院管辖的犯罪案件继续侦查。

第四节　行政执行监督

行政执行监督包括行政诉讼执行监督和行政非诉执行监督。在行政诉讼执行监督中，人民检察院直接监督法院的执行行为，间接监督行政机关执行行为违法，包括监督纠正不应当执行而执行、错误采取执行措施、超标的执行、执行案外人财产等侵害当事人合法权益的违法情形。依法支持法院正确生效行政判决、裁定的执行，对行政机关拒不履行判决、裁定的行为应当予以监督纠正。行政非诉执行监督应当以对法院执行监督为切入点，通过对法院执行裁定、决定及执行实施行为的监督，发现行政机关执行违法，并依法实施监督。

一、行政诉讼执行监督

（一）行政诉讼执行监督的启动条件

行政诉讼执行监督是指人民检察院对法院执行裁定、决定违法，以及执行实施行为违法的监督。案件主要来源有：一是当事人申请监督；二是当事人以外的公民、法人或者其他组织的控告、检举；三是依职权监督。

1. 当事人向人民检察院申请监督应当具备以下条件：

（1）当事人认为人民法院行政案件执行活动存在违法情形向人民检察院申请监督，应当在知道或者应当知道执行活动违法情形发生之日起 6 个月内提出（该期间为不变期间，不适用中止、中断、延长的规定）。[1]

（2）根据法律规定可以对人民法院的执行活动提出异议、申请复议或者提起诉讼，当事人、利害关系人、案外人已经过提出异议、申请复议或者提起诉讼程序，穷尽了法院救济程序（有正当理由未提出异议、申请复议或者提起诉讼的除外），或者当事人提出有关执行的异议、申请复议、申诉或者提起诉讼后，人民法院已经受理并正在审查处理，但已经超过法定期限未作出处理的。[2]

2. 人民检察院依职权发现启动监督的条件（具有下列情形之一）：

（1）执行活动违法，损害国家利益或者社会公共利益的；

（2）执行人员执行行政案件时有贪污受贿、徇私舞弊、枉法裁判等行为的；

---

〔1〕 参见《人民检察院行政诉讼监督规则》第 19、20 条。

〔2〕 最高人民法院、最高人民检察院《关于民事执行活动法律监督若干问题的规定》第 6 条规定："当事人、利害关系人、案外人认为民事执行活动存在违法情形，向人民检察院申请监督，法律规定可以提出异议、复议或者提起诉讼，当事人、利害关系人、案外人没有提出异议、申请复议或者提起诉讼的，人民检察院不予受理，但有正当理由的除外。当事人、利害关系人、案外人已经向人民法院提出执行异议或者申请复议，人民法院审查异议、复议期间，当事人、利害关系人、案外人又向人民检察院申请监督的，人民检察院不予受理，但申请对人民法院的异议、复议程序进行监督的除外。"

（3）其他需要依职权监督的情形，如针对人民法院不采纳执行监督检察建议缺乏理由，有必要跟进监督的。

3. 当事人以外的公民、法人或者其他组织的控告、检举符合监督条件的，依法启动监督程序。如控告、检举符合依职权监督条件的，人民检察院应当依法启动监督程序。

（二）行政诉讼执行监督的重点

1. 对人民法院执行裁定、决定违法的监督。人民法院裁定受理或者不予受理、中止执行、终结执行等违反法律规定的；决定罚款、拘留、暂缓执行等事项违反法律规定的，人民检察院应当实施监督。根据《人民检察院行政诉讼监督规则》第109条规定，具体有以下情形：（1）提级管辖、指定管辖或者对管辖异议的裁定违反法律规定的；（2）裁定受理、不予受理、中止执行、终结执行、终结本次执行程序、恢复执行、执行回转等违反法律规定的；（3）变更、追加执行主体错误的；（4）裁定采取财产调查、控制、处置等措施违反法律规定的；（5）审查执行异议、复议以及案外人异议作出的裁定违反法律规定的；（6）决定罚款、拘留、暂缓执行等事项违反法律规定的；（7）执行裁定、决定等违反法定程序的；（8）对行政机关申请强制执行的行政行为作出准予执行或者不准予执行的裁定违反法律规定的；（9）执行裁定、决定等有其他违法情形的。

2. 对人民法院执行实施措施违法的监督。根据《人民检察院行政诉讼监督规则》第110条规定，执行实施措施违法主要指人民法院在执行活动中违反规定采取调查、查封、扣押、冻结、评估、拍卖、变卖、保管、发还财产，以及信用惩戒等执行实施措施。根据最高人民法院《关于人民法院民事执行中查封、扣押、冻结财产的规定》第3条规定，有八类财产不得查封、扣押、冻结；第4条规定，对被执行人及其所扶养家属生活所必需的居住房屋，可以查封，但不得拍卖、变卖或者抵债。人民法院违反该规定的，人民检察院应当予以监督。

3. 对人民法院不履行或者怠于履行执行职责的监督。人民法院对应当依法受理的执行申请置之不理的；暂缓执行、停止执行、中止执行的原因消失后，不按规定恢复执行的，人民检察院应当予以监督。根据《人民检察院行政诉讼监督规则》第111条规定，不履行或者怠于履行执行职责具体有下列情形：（1）对依法应当受理的执行申请不予受理又不依法作出不予受理裁定的；（2）对已经受理的执行案件不依法作出执行裁定、无正当理由未在法定期限内采取执行措施或者执行结案的；（3）违法不受理执行异议、复议或者受理后逾期未作出裁定、决定的；（4）暂缓执行、停止执行、中止执行的原因消失后，不按规定恢复执行的；（5）依法应当变更或者解除执行措施而不变更、解除的；（6）对拒绝履行行政判决、裁定、调解书的行政机关未依照《行政诉讼法》第96条规定采取执行措施的；（7）其他不履行或者怠于履行执行职责行为的。

二、行政非诉执行监督

（一）行政非诉执行监督的概念和特点

行政非诉执行监督指人民检察院根据《行政诉讼法》《行政强制法》有关规定，对人民法院行政非诉执行活动实施法律监督。《人民检察院组织法》第20条规定："人民检察院行使下列职权……（五）对诉讼活动实行法律监督；（六）对判决、裁定等生效法律文书的执行工作实行法律监督。"这里生效法律文书包括具有公定力、执行力的行政决定，人民检察院行政非诉执行监督包括对法院执行行为的监督和对行政机关不依法申请强制执行，以及不组织实施执行的监督。行政非诉执行监督具有以下特点：

1. 双重性。行政非诉执行监督既监督法院公正司法，又监督行政机关的行政决定。行政非诉执行监督主要立足于监督法院对行政非诉执行申请的受理、审查、裁定和执行实施活动，以及行政环节中行政机关存在的违法行使职权或不行使职权，是对司法活动及行政执法活动的双重监督。[1]

2. 延伸性。通过对人民法院行政非诉执行案件受理、审查、裁定、执行实施等环节的监督，延伸至对行政机关行政非诉执行活动的监督，对于法院或者行政机关行政非诉执行中存在的违法行为，依法提出检察建议等方式，督促其纠正。对于审判人员或者行政机关工作人员在行政非诉执行活动中涉嫌职务违法犯罪的，依法移送监察机关处理。

3. 非诉性。行政非诉执行监督是行政诉讼执行监督的延伸，具有非诉讼性质，它不针对行政诉讼活动开展监督，监督对象是法院和行政机关的行政非诉执行活动。人民检察院在非诉讼程序中监督人民法院纠正违法裁定、决定及履行执行职责，督促行政机关纠正执行违法。

（二）行政非诉执行监督的要点

1. 对人民法院受理环节的监督。人民检察院对人民法院在审查行政非诉执行案件中有下列情形之一的，应当提出检察建议：

（1）人民法院对应当受理的行政非诉执行申请不受理。如人民法院对具备申请执行条件且申请材料齐全的执行申请不依法予以受理的；行政机关向人民法院提出行政非诉执行申请，人民法院拒绝接收申请材料，依法应当向申请的行政机关释明而未释明的；行政相对人提起行政诉讼，人民法院裁定不予受理或者裁定驳回起诉后，行政机关依法申请人民法院执行，人民法院不予受理的，人民检察院可以提出检察建议，督促其纠正。

（2）人民法院未在法定期限内作出是否受理裁定。如人民法院对行政非诉执行申请既不受理又不依法作出不予受理裁定的，人民检察院应当予以监督。

---

〔1〕 参见张相军、张薰尹：《行政非诉执行检察监督的理据与难点》，载《行政法学研究》2022年第3期。

（3）人民法院对不应当受理的非诉执行申请予以受理。如行政机关自身有强制执行权，且法律没有规定行政机关可以向人民法院申请强制执行的；据以执行的法律文书尚未生效的；行政相对人在法定期限内已经提起行政诉讼或者申请行政复议，行政诉讼或者行政复议尚在进行中的；行政机关未履行催告程序的，检察机关可以提出检察建议，监督人民法院纠正。

2. 对人民法院审查环节的监督。人民检察院发现人民法院在审查行政非诉执行案件中有下列情形之一的，应当提出检察建议：（1）对符合法律规定的行政非诉执行申请应当裁定准予执行而裁定不准予执行的；（2）对不符合法律规定的行政非诉执行申请应当裁定不准予执行而裁定准予执行的；（3）无正当理由未在规定期限内作出是否准予执行裁定的；（4）其他应当予以监督的违法情形。

3. 对人民法院裁定环节的监督。如人民法院执行裁定事实认定错误或者法律适用不当的；人民法院执行裁定遗漏申请执行请求事项或者超出申请执行内容范围的，人民检察院可以提出检察建议，督促其纠正。

4. 对人民法院执行实施环节的监督。如人民法院在执行实施中存在中止执行、终结执行、终结本次执行、恢复执行违反法律规定的；执行款物未及时发放给申请执行人等违法情形的，人民检察院可以提出检察建议，督促其纠正。

5. 对行政机关申请、执行等环节的监督。如行政机关具有强制执行权且法律没有规定行政机关可以向人民法院申请强制执行，行政机关申请人民法院强制执行的，人民法院裁定准予执行的，人民检察院在向人民法院提出检察建议的同时，应当向行政机关提出检察建议，督促其执行。

6. 对裁执分离案件的监督。裁执分离是指对行政非诉执行案件实行司法审查和强制执行的外部分离，法院负责对行政决定的合法性进行审查，并作出是否准予执行的裁定，对裁定准予执行的，具体执行工作交由法院外的相关行政机关负责。[1] 如人民法院不应当适用“裁执分离”而适用的；适用“裁执分离”但未明确组织实施主体或者组织实施主体确定错误的，人民检察院可以向人民法院提出检察建议，督促其纠正。

（三）行政非诉执行监督的现状和未来展望

2019 年，最高人民检察院提出构建“以行政诉讼监督为基石、以行政争议法治化实质性化解为牵引、以非诉执行监督为延伸”的新时代行政检察工作格局，开展行政非诉执行监督专项活动，对于规范人民法院行政非诉执行，维护司法权威和公正司法，促进严格执法和依法行政，具有积极意义，行政非诉执行监督已成为行政检察重要业务工作。[2] 当前，行政非诉执行监督主要问题：一是线索发现难。行政

---

〔1〕 参见王华伟、刘一玮：《非诉行政案件裁执分离模式再思考》，载《行政法学研究》2017 年第 3 期。

〔2〕 参见杨晓：《最高检：深化非诉执行监督做实行政检察》，载正义网，https：//www. spp. gov. cn/spp/zdgz/202102/t20210219_509333. shtml，2023 年 6 月 11 日访问。

非诉执行由当事人申请监督案件非常少，案件来源单一，大多系依职权启动监督，检察机关与法院、行政机关之间存在信息壁垒，案源渠道不够畅通。二是监督纠错难。如国土领域“裁执分离”类案件，大多需拆除违法建筑，行政机关收到检察建议后往往难以执行到位。三是行政非诉执行监督与行政公益诉讼界限模糊。未来行政非诉执行监督应当坚持大数据战略，从“数量驱动、个案为主、案卷审查”的个案办理式监督，向“质效导向、类案为主、数据赋能”的类案监督模式转变。

1. “数字赋能监督，监督促进治理”，实现整体智治。通过数据分析、数据碰撞、数据挖掘发现监督线索或者治理漏洞，从个案监督向类案监督拓展，促进社会治理。对监督过程中反映的行政执法不规范、怠于申请强制执行、行政处罚加处罚款适用不统一、裁执分离案件“裁而不执”等普遍性、源头性问题，积极向党委政府提出意见建议，借力破解执行难题。加强与法院、行政机关的配合协作，建立长效机制，做到共商、共建、共享、共治。

2. 科学定位，准确把握行政非诉执行监督的边界。坚持从法院的执行活动入手，包括对立案、审查、裁定和后续的执行活动展开监督，不宜脱离法院执行直接对行政机关执行进行监督，如直接监督行政机关执行申请行为等。《人民检察院公益诉讼办案规则》第68条第1项规定：“人民检察院对于符合本规则第67条规定的下列情形，应当立案：（一）对于行政机关作出的行政决定，行政机关有强制执行权而怠于强制执行，或者没有强制执行权而怠于申请人民法院强制执行的……”显然，《人民检察院公益诉讼办案规则》将涉及国家利益、社会公共利益，行政机关怠于申请人民法院强制执行的情形纳入行政不作为的范畴，作为行政公益诉讼的对象，不属于行政非诉执行监督情形。

3. 对人监督和对事监督相结合，加强对审判执行人员的违法监督，从源头上遏制司法不公。检察机关在行政非诉执行监督过程中，大多为监督法院受理、裁定、执行等环节程序性违法问题，透过同案不同裁、同案不同执等违法表象，发现审判执行人员违法违纪线索的意识与能力仍有待加强。如对多起违法裁定、违法采取财产查控措施或违法变更、追加执行主体案件均为同一审判执行人员承办的情形，可通过中国裁判文书网或者执行信息公开网，以案涉审判执行人员为切入点，系统排查关联案件，将审判执行人员涉嫌犯罪的线索移送至职务犯罪检察部门，并协助案件办理，强化行政非诉执行监督，从终端到源头解决违法案件多发问题。

第五节 行政违法行为监督

党的二十大报告在“坚持全面依法治国，推进法治中国建设”部分明确指出，“全面依法治国是国家治理的一场深刻革命，关系党执政兴国，关系人民幸福安康，关系党和国家长治久安。必须更好发挥法治固根本、稳预期、利长远的保障作用，在法治轨道上全面建设社会主义现代化国家”。“扎实推进依法行政。法治政府建设是全面依法治国的重点任务和主体工程……深化行政执法体制改革，全面推进严格规范公正文明执法……强化行政执法监督机制和能力建设，严格落实行政执法责任制和责任追究制度”。[1] 党的二十届三中全会通过的《中共中央关于进一步全面深化改革、推进中国式现代化的决定》也提出，“健全监察机关、公安机关、检察机关、审判机关、司法行政机关各司其职，监察权、侦查权、检察权、审判权、执行权相互配合、相互制约的体制机制，确保执法司法各环节全过程在有效制约监督下运行”。[2] 习近平总书记强调，要聚焦人民群众反映强烈的突出问题，抓紧完善权力运行监督和制约机制，坚决防止执法不严、司法不公甚至执法犯法、司法腐败。开展行政违法行为监督，目的是通过发挥法律监督职能作用，促进行政机关严格执法、依法行政，维护宪法法律权威，维护国家利益、社会公共利益及公民、法人或者其他组织合法权益。检察机关作为国家的法律监督机关，要深入贯彻落实习近平法治思想，紧紧抓住人民群众反映强烈的有法不依、执法不严等突出问题，切实加大对行政违法行为的法律监督力度。[3]

一、概念定位

（一）基本概念

根据《中共中央关于加强新时代检察机关法律监督工作的意见》，行政违法行为监督是指检察机关在履行法律监督职责中发现行政机关违法行使职权或者不行使职权的，可以依照法律规定制发检察建议等督促其纠正的行为。值得注意的是，有观点认为，行政违法行为监督就是行政公益诉讼，应勇检察长在 2023 年大检察官研讨班上对此作出了明确区分，指出：“行政公益诉讼是行政违法行为的监督方式之一，行政违法行为监督范畴更大。如果具有可诉性，就可以发出公益诉讼检察建议；如果没有可诉性，就是一般的纠正行政违法行为或推动社会治理等检察建议。”

（二）规范依据

《中共中央关于全面推进依法治国若干重大问题的决定》要求，检察机关在履行职责中发现行政机关违法行使职权或者不行使职权的行为，应该督促其纠正。《中共中央关于加强新时代检察机关法律监督工作的意见》进一步明确检察机关“在履行法律监督职责中发现行政机关违法行使职权或者不行使职权的，可以依照法律规定制发检察建议等督促其纠正”。2024 年 6 月，最高人民检察院印发《关于

---

〔1〕 参见习近平：《高举中国特色社会主义伟大旗帜　为全面建设社会主义现代化国家而团结奋斗——在中国共产党第二十次全国代表大会上的报告》（2022 年 10 月 16 日），人民出版社 2022 年版，第 41 页。

〔2〕《中共中央关于进一步全面深化改革　推进中国式现代化的决定》，载《人民日报》2024 年 7 月 22 日，第 1 版。

〔3〕 参见杨春雷：《深入贯彻党中央全面深化行政检察监督新要求　探索推进行政违法行为监督》，载《人民检察》2021 年 Z1 期。

人民检察院在履行行政诉讼监督职责中开展行政违法行为监督工作的意见》，对检察机关开展行政违法行为监督的工作原则、范围、标准和重点，案件管辖、线索管理、程序及工作配套机制进行了规定，进一步明确了行政违法行为监督的案源发现方式、监督内容和监督手段，为今后行政违法监督工作的开展指明了方向，提供了根本遵循。

（三）基本定位

党的二十大报告强调“健全党统一领导、全面覆盖、权威高效的监督体系，完善权力监督制约机制，以党内监督为主导，促进各类监督贯通协调，让权力在阳光下运行”。检察机关法律监督作为党和国家监督体系的重要组成部分，对制约和监督行政权力具有独特的优势和作用。根据党中央有关政策和检察权的宪法定位，结合司法实践，检察机关行政违法行为监督不同于传统的诉讼监督，它属于有限监督、专门法律监督，这是行政违法行为监督的基本定位。

二、主要意义

行政违法行为监督较之于以诉讼监督为依托的传统行政检察监督，对促进政府依法行政、维护当事人合法权益影响更为直接，更能凸显检察机关法律监督机关的宪法定位。探索开展行政违法行为监督，对于提升行政检察整体监督质效乃至提升检察机关的地位作用有着重要意义。

（一）行政违法行为监督契合检察机关政治责任要求

《中共中央关于加强新时代检察机关法律监督工作的意见》明确要求“全面深化行政检察监督”，提出“在履行法律监督职责中发现行政机关违法行使职权或不行使职权的，可以依照法律规定制发检察建议等督促其纠正”，为检察机关探索开展行政违法行为监督提供了政策依据。这是党中央基于国家法律监督机关的宪法定位，赋予检察机关的一项重要职责和使命。检察机关开展行政违法行为监督符合宪法关于检察机关是国家法律监督机关的职责定位，是检察机关在党的绝对领导下全面推进依法治国、构建现代化国家治理体系的担当之举。

（二）行政违法行为监督契合完善法治监督体系要求

开展行政违法行为监督，目的是发挥法律监督职能，促进行政机关严格执法、依法行政，维护宪法法律权威，维护国家利益、社会公共利益，以及公民、法人或者其他组织合法权益。行政违法行为监督相较于行政诉讼监督而言，检察机关在履行行政诉讼监督、行政执法和刑事司法反向衔接等法律监督职责中发现行政机关违法行使职权或者不行使职权的，可以依照法律规定制发检察建议等督促其纠正。相较于公益诉讼监督而言，行政违法行为监督实现了检察机关对行政行为的监督从行政公益诉讼领域扩大至所有行政执法领域，有效弥补了监督领域不足的短板。综合来看，行政违法行为监督丰富了司法权对行政权的监督体系，对促进依法行政、完善法治监督体系具有重要意义。

（三）行政违法行为监督契合检察权重塑变革要求

传统行政检察的核心是行政诉讼监督，贯穿行政诉讼活动全过程，包括行政生效裁判监督、行政审判程序中的审判人员违法行为监督、行政执行活动监督（含非诉执行监督），以及行政争议实质性化解。其主要特点就是“一手托两家”，既监督人民法院公正司法，又促进行政机关依法行政。对行政违法行为的监督更有利于全面深化行政检察，发现社会治理、行政管理的漏洞和不足，从而更有效地通过检察履职促进依法行政、推进法治政府建设，是检察权重塑变革的重要一环。

三、工作要求

作为对行政行为的直接性、有限性监督，行政违法行为监督应当恪守司法谦抑性，充分尊重行政权运行规律，不越权、不代位，并贯彻双赢多赢共赢理念，与行政机关形成良性的互动关系，通过监督职责行使共同提升社会治理现代化水平。应勇检察长对如何探索行政违法行为的工作目标和机制完善作出了方向性指引，其指出：“对检察机关履行法律监督职责中发现行政机关违法行使职权或者不行使职权的，可以从建立督促起诉制度、完善检察建议工作机制等入手，依法督促其纠正，推动依法行政、建设法治政府。”

（一）慎重把握行政违法行为监督的内涵外延

对行政违法行为制约的启动方式，介入时间、深度、范围等，是行政违法行为监督的核心问题之一，应当合理界定“检察机关在履行法律监督职责中发现”的内涵外延。

最高人民检察院《关于人民检察院在履行行政诉讼监督职责中开展行政违法行为监督工作的意见》第 4 条第 1 款规定：“人民检察院在履行行政诉讼监督职责中，发现行政机关违法行使职权或者不行使职权，符合下列条件且确有必要的，可以启动行政违法行为监督程序，依法督促其纠正：（1）办理行政裁判结果监督案件，认为被诉行政行为存在违法情形，但不宜提出抗诉或者再审检察建议的；（2）办理行政裁判结果监督案件，发现被诉行政行为的关联行政行为存在违法情形的；（3）办理行政审判程序中审判人员违法行为监督案件，发现被诉行政行为及关联行政行为存在违法情形的；（4）办理行政诉讼执行监督案件，发现被诉行政机关不依法履行人民法院生效判决确定的义务的；（5）办理行政非诉执行监督案件，发现行政机关申请人民法院强制执行的行政行为及关联行政行为存在违法情形的；（6）法律规定的其他应予监督的情形。”第 20 条第 1 款规定：“人民检察院行政检察部门在行政执法和刑事司法反向衔接工作中，发现行政主管机关违法行使职权或者不行使职权的，参照本意见办理。”由此可见，行政违法行为监督主要还是依托于行政诉讼监督、行政非诉执行监督以及“行刑反向衔接”等既有的法律监督机制，受到检察权的司法性、程序性等性质约束。以此为准，先前实践探索中专项联合检查、媒体报道、公民举报等线索渠道都应当排除在“检察机关在履行法律监督职责中发现”的范围之外。

（二）明确监督重点

最高人民检察院《关于人民检察院在履行行政诉讼监督职责中开展行政违法行为监督工作的意见》第6条规定："人民检察院在履行行政诉讼监督职责中开展行政违法行为监督，应当立足行政诉讼法关于'保护公民、法人和其他组织合法权益、监督行政机关依法行使职权'的目的和任务，始终围绕中心、服务大局，瞄准严重影响经济社会高质量发展的难点、人民群众反映强烈的热点、社会治理中的堵点等重点问题，紧盯与国家重大战略实施、民生民利保障、营商环境建设等密切相关的重点领域，聚焦影响行政相对人合法权益的行政争议，加大对情节严重的行政乱作为不作为的监督力度。"可见，行政违法行为监督的重点是对行政机关乱作为、不作为这一类"事"和"行为"的监督。

（三）把握案件办理要点

1. 监督标准。根据最高人民检察院《关于人民检察院在履行行政诉讼监督职责中开展行政违法行为监督工作的意见》第5条规定，行政行为超越职权，主要证据不足，适用法律、法规错误，违反法定程序，明显不当，不履行或怠于履行职权等六种情形属于"行政机关违法行使职权或者不行使职权"。该条规定综合了《行政诉讼法》第70条和第72条[1]规定，基本上与行政诉讼对行政行为违法的类型化规定保持一致。

2. 案件受理与调查核实。最高人民检察院《关于人民检察院在履行行政诉讼监督职责中开展行政违法行为监督工作的意见》第10、11条规定了案件受理的两种形式。一是普通的个案受理；二是类案受理。类案受理是指人民检察院发现同一行政机关多个同一性质的行政行为可能存在违法情形的，应当作为一个案件受理。行政违法行为监督的类案化办理能够有效节约司法资源，且有助于帮助行政机关发现和解决制度性、机制性、规律性问题，实现双赢多赢共赢。

最高人民检察院《关于人民检察院在履行行政诉讼监督职责中开展行政违法行为监督工作的意见》第12条第1款规定，人民检察院办理在履行行政诉讼监督职责中的行政违法行为监督案件，应当加强调查核实，调查和收集行政机关违法行使职权或者不行使职权的证据，必要时可以举行听证或者听取专家意见。调查核实的方式依照《人民检察院行政诉讼监督规则》的有关规定执行。当前实践中行政检察办案高度依赖行政机关、人民法院收集的证据，调查核实职权运用不充分。《中共中央关于加强新时代检察机关法律监督工作的意见》明确提出检察机关要加强对监督

---

〔1〕《行政诉讼法》第70条规定："行政行为有下列情形之一的，人民法院判决撤销或者部分撤销，并可以判决被告重新作出行政行为：（一）主要证据不足的；（二）适用法律、法规错误的；（三）违反法定程序的；（四）超越职权的；（五）滥用职权的；（六）明显不当的。"第72条规定："人民法院经过审理，查明被告不履行法定职责的，判决被告在一定期限内履行。"

事项的调查核实工作；《人民检察院组织法》也规定检察机关可以进行调查核实，这为检察机关适用调查核实提供了制度保障。行政违法行为检察监督调查核实的对象、措施和要求等，要更加完善运用调查核实权，准确认定事实，保证监督的合法性和精准性。

3. 结案方式。针对不同调查核实结果，最高人民检察院《关于人民检察院在履行行政诉讼监督职责中开展行政违法行为监督工作的意见》规定了提出检察建议、移送有关部门处理或者作出终结审查决定等不同结案方式。一是提出检察建议。人民检察院认为行政机关存在违法行使职权或者不行使职权情形的，经检察长批准或者检察委员会研究决定，可以依照《人民检察院检察建议工作规定》制发检察建议等督促其纠正。同时，对于行政机关社会治理工作存在《人民检察院检察建议工作规定》列举情形的，可以提出社会治理的检察建议，或者在督促行政机关纠正违法或者履行职责的检察建议中一并提出。二是终结审查。人民检察院未发现行政机关有违法行使职权或者不行使职权情形，或行政机关已经自行纠正行政违法行为或者已经依法履行法定职责、给付义务的，应当终结审查。此外，行政相对人或者利害关系人与行政机关就可调解的行政事项已经达成和解协议，且不损害国家利益、社会公共利益或者他人合法权益的，也应当终结审查。三是移送有关部门处理。人民检察院在办理行政违法行为监督案件中发现属于纪检监察机关管辖的公职人员涉嫌职务违法犯罪线索的，依照《关于人民检察院向纪检监察机关移送问题线索工作的实施意见》规定的移送程序办理；发现属于人民检察院侦查部门管辖的司法工作人员相关涉嫌职务犯罪线索的，依照《人民检察院内部移送法律监督线索工作规定》的移送程序办理；发现涉嫌其他刑事犯罪线索的，移送公安机关依法处理。

第六节　行政争议实质性化解

《中共中央关于加强新时代检察机关法律监督工作的意见》提出：“人民检察院在履行法律监督职责中开展行政争议实质性化解，促进案结事了。”这是对检察机关开展行政争议实质性化解提出新的要求，进一步明确检察机关在履行法律监督职责中开展行政争议实质性化解的职责和使命；这是做实行政检察、促进社会治理、增强人民群众司法获得感的重要举措，有助于保障人民群众合法权益、促进依法行政和公正司法，行政争议实质性化解已经成为行政检察职能的重要组成部分。[1] 检察机关应当立足检察权的宪法定位，将法律监督贯穿于争议化解的始终。

一、行政争议实质性化解的概念和特点

人民检察院实质性化解行政争议是指人民检察院办理行政检察监督案件，站在客观公正的立场，查明事实、辨明是非，在监督人民法院公正司法、促进行政机关

---

〔1〕《人民检察院行政诉讼监督规则》第2条明确将行政争议实质性化解作为行政诉讼监督的重要任务。

依法行政的同时，充分运用行政检察监督职能，在监督纠错中协调法院、行政机关解决当事人的合理诉求，促成当事人和解，实现定分止争。检察机关行政争议实质性化解具有以下特点：

（一）尊重正确生效裁判的既判力和行政裁量权

行政检察调处化解原则上以生效裁判错误或者不当（瑕疵）为前提，当生效裁判存在错误或者不当时，针对行政行为违法，通过抗诉、检察建议等监督方式，协调法院督促行政机关纠正违法，解决行政相对人的合理诉求，实质性化解行政争议。当生效裁判正确时，应当通过释法说理、心理疏导、公开听证、司法救助等方式，做好服判息诉工作。同时，尊重行政裁量权，不得随意要求行政机关改变其法定职权范围内的行政执法行为，不得损害国家利益、社会公共利益。

（二）法律监督中推进行政争议化解

检察机关开展行政争议实质性化解应当立足法律监督职能，在法律监督中化解行政争议，在化解行政争议中履行法律监督职责，既不能脱离法律监督搞行政争议化解，也不能为完成行政争议化解任务而放弃法律监督职责。检察机关在行政诉讼监督中，通过对审判和执行活动实施法律监督，监督法院纠正错误生效裁判和执行违法，督促行政机关纠正行政违法或者补正行政瑕疵，解决行政相对人的合理诉求，促进行政争议实质性化解。

（三）合力化解中促进社会治理

加强沟通协调，形成行政争议化解合力。检察机关应当树立全局观念、系统思维，立足解决行政相对人的正当利益诉求，积极与法院、政府部门沟通协调，发挥行政机关的能动性，形成多元行政争议化解格局。坚持和发展新时代“枫桥经验”，积极参与社会治理，对接“社会治理中心”平台，加强与相关部门的配合协作，聚力解纷，一站式受理、一揽子调处、全链条解决当事人合理诉求，打造矛盾纠纷“终点站”。

二、行政争议实质性化解的具体发展状况及工作的进一步规范

当前，行政争议实质性化解工作总体上趋于规范化，注重运用法律监督职能促进矛盾纠纷解决，突出在生效裁判监督中实质性化解行政争议，尤其是2024年以来，行政争议实质性化解数量降幅明显，全国检察机关共办理行政生效裁判监督案件2.33万件，其中行政争议实质性化解2549件，行政争议实质性化解数量同比下降70.1%（2023年共办理行政生效裁判监督案件2.5万件，其中行政争议实质性化解8524件）。[1] 检察机关行政争议实质性化解的主要类型有：

（一）审查监督申请中化解争议

在检察机关审查当事人监督申请阶段，基于大多数行政案件往往不符合抗诉或

---

〔1〕 参见最高人民检察院《行政检察工作白皮书（2023）》《行政检察工作白皮书（2024）》。

者再审检察建议条件，法院裁判和行政行为并无不当，当事人因对法律认识和理解错误，不服生效裁判，检察机关作出不支持监督申请决定前，通过释法说理、心理疏导、公开听证、司法救助等方式促成当事人和解或者服判息诉，实现案结事了。应勇检察长 2024 年 9 月在国家检察官学院秋季学期首批班次授课时指出："要真正解决实质法律问题，明确办理案件最终应该解决也必须解决的问题是什么。实践中，一些行政诉讼案件以超过诉讼期限、不符合起诉条件等理由被驳回，没有进入实体审理，案子'办了'但争议的实体问题没解决。"[1] 因此，对于法院生效裁判并无明显不当，但行政行为存在违法或者不当的，检察机关可以向行政机关制发检察建议，建议其自行撤销或者变更，或者促成双方达成和解，促进实质性化解行政争议。[2]

（二）抗诉（再审检察建议）后配合法院化解争议

在监督启动再审后，可以协同人民法院化解争议。为减轻当事人诉累、减少程序空转，人民检察院应当通过释法说理促使行政相对人回归理性期待，珍惜再审机会，达成和解。由于客观上监督有利于申请监督方（行政相对人），人民检察院的调解意见对其较有说服力，人民检察院也要抓住这一矛盾化解的关键期，积极促成和解。

（三）行政非诉执行监督中化解争议

如行政非诉执行监督案件中，因行政相对人不履行义务被加处罚款且申请检察监督的案件，人民检察院可以介入监督审查。对行政相对人采取补救措施予以改正且确实符合加处罚款减免或者分期履行罚款本金情形的，可以积极协调行政机关处理相关执行事宜，依法达成和解协议，促进争议解决。

（四）对接社会治理中心化解争议

人民检察院应当充分发挥行政检察职能优势，对接行政调解、法院调解、社会调解，加强与法院、行政机关的配合协作，联动调处化解行政争议，立足当事人的合理诉求，做到"一揽子"解决矛盾纠纷，促进矛盾纠纷源头化解。如浙江省所有基层检察院"12309"检察服务中心均入驻社会治理中心（原社会矛盾纠纷调处化解中心），明确相关职能和工作流程，发挥窗口前置作用，参与解决基层矛盾纠纷化解流程，在审查当事人申请监督案件时，发现涉及当事人提起复议、诉讼的其他相关的案件，通过社会治理中心平台，协调法院、行政机关"一揽子"化解行政争议。

---

〔1〕应勇：《高质效办好每一个案件　努力让人民群众在每一个司法案件中感受到公平正义》，载《人民检察》2024 年第 18 期。

〔2〕参见张相军、马睿：《检察机关实质性化解行政争议研究》，载《国家检察官学院学报》2022 年第 3 期。

（五）行政复议和法院诉中调解

人民检察院应当坚持谦抑性原则，立足诉讼监督职能（包括行政非诉执行监督），开展行政争议实质性化解，一般不主动介入诉前化解，但应地方党委、政府及其部门邀请，可以稳妥积极探索参与行政复议阶段化解重大疑难复杂争议，发挥调查核实和司法专业判断等优势，提升调解的社会公信力，将“潜在之诉”化解在萌芽，真正实现诉前解决纠纷的最佳司法状态。协助法院诉中调解旨在解决行政相对人因逾期起诉、驳回起诉等原因而陷入困境，避免程序空转，维护行政相对人的实体利益。如 2010 年 12 月，他人使用王某遗失的身份证在某区市场监督管理局登记设立某设计咨询公司，王某被登记为公司法定代表人。2018 年 8 月，王某在购买车票时发现自己被纳入限制高消费名单，经查询后得知，2016 年因某设计咨询公司欠款未还，王某作为法定代表人被法院列为限制高消费的失信被执行人。2018 年，王某向区市场监督管理局申请撤销登记，该局未予同意。王某向区法院起诉，要求判令区市场监督管理局撤销公司登记。因公司设立发生在 2010 年，法院认为已过起诉期限，按照法律规定应当驳回起诉，无法就王某身份证是否被冒用进行实体审理，但王某提交的证据有表明其身份被冒用的情况确实存在，如果直接驳回起诉，王某就失去救济途径。据此，区法院邀请区检察院参与该案调处化解，区检察院经调查核实后，根据《国家市场监督管理总局关于撤销冒用他人身份信息取得公司登记的指导意见》，向区市场监督管理局发出检察建议，建议撤销公司登记，并抄送区法院。区市场监督管理局依法启动公示和调查程序，撤销了公司登记。[1]

行政争议实质性化解已经成为行政检察工作的重点，在解决当事人合理诉求，促进公正司法和依法行政，维护社会和谐稳定，完善社会治理等方面发挥重要作用，人民检察院应当从以下三个方面进一步加强行政争议实质性化解，确保行政检察工作高质量发展。

第一，充分发挥行政检察监督的实效。检察机关应当将法律监督融入行政争议实质性化解之中，对法院行政审判和执行活动、行政机关作出的行政行为是否合法合理、程序是否正当等进行全面审查后，开展调处化解工作，确保行政争议规范化、法治化、实质性化解。检察机关实质性化解行政争议应当立足法律监督职能，聚焦行政行为合法性问题，辨明是非，监督纠正行政违法行为，切实解决当事人的合理诉求，化解矛盾纠纷，修复正常社会秩序。通过综合运用抗诉、再审检察建议、检察建议、释法说理、公开听证、司法救助等多种途径，实质性化解行政争议，实现定分止争，案结事了。

第二，积极运用检察一体化机制。检察机关通过一体化监督，整合监督资源，依法履职，监督纠正法院错误生效裁判和行政机关的行政违法行为，切实解决行政

---

〔1〕参见最高人民检察院行政检察研究基地、武汉大学行政检察研究中心编：《中国行政检察发展报告（2020 年）》，中国检察出版社 2021 年版，第 428—432 页。

相对人的正当利益诉求，推进行政争议实质性化解。上级检察院可以整合本地区办案力量，上下联动，跨地区协调作战，有利于排除办案阻力，形成行政争议化解合力。根据案件实际情况，上级检察院为就地解决行政争议，可以指令下级检察院通过再审检察建议启动再审，发挥同级监督作用；同时，加强对下业务指导、检查督促，通过案件交办、挂牌督办、跟进监督等方式，确保行政争议实质性化解的实效。《人民检察院开展行政争议实质性化解工作指引（试行）》对检察一体化机制作了具体规定。[1]

第三，加强与法院、行政机关沟通协调。由于实质性化解行政争议的复杂性和专业性，其往往需要行政机关、审判机关和检察机关共同参与争议化解工作，切实发挥各自职能作用，处理好依法行政和切实保障行政相对人权益的关系。检察机关受理的不服行政裁判的申请监督案件，绝大多数经过一审、二审、再审，当事人向检察机关申请监督，其目的是通过检察监督实现其正当利益诉求。因此，在检察机关实质性化解行政争议中，检察人员要避免就案办案、孤立办案，要综合考量案件背景、纠纷成因等，通过平衡协调各方利益，解决当事人的合理诉求。检察机关实质性化解行政争议作为替代性纠纷解决方法，具有高度的协同性，通过协同监督，联合法院、行政机关以及第三方，整合资源，优势互补，合力化解，包括督促行政机关履职、行政补偿、有关单位补助、司法救助；加强与行政调解、法院调解、社会调解的衔接，做到优势互补，形成合力；针对争议化解中发现的行政管理源头性、普遍性问题，通过社会治理检察建议，促进相关部门完善制度机制，提升行政执法能力，促进类案治理、行业治理、系统治理。

■问题与思考

1. 如何理解和适用行政检察监督的依法全面审查原则？
2. 再审检察建议的适用条件及效力保障？
3. 如何把握行政诉讼执行监督的启动条件？
4. 简述检察机关对行政机关行政违法行为监督的条件和程序。
5. 检察机关行政争议实质性化解的属性与科学定位？

■参考阅读

1. 张相军、张步洪、马睿：《修订后〈人民检察院行政诉讼监督规则〉重点条文解读》，载《中国检察官》2021 年第 17 期。

[1] 《人民检察院开展行政争议实质性化解工作指引（试行）》第 29 条第 2 款规定："……对于案情复杂需要调查核实案情，或者需要与当事人多次沟通的案件，上级人民检察院可以交下一级人民检察院办理或协助办理。对符合化解条件的重大疑难复杂敏感案件，上级人民检察院可以挂牌督办，或者和下级人民检察院共同组建临时办案组。下级人民检察院需要上一级人民检察院督导、协调或指挥调度的，可以向上一级人民检察院申请、报告。"

2. 李军、曲新久主编：《行政执法检察监督机制研究》，中国检察出版社 2017 年版。

3. 张步洪：《行政检察制度论》，中国检察出版社 2013 年版。

4. 江必新：《中华人民共和国行政诉讼法理解适用与实务指南》，中国法制出版社 2015 年版。

5. 江必新、梁凤云：《行政诉讼法理论与实务》，中国法制出版社 2016 年版。

6. 姜明安：《论新时代中国特色行政检察》，载《国家检察官学院学报》2020 年第 4 期。

7. 安阳、王焰明、刘东杰：《行政违法行为监督：价值、类型及标准化构建》，载《中国检察官》2023 年第 7 期。

8. 浙江省人民检察院课题组：《检察机关实质性化解行政争议问题研究》，载《浙江大学学报（人文社会科学版）》2022 年第 9 期。

9. 傅国云：《行政检察转型发展的科学定位》，载《人民检察》2019 年第 23 期。

10. 傅国云：《检察机关实质性化解行政争议的属性、定位及效力》，载《人民检察》2022 年第 9 期。

11. 甘肃省人民检察院课题组：《行政非诉执行检察监督研究》，载《行政与法》2020 年第 5 期。

■拓展阅读

第十一章　公益诉讼检察

■ **本章导读**

我国公益诉讼检察是指针对侵害国家利益或者社会公共利益的行为，当法律上没有直接利害关系的主体，或者有直接利害关系的主体不愿提起诉讼时，由法律授予没有直接利害关系的检察机关提起的非自利性诉讼。本章重点梳理公益诉讼检察制度的发展历程、制度定位、受案领域、类型划分和内外衔接，同时介绍了行政公益诉讼和民事公益诉讼的制度内容。检察公益诉讼是习近平法治思想在公益保护领域的生动实践和原创性成果，已成为习近平法治思想的标识性概念之一。要深刻领会以习近平同志为核心的党中央推动创设公益诉讼检察制度的政治考量、战略考量、法治考量，从公益诉讼检察制度的发展沿革中把准着力方向、把握内在规律，完善公益诉讼检察制度。

第一节　公益诉讼检察概述

最高人民法院、最高人民检察院于2018年3月1日出台的《关于检察公益诉讼案件适用法律若干问题的解释》中正式提出了“检察公益诉讼”的概念。[1]公益诉讼检察制度甫一创立便饱受争议，认知偏见和制度空白是众多误解的主要原因。中国特色公益诉讼检察制度的基础在于确定“公共利益”。不同的公共利益界定方式决定了不同的公益诉讼制度构建路径。通常认为，我国公益诉讼检察保护的是国家利益（包括社会主义的制度公益）和很难通过私人诉讼来保护的分散性社会公共利益。我国长期遵循“家国一体”的政治结构[2]，国家利益与社会公共利益之间的区分并不明确。从公益的主体来看，既存在由国家独占的公益，如国有土地、自然资源由国家所有的规定；也存在可归属于特定群体的公共利益，如妇女、儿童、农民工等弱势群体利益；还存在分散的社会公益，如环境、传统文化遗产、食品药

〔1〕从制度层面看，一般称为“检察公益诉讼制度”；实践中，用于表述与刑事检察、民事检察、行政检察并列的一项检察职能时，称为“公益诉讼检察”。本书主要介绍这项制度，故在正文中统一使用“检察公益诉讼”。

〔2〕参见费孝通：《乡土中国》，北京出版社2004年版，第29—40页。

品安全等领域。对于法律明确规定由国家独占的公益[1]，应当首先由国家机关作为公益代表机关；对于既涉及公益也涉及私益的群体性或分散性社会公益领域，应当建构公益保护与私益保护并行不悖的机制。群体性与同类性社会公益受到损害时可以由社会组织或公民提起诉讼。而分散性社会公益受到损害时因影响范围广、受损害人数众多，很难找到利益代表者，即便有利益代表者也会出现不愿被“搭便车”等原因，既无动力也无能力提起诉讼。从严格意义上来讲，我国并没有形成典型的市民社会，单靠市民社会内部成员自主交涉或通过社会组织提起公益诉讼的方式无法解决一些深层次的根本性难题。从我国公共利益的保护机制来看，一般由行政机关代表国家利益和社会公共利益履行保护职责，但因行政机关同时又是利益的所有者与管理者，既是参与者又是裁判者，客观上很难充分行使好保障“两益”的职责。在这种情况下应认同国家对社会的适度干预，也倡导引入新的公权机关提升保护“两益”的效果。公益诉讼检察制度的探索是一次自发而生的本土试验。目前经过《行政诉讼法》《民事诉讼法》的修改，以及《英雄烈士保护法》《安全生产法》《个人信息保护法》等诸多法律中增加了单行的公益诉讼条款，公益诉讼检察的制度支撑逐渐充实。《中共中央关于加强新时代检察机关法律监督工作的意见》、党的二十大报告对公益诉讼制度的重视，更是昭示着公益诉讼检察制度光明的发展前景。

一、我国公益诉讼检察制度的发展历程

检察机关提起民事公益诉讼在西方虽偶有实践，却绝无检察机关作为唯一有权主体提起行政公益诉讼的系统性制度架构。正确认识我国公益诉讼检察制度必须要有本土意识、整体观念，并对之进行历史评价。

（一）第一阶段：以原告身份代表国家提起民事诉讼

20 世纪 80 年代末期，我国经济面临制度性的发展困境。1993 年，中国共产党第十四届中央委员会第三次全体会议通过《中共中央关于建立社会主义市场经济体制若干问题的决定》，提出经济体制改革总体方针是“转换国有企业经营机制，建立现代企业制度”。在这一改革方针的指引下，大批中小型企业退出国有体制，转变为非国有经济。与此同时，企业改制中也出现了大量国有资产被廉价变卖导致国家利益受损的问题。河南省方城县独树镇工商所就将价值 6 万余元的门面房以 2 万元的价格卖给私人，检察机关接到举报后从职务犯罪侦查的角度进行调查，发现贱卖行为不构成犯罪，但是如何防止行政机关低价变卖国家资产是摆在检察机关面前的难题。由此，检察机关进行制度创新，以原告身份提起民事诉讼，要求法院认定转让的民事行为无效。法院经过审查作出了认定合同无效的判决。检察机关这一尝试产生了良好的社会效果，获得各方支持。之后，河南省将方城县人民检察院的经验进行推广。当时，该类诉讼并不称为民事公益诉讼，而是检察机关直接以原告身

[1] 参见《宪法》第 7、9、10 条。

份提起的民事诉讼，目的是监督行政机关依法行使职权，防止国有资产流失。

（二）第二阶段：民事诉讼原告身份被终止，探索督促起诉制度

“方城经验”逐渐在全国检察系统推广，但2004年最高人民法院在一个复函中叫停了检察院以原告身份提起民事诉讼的尝试。[1]最高人民检察院随后出台《关于严格依法履行法律监督职责推进检察改革若干问题的通知》（高检发〔2004〕14号），明确规定“检察机关不得对民事行政纠纷案件提起诉讼。那些年一些地方检察机关试行了提起民事行政诉讼，鉴于这一做法没有法律依据，尚需进一步研究、探索，今后，未经最高人民检察院批准，不得再行试点”。然而，国有资产流失、公共利益受损的现实问题比较严峻，检察院在履行职责中仍然不断发现线索。为了解决实际问题，检察机关转而通过刑事附带民事诉讼的方式保护国家利益和社会公共利益，同时探索建立督促起诉制度。所谓民事督促起诉，是指针对正在流失或即将流失的国有资产，监管部门不行使或怠于行使自己的监管职责，检察机关以监督者的身份，督促有关监管部门履行其职责，依法提起民事诉讼，保护国家利益和社会公共利益的机制。[2]从当前视角反观之，所谓的“民事”督促起诉制度，是在宪法监督缺位，没有确立公法规范与原则具有统领地位的时代，简单地将法律监督行为归为民事法律行为，最终却将国家利益和社会公共利益的司法保护机制引向了错误方向。[3]

（三）新阶段：探索建立检察机关提起公益诉讼制度

伴随我国经济的迅速发展，国家利益和社会公共利益易受侵害的状况并没有得到根本改观，反而愈演愈烈。随着法治国家建设和司法改革的不断深化，实务部门对于检察权的法律监督属性、监督对象、监督客体及监督手段有了更为明确、深刻的认知。据中华环保联合会统计，我国2000年至2013年环境诉讼案件总计60起，其中近1/3是由检察机关和行政机关作为原告提起的诉讼。[4] 2014年10月23日，党的十八届四中全会通过的《中共中央关于全面推进依法治国若干重大问题的决定》提出，“探索建立检察机关提起公益诉讼制度”。在此背景下，首例检察环境行政公益诉讼案“金沙县人民检察院诉金沙县环保局案”虽以撤诉告终，但检察机关提起的公益诉讼被审判机关受理并作出裁定充分展现了检察机关和审判机关在保护公益方面的积极性。

2015年7月1日，第十二届全国人民代表大会常务委员会第十五次会议授权最高人民检察院在13个省、自治区、直辖市的部分市级与基层检察院开展为期两年的

---

〔1〕参见最高人民法院〔2004〕民立他字第53号。

〔2〕参见傅国云：《论民事督促起诉——对国家利益、公共利益监管权的监督》，载《浙江大学学报（人文社会科学版）》2008年第1期。

〔3〕参见刘艺：《检察公益诉讼的司法实践与理论探索》，载《国家检察官学院学报》2017年第2期。

〔4〕参见杨伟伟、谢菊：《新环保法视角下环保NGO公益诉讼分析》，载《城市观察》2015年第2期。

公益诉讼试点工作。7月2日，最高人民检察院公布《检察机关提起公益诉讼改革试点方案》（以下简称《试点方案》）。自此，检察机关作为"国家力量"登上了公益诉讼的舞台。在经历了两年检察公益诉讼试点的探索实践后，2017年6月27日第十二届全国人民代表大会常务委员会第二十八次会议通过《关于修改〈中华人民共和国民事诉讼法〉和〈中华人民共和国行政诉讼法〉的决定》，最终确立了公益诉讼检察制度。2018年3月1日，最高人民法院、最高人民检察院出台《关于检察公益诉讼案件适用法律若干问题的解释》（以下简称《解释》），为公益诉讼检察提供指引。2020年《民法典》通过后，"两高"对《解释》进行了部分修改。《中共中央关于加强新时代检察机关法律监督工作的意见》对公益诉讼检察作出最新指示。党的二十大报告提出"完善公益诉讼制度"。第十四届全国人民代表大会常务委员会在五年立法规划（2023—2027年）中明确"制定公益诉讼法"。

二、我国公益诉讼检察制度的定位

（一）作为法律监督机制的公益诉讼检察制度

公益诉讼检察与检察机关作为法律监督机关的宪法定位密切相关。从我国宪法史的角度来看，检察机关法律监督职能的内涵与外延一直处在变动之中。1949年《中国人民政治协商会议共同纲领》和《中华人民共和国中央人民政府组织法》规定，最高人民检察署的职权是对政府机关、公务人员和全国国民之严格遵守法律，负最高的检察责任。1949年批准的《中央人民政府最高人民检察署试行组织条例》和1951年公布的《中央人民政府最高人民检察署暂行组织条例》规定，检察机关代表国家公益参与有关全国社会和劳动人民利益之重要民事案件及行政诉讼的职责。1949年10月至1954年9月，检察署的工作重心放在了监督公安机关是否严格遵守法律方面。1954年《宪法》和《人民检察院组织法》调整了检察机关属性，但检察机关的职能仍然包括最高检察监督职责和代表国家公益参与有关全国社会和人民利益的重要民事案件，删除了对公民违法行为（尚未构成犯罪）的检察监督与检察机关参与行政案件的内容。[1] 1958年，张鼎丞检察长在第四次全国检察工作会议的总结中对于"检察机关是否参与民事诉讼"的问题，提出"检察机关参与民事诉讼没有必要，因为私与私之间的纠纷，由群众调解和法院判决来处理，无须检察机关参与；公与公之间的纠纷，主要由党政领导机关根据有关政策和实际情况处理，更不是通过诉讼手段所能解决的"。[2] 1958年之后，检察机关介入民事诉讼、行政诉讼就终止了。[3] 1978年《宪法》虽然恢复了检察机关的设置，但检察权的范围主要限定在刑事诉讼领域。实际上，受1957年"反右"斗争、"文化大革命"等影响，由

〔1〕 参见孙谦主编：《人民检察制度的历史变迁》，中国检察出版社2009年版，第228页。
〔2〕 参见闵钐、薛伟宏：《共和国检察历史片断》，中国检察出版社2009年版，第169页。
〔3〕 参见王桂五主编：《中华人民共和国检察制度研究》，中国检察出版社2008年版，第258页。

人民检察院组织法确立的“最高检察监督”和“一般监督”被打上特殊标签[1]，成为检察机关行使法律监督权的主要桎梏。1979年《人民检察院组织法》第5条再次将检察机关的职责限定在刑事诉讼领域。之后《民事诉讼法》和《行政诉讼法》虽然都规定了检察机关有权对民事、行政诉讼活动进行监督的职责，但《人民检察院组织法》第5条一直未作相应修改。2018年修订的《人民检察院组织法》第20条完整地规定了检察机关有权行使刑事侦查权、批捕权、公诉权、公益诉权、诉讼监督权、裁决执行的监督权等法律规定的职权。

根据《宪法》第134条的规定，中华人民共和国人民检察院是国家的法律监督机关，依法行使法律监督权。无论从法律监督的字面含义还是从实际的法律规定来看，法律监督机关并不是纯粹的刑事法律监督机关，其职能也应当包括民事和行政法律监督。检察机关提起公益诉讼正是其履行法律监督职能的一种方式。政府是行政管理领域国家利益和社会公共利益的代表。无论行政机关是客观上无能力还是主观上无意愿执行法律，由此造成国家利益和社会公共利益损害的，检察机关都可以请求法院对行政行为进行裁判，促使行政机关积极行使职权以符合法律的要求。[2]因此，由检察机关代表公益提起公益诉讼，是对1954年《宪法》确立的法律监督机关职责的回归。

（二）作为国家治理机制的公益诉讼检察制度

公益诉讼检察制度是一项国家治理机制。无论是构建还是运行公益诉讼检察制度，各机关之间的关系不宜从权力消长角度行使权力，而应从治理目标实现和遵循客观规律角度履行职能，务必防止为了个人政绩和部门利益盲目执法。

从历时性视角来看，在公益诉讼检察制度建构历程中各机关的关系概括为“推动—回应”“内聚—磨合”和“协同—完善”三个阶段的三种形态。一是“推动—回应”阶段。在试点阶段，党和国家将公益诉讼制度改革确立为由检察机关推动的任务。这一阶段检察机关是最积极的改革者，而审判机关与行政机关则更多是回应者和适应者。公益诉讼检察制度正是在这种“推动”和“回应”的过程中逐步探索并最终建立的。二是“内聚—磨合”阶段。随着试点改革的推进与深入，尤其是在2017年《民事诉讼法》《行政诉讼法》修改之后，各机关之间的关系进入了一个新的阶段，即内聚调适阶段，各机关基于不同原因都从内部加强了关于公益诉讼检察的组织或机制建设。所谓内聚式的整合，主要是加强各机关内部相同要素的整合，包含升级和改善各机关之间在公益诉讼领域的信息、业务等沟通机制等。三是“协同—完善”阶段。随着内部调适告一段落，各机关间的关系更多表现为协同共进。主要表现为一系列意在协调各机关立场、机制和程序的文件出台，并联合开展专项

---

〔1〕 参见《驳刘惠之的“最高监督论”》，载《人民日报》1958年1月7日，第7版。

〔2〕 参见刘艺：《准确理解和把握公益、诉讼、试点概念的内涵》，载《检察日报》2015年10月23日，第3版。

行动机制。

从共时性角度看，公益诉讼检察的运行过程已经形成了多维交错的网状治理结构。一是主体网状结构。在公益诉讼检察的治理网络中，检察机关与行政机关、审判机关形成了主体层面的网状关系。从实际情况看，这种主体网状结构还拓展到与公益相关的公民、法人及其他组织。二是信息网状流动。在这一信息网状流动的过程中，检察机关是一个信息甄别和转化中心。公益受损或可能受损的信息经过检察机关审查和甄别后，通过制度途径启动相关司法程序。三是程序网状结构。在公益诉讼检察中，无论是起诉前程序还是审判程序，使检察机关、行政机关、审判机关、社会组织的工作形成了彼此勾连的网状结构。从公益保护实效来看，这些主体的勾连机制并不都以审判程序为重点，大部分是以起诉前程序为中心。四是效果网状关联。公益诉讼检察能够引起涉及领域很广的法律和事实上的效果。这些事实效果和法律后果之间往往也具有广泛和深入的联系，从而形成网状的关联。在网状结构中，各方参与主体恪守公益诉讼检察中不同的权力（权利）功能定位。检察权对立法权进行承接与延伸，对行政权进行补充与协调，与审判权进行分立与配合，与公民权进行衔接与合作。〔1〕

三、公益诉讼检察的受案领域

全国人民代表大会常务委员会授权试点决定确定的受案范围是生态环境和资源保护、国有资产保护、国有土地使用权出让、食品药品安全等领域。2017 年《民事诉讼法》《行政诉讼法》修改之后，行政公益诉讼受案范围包括生态环境和资源保护、食品药品安全、国有财产保护、国有土地使用权出让等领域，民事公益诉讼受案范围包括生态环境和资源保护、食品药品安全侵害众多消费者合法权益等领域。对比全国人民代表大会常务委员会决定和修改后的《民事诉讼法》《行政诉讼法》可以发现：首先，生态环境和资源保护领域自始是民事公益诉讼和行政公益诉讼保护的共同领域，也是检察机关提起公益诉讼占比最多的领域。在生态环境和资源保护领域，国家和社会公共利益最容易受到侵害。赋予检察机关在该领域提起行政公益诉讼的权力，可以及时保护受损的生态环境和资源，助力生态文明建设，从而维护国家利益和社会公共利益。其次，在试点期间食品药品安全领域仅为民事公益诉讼的受案领域，不属于行政公益诉讼的列举受案领域范围。但食品药品安全领域也存在较多行政机关违法履职导致国家和社会公共利益受到损害的情形。实践中，一些地方政府对食品药品安全领域的违法生产和销售行为监管不严，执法不作为、慢作为问题突出。《行政诉讼法》修改后，检察机关可以有效监督行政机关依法履行职责，保障百姓的身体健康和生命安全。再次，保护国有财产是维护国家利益的重要内容。2015 年全国人民代表大会常务委员会授权试点决定中的表述是“国有资产保护”，而修改后的《行政诉讼法》将其表述为“国有财产保护”，较之“资产”

---

〔1〕 参见刘艺：《论国家治理体系下的检察公益诉讼》，载《中国法学》2020 年第 2 期。

而言，“财产”的范围更加广泛。这一措辞上的变化实际上拓展了检察机关提起行政公益诉讼的范围，加强了对国有财产的保护力度。最后，国有土地使用权出让与国有财产密切相关。《行政诉讼法》之所以将国有土地使用权出让与国有财产保护分开列举，是因为实践中在国有土地使用权出让领域，国家利益受到侵害的问题极为突出。为重点保护国有土地使用权出让领域中的国家与社会公共利益，法律将国有土地使用权出让单列为重点领域。

关于《行政诉讼法》中行政公益诉讼受案范围中的“等”是“等内等”还是“等外等”，早期存在较大分歧。《中共中央关于坚持和完善中国特色社会主义制度推进国家治理体系和治理能力现代化若干重大问题的决定》明确指出要“拓展公益诉讼案件范围”。《中共中央关于加强新时代检察机关法律监督工作的意见》明确要求“积极稳妥拓展公益诉讼案件范围，探索办理安全生产、公共卫生、妇女及残疾人权益保护、个人信息保护、文物和文化遗产保护等领域公益损害案件”。这为检察机关进行公益诉讼“等外”领域探索提供了方针指引和政策依据。因此，在不修改《行政诉讼法》的前提下，应将第25条第4款的“等”字作“等外等”解释。目前专门立法或单行法律也在不断地明确扩大检察机关提起公益诉讼的范围。2018年5月1日生效的《英雄烈士保护法》首次明确了英雄烈士保护为“等外”法定领域。虽然从条文表述上，立法授权的是民事公益诉讼，但在该法通过的次日，最高人民检察院原民事行政检察厅印发《关于贯彻〈中华人民共和国英雄烈士保护法〉捍卫英雄烈士荣誉与尊严的通知》，要求各级检察机关“对于属于国有文物的英雄烈士纪念设施”，符合起诉条件，“可以提起行政公益诉讼”。后续检察机关办理英雄烈士保护领域公益诉讼案件并未局限于民事公益诉讼。此后随着《未成年人保护法》《军人地位和权益保障法》《安全生产法》《个人信息保护法》《反垄断法》《农产品质量安全法》《反电信网络诈骗法》《妇女权益保障法》《无障碍环境建设法》《文物保护法》等法律的制定或修改，未成年人保护、军人荣誉名誉权益保障、安全生产、个人信息保护、反垄断、反电信网络诈骗、农产品质量安全、妇女权益保护等领域成为新的法定领域。

四、公益诉讼检察的类型划分

公益诉讼检察制度在设立之初包括检察行政公益诉讼和检察民事公益诉讼两大类型，但在实践中发展出了刑事附带民事公益诉讼这一重要类型，也出现了行政公益诉讼附带民事公益诉讼。

（一）单独提起行政公益诉讼或者单独提起民事公益诉讼

在生态环境和资源保护、食品药品安全等领域中，在相对人违反行政法律规范造成公益受损且行政机关存在不作为或违法作为的情况下，检察机关既可以单独提起民事公益诉讼，也可单独提起行政公益诉讼，还可以直接提起行政公益诉讼附带民事公益诉讼。原则上，检察机关应优先办理行政公益诉讼案件督促行政机关积极履职，突出行政机关保护公共利益的优先地位，发挥行政机关保护公益的优势。如果行政机关已经履职，检察机关提起民事公益诉讼则被视为行政执法的补充。这时检察机关单独提起民事公益诉讼主要是针对行政执法仍然未能阻止公益继续损害或者行政处罚不足以填平公益受损等情形。因为赔偿或者惩罚性赔偿可以弥补行政法律规范罚款金额设置过低的不足，赔礼道歉可以弥补行政法律规范缺乏恢复名誉的责任形式的不足。除了生态环境和资源保护、食品药品领域，检察机关还可以依据《安全生产法》第74条第2款、《军人地位和权益保障法》第62条、《未成年人保护法》第106条、《个人信息保护法》第70条、《妇女权益保障法》第77条、《农产品质量安全法》第79条第2款等条款单独提起民事公益诉讼或者单独提起行政公益诉讼。

（二）刑事附带民事公益诉讼

这种诉讼类型最早规定于2018年《解释》，该文件明确了“由人民法院同一审判组织审理”“由审理刑事案件的人民法院管辖”等规定。但在试点期间，检察机关已经探索提起刑事附带民事公益诉讼。刑事附带民事公益诉讼产生的内在原因是现实的刚性需求。在相当多的案件中，刑事责任与民事责任具有明显的关联性。尤其是破坏生态环境和资源、侵害食品药品领域众多消费者权益的行为往往既涉嫌刑事犯罪，又构成民事侵权。刑事附带民事公益诉讼的功能是该项制度在社会大结构运行中与各种复杂因素发生互动的客观结果。综合来看，该诉讼类型超越了单一诉讼类型的效果，产生了协同效应，主要表现在增强、疏通和平衡三个方面：第一，增强刑事诉讼和民事公益诉讼的效能，促进法益和公益保护功能协同发挥；第二，疏通刑民诉讼关系，提高司法治理效能；第三，平衡诉讼各方地位，促进诉讼结构公平。

（三）行政公益诉讼附带民事公益诉讼

虽然行政公益诉讼与民事公益诉讼在受案范围、诉讼顺序、诉权性质、诉讼标的、证明责任等方面存在一定的差异。但公益保护是二者共同的初衷和依归，二者存在协同融合的可能性。在环境领域，行政责任与民事责任之间通常有因果关系或是互为先决性因素。因此，如果存在环境民事侵权的情形，一般也存在行政违法行为，检察机关可以一并提起行政公益诉讼附带民事公益诉讼，一方面可以纠正行政机关的违法行为，另一方面可以解决民事损害赔偿问题，从而更加全面彻底地保护公益。如“吉林省白山市检察院诉白山市江源区卫生和计划生育局及江源区中医院行政附带民事公益诉讼案”，作为全国首例行政公益诉讼附带民事公益诉讼案起到了很好的示范效应。

第二节　行政公益诉讼

行政公益诉讼是一种重要的公益诉讼检察类型。在我国行政诉讼制度中，公益诉讼长期处于缺位状态，主要原因是我国对行政诉讼的功能定位一直有“抑客扬主”的倾向，注重向主观诉讼维度拓展而忽视了客观诉讼维度。2017 年《行政诉讼法》修改之后，正式确立行政公益诉讼。但是行政公益诉讼只有符合客观诉讼逻辑，才能得到清晰阐述和良性发展。

一、行政公益诉讼的客观诉讼特征

通说认为，客观诉讼理论由法国学者莱昂·狄骥创立，后经德国、日本学者借鉴，成为大陆法系行政诉讼法学的重要构件。[1] 莱昂·狄骥认为，客观诉讼首要标准是诉讼标的，即违背的是客观法律和法律地位，而非当事人主观权利；其次是原告资格不局限于直接利害关系人，有间接、道德的关系也可成为原告[2]；再次是诉讼功能旨在于保证行政行为合法性，而非针对当事人个人权利；最后是判决效力具有对世性[3]。我国行政公益诉讼的客观诉讼特征表现在以下几个方面：

（一）行政公益诉讼以违法造成实际损害为起诉条件并以实质合法性为审查标准

检察机关提起诉讼时，应当提供行政行为违法或者不作为造成公共利益受到具体侵害的证据。行政公益诉讼追究的“不履行法定职责”的范围也比传统行政法学说中认定的范围更大。检察机关认定“是否履职”的依据并不局限于法律规定，还要求行政机关依据法律原则和精神从实现行政任务角度积极履行职责、纠正其怠于执法行为。这是一种结果导向的转变：出于切实保护公益的需要，行政公益诉讼扩展了“合法”的含义。法院对行政公益诉讼案件的审查也不局限于形式合法性，还依据过错原则进行实质合法性审查。在经过起诉前程序之后是否需要提起公益诉讼的问题上，检察机关坚持了实质合法性为主、形式合法性为辅的判断标准。从具体案例中可知，行政机关不仅要履行程序上的职责，检察机关还会考量行政机关纠正违法行为或者履行职责的期限、勤勉程度、是否穷尽所有法定手段，以及履职的实际效果等。行政公益诉讼案件实际上将“形式合法性”审查标准拓展到了“维护客观法秩序”的层面。[4]

（二）行政公益诉讼受案范围从行政行为扩展到行政活动

如果行政活动违法，检察机关的起诉可能会指向多个行政机关，也可能会指向一个行政机关的多个行政行为或者行政机关与事实行为等混合行为，甚至人民法院关于非诉执行行为的裁定。根据《人民检察院公益诉讼办案规则》第 68 条规定，对于行政机关作出的行政决定，行政机关有强制执行权而怠于强制执行，或者没有强制执行权而怠于申请人民法院强制执行的；在人民法院强制执行过程中，行政机关违法处分执行标的的；根据地方裁执分离规定，人民法院将行政强制执行案件交

---

〔1〕 参见于安：《行政诉讼的公益诉讼和客观诉讼问题》，载《法学》2001 年第 5 期。

〔2〕 参见［法］莱昂·狄骥：《公法的变迁·法律与国家》，郑戈、冷静译，辽海出版社、春风文艺出版社 1999 年版，第 151 页。

〔3〕 参见王名扬：《法国行政法》，中国政法大学出版社 1988 年版，第 570 页。

〔4〕 参见刘艺：《构建行政公益诉讼的客观诉讼机制》，载《法学研究》2018 年第 3 期。

由有强制执行权的行政机关执行，行政机关不依法履职的；其他行政强制执行中行政机关违法行使职权或者不作为的情形，公益诉讼检察部门都可以立案。但学界对此有诸多质疑，认为只有当行政机关有执行权时，应履行而不履行时才能进行监督。而行政机关无强制执行权，申请人民法院非诉执行时，应由行政检察部门进行监督。因为行政检察部门可以“一手托两家”，既对人民法院的裁定行为进行监督，也可以对行政机关应申请执行而未申请或者人民法院裁定由行政机关执行而行政机关未执行或者未依法执行等情形进行全面监督。

（三）行政公益诉讼中检察机关主要提起确认之诉与责令履职之诉

从实践数据来看，检察机关主要提起责令履职之诉，确认之诉次之，提起撤销之诉的比例反而最小。这与普通行政诉讼的情况差别较大。但主观诉讼中的确认之诉是纯粹的程序法上的制度，是效力最弱的权利保护形式，既不能依其进行强制执行，也不能依其改变法律关系。其仅要求法官对法律关系的存在或不存在进行确认，并以此排除当事人间法律状况的不确定性。在检察公益诉讼制度试点期间，确认违法和责令履行职责的两个诉讼请求通常是一并提出的，绝大多数案件都将确认违法作为提起责令履行职责的充分条件，检察机关通常是针对行政不作为提起确认违法之诉，而为了达到法律实施的目的，又一并提出责令行政机关履行法定职责的诉讼请求。主观诉讼的救济功能仅停留在诉求的实现层面，而客观诉讼则不仅要纠正正在发生的违法行为，还要通过确认判决定性以前发生的违法行为，避免同类违法行为再次发生，从而维护法律的权威。而检察机关一并提起确认之诉和履责之诉，要求人民法院对法律关系、事实、法律问题予以回应，并为这些客体提供保护，让其免受干扰或者承认这些法律关系、法律问题、事实，符合客观诉讼的特征。

二、行政公益诉讼的制度内容

（一）线索收集

无论是试点时期的《人民检察院提起公益诉讼试点工作实施办法》，还是试点结束后的《行政诉讼法》《解释》，均将行政公益诉讼的案件来源限定于“履行职责中”。从实践情况来看，若将“履行职责中”狭义地理解为检察机关在行使《人民检察院组织法》和《刑事诉讼法》中明确规定的公诉、批捕、诉讼监督、执行监督等职责过程中所发现的案件线索，必将使检察机关提起行政公益诉讼工作受到掣肘，影响维护国家利益和社会公共利益的效果。2021 年 7 月 1 日起施行的《人民检察院公益诉讼办案规则》第 24 条明确将公益诉讼案件线索的来源规定为：自然人、法人和非法人组织向检察机关控告、举报，检察机关在办案中发现，行政执法信息共享平台上发现，国家机关、社会团体和人大代表、政协委员等转交，新闻媒体、社会舆论等反映。该规定对“履行职责中”采取了最广义的理解。这样的解释能够让检察机关更好履行法律监督职能，化解检察机关无法直接获取线索的困境。《中共中央关于加强新时代检察机关法律监督工作的意见》明确要求“建立公益诉讼检察与行政执法信息共享机制”，实践中各地积极建立行政公益诉讼举报平台，完善国家监察机关、行政执法机关与检察机关信息共享等机制，扩大行政公益诉讼的线索来源渠道。

（二）案件管辖

《行政诉讼法》第 14 条规定：“基层人民法院管辖第一审行政案件。”《行政诉讼法》也规定了由中级人民法院、高级人民法院和最高人民法院管辖第一审行政案件的情形。《解释》第 5 条第 2 款规定：“基层人民检察院提起的第一审行政公益诉讼案件，由被诉行政机关所在地基层人民法院管辖。”根据上述规定，行政公益诉讼案件一般由基层人民检察院和基层人民法院管辖，但并不排除由更高层级的检察院和法院管辖。《人民检察院公益诉讼办案规则》对该管辖进行了细化，将行政公益诉讼管辖分为检察机关的立案管辖与诉讼管辖两种类别。在立案层级管辖方面，检察机关办理行政公益诉讼案件，由行政机关对应的同级检察机关进行管辖；但被告为一级人民政府，可由上一级检察机关进行立案管辖。在立案地域管辖方面，公益损害范围涉及两个以上行政区划的公益诉讼案件，可由共同的上一级检察机关管辖。可以认为，该规定间接确立了“结果损害地”的地域管辖原则，即行政公益诉讼由公益损害地的检察机关管辖。不论是层级管辖还是地域管辖，跨区划管辖工作机制优先于前述规定。检察机关发现公益诉讼案件线索不属于本院管辖的，应当制作《移送案件线索通知书》，移送有管辖权的同级检察机关，受移送的检察机关应当受理。受移送的检察机关认为不属于本院管辖的，应当报告上级检察机关，不得自行退回原移送线索的检察机关或者移送其他检察机关。检察机关发现公益诉讼案件线索属于上级检察机关管辖的，应当制作《报请移送案件线索意见书》，报请移送上级检察机关。

根据《人民检察院公益诉讼办案规则》，诉讼管辖相对独立于立案管辖，检察机关立案管辖与人民法院诉讼管辖级别、地域不对应的，具有管辖权的检察机关可以先立案，需要提起诉讼时，将案件移送给有诉讼管辖权的人民法院对应的同级检察机关提起诉讼。自 2008 年开始，人民法院不断推进交叉管辖、类案集中管辖改革、与行政区划分离的相对集中管辖、专门法院管辖等改革举措，但上述机构改革没有与公益诉讼检察进行全面通盘规划，致使行政公益诉讼的管辖图景异常复杂，出现行政机关、检察机关、人民法院管辖区域“两分离”“三分离”及“更加复杂分离”等情况。[1] 立案管辖与诉讼管辖相对分离的规定对于协调当前法检管辖区域“分离”具有重要意义。但目前法检对于不同类型案件管辖的差异，则需要未来加强顶层统筹。行政公益诉讼与民事公益诉讼案件若要一并审理，会在管辖问题上遇到不同管辖原则之间的冲突。最高人民检察院在试点期间曾出台《关于深入开展公

---

〔1〕 参见刘艺：《行政公益诉讼管辖机制的实践探索与理论反思》，载《国家检察官学院学报》2021 年第 4 期。

益诉讼试点工作有关问题的意见》，规定各试点省级检察机关可以与省高级人民法院进行沟通，协调管辖问题。但是，省级法院、检察院会签的文件中，并未就管辖规则达成一致意见。在具体案件办理中，普遍存在法检无法协调管辖权的制度阻碍。最高人民法院推行专门法院集中管辖改革的阶段性问题也带来了附带诉讼管辖原则协同的困难。大多环境资源法庭仍然采用的是民事案件、部分行政案件准“二合一”归口审理模式，未实现“二合一”“三合一”模式的地区，检察机关提起行政公益诉讼与民事公益诉讼案件就会出现人民法院统一受理受阻的问题。

（三）受案范围

除受案领域外，行政公益诉讼受案范围还受到行政行为类型的限制。根据《行政诉讼法》第25条第4款规定，行政行为的类型应该是行政机关作出行政行为或者不作为，并不包括事实行为、准行政行为等。虽然实践中检察机关办理了许多针对事实行为的案件，比如从保护生态环境角度督促有关部门清扫垃圾（事实行为）、从维护公共安全角度督促有关部门维护井盖等公共设施（事实行为）。检察机关的理由是这些事项都有政府的专项资金支持，虽属事实行为，但怠于履职都可以监督。2014年修改《行政诉讼法》时，也将部分事实行为纳入受案范围。但是，检察机关的诉权必须有法律明确授权，不能任意扩大。而且事实行为的履行有关善治，而并非严格意义的法治问题。因此，在无法律明确授权的情况下，不建议检察机关将有限的人力物力投入对事实行为的监督领域。

行政行为的执行行为并不必然符合受案范围的要求。如现行法律规定国有土地出让金追缴通过民事诉讼方式执行，而不是交由行政非诉执行机制去实现。试点期间，检察机关对于流失的国有土地出让金采取了非诉执行与民事诉讼追缴并行的方法。当前检察机关不以行政公益诉讼而以民事诉讼或者民事公益诉讼的方式办理国有土地出让金追缴案件的趋势越来越明显。而其他行政非诉执行案件是否属于受案范围，理论界与实务界存在分歧。《人民检察院公益诉讼办案规则》第68条将行政非诉执行行为全部纳入行政公益诉讼受案范围。行政公益诉讼制度与非诉执行机制衔接问题，还涉及检察机关内部公益诉讼检察部门与行政检察部门的职能划分。若作出行政决定的行政机关有强制执行权，则应将行政决定未完全执行的案件纳入行政公益诉讼范围；而当作出行政决定的行政机关没有强制执行权，只能申请人民法院非诉执行时，则可以将该案移交给检察机关的行政检察部门办理，因为此种情况下需要一并审查人民法院的非诉执行裁决。《人民检察院公益诉讼办案规则》第68条第2项、第3项的非诉执行行为，更适用由行政检察部门进行监督。

（四）登记立案

《人民检察院公益诉讼办案规则》第25条规定，检察机关对公益诉讼案件线索实行统一登记备案管理制度。重大案件线索应当向上一级检察机关备案。检察机关其他部门发现公益诉讼案件线索的，应当将有关材料及时移送给公益诉讼检察部门。检察机关应当对公益诉讼案件线索的真实性、可查性进行评估，可能存在违法行为的，应当立案调查。检察机关对案件线索进行评估后提出立案或者不立案意见的，应当制作《立案审批表》，经过初步调查的附《初步调查报告》，报请检察长决定后制作《立案决定书》或者《不立案决定书》。

在立案环节，相应行政案件若既存在行政机关违法或行政不作为情形，又存在公民法人或者其他组织违法侵害公共利益的行为，检察机关应优先选择进行行政公益诉讼案件的立案。由于行政公益诉讼立案后，行政机关通常会积极整改，实践中也探索出先进行磋商后根据整改情况决定是否立案的更为灵活的办案方式。

（五）起诉前程序

起诉前程序是行政公益诉讼相较于一般行政诉讼的特有程序，也是检察机关向法院提起诉讼的前置必经程序和重要环节。经过7年行政公益诉讼实践，证明起诉前程序在整个行政公益诉讼制度中发挥着重要作用。起诉前程序一方面极大节约了行政公益诉讼成本，提高了行政公益诉讼效率；另一方面为检察机关法律监督提供了弹性空间，有利于平衡好检察监督权与行政权的关系。《解释》第21条将规范重点放在检察建议的期限问题上，将《试点方案》中规定的“一个月”期限延长至“两个月”。这主要考虑到行政公益诉讼要求行政机关实质性履职，应给行政机关留有较为充足的履职时间。司法解释将行政强制措施检察监督与行政公益诉讼制度结合创立了行政公益诉讼的诉前紧急程序，即“出现国家利益或者社会公共利益损害继续扩大等紧急情形的，行政机关应在15日内书面回复检察建议”。

《人民检察院公益诉讼办案规则》对检察建议的主要类型、适用范围、调查办理和督促落实程序等内容予以规定，在很大程度上解决了检察建议依据不足、社会治理类检察建议无法可依的问题。根据《人民检察院公益诉讼办案规则》规定，检察长决定向行政机关制发检察建议，应当在3日内将《检察建议书》送达行政机关，并在送达之日起5日内向上一级检察机关备案。行政机关拒绝签收的，应当在送达回证上记录，把《检察建议书》留在其住所地，并可以采用拍照、录像等方式记录送达过程。检察机关可以采取宣告方式向行政机关送达《检察建议书》，必要时，可以邀请人大代表、政协委员、人民监督员等参加。检察机关制发的《检察建议书》应当包括行政机关的名称、案件来源、国家利益或者社会公共利益受到侵害的事实、认定行政机关不依法履行职责的事实和理由、提出检察建议的法律依据、建议的具体内容、行政机关整改期限及其他需要说明的事项。而且《检察建议书》的建议内容应当与可能提起的行政公益诉讼请求相衔接。检察机关制发《检察建议书》之后，应当对行政机关履行职责的情况和国家利益或者社会公共利益受到侵害的情况跟进调查，收集相关证据材料。经过跟进调查，检察官区分不同情况，可终结案件、提起行政公益诉讼或者移送其他检察机关处理。若行政机关在法律、司法解释规定的整改期限内已依法作出行政决定或者制定整改方案，但因突发事件等客观原因不能全部整改到位，且没有怠于履行监督管理职责情形的，检察机关可以中止审查。中止审查的，应当经检察长批准，制作《中止审查决定书》，并报送上一级检察机关备案。中止审查的原因消除后，应当恢复审查并制作《恢复审查决定书》。若认定行政机关未依法履行职责，检察机关应当依法提起行政公益诉讼，不得任意放弃公益诉权。

（六）提起诉讼

检察机关认定行政机关逾期不回复检察建议，没有实质性执行；虽然按期回复检察建议，但未采取整改措施或者仅采取部分整改措施；已经制定整改措施，但没有实质性执行的及整改违反法律法规规定；因客观障碍导致整改方案难以按期执行，但客观障碍消除后未及时恢复整改；以及违法行为人已经被追究刑事责任或者案件已经移送刑事司法机关处理，但行政机关仍应当继续依法履行职责，并且国家利益或者社会公共利益处于受侵害状态，均应当依法提起行政公益诉讼。

检察机关以公益起诉人的身份提起行政公益诉讼，起诉条件也明显较《行政诉讼法》第49条规定的普通原告起诉条件更加严格。检察机关派员出庭参加公益诉讼，履行《解释》规定的特定诉讼活动职责。[1] 检察机关在行政公益诉讼中需要提交不同于一般行政诉讼原告的诉讼材料，包括行政公益诉讼起诉书，并按照被告人数提交副本；被告违法行使职权或者不作为，致使国家利益或者社会公共利益受到侵害的证明材料；检察机关已经履行起诉前程序，行政机关仍不依法履行职责或者纠正违法行为的证明材料。无须提交组织机构代码证、法定代表人身份证明和指派检察人员参加诉讼活动的授权文书等。一般行政诉讼原告起诉时提交的证据并不需要达到确实充分的程度，也不要求其对起诉的正当性负责。而检察机关提交起诉材料时，需要对相关证据的真实性负责。人民法院向检察机关发送的是出庭通知书而不是传票。但在公益诉讼程序中，检察机关和其他诉讼参加人的诉讼权利和诉讼义务是平等的，在法庭上必须讲证据、讲事实、讲法律，必须尊重审判机关的审判权。

（七）二审程序

根据《解释》规定，上一级检察机关也享有参与二审、撤回上诉的权力。在二审程序中，除了提起公益诉讼的检察机关派员参加之外，上一级检察机关也可以派员参加。由两级检察机关作为当事人共同参加二审，是最高人民法院坚持当事人恒定原则与最高人民检察院坚持同级监督原则无法调和时，双方达成的折中方案。但是，享有上诉权的检察机关仍然是提起公益诉讼的检察机关；上一级检察机关虽没有上诉权，但有撤回上诉的权力，即上级检察机关认为上诉不当时，可以向同级人民法院撤回上诉。这样规定意味着公益诉权并非只包括起诉权、上诉权，还包括撤回诉讼的权力；而且诉权主体并非只有提起公益诉讼的检察机关，上级检察机关对下级检察机关的监督职责与诉权的部分内容有重合。

---

[1] 出庭检察人员履行以下职责：（1）宣读公益诉讼起诉书；（2）对人民检察院调查收集的证据予以出示和说明，对相关证据进行质证；（3）参加法庭调查，进行辩论并发表意见；（4）依法从事其他诉讼活动。

第三节　民事公益诉讼

2012 年《民事诉讼法》修订首次以规范形式设立民事公益诉讼制度之时，学者将其定性为公共利益的救济机制。当出现了民事侵权行为，致使社会公共利益遭受民事性质的损害，但没有合适的原告情形，法律规定的主体就可以提起民事公益诉讼，以填补受损的公共利益。[1]这种观点的逻辑就是将公益诉讼定位为扩大原告资格的侵权救济之诉，符合“环境有价，损害担责”“谁污染谁治理”的现代环境治理观。但是，随着 2017 年修订《民事诉讼法》建立公益诉讼检察制度，这种侵权救济之诉的定位已经被突破。2018 年至 2022 年，立法机关先后在《英雄烈士保护法》第 25 条、《安全生产法》第 74 条第 2 款、《军人地位和权益保障法》第 62 条、《未成年人保护法》第 106 条、《个人信息保护法》第 70 条、《反垄断法》第 60 条、《反电信网络诈骗法》第 47 条、《妇女权益保障法》第 77 条、《农产品质量安全法》第 79 条第 2 款中授权检察机关在满足一定条件的情况下，有权提起民事公益诉讼。

一、民事公益诉讼的定位

无论是《法治中国建设规划（2020—2025)》提出“探索建立民事公益诉讼惩罚性赔偿制度”，还是最高人民检察院、最高人民法院、农业农村部等《探索建立食品安全民事公益诉讼惩罚性赔偿制度座谈会会议纪要》都表明，检察机关试图借助类似英美法系执法性诉讼的形式来发挥治理功效。当民事公益诉讼越发被界定为一种执法性诉讼时，其诉讼请求越加强调使用对违法行为提出“禁令”和罚款性质的“民事罚款”，这都显著不同于以损坏填补为主要目的的侵权救济之诉定位。

另外，近三年来越来越多法律授权检察机关对“众多个人利益受损”进行公益保护[2]，这与试点时期只授权检察机关重点保护分散性、不确定的公共利益[3]有明显的不同。允许检察机关保护众多个人利益，却又不明确界定“众多个人利益”与个人利益之间的区别，自然也会出现检察机关提起公益诉讼与私人提起民事诉讼之间发生功能重合。这更无形消解掉了侵权救济之诉定位下公益诉讼与私益诉讼的明显界分。为了解释公权力侵入的正当性，学者开始论证民事公益诉讼的公法性质。学者从规范依据、责任方式与责任主体等角度分析，环境民事公益诉讼追究的是公

---

〔1〕参见别涛：《环境公益诉讼立法的新起点——〈民诉法〉修改之评析与〈环保法〉修改之建议》，载《法学评论》2013 年第 1 期。

〔2〕《个人信息保护法》第 70 条规定：“个人信息处理者违反本法规定处理个人信息，侵害众多个人的权益的，人民检察院、法律规定的消费者组织和由国家网信部门确定的组织可以依法向人民法院提起诉讼。”

〔3〕食品药品安全、生态环境也涉及众多个人利益侵害问题，但因环境权中个人利益与国家利益之间很难严格区分，食品药品安全多涉及分散性的社会公共利益，很难做集合性社会公共利益的统计和归类。

法责任。在公法责任的定位下，民事公益诉讼和其他公法机制才具有同一性，方能在分工配合的意识下，完成民事公益诉讼的规范设计。因此，学者建言应当修改民事公益诉讼相关司法解释，形成实质性的“公法诉讼”规则。[1] 但是，我国并没有严格区分公私法，生态环境、食品药品安全等社会管制领域本来就是公私法混杂的规范体系。而且法律责任本意是科责问题，要进行科责必然会遵循一定的法律程序与原则。由民事诉讼法规范的民事公益诉讼，主要还是依据民事原则、法律关系、行为类型与法定程序来进行调整。

二、民事公益诉讼的制度内容

（一）公告程序

为了节约司法资源与遵循检察机关辅助的原则，公益诉讼检察制度设置了起诉前程序。考虑到法律监督权的行使在私权领域与公权领域的差异，民事公益诉讼和行政公益诉讼在起诉前程序的设计上从初始之时就有明显的区别。在民事公益诉讼中，为了防止公权过度介入私权，检察机关的诉权处于兜底、辅助地位，所以检察机关在提前诉讼之前需要制发检察建议或者履行公告程序，督促其他适格主体提起民事公益诉讼。在征求有关机关对《解释（草案）》意见时，立法机关指出《民事诉讼法》没有授权检察机关建议法律规定的其他有权主体提起民事诉讼的权力，检察机关在提起民事公益诉讼之前制发检察建议不合法。大部分民事诉讼法学研究者也主张，检察机关提起民事公益诉讼的起诉权和其他适格主体提起诉讼的起诉权是平等的。将检察公益诉权设定为兜底、补充性权力，是中央深改小组审议《试点方案》时确定的原则。检察机关的公益诉权，一定是在适格主体不愿意提起或者没有主体的情况下才提起。但在试点期间，用起诉前程序的检察建议来过滤其他诉权主体的机制存在一定的疏漏。检察建议的制发对象是由检察机关确定，定向制发检察建议。这样有可能会漏掉其他的适格主体。《人民检察院公益诉讼办案规则》第 91 条至第 93 条明确规定了民事公益诉讼公告的内容、不予公告的例外情形，公告之后检察机关的法定职责等。也正是由于检察机关只处于辅助、兜底地位，《人民检察院公益诉讼办案规则》规定，检察机关应当在生态环境损害赔偿权利人未启动生态环境损害赔偿程序，或经过磋商未达成一致，赔偿权利人又不提起诉讼；没有适格主体，或者公告期满后适格主体不提起诉讼；英雄烈士等没有近亲属，或者近亲属不提起诉讼等情形下，公共利益仍然处在受损害状态时，提起民事公益诉讼。所以，自《解释》颁布之后，民事公益诉讼的起诉前程序就已经转变为民事公益诉权的衔接机制。

（二）诉讼请求

诉讼请求的设置关乎诉讼目的实现和监督的精确度。早在 2015 年颁布的《试点

---

〔1〕 参见巩固：《环境民事公益诉讼性质定位省思》，载《法学研究》2019 年第 3 期。

方案》中，检察机关提起民事公益诉讼时，可以向法院提出要求被告停止侵害、排除妨碍、消除危险、恢复原状、赔礼道歉等诉讼请求。这一规定与《民事诉讼法》的规定基本保持一致，只是未规定返还财产、修理、重作、更换、支付违约金、消除影响、恢复名誉等诉讼请求。这与在试点期间，检察机关提起的民事公益诉讼范围是针对环境污染、食品药品安全领域侵害众多消费者合法权益等损害社会公共利益的行为有关。《办案规则》延续了《试点方案》的规定，将民事公益诉讼的诉讼请求限定在上述几类；同时，规定对于检察机关为诉讼支出的鉴定评估、专家咨询等费用，可以在起诉时一并提出由被告承担的诉讼请求。

《人民检察院公益诉讼办案规则》结合具体的办案经验，针对不同领域细化规定了不同的诉讼请求。在生态环境和资源保护领域案件中，可以提出要求被告以补植复绿、增殖放流、土地复垦等方式修复生态环境的诉讼请求，或者支付生态环境修复费用，赔偿生态环境受到损害至修复完成期间服务功能丧失造成的损失、生态环境功能永久性损害造成的损失等诉讼请求，被告违反法律规定故意污染环境、破坏生态造成严重后果的，可以提出惩罚性赔偿等诉讼请求。在食品药品安全领域案件中，可以提出要求被告召回并依法处置相关食品药品及承担相关费用和惩罚性赔偿等诉讼请求；在英雄烈士等的姓名、肖像、名誉、荣誉保护案件中，可以提出要求被告消除影响、恢复名誉、赔礼道歉等诉讼请求。

（三）支持起诉

由于检察机关在民事公益诉讼中处于辅助、兜底的地位，当有社会组织提起民事公益诉讼时，检察机关便应主动退出。检察机关也可转换身份，对社会组织进行支持起诉。我国1982年制定的《民事诉讼法（试行）》中就规定了支持起诉制度[1]，但是，该规定相对比较原则，也未明确支持起诉的机关包括哪些。该制度一度陷入沉寂。在21世纪初，检察机关直接提起民事诉讼挽回国有财产受阻后，转而寻求通过支持起诉的方式，支持相关主体提起民事诉讼，挽回国有财产的损失。同时，检察机关也通过支持起诉的方式，支持农民工起诉讨薪。这使得支持起诉制度得以激活。在2012年《民事诉讼法》修改以后，社会公益组织开始尝试提起民事公益诉讼。在这个过程中，检察机关也积极地督促、支持公益组织提起民事公益诉讼。被称为“天价环境公益诉讼案”的2014年“江苏省泰州市人民检察院支持泰州市环保联合会起诉江苏常隆农化有限公司等企业环境污染公益诉讼案”就是其中的典型案例。[2] 2017年修改后的《民事诉讼法》第55条第2款中规定，“前款规定的机关或者组织提起诉讼的，人民检察院可以支持起诉”，该条款规定正式明确了在其他适格主体提起公益诉讼时，检察机关支持起诉的权力。但是，对于支持起诉的具体问题，该条款并未予以规定，留下了大量的规则空白，亟须司法解释填补。

---

〔1〕 参见《民事诉讼法（试行）》（1982年）第13条。

〔2〕 参见江苏省高级人民法院（2014）苏环公民终字第00001号。

当检察机关支持起诉时，检察机关是否应当派员出庭？2015 年 1 月 6 日，最高人民法院出台的《关于审理环境民事公益诉讼案件适用法律若干问题的解释》第 11 条规定："检察机关、负有环境保护监督管理职责的部门及其他机关、社会组织、企业事业单位依据民事诉讼法第十五条的规定，可以通过提供法律咨询、提交书面意见、协助调查取证等方式支持社会组织依法提起环境民事公益诉讼。"从这一规定来看，并未规定检察机关可以派员出庭。实践中，检察机关的做法也呈现出了两极分化的情形。一种情形是虽然支持起诉，但仅向人民法院递交支持起诉意见书，不派员参加诉讼；另一种情形是检察机关通过派员出席庭审的方式来支持起诉。[1] 但是，如果仅是以出具支持起诉意见书的形式支持起诉，难免会显得检察机关的支持起诉沦为形式。同时，考虑到检察机关还会通过调查取证的方式支持起诉。当这些证据在法庭出示或者检察机关出庭作证时，还可以直接予以质证。因此，《人民检察院公益诉讼办案规则》将派员出庭也作为支持起诉的内容。

检察机关派员出席庭审的话，也会引发一些新的问题。首先，当原告选择撤诉或者和解时，检察机关应当如何处置？依据《人民检察院公益诉讼办案规则》规定，当检察机关认为原告的撤诉或者和解有损于公共利益或者公共利益尚处于受损状态，检察机关可以撤回支持起诉，符合民事公益诉讼立案条件的，另行立案处理。其次，如果原告提起上诉后，检察机关还需要继续支持上诉吗？而且应当由哪一级的检察机关派员出庭支持上诉呢？这些问题在《人民检察院公益诉讼办案规则》中并未规定。实践中，不同办案主体的做法各异。最后，派员出庭的检察官是否参与到法庭辩论环节，实践中也存在争议。

（四）民事公益诉讼与生态损害赔偿诉讼的衔接

在生态损害赔偿诉讼与公益诉讼衔接问题上，各地检察机关采取不同的方案。政府在生态环境保护问题上负有第一顺位的责任。当政府不提起生态损害赔偿诉讼时，部分地区检察机关会向政府或者有关职能部门提起行政公益诉讼，督促其履行保护职责。部分检察机关则作为候补主体，在政府不提起生态损害赔偿诉讼时，代其提起民事检察公益诉讼。[2] 之所以出现这样不同的处理模式，是因为我国生态损害赔偿诉讼本身分为行政诉讼与民事诉讼两个阶段。第一个阶段为具有行政属性的磋商决定阶段。该阶段主要是行政机关作为生态环境损害发生后的调查主体，运用生态环境损害调查、鉴定评估、编制修复方案等公权力手段为磋商做准备性工作。这一阶段的行为具有公法属性，应受到行政法基本原则的约束。第二个阶段是协议的形成和履约阶段，针对的是作为赔偿权利人的行政机关与赔偿义务人之间如何达

〔1〕参见李浩：《论检察机关在民事公益诉讼中的地位》，载《法学》2017 年第 11 期。

〔2〕参见最高人民法院、最高人民检察院《关于办理海洋自然资源与生态环境公益诉讼案件若干问题的规定》第 3、5 条。

成协议并履行的问题。该过程强调双方的平等性、互动性，适用私法规范。[1] 政府及其有关职能部门在行政阶段与生态损害赔偿义务人未进行磋商或者违法磋商，或者未达成磋商结果之后能提起诉讼而未依法提起诉讼时，检察机关可以运用行政公益诉讼手段进行监督。当生态损害赔偿义务人已被追究刑事责任或者正在被追究刑事责任过程中，政府及其有关职能部门提起生态损害赔偿诉讼存在制度性困难，比如义务人在服刑无法进行调查取证等情况下，可由检察机关作为兜底性或者补充性诉讼主体提起单独的民事公益诉讼或者刑事附带的民事公益诉讼。根据最高人民法院、最高人民检察院《关于办理海洋自然资源与生态环境公益诉讼案件若干问题的规定》第4、5条规定，涉嫌犯罪的，在行使海洋环境监督管理权的部门没有另行提起海洋自然资源与生态环境损害赔偿诉讼的情况下，检察机关可以在提起刑事诉讼时一并提起附带民事公益诉讼，也可以单独提起民事公益诉讼。据此，即便构成犯罪，职能部门提起生态损害赔偿诉讼，只有职能部门不提起诉讼时，才能办理刑事附带民事公益诉讼或者单独办理民事公益诉讼。

不同的民事公益诉权主体提起诉讼与生态损害赔偿诉讼之间的顺序，应该参照《民事诉讼法》第58条第2款和最高人民法院《关于审理生态环境损害赔偿案件的若干规定（试行）》第16条至第18条构建的关系进行处理。同一损害生态环境行为既提起生态损害赔偿诉讼又被提起民事公益诉讼，符合条件的，应合并审理（合并审理模式），但以上合并审理的情况并不包括职能部门提起生态损害赔偿与检察机关提起民事公益诉讼的情形，而是职能部门提起生态损害赔偿与社会组织提起民事公益诉讼的合并情形。若人民法院受理因同一损害生态环境行为提起的生态环境损害赔偿诉讼案件和社会组织或者检察机关提起的民事公益诉讼案件，应先中止民事公益诉讼案件的审理，待生态环境损害赔偿诉讼案件审理完毕后，就民事公益诉讼案件未被涵盖的诉讼请求依法作出裁判（优先+合并审理模式）。在生态环境损害赔偿诉讼案件的裁判生效后，有权提起民事公益诉讼的机关或者社会组织就同一损害生态环境行为有证据证明存在前案审理时未发现的损害，并提起民事公益诉讼的，人民法院应予受理（补充诉讼模式）。

第四节　刑事附带民事公益诉讼

公益诉讼检察制度建立之后，以提起诉讼为标准，刑事附带民事公益诉讼成为数量最多的案件类型。我国刑事附带民事公益诉讼综合了众多性质迥异的要素和程序，是刑事司法与行政执法衔接中涌现的制度现象，其实践发展远超制度创立者的想象与预期。

---

[1] 参见刘莉、胡攀：《生态环境损害赔偿磋商制度的双阶构造解释论》，载《甘肃政法学院学报》2019年第1期。

一、刑事附带民事公益诉讼的缘起与功能

习近平总书记在《关于〈中共中央关于全面推进依法治国若干重大问题的决定〉的说明》中指出，“行政违法行为构成刑事犯罪的毕竟是少数，更多的是乱作为、不作为。如果对这类违法行为置之不理、任其发展，一方面不可能根本扭转一些地方和部门的行政乱象，另一方面可能使一些苗头性问题演变为刑事犯罪”。[1]该论断是从“行刑一体化”角度展开论证的。公益诉讼检察监督的重点是行政的乱作为、不作为，监督的目的是及时对行政机关提出建议并督促其纠正，以防演变为刑事犯罪。一般认为刑事附带民事公益诉讼可以弥补刑事诉讼重制裁轻公益修复的不足。但刑事附带民事公益诉讼应在“行刑衔接”的背景下准确定位。我国当前采取的是“行刑一体化”的公法制裁结构，行政制裁和刑事制裁共同发挥保护特定法益和特定权益救济功能。这一框架借鉴德国、日本经验而建立，但德国、日本的“行刑衔接”通过执法机构重合或者统一交由刑事部门执行而化解了“行刑衔接”的缝隙。新中国成立之后，我国“行刑一体化”的框架虽然没变，但“行”“刑”立法步伐不一致，出现了“行刑衔接”在规范、程序和机构三个方面不协同的问题，出现了法益保护和权益救济的漏洞。刑事附带民事公益诉讼可以发挥解决“行刑反向衔接”不协同问题的功能。在因实体法规范而无法反向衔接或者因程序、机构而反向衔接不畅时，司法机关可以在发起刑事制裁的同时通过附带民事公益诉讼进行补充制裁。在此过程中，刑事诉讼的法益保护、权益救济功能与公益诉讼的公益保护功能产生了协同。

二、刑事附带民事公益诉讼的协同问题

《解释》正式规定了刑事附带民事公益诉讼，之后经过一段密集实践，此类诉讼的协同问题日益凸显。未来刑事附带民事公益诉讼应在既有较好的模式协同的基础上，加强机制层面的协同，最终推动功能上的进一步协同。在提起依据协同方面，通过检察公益诉讼立法或者法律解释扩大《刑事诉讼法》第101条第2款规定的公共利益范围，作为提起刑事附带民事公益诉讼的法律依据。在管辖协同方面，法院和检察院之间需要进一步协调各自的跨区划管辖、专门业务集中管辖之间的衔接。此外，起诉前公告、诉讼费用缴纳、合议庭组成、审理顺序、调解等问题予以厘清之后可以进一步化解刑事附带民事公益诉讼的协同难题。

■问题与思考

1. 如何理解公益诉讼检察中的“公益”？
2. 如何理解公益诉讼检察作为国家治理机制的定位？
3. 简述公益诉讼检察的受案范围。

---

〔1〕 习近平：《论坚持全面依法治国》，中央文献出版社2020年版，第100页。

4. 如何理解行政公益诉讼的客观诉讼特征?
5. 简述民事公益诉讼制度的内容。

■参考阅读

1. 马怀德:《新时代行政公益诉讼制度的发展与实践》，载《人民论坛·学术前沿》2019年第5期。

2. 刘艺:《我国检察公益诉讼制度的发展态势与制度完善——基于2017—2019年数据的实证分析》，载《重庆大学学报(社会科学版)》2020年第4期。

3. 刘艺:《刑事附带民事公益诉讼的协同问题研究》，载《中国刑事法杂志》2019年第5期。

4. 刘艺:《检察公益诉讼败诉案件中的客观诉讼法理》，载《行政法学研究》2020年第6期。

5. 刘艺:《检察公益诉讼的诉权迷思与理论重构》，载《当代法学》2021年第1期。

6. 刘艺:《行政公益诉讼被告适格的实践分歧与规则建构》，载《清华法学》2023年第1期。

■拓展阅读

第十二章 未成年人检察

■ **本章导读**

少年儿童是祖国的未来，民族的希望。加强未成年人司法保护，事关未成年人健康成长，事关亿万家庭幸福安宁，事关社会大局稳定和国家长治久安。新时代未成年人检察工作责任重大、大有可为。要健全综合履职、全面保护工作模式，进一步健全依法惩治和预防未成年人犯罪工作体系，推动建立罪错未成年人分级干预机制，以检察履职的司法保护推动形成“六大保护”合力。[1]为此，未成年人检察工作应根据未成年人身心特点，坚持对未成年人全面保护、特殊保护和精准保护，强化刑事、民事、行政、公益诉讼“四大检察”综合履职，深化未成年人综合司法保护，全面保护未成年人的合法权益，是未成年人保护工作的重要组成部分。

第一节 未成年人检察概述

一、未成年人检察的概念、任务和特点

未成年人检察是未成年人司法保护的重要组成部分，是随着时代发展应运而生的一项制度。20世纪80年代中期，伴随经济社会的高速发展，未成年人刑事犯罪数量不断上升，引起了社会的高度关注。为了加强对未成年人的司法保护，1986年6月，全国首个“少年起诉组”在上海市长宁区人民检察院设立，标志着我国未成年人检察工作从普通刑事检察工作中分离，开始朝着专业化方向发展。之后各地检察机关陆续建立独立的未成年人检察专门机构，持续加强专业化队伍建设，逐步形成“捕诉监防教”一体化工作模式，探索形成涉罪未成年人社会调查、附条件不起诉、分案起诉、合适成年人到场、社会关护、犯罪记录封存等一系列针对未成年人的特殊检察制度。2012年，最高人民检察院召开第一次全国未成年人刑事检察工作会议，标志着未成年人检察工作正式被确立为检察机关一项独立的业务。2015年，最高人民检察院成立未成年人检察工作办公室，有效整合了原来分散在检察机关内

---

〔1〕 参见应勇：《为大局服务 为人民司法 为法治担当》，载《求是》2024年第9期。

部各部门的未成年人检察工作和司法资源。2018 年底，中央批准最高人民检察院专门设立负责未成年人检察的第九检察厅，标志着全国未成年人检察工作进入了新的发展阶段。2020 年，最高人民检察院召开第一次全国检察机关未成年人检察工作会议，先后出台《关于加强新时代未成年人检察工作的意见》《关于加快推进未成年人检察业务统一集中办理工作的通知》，为全面加强新时代未成年人检察工作指明方向、作出全面部署，决定自 2021 年起，在全国检察机关稳步全面推开未成年人检察业务统一集中办理工作。2021 年，修订后的《未成年人保护法》和《预防未成年人犯罪法》正式实施，赋予了检察机关对涉及未成年人的诉讼等活动依法进行法律监督的职责，中国特色未成年人检察制度日益完善。经过三十多年的发展，未成年人检察已经成为检察机关一项独具特色的重要业务，成为我国未成年人司法的重要组成部分，并持续在保护未成年人、促进社会治理等方面发挥着重要作用。

（一）未成年人检察的概念

传统意义上的未成年人检察，主要是指未成年人刑事检察，属于刑事检察的特殊组成部分，从单纯办理未成年人犯罪案件到同时办理侵害未成年人犯罪案件，是按照未成年人刑事案件特别程序开展的审查批捕、审查起诉、诉讼监督和犯罪预防等刑事检察活动。随着现实的需要和实践的发展，未成年人检察逐渐超越刑事检察的范畴，确立了“捕诉监防教”一体化工作模式，再拓展到刑事执行、民事、行政和公益诉讼检察业务领域，形成了涉未成年人刑事、民事、行政、公益诉讼“四大检察”综合履职、全面保护工作模式，以检察履职的司法保护推动形成“六大保护”合力。

新时代的未成年人检察，是指以未成年人为工作对象，由检察机关的专门机构或者专门人员，坚持最有利于未成年人原则，践行双向保护等特殊司法理念，依据未成年人保护相关法律法规，一体化履行“捕诉监防教”职责，综合履行“四大检察”职能，实现对未成年人全面、综合司法保护，促进社会治理体系和治理能力现代化。

（二）未成年人检察的任务

1. 加强对涉罪未成年人的教育矫治。从最高人民检察院发布的《未成年人检察工作白皮书（2023）》看，未成年人犯罪总体呈显著上升趋势，犯罪主体低龄化特征突出。这是因为未成年人具有易感性和可变性等特点，身心发育尚未完全，容易受到外部环境不良因素的影响。但同时因为其人生观、价值观尚未定型，因此可塑性强，容易矫正，检察机关在办理未成年人犯罪案件中坚持“教育为主、惩罚为辅”的原则，采取依法惩治、精准帮教和提前预防有机结合，帮助涉罪未成年人回归社会、重新生活。

2. 依法惩治侵害未成年人犯罪。保护好未成年人，让祖国的未来健康成长，是关系到社会和谐稳定的大事。近年来，侵害未成年人犯罪尤其是性侵案件数量呈上升趋势。检察机关通过严厉打击侵害未成年人犯罪，实现对侵害未成年人犯罪的

“零容忍”，保护救助未成年被害人，真正维护好广大未成年人的合法权益。

3. 通过法治教育实现犯罪预防。未成年人犯罪预防也是未成年人检察工作的重点任务之一，既要防止涉罪未成年人再犯，避免涉罪未成年人被“标签化”，帮助他们改过自新；也要通过法治宣传等教育手段，预防一般的未成年人涉足犯罪。通过培养未成年人法律意识和法律思维，让他们学会用法律武器保护自己，实现预防犯罪的目的。

4. 不断延伸职能实现社会治理。新形势下，未成年人检察的职能不仅仅局限于惩治刑事犯罪，而是在此基础上融合运用民事、行政、公益诉讼职能，参与社会治理，最大限度保护未成年人的合法权益；同时将司法保护融入家庭保护、学校保护、社会保护、网络保护、政府保护，主动协调家庭、社会、学校、政府等部门的力量，凝聚全社会力量，建立社会化综合保护体系。

（三）未成年人检察的特点

新时代新发展阶段，检察机关未成年人检察部门不断顺应未成年人司法保护新需求，围绕职能对标责任、更新理念、创新方法，形成了一系列新时代未成年人检察工作的新特点。

1. 机构人员的专业性。未成年人身心发展具有特殊性，决定了未成年人案件的特殊性，更对未成年人检察工作机构和人员提出了特殊的专业化要求。专业化建设是未成年人司法的基本方向和内在要求，也是衡量一个国家未成年人司法保护制度是否成熟的重要标志之一。近年来，各级检察机关持续加强专业化建设，成立越来越多的未成年人检察专门机构或者专业办案组，配备专门办理未成年人案件的检察官，工作内容涵盖“四大检察”。未成年人检察工作具有专业性强、点多面广、工作难度大的特点，未成年人检察干警不仅要精通法律业务，还必须熟悉教育学、社会学、心理学等相关专业领域的知识。

2. 制度建设的特殊性。未成年人检察制度从无到有，日趋完善。检察机关逐步探索建立了社会调查、心理干预、合适成年人到场、一站式询问、法律援助、附条件不起诉、犯罪记录封存等一系列特殊诉讼程序和制度，注重制度创新，细化工作指引，完善讯问询问、审查批捕、审查起诉、出庭支持公诉、帮教考察、督促、支持起诉及公益诉讼等工作标准、程序，切实保证办案活动依法规范进行，让每一个案件办理有章可循。同时，推动未成年人检察办案区建设，配备专门的讯问室、询问室、心理咨询室、法治教育室等，配备适合未成年人身心特点的办案装备和设施，为检察机关教育感化挽救涉罪未成年人、保护救助未成年被害人提供合适的环境。

3. 综合保护的社会化。未成年人检察案件的办理离不开社会化建设，未成年人检察工作的专业性和独立性通过融入对未成年人整体保护的社会化建设，进而将效用发挥到最大。因此，检察机关致力于协同其他部门共同构建综合保护体系，凝聚全社会力量保护未成年人。如完善未成年人司法社工组织的培育、扶持和人员的培训、督导；会同民政等部门推广《未成年人司法社会工作服务规范》国家标准，实现未成年人检察社会支持体系的优化升级等。

4. 社会治理的数字化。新时代未成年人检察工作创新发展，牢牢把握数字化改革的发展机遇。一方面，高度聚焦未成年人综合治理领域的多跨场景运用，让检察监督根植于未成年人综合保护体系，保障未成年人保护体系规范运行，创新法律监督新空间，推动实现《未成年人保护法》赋予检察监督新的价值功能。另一方面，通过公共数据平台等归集未成年人司法、执法数据，行政管理数据和社会治理数据，实现数据资源在未成年人“四大检察”监督履职中高效配置与运用。如针对实践中存在的不履行强制报告义务、不按规定落实入职查询等问题，未成年人检察部门加强归集未成年人异常就医诊疗记录、密切接触人员基础信息等数据，用大数据监督系统推动整改，用数字化运用提升治理成效。

二、未成年人检察的原则和理念

理念是行动的先导，也是司法办案的灵魂。未成年人检察业务具备自身独特的司法理念和办案原则，从而根据未成年人特点，实现“教育、感化、挽救”方针和“教育为主、惩罚为辅”原则，做实“预防就是保护，惩治就是挽救”，强化对未成年人全面综合司法保护。

（一）未成年人检察的原则

1. 最有利于未成年人原则。2020 年修订的《未成年人保护法》确立了最有利于未成年人原则，该原则前身是联合国《儿童权利公约》中的儿童最大利益原则，是指将未成年人的教育挽救和权益保障作为最高价值目标，其他司法价值均服从于这一目标，发生冲突时，应当优先选择最有利于未成年人利益的方案。以分案处理为例，在办理未成年人和成年人共同犯罪的刑事案件中，并案起诉虽然符合司法效率原则，但不符合最有利于未成年人原则，因此放弃并案，选择分案成为最优选择。除了该原则，《未成年人保护法》还规定了“特殊优先保护[1]、尊重人格尊严、保护隐私和个人信息、适应身心健康、听取意见[2]及保护与教育相结合”六项子原则，这是衡量未成年人保护工作高质量发展的立法原则、司法标准，也是未成年人司法保护的基本遵循。

2. “教育为主、惩罚为辅”原则。根据人格刑法学理论，涉罪未成年人的人格

---

〔1〕给予未成年人特殊保护主要包含两层含义：一是为未成年人提供不同于成年人的特殊保护；二是更加关注与满足困境、留守、残疾等特殊群体未成年人的需求。给予未成年人优先保护，主要是指在制定法律法规、政策规划和配置公共资源方面优先考虑未成年人，在不同群体利益难以兼顾时，优先保障未成年人权利，满足未成年人的需求。

〔2〕听取未成年人意见原则，强调凡涉及处理未成年人事项，都应充分尊重未成年人的真实意愿，听取其意见，实现未成年人对司法程序的有效参与。

特点不同于成年人，具有假象性[1]、被害性[2]，仅靠严厉的刑事打击不仅无法有效保护未成年人，还可能导致“交叉感染”“标签效应”，增加重新犯罪的风险。为实现防止再犯和犯罪预防的目的，必须在惩罚的基础上，加强对涉罪未成年人的教育、感化、挽救，即在对涉案未成年人进行司法处理时，应遵循“教育为主、惩罚为辅”原则。在实践中，检察机关将这一原则与办案紧密结合，精准贯彻宽严相济刑事政策，准确把握犯罪行为的社会危害性，充分考虑未成年人的成长经历及犯罪的深层原因，注重审讯和庭审阶段的释法说理工作，加强对未成年人的帮教矫治，推动建立罪错未成年人分级干预体系，适用有针对性的个别化司法处遇措施。

3. 双向保护原则。双向保护原则是未成年人检察办案的基本原则，是指对于未成年人实施犯罪的，在依法保护未成年被害人的合法权益时，也要依法保护未成年犯罪嫌疑人、未成年被告人的合法权益。最典型的实例就是犯罪记录封存制度，即要求对未成年时犯轻罪的记录予以封存、不得查询，体现了对未成年犯罪嫌疑人的保护。司法实践中，当案件双方都是未成年人时，要积极保障双方利益，努力实现双向保护的平衡、协调，实现公平公正的司法效果。

（二）未成年人检察的理念

1. 国家亲权理念。国家亲权理念是指在未成年人法定监护人无法履行职责时，由国家介入以监护人身份行使亲权，保护未成年人权益。2020 年修订的《未成年人保护法》建立了六大保护体系，其中两个为政府保护和司法保护，政府和司法都是国家亲权的重要组成部分，我国从原先较为被动的保护到主动提供保障措施，体现了新时代新发展阶段对未成年人保护的重大理念创新。根据 2024 年修订的《未成年人保护法》，政府妇女儿童工作机构与检察机关形成“行政－司法”双引擎。妇女儿童工作机构作为政府引擎，重点在于统筹协调；检察机关作为司法引擎，重点在于法律监督，二者职能有机结合、加强配合，将国家亲权理念真正落到实处。

2. 融合式监督理念。融合式监督理念是指在未成年人检察工作中，打破职能、范围上的思维定式，转变未成年人案件刑事诉讼一业独大的诉讼模式，发挥未成年人检察业务集中统一办理优势，运用综合履职手段，更加关注未成年人民事、行政和公共利益保护，协调运用各项检察监督手段，把未成年人司法保护做全面。党的十八大以来，随着全面依法治国战略向纵深推进，检察机关职能重塑，开启了“四大检察”全面协调发展新格局。未成年人检察业务从最初的刑事诉讼监督，逐步发展为以未成年人为特殊对象，监督纠正未成年人刑事、民事、行政和公益诉讼过程中的违法行为，保障未成年人实体和程序权利，督促与未成年人保护密切相关的法

---

〔1〕 假象性是指未成年人心智发育尚未完全，认识和控制能力较弱，即使实施了与成年人一样的犯罪行为，但也并不意味着其就形成了犯罪人格，更像是一种假象的“不法人格”，类似于医学上所谓的“假性近视”，是可以矫正的。

〔2〕 被害性是指未成年人犯罪产生的原因往往是家庭、社会、学习等外界刺激交互作用的结果，其既是社会的危害者，也是不良环境的受害者。

律法规有效落实，推动未成年人社会问题综合治理，全面维护未成年人合法权益的综合性法律监督工作，这也是融合式监督理念产生的背景和前提。

3. 协同治理理念。2020 年修订的《未成年人保护法》将原先的“四大保护”拓展为立体的“六大保护”，织密未成年人保护网。但要真正实现“六大保护”，保障整体机制正常运作，避免责任“稀释”，需要贯穿协同治理理念。针对传统多头管理可能导致的责任虚化问题，2020 年修订的《未成年人保护法》确立了检察机关作为法定监督机关的特殊地位，构建起司法监督牵引行政履职与社会共治的协同机制，实现“司法保护 + 五大保护主体”的协同效应。具体来说，2020 年修订的《未成年人保护法》首次在法律层面明确人民检察院有权提起公益诉讼，其最终目的是通过公益诉讼推动社会治理，加快整体的协同运作。

第二节 未成年人刑事检察

未成年人刑事检察包括涉未成年人刑事案件的审查批捕、审查起诉、诉讼监督、犯罪预防和刑事执行工作。《刑事诉讼法》第五编“特别程序”专章规定了“未成年人刑事案件诉讼程序”，规定了附条件不起诉、犯罪记录封存等未成年人刑事案件的特殊制度。

一、未成年人刑事检察的特殊制度

（一）“一站式”取证

“一站式”取证〔1〕是指公安机关、检察机关等在办理性侵类、伤害类等侵害未成年人犯罪时，为了尽量减少对未成年被害人的二次伤害，以“一次询问”或者“一次取证”为原则。具体来说，询问一般在专门的办案场所进行，检察人员、心理老师、医护人员等同时在场，尽可能一次性完成对未成年被害人的询问、人身检查、生物样本采集、侦查辨认等取证工作，并同步开展对未成年被害人的心理疏导、临时照料、医疗救治等救助保护，旨在最大限度保护救助未成年被害人。实践中，检察机关联合公安机关、卫健等部门建立“一站式”办案区，并推动“一站式”办案场所的实质化运行，全面保障未成年被害人的权益。2024 年 7 月，最高人民检察院会同公安部、民政部等部门出台《关于建立完善性侵害未成年人刑事案件“一站式”办案救助机制的意见》，进一步落实对未成年被害人的特殊、优先、综合保护。

（二）社会调查

社会调查是指公检法司为深入了解涉罪未成年人的早期经历、犯罪成因、父母

---

〔1〕 最高人民检察院《关于加强新时代未成年人检察工作的意见》第 6 项要求“持续推进‘一站式’办案机制”，“加强与公安机关沟通，努力实现性侵害未成年人案件提前介入、询问被害人同步录音录像全覆盖，切实提高一次询问的比例，避免和减少二次伤害。会同公安机关、妇联等部门积极推进集未成年被害人接受询问、生物样本提取、身体检查、心理疏导等于一体的‘一站式’取证、救助机制建设”。

监护、社区矫正等情况，自行调查或委托专业机构进行调查，并制作社会调查报告，为办案和帮教提供科学依据的一项未成年人特殊保护制度。

实践中，检察机关开展社会调查多采取社工调查模式，即委托社会公益组织、司法社工组织、志愿者团队等社会服务力量进行，弥补自行开展社会调查的局限性，保障社会调查的全面性、科学性、专业性、客观性。许多地方检察机关通过制定未成年人司法社会工作服务的规范指引或地方标准，明确社会工作开展的具体流程和验收标准。此外，部分地方检察机关结合综合履职办案需求，扩大社会调查适用范围，不再局限于刑事案件，进一步拓展了社会调查制度的应用领域。

（三）法定代理人、合适成年人到场

法定代理人、合适成年人到场是指在刑事诉讼过程中，对未成年人进行询问、讯问时，一般应通知其法定代理人到场；法定代理人无法到场时，则应有一名较为合适的成年人参与询问、讯问过程。该合适成年人可以是成年亲属、学校代表、基层组织或未成年人保护组织[1]代表。实践中，以成年亲属居多，如果成年亲属无法到场，从专业性、便利性角度考虑，检察机关会以政府购买服务的形式，找到所在地专门的青少年社工团体或组建合适成年人队伍，从中优先选择确定合适成年人。

（四）法律援助

根据《刑事诉讼法》《法律援助法》等规定，在刑事诉讼过程中，对没有委托辩护人的未成年犯罪嫌疑人、被告人，公检法均应当通知法律援助机构为其指派法律援助律师，保障未成年犯罪嫌疑人、被告人的辩护权。公安机关、检察院、法院每个阶段都要提供法律援助，实践中法律援助机构在每个阶段一般会指派同一名律师，方便律师与未成年犯罪嫌疑人、被告人更好沟通。检察机关一般在受理审查起诉案件时会及时通知法律援助机构指派律师，如遇未成年被害人经济困难等情况下需要法律援助，检察机关也会通知法律援助机构指派律师。律师不仅承担为其释法说理、提供辩护的作用，还要在认罪认罚阶段提供法律援助，全方位保障未成年人合法权益。

（五）心理疏导

2015 年颁布的《检察机关加强未成年人司法保护八项措施》第 8 项规定，将心理疏导与社会调查、合适成年人参与未成年人刑事诉讼等形式并列，是未成年人特殊、双向保护原则的必然要求，也是检察机关破解专业资质不足困境的必然选择。随着未成年人检察社会支持体系的实践发展，社会参与力量逐渐强大，检察机关借助社会专业力量开展心理疏导的对象范围也逐渐扩大，既包括刑事案件未成年被害人、未成年犯罪嫌疑人，也包括办案中发现的留守、困境未成年人。实践中，检察机关主要采取联合妇联、共青团、司法局等部门以政府购买服务形式，引入专业心

---

〔1〕 未成年人保护组织一般包括中国共产主义青年团（简称共青团）、中华全国妇女联合会（简称妇联）、中国关心下一代工作委员会、社工组织等。

理咨询师力量为涉案未成年人提供心理疏导服务，帮助未成年人纾解负面情绪、克服消极悲观思想，筑牢未成年人心理健康防线。

（六）犯罪记录封存

犯罪记录封存[1]是针对未成年犯罪嫌疑人、被告人的特殊程序，是指公检法司在办理未成年人违法犯罪案件时，要对刑事判决、不起诉决定和行政处罚等违法犯罪记录及时封存的制度。其他单位和个人不得调取，未成年人也免除前科报告义务。该制度不适用于所有的未成年犯，仅针对犯罪时不满18周岁，且被判处五年有期徒刑以下刑罚的情形。

与成年人不同，未成年人的生理、心理具有不稳定性和可塑造性，如从家庭、社会、司法等视角加以正确引导，则可能在很大程度上回归正轨；反之，如果一味将失足少年打上犯罪人员的标签，很可能导致其产生"一朝犯罪、终身被毁"的心态，既无法保障其生活，还可能引发其"被社会抛弃"的误解。因此，国家通过犯罪记录封存和限制查询范围，最大限度减少轻罪前科信息的扩散，帮助未成年人去除标签，重新回归社会。相关部门须严格落实犯罪记录封存制度，才能有效实现预防未成年人重新犯罪的目标。

（七）附条件不起诉

附条件不起诉是针对未成年人的一项特殊制度，为涉罪未成年人非犯罪化开辟了重要途径，功能价值日益凸显。根据《刑事诉讼法》第282条规定，对于未成年人涉嫌刑法分则第四章、第五章、第六章规定的犯罪，可能判处一年有期徒刑以下刑罚，符合起诉条件，但有悔罪表现的，人民检察院可以作出附条件不起诉的决定。即检察院可以给其六个月到一年的时间进行考察，在此期间，未成年人要在社工帮教下，完成一定的教育活动和公益劳动，并遵守法律，且无再犯，最后检察机关再根据其表现考虑对其不起诉，也就是附加一定条件的不起诉制度。

二、未成年人犯罪预防

我国有3亿多未成年人，是未成年人人口大国，这一庞大群体的健康成长直接关系到国家的未来和民族的希望，是国家繁荣昌盛的重要基石。因此，预防青少年犯罪、保障青少年茁壮成长，不仅是守护每一个家庭幸福的关键，更是维护社会和谐稳定、推动社会可持续发展的重要基础。作为全过程参与未成年人司法保护的国家法律监督机关，检察机关在未成年人犯罪预防领域发挥着不可或缺的作用。

（一）建立罪错未成年人分级干预机制

修订后的《预防未成年人犯罪法》规定，要坚持预防为主、提前干预，对未成

---

〔1〕《刑法修正案（八）》正式废除了未成年人累犯制度，增设了未成年人免除前科报告义务；《刑事诉讼法》第286条规定了未成年人犯罪记录封存制度，从立法上体现了国家对未成年人的重视和保护，为未成年人再社会化创造了良好条件。最高人民法院、最高人民检察院、公安部、司法部《关于未成年人犯罪记录封存的实施办法》就未成年人犯罪记录封存工作的具体标准和操作程序等进行了全面细化。

年人的不良行为和严重不良行为及时进行分级预防、干预和矫治。最高人民检察院《2023—2027 年检察改革工作规划》提出，要建立罪错未成年人分级干预工作机制。要根据未成年人罪错行为的严重程度、身心发育程度、心理偏常状况、日常表现和生活环境等情况，依法采取分级分类的干预措施，开展有针对性的预防、教育和矫治。要坚持最有利于未成年人原则，灵活运用家庭教育指导、赔礼道歉、司法训诫、接受专门教育等多种方式，对罪错行为进行科学化、专业化和针对性、相称性、综合性干预，确保矫治教育效果。

（二）促推专门学校建设和专门教育工作

近年来，检察机关主动与教育行政等部门沟通协调，争取党委、政府重视支持，推动专门学校建设和专门教育工作。但是，当前专门学校建设还存在分布不均、作用发挥不够等问题。通过加强与教育行政等相关部门的协作配合，积极推动专门学校建设。已经建立专门学校的，要通过加强检校衔接、检校共建等形式，推动专门矫治教育与刑事办案配套衔接，确保符合条件的未成年人应送尽送。对因不满法定刑事责任年龄不予刑事处罚的未成年人，督促有条件的专门学校开展专门矫治教育。

（三）督促完善控辍保学工作机制

未成年人辍学或“隐性辍学”，是导致其走向违法犯罪的重要诱因。2023 年 12 月，最高人民检察院、教育部联合出台《关于建立涉案未成年人控辍保学协作配合机制的意见》，要求各地检察机关加强与教育行政部门沟通协作，在检察办案中发现义务教育阶段适龄未成年人失学辍学，或者虽建有学籍档案但长期不在校学习，处于事实辍学状态的，要立即向教育行政部门通报相关情况，同时逐级上报省级检察院备案，提升未成年人权益保护和犯罪预防实效。

（四）通过法治副校长加强法治宣传

2021 年 12 月 22 日，最高人民检察院、教育部联合发布《检察官担任法治副校长工作规定》，要求各级检察院组建专业团队，将检察官分配到辖区内各个学校担任法治副校长，以强化法治宣传，预防未成年人犯罪。法治副校长不仅传授法律知识，还与学校合作消除潜在的犯罪隐患。法治副校长除了授课，还会丰富宣传的方式方法和载体，通过创作视频、动漫、录制普法课程等喜闻乐见的形式，使法治教育更易被学生接受。此外，为落实“一号检察建议”[1]，法治副校长还会定期为学

---

〔1〕 2017 年，最高人民检察院以判决适用法律错误、量刑畸轻为由，对小学老师齐某在校园内强奸、猥亵多名未成年学生一案向最高人民法院提出抗诉。案件依法改判，检察监督工作却并未止步。2018 年 10 月，最高人民检察院史上首次向教育部发出高检建〔2018〕1 号检察建议书，即“一号检察建议”。其核心内容是针对校园内存在的安全管理规定执行不严格、教职员工管理不到位、儿童和学生法治教育、预防性侵害教育缺位等问题，建议教育主管部门进一步健全完善预防性侵害未成年人的制度机制；加强对校园预防性侵害相关制度落实情况的监督检查；依法严肃处理有关违法违纪人员，以遏制和减少未成年学生遭受性侵害案件的发生。

校教职工提供法律培训，不断提高学校涉法问题的处置能力，并建立检察院、学校和家长的三方联动机制，预防临界未成年人犯罪。

（五）加强青少年网络犯罪保护预防

近年来，未成年人涉电信网络犯罪案件有所增长，为落实最高人民检察院“六号检察建议”[1]，检察机关开展了一系列整治网络空间的专项行动，针对网吧、网约房、电竞酒店等新业态进行监管整治，针对侵犯未成年人个人信息的行为进行严厉打击，取缔网络色情、暴力低俗信息等。同时对各网络平台进行公益诉讼，要求各大平台设置青少年模式，对内容进行分类分级，加强未成年人身份验证，防止青少年沉迷游戏和网络。检察机关对上述行动进行总结整理，并对其中可能涉及未成年人犯罪的行为和侵害未成年人的犯罪行为进行宣传教育，保障网络安全，预防未成年人涉网犯罪。

三、未成年人刑事执行检察

未成年人刑事执行检察主要包括对社区矫正、看守所执法活动、未成年犯管教所执行等进行的检察监督。

（一）社区矫正执行检察

未成年人是社区矫正的重点对象。检察机关对未成年人社区矫正执行的各环节进行监督。[2] 这也是落实宽严相济刑事政策的必要措施，其工作重点就是通过社区矫正，让未成年犯罪嫌疑人回归社区，在社区监管下从事公益劳动，遵守相关规则，接受教育矫治，避免再次犯罪。未成年人检察部门在检察履职过程中，应当重点考虑未成年人的心理特点和成长规律，保障未成年人社区矫正对象的合法权益，如果发现社区矫正机构违反未成年人社区矫正相关规定的，依法提出纠正意见。

（二）看守所执法活动检察

检察机关对未成年人在看守所的执法活动进行法律监督[3]，促进做好对在押未成年人的教育挽救工作，具体包括对未成年人的执行程序、教育管理、留所服刑、收所出所等的监督，确保在押未成年人分别关押、分别管理、分别教育活动监督全覆盖。看守所执法活动检察监督是保障看守所执法活动规范有序的要求，是实现刑事诉讼活动程序正义的要求，是维护在押人员基本权利的要求，是落实教育感化未成年人司法理念的要求。

---

[1] 2020年11月，最高人民检察院向工业和信息化部发出检察建议书，即“六号检察建议”，该检察建议主要围绕网络黑灰产业链条整治、App违法违规收集个人信息、未成年人网络保护等问题提出治理建议，旨在加强网络监督执法，共同推进网络综合治理。

[2] 参见童建明、万春、宋英辉主编：《未成年人检察业务》，中国检察出版社2022年版，第392页。

[3] 《人民检察院看守所检察办法》第2条规定：“人民检察院看守所检察的任务是：保证国家法律法规在刑罚执行和监管活动中的正确实施，维护在押人员合法权益，维护看守所监管秩序稳定，保障刑事诉讼活动顺利进行。”

（三）未成年犯管教所执行检察

未成年犯管教所的监管对象主要包含两类群体：一类是被判处有期徒刑、无期徒刑的未满18周岁的未成年犯；另一类是年满18周岁时剩余刑期不超过两年的成年犯。[1] 基于检察机关的法律监督机关属性，未成年犯管教所检察业务可被定义为派驻未成年犯管教所检察部门对未成年犯管教所的刑事执行相关活动是否符合法律规定开展的监督工作。未成年犯管教所具体的检察业务包括：收所和出所、分别关押、减刑假释、会见通信、奖惩考核、教育改造等检察监督。

第三节　未成年人民事、行政、公益诉讼检察

未成年人检察工作内容涵盖“四大检察”，民事、行政、公益诉讼日益成为重点内容。近年来，检察机关开展的民事支持起诉、行政争议实质性化解、公益诉讼实践探索均取得了良好成效，促进了社会和谐，维护了未成年人公共利益。

一、未成年人民事检察

未成年人民事检察是指通过检察建议、支持起诉等方式对民事案件的审判和执行活动进行监督，从而保障未成年人的民事权利。

（一）涉未成年人民事审判监督

涉未成年人民事审判监督是指检察机关对人民法院未成年人案件的判决、裁定、调解等活动实施监督，包含监护、抚养、探视、继承等一切涉及未成年人的民事纠纷案件。随着《民法典》的颁布，涉及未成年人的个人隐私权、人格权、网络侵权纠纷等民事案件越来越多，检察机关对上述案件审判进行全面法律监督。在具体的监督活动中，检察院主要是通过抗诉、支持起诉、再审检察建议等方式展开监督。

（二）涉未成年人民事执行监督

涉未成年人民事执行监督是指检察机关对人民法院未成年人案件的执行活动进行监督。实践中，涉未成年人民事执行案件案由主要有抚养费执行、遗产、未成年人被纳入失信名单等，检察机关在发现涉未成年人民事执行案件监督线索后，为贯彻未成年人优先保护原则，可根据《民事诉讼法》的相关规定，通过检察建议（再审检察建议）等方式开展监督。

（三）督促、支持起诉

根据法律规定，未成年人合法权益受到侵犯，相关组织和个人未代为提起诉讼的，人民检察院可以督促、支持其提起诉讼。在检察机关办理的刑事案件中，常常会发现一些未成年人遭受侵害或者监护缺失的倾向，检察机关督促支持起诉可以帮助未成年人脱离困境。检察机关对案件进行审查后，可以通过与相关单位进行协商，

---

〔1〕 参见《监狱法》第76条、《未成年犯管教所管理规定》第2条。

督促有关部门依法履职，如果有关部门没有依法履行职责，导致未成年人的权益长期处于侵害状态，检察机关可以继续审查，认为符合起诉条件的，可以支持未成年人起诉。

二、未成年人行政检察

未成年人行政检察是指检察机关通过抗诉和检察建议等方式，对涉及未成年人的有关行政诉讼进行监督。

（一）对行政审判和执行的监督

涉未成年人的行政审判和执行监督[1]内容包括未成年人行政案件审判人员违法监督、生效裁判监督和执行活动监督。但从实践来看，未成年人检察部门办理的行政案件数量较少，典型案例也相对较少。针对不符合监督条件的，检察院控告申诉检察部门在受理控告申诉线索转交未成年人检察部门之后，由未成年人检察部门和控告申诉检察部门共同做好释法说理工作。

（二）对行政非诉执行的监督

未成年人检察部门还对法院和行政机关开展涉未成年人的行政非诉执行监督，包括依申请监督和依职权监督两类。检察机关常以个案为落脚点，找到行政非诉执行中存在的系统治理类问题，并向有关单位提出检察建议，解决涉及未成年人切身利益的问题。如2021年最高人民检察院发布的十大行政检察典型案例中的“福建省某县卫健局征收社会抚养费非诉执行监督系列案”：2019年颜某因违反计划生育政策被县卫健局要求缴纳社会抚养费，颜某未履行该义务，被法院强制执行。2021年由于生育政策放开，颜某向检察院提出监督申请。县检察院受理审查后，积极与相关单位协商沟通，并向县卫健局发出检察建议，要求县卫健局向法院申请对该案作出结案处理。同时，检察院还对一批类似案件进行了统一处理，有效解决了涉及广大人民群众特别是未成年人切身利益的问题。

（三）行政争议实质性化解

近年来，检察机关加大开展涉未成年人行政争议实质性化解[2]工作力度，综合运用公开听证、司法救助等手段，着力解决侵害未成年人利益的难点问题，促进案结事了。以梅某某等11人因不服征地拆迁安置协议及某镇政府组织的房屋拆除行为提起的行政诉讼为例，经上诉、申请再审仍败诉后，当事人向检察院提出监督申请。检察机关审查发现，生效裁判和审判程序并无不当，但敏锐地捕捉到政府在实施拆除行为时造成当事人年仅6岁的孙子受惊、适龄孩童入学矛盾等细节，以此为监督要点和化解矛盾的突破点。检察机关积极开展入户心理疏导，打开当事人心结，并

---

〔1〕 参见《行政诉讼法》第91、93、95条，《人民检察院行政诉讼监督规则》第104、105条，《中共中央关于加强新时代检察机关法律监督工作的意见》第10条。

〔2〕 参见《人民检察院行政诉讼监督规则》第2、6条，《人民检察院开展行政争议实质性化解工作指引（试行）》第4条，《中共中央关于加强新时代检察机关法律监督工作的意见》第10条。

加强与某镇政府沟通协调，对当事人诉求进行分析梳理，始终坚持把人民群众利益诉求和保障当事人合法权益作为办案的根本目标，最终成功一揽子化解群体性行政争议案件。

（四）行政违法行为监督

行政违法行为监督是指检察机关在履职中发现行政机关对涉及未成年人的行政行为有不当履职或怠于履职时，通过提出检察建议等方式督促其改正。比如，2019年某民政局对林某某收养一名女婴开展评估工作时，结合公安机关出具的无犯罪记录证明（不包含违法记录），为其办理了收养手续。然而，林某某曾多次因赌博被当地公安机关行政拘留。2020年，林某某又因涉嫌开设赌场罪被羁押，导致被收养女童处于无人监护状态，其合法权益受到严重影响。通过大数据检索，检察院还发现另外两名收养人在办理收养登记前存在吸毒、赌博等不符合收养条件的行为。针对上述行政违法行为，检察机关及时制发检察建议，建议相关部门完善评估机制、探索建立常态跟踪制度，全面加强收养抚育评估资格审查及收养后续跟踪、监督、干预工作，从而保障被收养儿童能在更安全、更温馨的家庭环境中成长。

三、未成年人公益诉讼检察

未成年人公益诉讼检察是指当不特定未成年人的权利遭受侵犯，或者行政机关怠于履职或不当履职造成未成年人权益被侵害时，由检察机关向人民法院提起民事或行政公益诉讼，依法保护未成年人权益的行为。[1] 新修订的《未成年人保护法》明确赋予了检察机关提起公益诉讼的权力。

2018年，检察机关提起了首例未成年人公益诉讼案件，在履职中发现有很多无证幼儿园存在消防设置隐患、校车资质隐患、食品安全隐患等问题。检察机关随即对当地教育局等行政机关发出检察建议，要求对无证幼儿园进行处理，根据实际情况进行整顿、整改、取缔。[2] 后续，检察机关加快探索未成年人公益诉讼的脚步，围绕校园周边环境、食品安全、个人信息保护、网络环境治理、电竞酒店和网约房等新业态等重点领域，开展专项活动，督促行政机关依法履职。如检察机关对售卖伪劣儿童口罩行为提起公益诉讼，并综合运用刑事、民事公益诉讼手段，全方位维护未成年人利益。[3] 检察机关在刑事案件中发现未成年人滥用药物的行为后，立即向药品监督管理局发出检察建议，并推动出台《未成年人药物滥用风险管控实施意

---

〔1〕 参见张宁宇、田东平：《未成年人检察公益诉讼的特点及案件范围》，载《中国检察官》2020年第12期。

〔2〕 参见张仁平、黄颖颖：《福建福清：探索办理全国首起涉未成年人公益诉讼案》，载最高人民检察院网，https：//www. spp. gov. cn/spp/zdgz/201810/t20181016_395386. shtml，2021年10月29日访问。

〔3〕 参见《2021年度浙江省检察机关未成年人司法保护典型案例发布》，载浙江检察微信公众号，https：//mp. weixin. qq. com/s/KQzGRFfNYDJ5mmuej5 – d4A，2022年9月26日访问。

见（试行）》，有效保障未成年人用药安全。[1] 检察机关还对文身经营者章某未取得医疗美容许可证提起民事公益诉讼，并对整个行业进行整顿，推动同级人民代表大会常务委员会审议出台了《关于加强未成年人文身治理工作的决议》。

2022年，最高人民检察院发布第三十五批指导性案例[2]，对未成年人公益诉讼的受案范围提供指导，不断总结经验，规范未成年人检察公益诉讼工作。[3]

第四节　未成年人检察促进社会治理现代化

为不断适应社会治理现代化建设要求，检察机关创新体制机制，近年来推出了强制报告制度、入职查询制度等一系列创新工作机制，全面参与未成年人保护社会治理。

一、强制报告制度

2018年，某区人民检察院在办理一起性侵案件时发现，因报案不及时，导致被害人权益受损。检察院立即与公安、卫健等部门协商，出台强制报告制度联合机制，要求医护人员在就诊时如果发现未成年人被侵害的线索要及时报告公安机关。之后，这一强制报告制度被推广到全国[4]，并写入2020年修订的《未成年人保护法》[5]。

强制报告制度是指国家机关、法律法规授权行使公权力的各类组织及法律规定的公职人员，密切接触未成年人行业的各类组织及其从业人员，在工作中发现未成年人遭受或者疑似遭受不法侵害及面临不法侵害危险的，应当立即向公安机关报案或举报。

从强制报告的主体来看，主要包括依法对未成年人负有教育、看护、医疗、救助、监护等特殊职责，或者虽不负有特殊职责但具有密切接触未成年人条件的企事业单位、基层群众自治组织、社会组织。主要包括：居（村）民委员会；中小学

---

[1] 参见《最高检发布“3·15”检察机关食品药品安全公益诉讼典型案例》，载最高人民检察院微信公众号，https：//mp. weixin. qq. com/s/NbkRNfSQF2 - P2QAjRb0udw，2022年9月26日访问。

[2] 参见《最高人民检察院第三十五批指导性案例》，载最高人民检察院微信公众号，https：//mp. weixin. qq. com/s/H5nbysZpp35Lm4nO4lkPhw，2022年9月26日访问。

[3] 参见那艳芳、陈晓、隆赟：《积极履行公益诉讼检察职责　依法保护未成年人合法权益——最高人民检察院第三十五批指导性案例解读》，载《人民检察》2022年第11期。

[4] 2020年5月7日，最高人民检察院与国家监察委员会、教育部、公安部、民政部、司法部、国家卫生健康委员会、中国共产主义青年团中央委员会、中华全国妇女联合会会签的《关于建立侵害未成年人案件强制报告制度的意见（试行）》发布，将报告主体扩大到所有可能接触未成年人的行业从业人员。

[5] 《未成年人保护法》第11条规定，未成年人身心健康受到侵害、疑似受到侵害或者面临其他危险情形的，强制报告主体应当立即向公安、民政、教育等部门提出报告。并在“家庭保护”一章规定了父母或者其他监护人发现未成年人身心健康受到侵害、疑似受到侵害，情况严重的，应当立即向公安、民政、教育等部门报告；在“学校保护”一章规定了对严重欺凌行为和性侵害、性骚扰未成年人等违法犯罪行为，学校应当及时向公安机关、教育行政部门报告；在“网络保护”一章规定了互联网企业发现用户发布、传播含有危害未成年人身心健康内容信息的，应当向网信、公安等部门报告，发现用户利用其网络服务对未成年人实施违法犯罪行为的，应当向公安机关报告。

校、幼儿园、校外培训机构、未成年人校外活动场所等教育机构及校车服务提供者；托儿所等托育服务机构；医院、妇幼保健院、急救中心、诊所等医疗机构；儿童福利机构、救助管理机构、未成年人救助保护机构、社会工作服务机构；旅店、宾馆等。检察机关依法对强制报告制度的执行情况进行法律监督，对于工作中发现相关单位执行、监管不力的，可以通过发出检察建议书等方式进行监督纠正。对公职人员长期不重视强制报告工作，不按规定落实强制报告制度要求的，监察委员会依法进行问责，对涉嫌职务违法犯罪的依法调查处理。

从强制报告的内容来看，应当报告的九类情形包括：未成年人的生殖器官或隐私部位遭受或疑似遭受非正常损伤的；不满14周岁的女性未成年人遭受或疑似遭受性侵害、怀孕、流产的；14周岁以上女性未成年人遭受或疑似遭受性侵害致怀孕、流产的；未成年人身体存在多处损伤、严重营养不良、意识不清，存在或疑似存在受到家庭暴力、欺凌、虐待、殴打或者被人麻醉等情形的；未成年人因自杀、自残、工伤、中毒、被人麻醉、殴打等非正常原因导致伤残、死亡情形的；未成年人被遗弃或长期处于无人照料状态的；发现未成年人来源不明、失踪或者被拐卖、收买的；发现未成年人被组织乞讨的；其他严重侵害未成年人身心健康的情形或未成年人正在面临不法侵害危险的。报告责任主体向公安机关报案或举报的，应按照主管行政机关要求报告备案。具备先期核实条件的相关单位、机构、组织及人员，可以对未成年人疑似遭受不法侵害的情况进行初步核实，并在报案或举报时将相关材料一并提交公安机关。医疗机构及其从业人员在收治遭受或疑似遭受人身、精神损害的未成年人时，应当保持高度警惕，按规定书写、记录和保存相关病历资料。

二、入职查询制度

为避免性侵案件发生，检察机关还探索创新了入职查询制度，即在学校的教职工入职以前，应当向公安机关和检察机关查询员工是否有性侵、虐待和故意伤害前科。[1] 2020年修订的《未成年人保护法》扩大了入职查询制度的对象，不仅是校园工作者，还有教育培训机构人员、对未成年人有监护看护等责任的企事业单位和社会组织人员等，并明确了国家建立信息查询系统并向密接单位提供免费查询服务，对不履行查询义务或招用、继续聘用具有相关违法犯罪记录人员的，由主管部门处罚。2022年11月，为加强与司法保护的衔接，最高人民检察院联合最高人民法院签订《关于落实从业禁止制度的意见》，要求法院判决实施性侵、虐待、伤害等犯罪的教职工禁止其从事未成年人相关工作。仅2022年上半年，全国就开展入职查询740余万人次，对3000名有前科人员予以解聘，净化了未成年人求学、生活环境。

---

〔1〕 2020年8月20日，最高人民检察院、教育部、公安部联合发布《关于建立教职员工准入查询性侵违法犯罪信息制度的意见》，明确性侵违法犯罪信息是指犯强奸、强制猥亵、猥亵儿童犯罪被法院判决或被检察院相对不起诉，以及因猥亵行为被行政处罚的人员信息，应当进行入职查询的人员包括新招录教师、行政人员、勤杂人员、安保人员等在校园内工作的教职员工，以及申请教师资格的人员，并规定了查询范围、流程等。

针对实践中碰到的一些问题，要进一步落实入职查询制度，还需要完善以下内容：

首先，明确查询内容期限。犯罪记录是否包括聚众斗殴、寻衅滋事等罪名，违法记录是否包括卖淫嫖娼、赌博等行为，对所查询的前科是否设置一定期限，各地有执行不一的情形，故需要规定或权威解读需要查询的具体信息，并明确查询时限，如对性侵害类、暴力伤害类违法犯罪记录不设或设置较长的查询期限，对其他一般违法犯罪行为设置一定的查询期限。

其次，凸显检察监督职能。实践中，检察机关直接参与查询流程的情况比较常见，这是该项制度由检察机关联合推动的自然结果，虽全程监督，但琐碎的汇总、核实工作会消耗大量工作精力，某种程度上模糊了其监督地位，查询效率也不够高。因此，应加快建设国家或省级统一信息查询系统，推动建立更简洁、高效的查询模式，促使入职查询制度走上正轨并常态化运行。同时，检察机关应当逐步从具体的查询工作中抽离，转变为查询制度的协助者、监督者，如协助提供涉检察机关的相关文书，并对相关单位、部门执行、监管情况、违法犯罪记录应用情况、相关人员后续处理情况等进行监督。

再次，加大制度落实力度。目前，公立医院、学校落实该制度基本到位，但部分中小型医院诊所、校外培训、幼托、家政服务等相关行业因人员流动性大、缺乏监管而未进行常规入职查询。未来还应加大宣传力度，推动各行业主管部门对用人单位查询工作的监管，尤其是婴幼儿托育、早教、家政服务行业等与未成年人身心安全密切相关但监管相对薄弱的行业尽快落实查询，并督促处罚结果的落实。

最后，科学设置处理规则。一是逐步扩大从业禁止范围。从业禁止意见适用于教职员工，其他人员是否可以参照执行，尚待进一步明确。鉴于判决援引《未成年人保护法》争议已解决，认为可以探索将禁止范围逐步扩大到医生等范围。二是对有前科人员的处理规则进行细化、科学地设置，避免“一刀切”。一般来说，对有相关违法犯罪记录的新入职人员不予录用；对在职人员中，直接密接人员进行更严格的处理，而对非一线人员可视其违法犯罪前科的具体情况予以更灵活的处理，如对多年前有嫖娼、酒驾等行政处罚记录的有关单位的外包后勤人员，可联系外包公司将其调离，而非直接解聘，在不影响未成年人合法权益的情况下，避免引起新的社会矛盾。

三、未成年人检察社会支持体系建设

未成年人检察社会支持体系[1]是指在未成年人检察工作中，通过联系各类资源、搭建协作平台，推动政府及其职能部门或其他社会专业力量共同加入，有针对

〔1〕 2022年10月28日，最高人民检察院向全国人民代表大会常务委员会专项报告未成年人检察工作，明确提出“帮助未成年人从实施犯罪的迷途或遭受侵害的阴影中走出来，重新融入社会，是未成年人检察工作必须担起的司法责任”，并在“司法保护扎实融入社会保护”部分，介绍了最高人民检察院与共青团中央签署合作框架协议，持续加强未成年人检察工作社会支持体系建设，会同民政部、共青团中央制定首个《未成年人司法社会工作服务规范》国家标准，倡导、支持社会组织和社会工作者参与未成年人保护工作等典型做法。

性地采取社会调查、观护帮教、心理干预、司法救助等特殊手段帮助涉案未成年人回归社会而形成的专门工作体系。

从参与主体上看，未成年人检察社会支持体系是检察机关牵头主导，集聚各种社会专业力量共同参与、发挥各方积极作用形成的有机整体。检察机关作为社会支持体系的推动者之一，可以联合各部门、社会组织和个人，共同参与未成年人保护和犯罪预防。社会支持体系的其他主体包括民政、共青团、妇联、社工、学校、社区、企业等[1]，在此基础上应当对社会支持体系的参与主体范围作广义界定。根据支持的资源是否来源于政府、官方等力量，社会支持体系的参与主体又可细分为正式支持和非正式支持两种。正式支持主体是指行政机构、司法机关、企事业单位和群团组织。非正式支持主体包括社会公益组织、民办非企业单位、社区、爱心企业、社会志愿者等。在上述社会支持体系的框架下，各参与主体并非独立运作，而是依托各种社会支持资源间的沟通、协调和衔接机制，相互交融，共同发挥最大效能，形成立体多维的社会支持网络系统。

从服务对象上看，随着未成年人检察社会支持体系建设基层实践探索的发展，其对象范围和服务提供的着眼点都发生了变化。一方面，社会支持体系的服务对象范围不断扩大，从最初的涉罪未成年人，逐步延伸至包含未成年被害人，再到检察履职中发现的严重不良行为未成年人和留守儿童、困境儿童等特殊未成年人群体，未成年人检察社会支持体系的保护圈不断扩大。另一方面，社会支持体系的服务提供着眼点发生前移，从最初着眼于涉罪未成年人重新犯罪预防，前移至囊括针对触法、严重不良行为未成年人的临界预防，对未成年人的保护也逐渐从事后救济拓展到事前预防，如推广入职查询制度等，从而进一步拓展对未成年人的综合司法保护。

从主要内容上看，未成年人检察社会支持体系通过以政府购买服务的方式，将一些特殊程序交由专门的社会力量负责。[2] 未成年人检察社会支持体系的主要服务内容大致可分为两类：一是为办案程序提供辅助，比如特殊程序中的社会调查、合适成年人到场、“一站式”取证、帮教等；二是为保护未成年人提供综合服务，比如心理测评和疏导、亲职教育、司法救助、就业就学、监护干预等，通过对未成年人心理干预和所处环境的介入，促进未成年人再社会化，从根本上实现未成年人保护和犯罪预防的目的。

---

〔1〕 根据最高人民检察院《关于进一步加强未成年人刑事检察工作的决定》第 25 条的列举式规定，社会支持体系的参与主体有“综治、共青团、关工委、妇联、民政、社工管理、学校、社区、企业等”。

〔2〕《检察机关加强未成年人司法保护八项措施》第 8 项规定提出“以政府购买等方式，将社会调查、合适成年人参与未成年人刑事诉讼、心理疏导、观护帮教、附条件不起诉监督考察等工作，交由专业社会力量承担”，随着未成年人检察社会支持体系的实践发展，其内容早已不再限于上述规定的五种举措。

问题与思考

1. 简述未成年人检察与“四大检察”的关系。

2. 未成年人检察应遵循哪些理念？这些理念如何体现在未成年人检察制度中？

3. 如何在刑事案件中保障未成年被告人和未成年被害人的实体权利和程序权利？

4. 列举当前未成年人行政、民事、公益诉讼检察的制度内容。

5. 当前未成年人检察有哪些制度创新？这些制度创新从哪些方面弥补了以往未成年人权利保障的不足？

参考阅读

1. 周军、高维俭：《未成年人刑事检察制度研究》，中国检察出版社 2014 年版。

2. 杨新娥：《4 + 1 + N：未成年人检察的实践与探索》，中国检察出版社 2015 年版。

3. 童建明：《最有利于未成年人原则适用的检察路径》，载《中国刑事法杂志》2023 年第 1 期。

4. 那艳芳：《深化未成年人综合司法保护　努力推进未成年人检察工作现代化》，载《中国检察官》2023 年第 9 期。

5. 何晓莹、王艳、杨芳：《“六大保护”体系下未成年人保护检察监督制度的构建》，载《中国检察官》2023 年第 9 期。

6. 缐杰：《以预防和减少未成年人犯罪为导引　全面深化未检综合履职理论研究》，载《人民检察》2024 年第 2 期

7. 缐杰：《聚焦犯罪预防和权益保护　不断深化未成年人检察理论创新》，载《人民检察》2025 年第 2 期。

拓展阅读

第十三章 控告申诉检察

■ 本章导读

控告申诉检察作为检察机关接待人民群众信访的主要职能部门，是检察机关联系人民群众的“重要窗口”“桥梁纽带”。同时，通过接收处理人民群众来信来访、主动开展案件梳理审查等方式，依法办理控告申诉案件，充分做好国家赔偿和司法救助工作。应勇检察长强调，要做实检察为民，认真践行新时代“枫桥经验”，扎实开展涉检信访源头治理，完善司法救济保护制度、冤错案件纠防机制。[1] 为此，控告申诉检察在扎实推进办案的同时，应当立足党和人民更高要求，顺应历史发展和时代进步，逐步强化法律监督，践行“为民司法”，开辟“枫桥经验”新的历史实践，努力让人民群众在每一个司法案件中感受到公平正义。

第一节 控告申诉检察概述

控告申诉检察工作的根本任务是着力解决好人民群众关心的司法公正问题，在履职办案中实现“案结事了、人和政和”，让人民群众在每一个司法案件中感受到公平正义。《中共中央关于加强新时代检察机关法律监督工作的意见》提出，坚持和发展新时代“枫桥经验”，健全控告申诉检察工作机制，完善办理群众信访制度，引入听证等方式审查办理疑难案件。这对进一步增强人民群众获得感、幸福感、安全感，促进信访法治化建设，维护社会稳定和国家长治久安，具有重大的政治意义、法治意义和社会意义。[2]

一、控告申诉检察的诞生与发展

控告申诉检察是检察机关最早的职能之一，是各级人民检察院内设机构中与人

〔1〕参见《最高检召开检委会（扩大）会议分析研判会商 2023 年第一季度检察业务数据 应勇强调善于从数据中发现问题并研究解决问题 以正确检察政绩观引领提升法律监督质效》，载最高人民检察院网，https：//www. spp. gov. cn/tt/202304/t20230425_612363. shtml，2023 年 8 月 14 日访问。

〔2〕参见徐向春：《构建新时代控告申诉检察工作格局》，载《人民检察》2021 年第 Z1 期。

民群众直接接触最多的部门。1931 年，《工农检察部的组织条例》（中华苏维埃第一次全国代表大会通过）第 10 条规定：“工农检察部之下需设立控告局，以接受工农对于政府机关，或国家企业的缺点和错误的控告事件……” 1954 年 11 月 23 日，最高人民检察院在办公厅下设控诉组，主管人民群众来访的接待，来信的答复，控诉案件的受理、转办、催办等事项。

经历特殊历史时期之后，控告申诉检察随检察机关重建而逐步完善，进一步发挥重要的作用。1978 年检察院重建之初，控告申诉检察面临巨大的来信来访压力。[1] 最高人民检察院根据现实需要，依法设立了信访厅，制定颁布《信访厅工作任务和工作制度》，明确信访厅主要任务是处理人民群众来信、接待人民来访，同时，对控告、检举、自首案件提出立案的建议或移送主管机关处理等。1985 年 1 月 16 日，最高人民检察院印发《关于加强信访工作的决定》，进一步要求“省、自治区、直辖市要尽早把信访（控告申诉）处建立健全起来，原来没有的要设置，撤销的要恢复。分、市院要建立独立的信访机构。人口多、信访量大的县、区也应设信访机构，其他的应配备专职干部”。1987 年 4 月 11 日，最高人民检察院在《关于将最高人民检察院信访厅改为控告申诉检察厅的通知》中明确“将信访厅改为控告申诉检察厅。”至此，各级人民检察院控告申诉检察部门的机构架设基本完成。

随着冤案复查平反工作接近尾声，控告申诉检察的职能逐渐与反贪污贿赂案件查处紧密联系，受理的举报成为职务犯罪案件线索的主要来源之一。1988 年 3 月 18 日，全国第一个经济罪案举报中心（后更名为举报中心）在广东省深圳市人民检察院成立，最高人民检察院举报中心也在同日挂牌成立。1990 年 10 月 9 日，最高人民检察院印发《关于进一步加强举报工作的通知》，要求“为了方便群众，检察机关对外设一个‘窗口’，统一受理群众的举报。举报中心原则上归控告申诉检察部门领导管理，最高人民检察院控告申诉检察厅负责全国检察机关举报工作的日常工作。2002 年 11 月 5 日，最高人民检察院在《关于加强和改进控告申诉检察工作的决定》中又明确：举报中心原则上同控告申诉检察部门合署办公，控告申诉检察部门负责人兼任举报中心正副主任，可增设一名专职副主任。

新时期，检察体制改革逐步推进，法律监督职能进一步强化，控告申诉检察的机构设置和职能也有新的变化。2018 年 6 月，原“举报中心”转型升级为“12309 检察服务中心”，并正式挂牌。同年 12 月，中共中央正式印发《最高人民检察院职能配置、内设机构和人员编制规定》，最高人民检察院内设机构改革落地，控告检察厅和刑事申诉检察厅合并为第十检察厅（对外称“控告申诉检察厅”），省、市两级检察院对应设置控告申诉检察部，基层检察院受机构编制限制，一般不单设。2019 年《人民检察院刑事诉讼规则》对控告申诉检察部门办理刑事检察案件当事人

---

〔1〕“据统计，1978 年、1979 年两年，全国检察机关共受理群众来信、来访 1306337 件次。”参见陈国庆、万春、孙长永主编：《控告申诉检察业务》，中国检察出版社 2022 年版，第 2 页。

控告申诉事项的初查、举报线索接收分流、案件直接办理等工作作出具体规定。2021年，《人民检察院公益诉讼办案规则》《人民检察院民事诉讼监督规则》《人民检察院行政诉讼监督规则》施行，分别对控告申诉检察部门办理相应案件当事人控告申诉事项的初查、举报线索接收、分流等工作进行了规定。至此，控告申诉检察部门成为贯通“四大检察”的业务部门。

二、新时代控告申诉检察工作的具体职能

司法责任制改革背景下，控告申诉检察部门作为检察机关的信访接待部门，其职能通过“窗口”向“监督”“救济”延伸。2020年，最高人民检察院在《人民检察院办理刑事申诉案件规定》中指出：人民检察院通过办理刑事申诉案件，纠正错误的决定、判决和裁定，维护正确的决定、判决和裁定，保护当事人的合法权益，促进司法公正，维护社会和谐稳定，促进国家法律的统一正确实施。最高人民检察院在内设机构职能配置的方案中进一步明确：第十检察厅负责受理向最高人民检察院的控告和申诉、承办最高人民检察院管辖的国家赔偿案件与国家司法救助案件。地方各级检察院控告申诉检察部门承担本级相应职能，包括：（1）承担检察机关的信访接待职能，统一受理来信、接待来访；（2）根据有关规定对信访事项进行初步调查；（3）对所受理的信访事项（包括刑事、民事、行政、公益诉讼的举报、申诉、控告，国家赔偿、司法救助申请等事项）按照职责分工转送有关部门办理，或者根据有关规定自行办理；（4）向下级人民检察院转送或者交办信访事项和刑事申诉、国家赔偿与司法救助案件，并进行督办，对下级人民检察院提交的办结报告进行审查；（5）对上级人民检察院交办的信访事项、刑事申诉、国家赔偿和司法救助案件，进行转办和催办，或者根据有关规定自行办理，并将办理情况报告上级机关；（6）对信访事项、刑事申诉、国家赔偿和司法救助案件的办理情况书面答复或者告知信访人；（7）依据有关规定做好矛盾化解、教育疏导及相关善后工作；（8）在工作中发现检察人员有违法违纪行为的，及时移送有关部门调查处理等。

三、新时代控告申诉检察重点工作

面对新时代新形势，控告申诉检察工作也出现新的侧重：坚持以打造新时代“枫桥经验”检察样板为目标，持续深化落实群众信访“件件有回复”，切实推进院领导包案办理疑难复杂信访案件等工作，不断加强服务中心大局的意识和能力。[1]

（一）持续巩固深化群众信访“件件有回复”

《人民检察院刑事诉讼规则》和《人民检察院信访工作规定》（2025年）要求对群众信访“7日内程序回复、3个月内实体答复”。这是对“件件有回复”制度的具体规定。同时要求控告申诉检察部门坚持“办信就是办案”，对群众来信来访中

---

〔1〕参见2022年4月29日最高人民检察院印发的《关于支持和服务保障浙江高质量发展建设共同富裕示范区的意见》。

符合受理管辖条件的事项，在流程上坚持“案件化”办理，并通过机制建设保证来信来访回复工作落实有监督。

（二）大力推进检察长包案工作

最高人民检察院《关于检察长、副检察长、检察委员会专职委员办理案件有关问题的意见》指出，要建立省、市、县三级检察长阅批和办理群众来信制度，对检察机关领导干部办理群众来信的原则、范围、数量和程序等作出明确规定。强调涉及重大敏感案件情况的群众来信必须呈报检察长阅批处理；市、县两级院检察长要亲自阅批群众来信，重大敏感信件的回复必须由检察长审核把关；最高人民检察院交办要结果的信件，由承办院检察长包案办理。

（三）进一步办理好控告申诉案件

加大对案件受理的审查力度，充分体现控告申诉检察部门在息诉息访、促进案结事了人和方面的重要作用。控告申诉检察在案件办理中坚持全面审查原则，对于重大涉检信访事项，坚持阅卷、全过程审查。重视强化释法说理，必要时借助听证、联合调解等措施手段，做好息诉息访工作。

（四）持续推进服务中心大局

控告申诉检察以提升履职能力和工作质效为抓手，持续延伸履职触角，构建新时代控告申诉检察工作格局。做好积案清查、公开听证、司法救助、保障非公经济发展、律师权益保障等重要工作。

第二节　群众来信来访的接待与处理

“了解民情、集中民智、维护民利、凝聚民心”是检察机关开展信访工作的根本导向。检察机关深入贯彻习近平总书记关于加强和改进人民信访工作的重要思想，坚持化解社会矛盾、促进社会和谐的检察信访工作原则和人民至上的工作理念，立足新时代、新要求，先后提出了群众信访“件件有回复”、常态化治理重复信访、落实首办责任、院领导包案办理等一系列新制度，进一步促进案结事了，维护公平正义，营造安全稳定的社会环境。[1]

一、信访接待工作概述

（一）信访接待工作目标与工作理念

当前，根据检察职能定位和实践探索，检察机关信访接待有三大目标：一要促进“案结事了”，依法受理、审查、办理、纠正执法司法错误，并做好释法说理和落实国家赔偿、司法救助，切实化解当事人矛盾，做到“人和政和”。二要体现检

〔1〕 参见孙灵珍、凡俊：《群众信访“件件有回复”制度价值与实践》，载《中国检察官》2022 年第 15 期。

察机关法律监督的刚性。通过接待信访，发现生效裁判或司法处理确有错误并及时予以纠正，保护信访人不受不法侵害，保护人民群众合法权益，恢复正常法治秩序。三要体现检察履职担当。及时分辨、准确处理人民群众的正常情绪宣泄和纠缠闹访事件，从源头化解矛盾、防范风险，真正做到有效维稳、服务大局。

检察机关在信访接待工作中应当遵循以下原则：一是坚持党的全面领导。这是信访工作的政治底色，坚定不移把党的领导贯彻到检察信访工作各方面和全过程，确保正确政治方向。二是坚持以人民为中心。这是信访工作的根本出发点，就是要办好人民群众的操心事、烦心事、揪心事。为此，控告申诉检察在信访接待中始终贯彻为民办实事的工作要求，将心比心对待群众，切实帮助群众解决实际困难。三是坚持落实信访工作责任。严格落实首办责任，及时将信访问题解决在首办环节。严格落实属地管理、分级负责，谁主管、谁负责。四是坚持依法解决问题。“办信就是办案”，而办案就必须“以事实为根据，以法律为准绳”。控告申诉检察在信访接待中必须做到对事实认定、证据采信、法律适用等方面均逐条回复，并开展详细的释法说理，从法、理、情三个维度，讲清法理、讲明事理、讲透情理，实现政治效果、法律效果和社会效果的有机统一，使司法既有力度又有温度。五是坚持和发展新时代“枫桥经验”。做到预防在前、调解优先、运用法治、就地解决，努力把矛盾纠纷化解在基层、化解在萌芽状态。

（二）信访接待程序

《人民检察院刑事诉讼规则》《人民检察院民事诉讼监督规则》《人民检察院行政诉讼监督规则》《人民检察院公益诉讼办案规则》分别规定了控告申诉检察部门的受理事项、受理标准、材料要求等内容。《人民检察院信访工作规定》进一步明确了控告申诉检察部门是开展信访工作的专门机构。[1]

1. 接收与回复，主要解决群众来信是否属于检察机关受理事项。《人民检察院信访工作规定》明确由控告申诉检察部门统一接收、登记、受理、移送、交办信访事项，并回复信访人。控告申诉检察部门接收信访事项后，第一步需要根据“四大检察”监督办案规则判断事项是否属于检察机关受理，对属于检察机关受理的事项要依法受理；对不属于检察机关受理的事项，要按照相关规定移送同级信访部门或者其他机关处理，并在7日内将是否受理或移送的结果回复信访人。

---

〔1〕《人民检察院信访工作规定》第9条规定：“人民检察院负责控告申诉检察工作的部门是开展信访工作的专门机构，履行下列职责：（一）统一接收、登记信访事项；（二）受理、移送、交办信访事项，并回复信访人；（三）办理属于职责范围内的信访事项，答复信访人，进行释法说理与信访矛盾化解；（四）协调、督促、检查重要信访事项的处理；（五）在办理刑事申诉、国家刑事赔偿案件过程中，审查分析原案在检察办案环节存在的问题，可以向相关部门提出纠正意见或者改进工作的建议；（六）梳理、筛选、甄别、移送、交办法律监督线索；（七）综合反映信访信息，分析研判信访情况；编制信访情况年度报告，向本院党组和上一级人民检察院报告；（八）承担本院信访工作部门联席会议和上级人民检察院交办的其他信访工作。”

2. 分流与受理，主要解决来信的受理条件和内部去向问题，包括判断信访事项的级别管辖和确定信访事项办理的具体内设机构。群众信访事项主要有控告、申诉、举报、投案自首、提请救助等。控告申诉检察部门接收信访事项后，要对其性质进行判断，再分别依照相应的办案规则、程序确定管辖层级、办理部门，将事项准确分流；同时按照不同事项的受理条件，对材料是否符合受理标准进行审查。

3. 办理与答复，主要解决实体办理和答复的问题，亦分为两类：一类是信访事项涉及的具体案件实体办理和实体答复由相关部门负责的，需要分流到对应的业务部门；另一类是由控告申诉检察部门直接办理的案件，如刑事申诉案件、国家赔偿案件和司法救助案件等，控告申诉检察部门既要进行程序性答复，还要根据相关法律规定、办案规则进行实体办理和实体答复。对于实体结果，应当在3个月内答复信访人，如不能办结需要延期的，也应当在3个月内答复程序性事项和必要的办理进程。

二、“枫桥经验”引领下的信访接待工作

（一）“枫桥经验”与群众信访“件件有回复”制度

为适应新时代“枫桥经验”对信访工作法治化、规范化的更高要求，进一步体现“以人民为中心”的工作理念，2007年《人民检察院信访工作规定》要求，无论是否属于本院管辖事项，控告申诉检察部门都要及时作出受理或转送的处理，同时要求答复，且原则上必须以书面方式作出。[1] 在此基础上，进一步形成了群众信访“件件有回复”制度。2019年3月，时任最高人民检察院检察长张军在第十三届全国人民代表大会第二次会议上作最高人民检察院工作报告时明确提出：“将心比心对待群众信访，建立7日内程序回复，3个月内办理过程或结果答复制度。”2025年《人民检察院信访工作规定》将原来的“7日内回复”的要求提高为“人民检察院负责控告申诉检察工作的部门对接收的信访事项，能够当场回复的，应当当场回复；不能当场回复的，应当自收到信访事项之日起七个工作日以内回复”。[2] 在此基础上，进一步形成了更高要求的群众信访回复制度。

（二）检察机关信访接待工作的具体要求

在落实推进新时代“枫桥经验”这一目标的引领下，检察机关信访接待工作的具体要求是完全达到群众信访“件件有回复”的工作目标，即程序上必须实现“当场回复或7日内程序回复、3个月内办理过程或结果答复”；实体上能有效解决诉求，及时化解矛盾。程序性回复从7日内缩短到“当场”，目的是最快表明信件、诉求已经被接收，并有人处理，对信访人从起点进行情绪安抚。实质性的重点在3个月内对办理过程或结果答复。在过程中切实维护人民群众利益、实现公平正义，

---

〔1〕 参见《人民检察院信访工作规定》第32条。

〔2〕 参见《人民检察院信访工作规定》第22条。

一方面在于弥补错误的程序瑕疵、纠正错误的裁判结果，对主观存在过错、疏忽大意甚至滥用职权的司法人员追究责任；另一方面在于息诉息访、化解矛盾，切实开展涉检信访源头治理。

三、信访接待工作要依法解决问题

群众信访“件件有回复”是宏观制度和指导理念，《人民检察院信访工作规定》则是落实新时代“枫桥经验”，回应信访接待工作“法治化”“规范化”要求的具体实践规范。《人民检察院信访工作规定》指导各级控告申诉检察部门在办理群众来信工作中贯彻“全能审查、专业审查、案件审查”理念，落实以人民为中心、运用法治思维和法治方式，促进社会治理等理念。[1]

（一）实质化解读“来信”的基本概念，明确办信原则

2025 年《人民检察院信访工作规定》明确信访人可以采用信息网络、书信、电话、传真、走访等形式，向人民检察院提出控告、申诉、举报，或者建议、意见，将办理群众来信界定为：人民检察院依法处理群众以各种形式来信的职权活动。“信访”更注重实质内容而不拘泥于“信”的形式要件，群众来访当场书写的材料、“12309 中国检察网”网站留言、“12309 检察服务中心”来电等形式均属于群众来信。《人民检察院办理群众来信工作规定》要求各级检察机关在“件件回复，准确分流；属地管理，分级负责；依法受理，及时办理；谁接收、谁回复，谁办理、谁答复”四大办信原则指导下，依法、及时办理群众来信，既强调上下有别，也讲究一体联动，检察机关内部分工负责，严格落实司法责任制。

（二）确立群众来信依法处理程序

2025 年《人民检察院信访工作规定》完善了领导构架，提出“人民检察院应当构建党组领导、信访工作部门联席会议统筹协调、负责控告申诉检察工作的部门牵头、相关部门各负其责、各方齐抓共管的信访工作格局”，加强了对信访工作的组织领导。第 21 条对信访处理事项明确区分了五种处理方式：（1）重大、敏感问题的事项由检察长决定。（2）属于本院管辖且符合受理条件的，在对来信人身份信息等进行必要核实确认后，按照“四大检察监督办案规则”移送本院相应部门办理或者自行办理；资料不全的，应当制作清单，一次性列明需要补充的材料，告知来信人予以补充，待材料齐备后移送或办理。（3）属于检察机关管辖但不属于本院管辖的，移送有管辖权的人民检察院办理。（4）不属于检察机关管辖的，移送其他机关或者信访部门处理。（5）内容不清、诉求不明且无法回复或者移送的，作存查处理。最后，要求信访工作要进行案件化办理，强调全面、准确、规范录入信访信息系统。

---

〔1〕 参见陈国庆、万春、孙长永主编：《控告申诉检察业务》，中国检察出版社 2022 年版，第 40—42 页。

（三）落实体现群众来信“件件有回复”的具体要求

2025年《人民检察院信访工作规定》规定了控告申诉检察的回复程序原则，明确了不同情况下不同的回复内容，并保留了原《人民检察院办理群众来信工作规定》规定的群众来信的交办、督办程序，进一步明确上下级检察院之间的监督指导与办理回复。其第36条第1款规定了上级院对属于下级院管辖的信访事项，可由负责控告申诉检察工作的部门向下级院交办；第3款、第4款通过规定上级院的“催办”程序防止出现迟延回复或不回复的情形，更加强调“回复”的规范性，要求承办的人民检察院的办理情况报告需经交办的人民检察院审查同意后，参照该规定第30条相关规定进行答复，而答复的方式不仅要求录入办案系统，更新增了公开答复。

（四）考评问责和监督救济

现有规定将检察机关信访工作的开展、落实情况纳入检察机关业务管理体系和检察官个人考评体系，如《人民检察院信访工作规定》对规范履职风险评估、保密等事项规定了问责机制、组织处理、纪律处分和追究刑事责任的具体情形。同时明确，可以向上级检察院申诉或者有其他救济程序的，应当及时告知来信人。例如，不服检察机关不支持民事监督申请决定的，上级可以复查来信；不服刑事申诉案件审查或者复查结论、不服国家赔偿监督决定的群众来信，可以向上一级检察院提出申诉。

第三节　控告、申诉案件的办理

《宪法》规定，公民有向有关国家机关提出申诉、控告或者检举的权利。根据刑事、民事、行政诉讼法规定，当事人不服人民法院生效裁判，不服公安机关、人民检察院处理决定，或者认为司法机关及其工作人员办案违法的，可依法向人民检察院提出控告、申诉，或申请监督。办理控告、申诉案件顾名思义是控告申诉检察的标志性、基础性职能，更是检察机关履行法律监督职责，将群众信访纳入法治轨道解决的重要方式，直接关系人民权益和社会公平正义。[1]

一、控告权、申诉权概述

控告权、申诉权是《宪法》赋予公民的基本权利，是公民对于司法机关案件办理活动及生效裁判、决定不服的再次申请权。对控告、申诉案件的办理处置是控告申诉检察部门的基本职能，集中体现了控告申诉检察部门的“监督纠错”功能。

---

〔1〕参见时任最高人民检察院检察长张军在第十三届全国人民代表大会常务委员会第三十一次会议上所作报告：《最高人民检察院关于人民检察院办理控告申诉案件工作情况的报告》，载最高人民检察院网，https：//www. spp. gov. cn/spp/xwfbh/wsfbh/202110/t20211022_533125. shtml，2023年6月12日访问。

（一）控告权

控告权是指公民向有关国家机关指控或者告发侵害其合法权益的国家机关及其工作人员失职、违法（包括犯罪）等行为和情形的权利。控告权是公民认为自身权利受到侵害后对权利的一次救济，控告对象是侵权行为。控告申诉检察所办理的控告案件主要是与刑事案件和刑事诉讼程序相关的控告事项。《刑事诉讼法》按主体分别规定了六类控告权：诉讼参与人控告权（第14条），辩护律师代理控告权（第38条），辩护人、诉讼代理人控告权（第49条），非法证据控告权（第57条），被害人控告权（第110条第2款），当事人、辩护人、诉讼代理人及其利害关系人控告权（第117条）。

（二）申诉权

申诉权是指公民对因行政机关或司法机关的错误或违法的判决、裁定、决定，或者因国家工作人员的违法失职行为，致使其本人或者亲属的合法权益受到损害时，有权向有关国家机关申述理由，提出改正或撤销决定、判决或赔偿损失的请求。申诉权可以分为“对诉讼的申诉权”和“对非诉讼的申诉权”，前者是对生效司法结果的不服从而引发二次权利救济，行使的对象是一个对申诉人权利产生影响的司法决定，可以是裁判结果，也可以是人身财产的强制措施或最终的执行结果。控告申诉检察部门所涉及的申诉案件，仅指诉讼当事人或其他利害关系人对已经发生法律效力的判决、裁定或诉讼过程中的强制措施不服时，依法向检察机关提出重新处理的要求，包括：刑事申诉，民事裁判申诉，行政裁判申诉，司法程序过程中强制措施、监督结果、执行结果不服的申诉四类。

二、申诉案件的受理和办理

（一）申诉案件处理的基本模式

控告申诉检察部门对于申诉案件的处理主要有受理和办理两种模式。两种模式下，审查内容、办理程序、责任归属也全然不同。

1. 受理案件范围。（1）针对法院审判活动的申诉。一是不服生效判决的申诉。当事人对已经发生法律效力的判决、裁定、调解书向人民检察院申请监督的。二是对审判程序违法申诉，即认为法院审判程序中审判人员存在违法行为或者执行活动存在违法情形的。三是不服复议、裁定、决定的申诉。不服审理、执行案件人民法院的上级人民法院作出的复议裁定、决定等，由作出行为或决定的人民法院所在地同级人民检察院负责控告申诉检察的部门受理。针对上述情形，当事人依法向人民检察院申请检察建议或者抗诉，由作出生效判决、裁定、调解书的人民法院所在地同级人民检察院负责控告申诉检察的部门受理。（2）针对检察机关侦办案件工作的申诉。人民检察院直接受理侦查的案件，当事人或辩护人、诉讼代理人、利害关系人对办理案件的人民检察院的处理不服的，可以向上一级人民检察院申诉，上一级人民检察院应当受理。（3）针对其他办案机关违法行为的申诉。当事人和辩护人、诉讼代理人、利害关系人认为办案机关及其工作人员存在《刑事诉讼法》第117条规定情形时，已经先向该机关申诉或者控告，但对该机关作出的处理不服或者该机关未在规定时间内作出答复，向人民检察院申诉的，办案机关的同级人民检察院应当受理。对《刑事诉讼法》第117条规定情形之外的违法行为提出申诉的，人民检察院应当按照《人民检察院刑事诉讼规则》《人民检察院行政诉讼监督规则》《人民检察院民事诉讼监督规则》的相关规定受理。[1]

2. 办理的案件类型。《人民检察院刑事诉讼规则》规定了控告申诉检察办理的案件类型：一是对人民检察院及其工作人员办理案件中违法行为的控告、申诉；二是对公安机关应当立案而不立案或不应当立案而立案的控告、申诉；三是不服检察机关不起诉决定的申诉、不服法院生效裁判的申诉由控告申诉检察部门和刑事检察部门共同办理。[2]

（二）申诉申请的受理初核

申诉案件受理是控告申诉检察部门对前述民事、行政诉讼和部分刑事申诉的处置程序，通过初核决定是否受理案件，并进行分流。此处以《人民检察院行政诉讼监督规则》为例介绍初核的基本内容。

1. 核实申请事项是否符合受理范围。属于检察机关受理的行政申诉案件主要有三类：（1）当事人对已经发生法律效力的行政判决、裁定、调解书认为确有错误的，包括：经过人民法院驳回再审申请或者逾期未对再审申请作出裁定；经过再审的行政判决、裁定被认为确有错误的。此外，当事人对生效行政判决、裁定、调解书未向人民法院申请再审的不予受理。（2）认为行政审判程序中审判人员存在违法行为的。（3）认为人民法院行政案件执行活动存在违法情形的。

2. 核实申诉是否在一定期限内提出。当事人针对上述事项向人民检察院申请监督，期限为6个月。一是确定期限，即在法定事由发生后6个月内提出申诉，包括：在人民法院送达驳回再审申请裁定之日或者再审判决、裁定发生法律效力之日起6个月内提出；对人民法院逾期未对再审申请作出裁定，应当在再审申请审查期限届满之日起6个月内提出。二是不确定期限，即在当事人知道或应当知道存在法定事由之日起6个月，包括：当事人对有新的证据足以推翻原生效判决、裁定的；原生效判决、裁定认定事实的主要证据系伪造的；据以作出原生效判决、裁定的法律文书被撤销或者变更的；审判人员在审理该案件时有贪污受贿、徇私舞弊、枉法裁判行为的，可依据第19条第1款第3项、第4项向人民检察院提请监督。6个月为不变期间，不适用中止、中断、延长的规定，当事人申请再审超过该期限，则不予受理。

3. 核实受理的其他要件。（1）提交文书须依法、规范、齐备，符合《人民检察

---

〔1〕参见《人民检察院刑事诉讼规则》第555条、《人民检察院行政诉讼监督规则》第28条、《人民检察院民事诉讼监督规则》第29条。

〔2〕《刑事诉讼法》第180、181、252、253条。

院行政诉讼监督规则》第 21 条至第 24 条规定的形式要件和实质要件。（2）须在本院受理案件的管辖范围内，必须由生效判决、裁定、调解书所在地同级人民检察院管辖；作出复议复核决定的由作出决定的人民法院所在地的同级人民检察院管辖。（3）不得存在受理的例外情形，包括：人民法院已经裁定再审且尚未审结的；人民检察院已经审查终结作出决定的；行政判决、裁定、调解书是人民法院根据人民检察院的抗诉或者再审检察建议再审后作出的；根据法律规定对人民法院的执行活动异议有其他救济途径的或人民法院已经受理并正在审查处理的。

控告申诉检察部门在收到申请后 7 日内，须完成初核作出相应决定并答复申请人。（1）符合受理条件的，应当作出受理决定，并在决定受理之日起 3 日内将所有案件材料和其他当事人提交的书面意见一并移送本院行政检察部门，同时将《受理通知书》抄送本院负责案件管理的部门；负责控告申诉检察的部门还应当在决定受理之日起 3 日内将《受理通知书》发送申请人，并告知其权利义务。需要通知其他当事人的，应当将《受理通知书》和监督申请书副本发送其他当事人，并告知其权利义务。其他当事人可以在收到监督申请书副本之日起 15 日内提出书面意见，不提出意见的，不影响人民检察院对案件审查。（2）不符合受理条件，决定不予受理的，不属于本院受理范围的，应当告知申请人向有关人民检察院申请监督；不属于人民检察院主管范围的，告知申请人向有关机关反映；不符合受理条件，且申请人不撤回监督申请的，可以决定不予受理，同时需要就上述处理意见答复申诉人。（3）申请监督材料不齐备的，应当要求申请人限期补齐，并一次性明确告知应当补齐的全部材料以及逾期未按要求补齐视为撤回监督申请的法律后果。申请人逾期未补齐主要材料的，视为撤回监督申请。

（三）刑事申诉案件的办理

办理刑事申诉案件是控告申诉检察最为重要的职能之一，通过“张氏叔侄案”[1] 等一批案件的平反纠错，检察机关树立起了“敢于自我监督”“勇于自我纠错”的良好法治形象。

现行《人民检察院刑事诉讼规则》《人民检察院办理刑事申诉案件规定》将刑事申诉案件办理分为审查、复查两种程序，由控告申诉检察部门与刑事检察部门共同负责。审查是检察机关办理刑事申诉案件的必要程序，也是办理刑事申诉案件的简易程序；复查是对可能存在错误的刑事申诉案件、对于作出不起诉决定后 7 日内提出的申诉案件、不服检察机关诉讼终结的刑事处理决定三类案件首次提出申诉的案件办理程序。控告申诉检察部门适用审查程序，刑事检察部门则两种程序均适用。功能上，控告申诉检察部门承担了释法说理、化解矛盾和审查纠错的职能，刑事检察部门主要承担纠正错误和再审出庭的职能，体现了检察机关内部职能部门之间优

---

〔1〕 参见《浙江叔侄奸杀冤案》，载民主与法治网，http：//www. mzyfz. com/cms/benwangzhuanti/yuanan-pingfan/anli/html/1715/2013 - 05 - 30/content - 767747. html，2023 年 8 月 25 日访问。

势的互补、监督的升级、纠错意识的强化。通过两种程序实现“繁简分流”，更加强调“释法说理和矛盾化解”，不仅要求在案件办理过程中实现对冤错案件的发现和纠正，也要重视对公正裁判的维护，并通过释法说理、公开听证等方式，化解社会矛盾，促进案件事了人和。

1. 审查。控告申诉检察部门在经过初核[1]决定受理后，依照“全案复查，公开公正”“实事求是，依法纠错”的原则对申诉进行审查。审查围绕原处理决定或原生效判决是否存在错误、申诉理由是否合理合法展开。（1）审查原处理决定或原审生效裁判本身认定事实所依据的证据是否确实、充分，定性是否正确，量刑是否适当，诉讼程序是否合法等，并注重对前后处理裁判进行对照审查；（2）审查申诉主张的指向及申诉理由本身是否合理、判断申诉理由与原审裁判是否存在无法排除的矛盾、申诉人是否提供了新的证据材料和相关线索及材料线索是否符合必要的形式要件。审查方式主要是书面审查为主，包括：原案卷宗材料、原处理决定、原审裁判文书副本或复印件、申诉申请人提交的申诉材料等相关文书，必要时办案人员还可以当面听取申诉人及案件当事人意见，并制作笔录。审查还应当关注对“错误”的程度把握。随着案件在不同程序阶段的流转，对错误的认知从“可能”向“确定”递进。从审查、复查、启动再审、再审改判或者纠正原决定来看，证据的要求逐渐提高，相应的审查标准也逐步严格。在控告申诉检察部门的审查环节，证据审查的标准是“可能有错误”，并不要求错误已经查实，仅要求办案人员根据在案证据和当事人意见有合理理由判断可能存在错误即可。

2. 结案或移送。控告申诉检察部门审查刑事申诉的，应当在受理后 3 个月内作出结案或移送刑事检察部门办理的决定。（1）结案。对于经审查认为原判决、裁定或者处理决定正确的或虽有瑕疵，但不足以影响原判决、裁定或者处理决定结论的；对已经两级人民检察院审查或复查，作出的结论正确，且已对申诉人提出的申诉理由作出合法合理答复，申诉人未提出新理由的刑事申诉案件，可以审查结案，并制作《刑事申诉结果通知书》发送申诉人。（2）移送。对于符合《人民检察院办理刑事申诉案件规定》第 19 条[2]规定的三种应当移送情形的，控告申诉检察部门应当制作《移送函》移送刑事检察部门，并告知申诉人。同时，控告申诉检察部门还要协助开展释法说理，促进当事人服判息诉。

3. 交回重办。作为刑事申诉案件的救济，对首次办理环节应当阅卷而不阅卷审

---

〔1〕此处与前文行政申诉案件初核程序相同，不再赘述，详见《人民检察院办理刑事申诉案件规定》第 2、12—16 条。

〔2〕《人民检察院办理刑事申诉案件规定》第 19 条规定：“控告申诉检察部门经审查，具有下列情形之一的，应当移送刑事检察部门办理：（一）原判决、裁定或者处理决定存在错误可能的；（二）不服人民检察院诉讼终结的刑事处理决定首次提出申诉的；（三）被害人及其法定代理人、近亲属、被不起诉人及其法定代理人、近亲属不服不起诉决定，在收到不起诉决定书后七日以内提出申诉的。”

查，应当复查而不复查，或者下级检察院审查、复查后未对申诉理由进行回应的，上级检察院可以将案件“交回”下级检察院重新办理。

三、控告案件办理

根据《人民检察院刑事诉讼规则》，控告申诉检察部门办理阻碍辩护人、诉讼代理人依法行使诉讼权利的案件（又称阻权案件）和对检察机关及其工作人员办理案件中违法行为的控告案件。其余案件由控告申诉检察部门按受理程序进行初核和分流。本节以阻权案件办理为例介绍此类案件办理的相关内容。

（一）审查受理

《人民检察院刑事诉讼规则》第57条规定了控告申诉检察部门受理阻权案件一般程序及阻权的常见16种情形。根据该条规定，这类案件的控告主体为辩护人、诉讼代理人。控告人应当提供监护人关系、委托关系的材料，控告申诉检察部门应当查明控告人是否适格。控告对象是公安机关、检察机关、人民法院及其工作人员，也包括看守所及其工作人员。针对其他国家机关工作人员的控告则引导分流至有管辖权的单位和部门。控告的内容是刑事诉讼阻权行为，即在刑事诉讼过程中违反《刑事诉讼法》及其司法解释等规定，阻碍辩护人、诉讼代理人依法行使诉讼权利的行为。第57条规定了16种阻权情形，其中“其他阻碍辩护人、诉讼代理人依法行使诉讼权利的”作为兜底补充条款，涵盖了刑事诉讼发展过程中最新情况，如阻碍辩护人、诉讼代理人参与认罪认罚、案件听证等阻权事由。在以上要素均符合相关规定时，控告申诉检察部门决定受理。存在材料不齐的情形时，控告申诉检察部门应当一次性告知控告人在一定期限内补齐材料，否则将视为撤回控告。

（二）调查核实

决定受理案件后，控告申诉检察部门随即展开调查核实，查明控告人身份、阻权行为是否存在及对应种类、法律依据情况等内容。调查核实主要有书面审查和当面听取意见[1]两种形式，可以通过调取、查询、复制相关法律文书及案卷材料，要求办案机关及其工作人员作出解释和说明等方式开展调查核实工作。调查核实的期限为10日。

（三）决定回复

经过调查核实，发现不存在违法阻权行为的，应充分做好释法说理工作。阻权情形属实的，应区分不同情形予以处理：（1）审查认定违法情形属实或者处理不当，情节轻微的，可以口头或者书面方式提出纠正意见；情节严重的，发出纠正违法通知书，通知相关单位或部门予以纠正。相关单位或部门拒不纠正或者多次再犯的，应当由纪检监察机关依照有关规定调查处理，相关责任人构成违纪的，给予纪

〔1〕 最高人民法院、最高人民检察院、公安部、国家安全部、司法部《关于依法保障律师执业权利的规定》第41条规定，办案机关应当对律师的投诉及时调查，律师要求当面反映情况的，应当当面听取律师的意见。

律处分。(2) 在个案中发现执法司法领域某个环节或者某类案件存在一类阻权情形的，或者律师、当事人反映比较集中的问题，应当制发检察建议，强化对律师的职业权利保障，共同加强行业保护。(3) 在办案过程中发现有关涉案人员违法行为情节特别严重，涉嫌犯罪，需要追究刑事责任的，报请检察长批准移送有管辖权的单位或者部门处理。办结后，控告申诉检察部门应当在作出处理决定后两个工作日内将处理决定书面答复律师本人，并通报其注册地的司法行政机关或者律师协会。书面答复应当写明审查查明的事实和处理的依据、理由。

第四节　国家赔偿与司法救助

司法实践中，一些刑事犯罪案件、民事侵权案件，因案件无法侦破、被告人没有赔偿能力或赔偿能力不足，致使受害人及其近亲属依法得不到有效赔偿，生活陷入困境，由国家给予适当经济资助，能够帮助他们摆脱生活困境。对因国家机关及其工作人员违法行使职务行为导致财产或人身受到伤害的人员，由国家给予法定赔偿。国家赔偿和司法救助既彰显党和政府的民生关怀，又有利于实现社会公平正义，促进社会和谐稳定，维护司法的权威和公信。

一、国家赔偿与司法救助制度概述

国家赔偿体现了监督纠错和人权保障职能，司法救助突出对被害人的救助保障，两项制度的检察实践价值具有高度同一性，都彰显了检察权运行中的“温度”。

(一) 国家赔偿的概念与制度演进

国家赔偿又称国家侵权损害赔偿，是由国家对于公权力侵权行为造成的损害后果承担赔偿责任的活动。随着现代“人权”“法治”理念的高度发展，国家赔偿制度在现代法律中占据重要的“一席之地”，20 世纪中后期，英国、美国、日本、奥地利、韩国、瑞士、德国等国家先后通过立法构筑起了国家赔偿的完整制度规范体系。[1]

国家赔偿在我国是一项古老制度。唐代在儒家的“重民”“保民”思想与“慎罚”思想的交汇融合下，《唐律疏议》中就规定有国家赔偿的相关内容。[2] 但我国

---

〔1〕韩国国家赔偿制度可参见胡建淼：《韩国国家赔偿法研究》，载《韩国研究》(第一辑)，杭州大学出版社 1994 年版，第 264—283 页。1951 年 9 月 8 日，韩国以法律第 231 号公布了第一部国家赔偿法典。德国国家赔偿制度可参见范健、邵建东、戴奎生：《中德法律继受与法典编纂——第四届费彝民法学论坛文集》，法律出版社 2000 年版，第 253 页。德国 1987 年国家赔偿法“是以请求权为基础的包括损害赔偿、公平补偿在内的一个开放的法律体系”。日本国家赔偿制度可参见刘畅：《论日本〈国家赔偿法〉中的公共营造物瑕疵管理责任》，载《吉林公安高等专科学校学报》2010 年第 2 期。日本于 1947 年 10 月颁布《国家赔偿法》，标志着其国家赔偿制度的最终确立。另参见英国 1946 年的王权诉讼法、美国 1947 年的联邦侵权赔偿法、奥地利 1948 年国家赔偿法及细则和 1969 年刑事补偿法、瑞士 1958 年关于联邦及其机构成员和公务员责任的联邦法律等。

〔2〕《唐律疏议·名例》中记载“若枉入人徒年者，即计庸，折除课役及赎直；每枉一年，折二年；虽不满年，役过五十日者，折一年。即当年无课役者，折来年。其有军役者，折役日”。

现代赔偿法立法起步却比较晚，1994 年 5 月 12 日，中华人民共和国第一部《国家赔偿法》正式颁布（1995 年 1 月 1 日正式施行），标志着我国国家赔偿制度跨出从无到有的第一步。2010 年 4 月 29 日，第十一届全国人民代表大会常务委员会第十四次会议审议通过了《关于修改〈中华人民共和国国家赔偿法〉的决定》，对条文作了较大的修改和调整，是国家赔偿制度的一次重大变革。2012 年 10 月针对《刑事诉讼法》修改，《国家赔偿法》相应条文也进行了必要跟进修改。2018 年《刑事诉讼法》再次修改，《国家赔偿法》所引条文序号也相应作出了微调。[1]

立法的演进指导我国国家赔偿制度沿着逐步便利申请程序、加大人权保障力度、规范赔偿请求内容范围、充分保障资金履行到位的方向发展。一是归责原则逐渐多元化。1994 年采用违法归责原则单一模式。[2]2010 年立法修改，在充分借鉴德国无过错原则兼顾公平合理原则[3]的基础上，开始采用违法归责原则和结果归责原则并存的多元归责模式，明确即使国家机关工作人员行为不违法，但是存在过错或当事人确实遭受了损害的，国家也应当赔偿。二是救济渠道日渐畅通。2010 年《国家赔偿法》规定赔偿请求人向赔偿义务机关提出请求后，赔偿义务机关逾期不决定、决定不予赔偿、赔偿请求人对相关决定存在异议的，还可以向上一级机关申请复议。若对复议决定不服或复议机关逾期未作出决定的，还可以向复议机关所在地的同级人民法院赔偿委员会申请作出赔偿决定。三是赔偿程序、支付保障逐步完善。2010 年《国家赔偿法》在 1994 年的原则性规定基础上进一步明确了案件接收程序、协商程序、审查核实方式、审核期限，并首次明确规定了 7 日申请期限和 15 日支付期限，规划了制度的实践路径和应用指导。四是举证责任更为科学。2010 年《国家赔偿法》较 1994 年又一大进步是举证责任的合理分配，规定了赔偿义务机关的举证事项和责任承担。五是增加精神损害赔偿。2010 年《国家赔偿法》首次明确规定了精神损害赔偿的适用情形和赔偿方式。

（二）司法救助制度的概念和发展

检察机关司法救助是对遭受刑事侵害或民事侵权无法通过司法途径获得有效赔偿的当事人采取的辅助性救济措施，体现检察机关有效维护当事人合法权益、救助困难群众、完善人权保障机制、促进社会和谐稳定的积极作用。

2009 年 3 月，中央政法委会同最高人民法院、最高人民检察院、公安部等 8 个

---

〔1〕 根据条文改动的大小，一般认为我国先后有 3 部国家赔偿法，分别为 2010 年 4 月 29 日修正前的统称 1994 年《国家赔偿法》、2010 年修正后至 2012 年 10 月修正前的 2010 年《国家赔偿法》、2012 年 10 月修正后的《国家赔偿法》。

〔2〕 指仅以国家机关及其工作人员存在违法作为承担责任的前提，以违法程度的大小作为确定赔偿范围和选择赔偿程序的主要标准的罪责模式

〔3〕 参见房绍坤、毕可志：《国家赔偿法学》，北京大学出版社 2004 年版，第 65 页。

部门[1]共同出台《关于开展刑事被害人救助工作的若干意见》，建立了刑事被害人救助制度。其后，《中共中央关于全面深化改革若干重大问题的决定》进一步要求健全国家司法救助制度，2014 年 1 月，中央政法委会同财政部、最高人民法院、最高人民检察院、公安部、司法部下发《关于建立完善国家司法救助制度的意见（试行）》（以下简称《六部委意见》）标志当前司法救助制度正式确立。2016 年 8 月，最高人民检察院印发《人民检察院国家司法救助工作细则（试行）》。2021 年，最高人民检察院出台《人民检察院开展国家司法救助工作细则》。

司法救助制度具有司法性、及时性、辅助性的特征。（1）司法性。司法救助来源于执法司法过程中，并坚持案件化办理，“一笔救助就是一个案件”规范救助程序。（2）及时性。司法救助是要解当事人的燃眉之急，解决医疗、生活的急迫困难，案件必须快速办理、及时施救、资金尽快到位。（3）辅助性。从司法救助的条件看，司法救助只针对无法通过诉讼获得有效赔（补）偿的当事人，诉讼能够获得的，一般应当通过诉讼程序解决；从资金的性质看，救助对象虽应当符合生活困难这一要求，体现一定的救贫功能，但不能代替社会救助，仅是一种补充；也不是侵权行为的代为补偿和国家赔偿，其性质仅是一笔应急款项，金额方面一般达不到应当赔（补）偿的标准。同时，每一名当事人只能进行一次救济，不得反复多次救济，变相增加救助金额。

二、国家赔偿案件的办理与监督

（一）国家赔偿案件的主体确定与程序区分

依照法律规定，检察机关在国家赔偿案件中，根据赔偿事项和主体的不同，分别履行监督或办理职能。具体而言，一是办理检察机关作为赔偿机关的刑事赔偿案件；二是对人民法院赔偿委员会决定（民事、行政诉讼赔偿）和行政赔偿诉讼活动依法履行法律监督职责。

国家赔偿案件首先必须确定赔偿义务机关。以刑事赔偿案件为例，从立案侦查到判决生效，涉及侦查机关、检察机关和审判机关三个主体，《国家赔偿法》规定主体的确定遵循“谁侵权谁赔偿”原则，[2] 侵害申请人合法权益的强制措施、处理决定或生效裁判由哪个机关作出，该机关为适格的赔偿义务机关。当一个行为经过多个主体确认，采后置吸收原则，以最终的行为机关为赔偿义务机关。如公安机关单独采取刑事拘留措施，检察机关没有批准逮捕但是提起公诉的，法院宣告无罪或一审法院判处缓刑经二审发回重审后宣告无罪的，公安机关为赔偿义务机关；一

[1] 由中央政法委、最高人民法院、最高人民检察院、公安部、民政部、司法部、财政部、人力资源和社会保障部 8 个部门制定。

[2] 如《国家赔偿法》第 21 条第 3 款规定，对公民采取逮捕措施后决定撤销案件、不起诉或者判决宣告无罪的，作出逮捕决定的机关（一般为人民检察院，案件进入审判程序后也可为人民法院）为赔偿义务机关。

经检察院批准逮捕，则后行为吸收前置行为，赔偿义务机关也转变为人民检察院，对刑事拘留决定不再单独评价。明确赔偿义务机关后，进入国家赔偿正式程序。

针对不同的赔偿主体，控告申诉检察部门启动不同的程序，履行截然不同的职能。在民事、行政诉讼国家赔偿程序的监督过程中，赔偿申请人提出申诉的，由控告申诉检察部门按照申诉案件程序，先受理审查后分流至相应职能部门办理；自行发现决定确有错误的，由民事检察、行政检察部门直接办理。而刑事赔偿案件的监督职能则统一由控告申诉检察部门履行。其中，检察机关为赔偿义务机关的，控告申诉检察部门则全面负责案件的受理和办理，这也是控告申诉检察在国家赔偿案件中所履行的最主要职能。

（二）国家赔偿案件的办理

1. 受理、立案。控告申诉检察部门接收刑事赔偿请求申请后[1]，需初核决定是否立案。人身自由权赔偿的案件，需审查检察机关决定羁押（主要为批准逮捕或决定逮捕）是否对申请人人身自由权造成不法侵害；生命健康权赔偿的案件，需审查是否有“伤情、死亡证明”；财产损害赔偿案件，需审查赔偿的对象是否确与案件无关，或是否“终止追究刑事责任”，尚未返还已扣押、处置的财产。同时，在明确本院为该刑事国家赔偿案件的赔偿义务机关前提下，还需审查申请主体是否适格、申请材料是否齐备等要素。经审查，对符合立案条件的赔偿申请，应当立案，并在收到申请后5日内由控告申诉检察部门制作《刑事赔偿立案通知书》，经部门负责人审批后送达赔偿请求人。对不符合立案条件、逾期不补交证据或存在不予赔偿的情形的，控告申诉检察部门应当填写《审查刑事赔偿申请通知书》，说明理由并在5日内送达申请人。

2. 办理、决定。控告申诉检察部门办理国家赔偿案件坚持全面审查原则。（1）审查事实和证据，包括审查请求人提供的材料和对原案进行全面审查。须查明是否存在《国家赔偿法》第17条规定的损害行为和损害结果；损害是否由检察机关及其工作人员行使职权造成，行为与结果间是否存在因果关系；侵权行为的起止时间和损害的程度；是否属于《国家赔偿法》第19条不予赔偿的情形等。（2）听取赔偿请求人意见。在刑事赔偿案件中，听取意见是必要程序。听取意见时应当制作笔录，作为赔偿案件的办理依据和协商前的准备。请求人确有困难不能到赔偿义务机关陈述意见的，承办人可以到赔偿请求权人所在地核实情况。（3）协商。赔偿义务机关和赔偿请求人可就赔偿方式、赔偿项目、赔偿数额等事项进行协商。协商成功的，赔偿义务机关可根据协商结果制作赔偿决定书。协商不成的，赔偿义务机

---

〔1〕《国家赔偿法》具体规定了他人代书，也可口头申请，由赔偿义务机关制作笔录，同时应当提供身份证明及与赔偿事项相关的法律文书。由他人代理的，还应当提供证明代理关系的法律文书及代理人身份证明材料等。赔偿请求人当面递交申请书的，赔偿义务机关应当场出具加盖本机关专用印章并证明收讫日期的书面凭证。

关应当依法作出赔偿决定，但可能引发复议等后续程序。(4) 作出决定。赔偿义务机关应当自申请之日起两个月内作出是否赔偿的决定。不同决定均应当在决定书中载明听取赔偿请求人意见及协商的情况，说明依据和理由，并做好充分论证说理。决定应当于10日内送达赔偿请求人，听取赔偿请求人对决定的意见和告知其复议的权利。

3. 复议。复议由上一级人民检察院的控告申诉检察部门负责。赔偿请求人对赔偿义务机关超过两个月逾期未作出是否赔偿决定的，或对赔偿义务机关所作赔偿决定具体内容、不予受理、不予赔偿的决定存在异议的，可自期限届满之日起或收到决定之日起30日内向上一级机关申请复议。[1] 对符合法定条件的刑事赔偿复议申请，复议机关在受理后，指定与本案无利害关系的专人承办。全面审查的标准、期限与首次办理相同。赔偿义务机关所作原决定认定事实清楚、适用法律正确、赔偿内容适当的，应当予以维持；赔偿义务机关所作原决定认定事实不清或适用法律错误的，应当予以纠正；赔偿义务机关所作原决定赔偿内容不当的，应当予以变更；逾期未作决定的，依法作出决定，也可指令下级在期限内作出决定。复议实行一次复议制，不得重复复议。赔偿请求人不服复议决定的或复议机关逾期不作决定的，还可以向复议机关所在地同级人民法院赔偿委员会申请赔偿决定。

案件办理及复议期间，赔偿申请人撤回赔偿申请的，须经赔偿义务机关、复议机关、人民法院赔偿委员会查明撤回原因，决定是否准许，同时应当告知申请人撤回申请后无正当理由不得再提出申请。

三、司法救助案件的办理

（一）最高人民检察院有关司法救助工作的顶层设计

司法救助案件是当前基层控告申诉检察部门办理总量最多的案件。最高人民检察院高度重视这一职能，通过部署专项救助活动，不断提升司法救助质效，扩大影响力。2018年2月，最高人民检察院印发《关于全面加强未成年人国家司法救助工作的意见》，部署开展“深入推进国家司法救助工作”专项活动，明确将贫困户、未成年人、军人军属、残疾人四类人员作为救助重点对象。2019年2月，最高人民检察院会同原国务院扶贫开发领导小组办公室联合印发《关于检察机关国家司法救助工作支持脱贫攻坚的实施意见》，将司法救助工作融入脱贫攻坚、司法扶贫的大局。2021年2月，最高人民检察院部署开展“司法救助助力巩固拓展脱贫攻坚成果助推乡村振兴”专项活动，各级检察机关进一步主动将司法救助与乡村振兴、共同富裕的中心大局紧密联系。2022年3月，最高人民检察院与中华全国妇女联合会联

---

[1] 原则上，未经赔偿义务机关作出生效决定径行向上一级机关提出复议的，不予受理；越级提出的，不予受理；超过期限一般不予受理，但2012年最高人民法院通过发布“程某甲、程某乙等人申请某公安局刑讯逼供致死国家赔偿案件”作为国家赔偿十大典型案例，特别明确了“超过期限复议系赔偿义务机关或复议机关的原因造成的，申请应当受理”这一例外；当赔偿义务机关为法院时，不适用刑事赔偿复议程序，赔偿请求人可直接向上一级人民法院赔偿委员会申请作出赔偿决定。

合发布《关于开展“关注困难妇女群体，加强专项司法救助”活动的通知》，针对困难妇女，尤其是农村妇女加大司法救助力度，防止其“因案致贫”“因案返贫”。各级检察机关围绕司法救助工作要求，不断探索开展多元化救助模式，解决困难群众燃眉之急，及时化解矛盾，起到了良好效果。

（二）司法救助案件办理的实质要点

控告申诉检察部门办理司法救助案件遵循辅助性救助、及时救助、公正救助、属地救助四大原则[1]，重点关注以下内容：

1. 司法救助对象的确定。必须紧扣“侵害事实”“难以获得赔偿”“生活困难”三个实质条件确定司法救助对象。《人民检察院开展国家司法救助工作细则》[2]规定了七类人员为司法救助的对象：因受到犯罪侵害致重伤或严重残疾的；人身受到伤害后无力承担医疗救治费用的；被害人死亡或者丧失劳动能力，依靠其收入为主要生活来源的近亲属或者其赡养、抚养、扶养的其他人；财产遭受重大损失的；举报人、证人、鉴定人因受到打击报复，致使人身受到伤害或者财产受到重大损失；因道路交通事故等民事侵权行为造成人身伤害的这六类人员，在无法通过诉讼获得

---

〔1〕《六部委意见》规定，国家司法救助，应遵循以下基本原则：——坚持辅助性救助。国家司法救助是对遭受犯罪侵害或民事侵权，无法通过诉讼获得有效赔偿的当事人，采取的辅助性救济措施。重点解决符合条件的特定案件当事人生活面临的急迫困难。对同一案件的同一当事人只进行一次性救助。对于能够通过诉讼获得赔偿、补偿的，一般应当通过诉讼渠道解决。——坚持公正救助。严格把握救助标准和条件，兼顾当事人实际情况和同类案件救助数额，做到公平、公正、合理救助，防止因救助不公引发新的矛盾。——坚持及时救助。对符合救助条件的当事人，办案机关应根据当事人申请或者依据职权及时提供救助，确保及早化解社会矛盾。——坚持属地救助。对符合救助条件的当事人，不论其户籍在本地或外地，原则上都由案件管辖地负责救助。《人民检察院开展国家司法救助工作细则》第3条规定：“人民检察院开展国家司法救助工作，应当遵循以下原则：（一）应救助尽救助。凡是符合救助条件的当事人，均应当及时提供救助，有效化解矛盾纠纷。（二）公平、合理救助。严格把握救助标准和条件，兼顾当事人实际情况和同类案件救助数额，做到公正、合理。（三）属地救助。对符合国家司法救助条件的当事人，由办理案件地人民检察院负责救助。（四）辅助性救助。对同一案件的同一当事人只救助一次，其他办案机关已经予以国家司法救助的，人民检察院不再救助。对于通过诉讼能够获得赔偿、补偿的，应当通过诉讼途径解决。”

〔2〕《人民检察院开展国家司法救助工作细则》第7条规定：“救助申请人符合下列情形之一的，人民检察院应当予以救助：（一）刑事案件被害人受到犯罪侵害致重伤或者严重残疾，因案件无法侦破、已过追诉时效、加害人死亡或者没有赔偿能力，造成生活困难的；（二）刑事案件被害人受到犯罪侵害致人身伤害，急需救治，无力承担医疗救治费用的；（三）刑事案件被害人受到犯罪侵害致死或者丧失劳动能力，依靠其收入为主要生活来源的近亲属或者其赡养、扶养、抚养的其他人，因案件无法侦破、已过追诉时效、加害人死亡或者没有赔偿能力，造成生活困难的；（四）刑事案件被害人受到犯罪侵害，致使财产遭受重大损失，因案件无法侦破、已过追诉时效、加害人死亡或者没有赔偿能力，造成生活困难的；（五）举报人、证人、鉴定人因向检察机关举报、作证或者接受检察机关委托进行司法鉴定而受到打击报复，致使人身受到伤害或者财产受到重大损失，造成生活困难的；（六）因道路交通事故等民事侵权行为造成人身伤害，无法通过诉讼获得赔偿，造成生活困难的；（七）人民检察院根据实际情况，认为需要救助的其他情形。”

赔偿，造成生活困难时，可提出并获得检察机关司法救助。同时，人民检察院根据实际情况，认为其他情形符合三个实质要件时也可启动司法救助。

2. 司法救助方式的多元化。司法救助以支付救助金为主要救助方式。同时，各级检察机关正在积极拓展与思想疏导、宣传教育相结合，与法律援助、诉讼救济相配套的多元化救助方式。

3. 动态掌握救助金额标准。对于救助金的发放标准，《六部委意见》规定各地根据当地经济社会发展水平制定具体救助标准[1]，一般以案件管辖地上一年度职工月平均工资为基准进行计算。根据公正救助原则，具体金额要结合实际损失、生活困难程度，经严格审核可适当突破，但不得超过人民法院依法应当判决的赔偿数额。确定具体金额时，还要考虑被救助对象有无过错以及过错大小，以及赔偿义务人的实际赔偿情况，已部分赔偿则可以减少相应的司法救助金。[2]

4. 不予救助的情形。《六部委意见》《人民检察院开展国家司法救助工作细则》[3] 均遵循辅助性救助原则，明确规定申请人对案件发生有重大过错、对司法程序有妨害、已获得赔偿救济等六类不予救助的特殊情形，同时明确社会组织、法人不予救助，司法救助的主体必须是自然人。以避免重复救助，排除司法救助制度被滥用的可能性。

（三）司法救助案件的具体办案程序

《六部委意见》《人民检察院开展国家司法救助工作细则》规定了司法救助案件具体的办案程序：

1. 告知。人民法院、人民检察院、公安机关、司法行政机关在办理案件、处理涉法涉诉信访问题过程中，对符合司法救助条件的当事人，应当及时告知其有权提出司法救助申请。

---

〔1〕《六部委意见》关于“救助标准”明确：“各地应根据当地经济社会发展水平制定具体救助标准，以案件管辖地上一年度职工月平均工资为基准，一般在36个月的工资总额之内。损失特别重大、生活特别困难，需适当突破救助限额的，应严格审核控制，救助金额不得超过人民法院依法应当判决的赔偿数额。”

〔2〕《六部委意见》关于“救助金额”明确：“确定救助金具体数额，要综合考虑救助对象实际遭受的损害后果、有无过错以及过错大小、个人及其家庭经济状况、维持当地基本生活水平所必需的最低支出、以及赔偿义务人实际赔偿情况等。”《人民检察院开展国家司法救助工作细则》第11条规定：“确定救助金具体数额，应当综合考虑以下因素：（一）救助申请人实际遭受的损失；（二）救助申请人本人有无过错以及过错程度；（三）救助申请人及其家庭的经济状况；（四）救助申请人维持基本生活所必需的最低支出；（五）赔偿义务人实际赔偿情况；（六）其他应当考虑的因素。”

〔3〕根据《人民检察院开展国家司法救助工作细则》第8条、《六部委意见》第2项规定，国家司法救助的对象、申请国家司法救助人员，具有以下情形之一的，一般不予救助：对案件发生有重大过错的；无正当理由，拒绝配合查明犯罪事实的；故意作虚伪陈述或者伪造证据，妨害刑事诉讼的；在诉讼中主动放弃民事赔偿请求或拒绝加害责任人及其近亲属赔偿的；生活困难非案件原因所导致的；通过社会救助措施，已经得到合理补偿救助的，社会组织、法人，不予救助。

2. 申请。司法救助申请由当事人向受理案件的人民检察院提出；刑事被害人死亡的，由符合条件的近亲属申请。一般采用书面形式，确有书写困难的，可以口头提出，由办案人员制作笔录。提交申请的同时，应同步提交本人身份证明（身份证、户口本或村、社区开具的证明文件）、实际损害后果（病历本、住院证明、伤势鉴定等）、身份关系证明、能够证明生活困难的材料等相关文件。

3. 审批。办案机关应当在收到申请后 10 个工作日内作出是否给予救助和具体救助金额的审批意见。各级检察院控告申诉检察部门通过审查书面材料、询问相关人员、实地调查走访等开展审查，决定是否救助及救助的具体金额。控告申诉检察部门审查后对主体适格、符合救助条件的申请提出救助意见，并就救助意见听取申请人意见并获得同意，在申请人同意后，提交部门负责人批准，再上报检察长审批，由检察长决定是否实施救助意见，并在审查期限（10 日）内通知申请人；决定不予救助的，及时将审批意见告知当事人，并做好解释说明工作。

4. 发放。对批准同意救助的，财政部门应当及时将救助资金拨付办案机关，办案机关在收到拨付款后两个工作日内，通知申请人领取或转账到申请人的银行账户中。对于急需医疗救助等特殊情况，办案机关可先行垫付，并及时补办审批手续。

■问题与思考

1. 检察机关应当如何创新推广新时代“枫桥经验”，提升基层矛盾化解的能力水平？
2. 如何理解控告申诉检察工作中所涉案件的移送、分流和办理不同程序间的界限和联系？
3. 如何区分衔接司法救助和社会救助，积极探索创新多元化救济的方式？
4. 如何理解、区分适用国家赔偿制度中的违法归责和结果归责？

■参考阅读

1. 陈国庆、万春、孙长永主编：《控告申诉检察业务》，中国检察出版社 2022 年版。
2. 贾宇主编：《新时代“枫桥经验”检察实践案例精选》，浙江出版联合集团、浙江人民出版社 2018 年版。
3. 谢鹏程主编：《中国检察》（第 29 卷），中国检察出版社 2020 年版。
4. 牛丽编著：《国家赔偿法百问》，吉林人民出版社 2010 年版。
5. 刘小青主编：《刑事申诉实务》，法律出版社 2004 年版。
6. 许山松、马立东主编：《控告举报检察实务讲堂》，中国检察出版社 2018 年版。

■拓展阅读

第十四章　数字检察战略

■ **本章导读**

在数字技术持续创新与迭代升级和社会关系形态系统性重构的双重驱动下，司法系统正经历着以数字化转型为核心的深刻变革。这一进程既契合技术进步下法律运行模式的演进规律，亦回应了国家治理现代化对司法效能提升的实践需求。应勇检察长在2023年大检察官研讨班上指出，数字检察是法律监督手段的革命。检察机关传统办案方式依赖案卷进行审查，无法完全适应数字化形势并成为有效治理手段。面对这一困境，数字检察战略需要向大数据、人工智能等数字技术充分借力。本章立足检察机关作为国家法律监督机关这一宪法定位，以法律监督模式重塑变革为主线，剖析数字检察战略的动因和要义，在厘清基本原理的基础上提出数字检察战略的实施路径。

第一节　数字检察战略的动因

对标新时代党和人民对检察履职的更高期望，检察机关当前最现实、最紧迫的任务，就是要直面《中共中央关于加强新时代检察机关法律监督工作的意见》指出的新发展阶段人民群众在民主、法治、公平、正义、安全、环境等方面的新需求，针对法律执行和实施的短板，破解“检察机关法律监督职能作用发挥还不够充分”这一核心问题。数字检察为解决这一难题提供了新的革命性手段。更充分发挥检察机关法律监督的职能作用，更好依法履职、高质效履职，为大局服务、为人民司法、为法治担当，迫切需要推动数字检察战略实施。

一、检察工作现代化背景下传统法律监督模式的现状和问题

人民检察院是国家的法律监督机关。法律监督质效从根本上决定着检察职能的发挥和监督价值的彰显，是检察履职和检察改革的永恒主题。检察工作现代化最根本的就是要实现法律监督的高质效，做到法律监督的质量硬、效率高、效果好。传统法律监督模式在监督质效上存在亟须补齐的短板，主要表现为三方面特征：

（一）被动性

在传统法律监督模式中，检察机关的法律监督线索主要来自诉讼程序和当事人

举报申诉，总体属于“别人送什么检察办什么”，监督线索发现难、来源渠道窄、获取不及时，导致法律监督工作总体处于被动状态、等靠状态，监督的能力不足。总的来说，检察机关缺乏相关配套措施保障切实履职，难以全面有效挖掘违法犯罪法律监督线索。

（二）碎片化

在传统的法律监督模式中，监督手段局限于人工审查，监督范围局限于个案审查，监督方式局限于卷宗审查。同时，“四大检察”各部门之间若融合不够、各自为战，监督重点也易局限于单一职能、单一事项。这就容易导致法律监督工作零散化、碎片化，缺乏系统性、规模性，进而导致法律监督的整体效能不强，与检察机关“保障国家法律统一正确实施”的职能要求仍存在一定距离。

（三）浅层次

法律监督属性要求检察工作对深层次制度体系形成治理效能，推动相关领域建章立制，进而形成具有长效性的系统治理。但是，受监督方式、监督手段、监督渠道、监督能力等多方面的掣肘，法律监督工作在发现和纠正深层次问题上不够有力，在促进执法司法制约监督中不够有为。实践中还存在为了追求监督数据，更多地监督一些执法司法小瑕疵、办理一些简单案件凑数的情况，导致法律监督流于形式化、浅表化，党委政府和人民群众获得感不强，被监督对象的认可度不高，检察官的自我成就感也不大。

“被动性、碎片化、浅层次”，这三者既是现阶段法律监督质效不高的集中体现，更是长期阻碍检察机关破解监督职能虚化、弱化等难题的短板。特别是进入新时代，人民群众在民主、法治、公平、正义、安全、环境等方面提出了更高要求，传统法律监督模式的这些短板更为凸显。因此，检察机关迫切需要找到一把关键“钥匙”、一个关键变量，强有力地驱动法律监督工作解题破局，化被动为主动、化碎片为系统、从浅层次走向深层次，全方位地提质量、增效率、强效果，实现法律监督高质效。

二、社会治理现代化形势下法律监督促进治理的职责和要求

推进国家治理体系和治理能力现代化是中国式现代化建设的主体内容和必然要求。社会治理现代化是国家治理现代化的重要方面。党的二十大报告强调完善社会治理体系，健全共建共治共享的社会治理制度，提升社会治理效能。[1] 进入新时代，参与社会治理不仅是检察机关履行法律监督职能的必然延伸，更是深入贯彻习近平法治思想的应有之义，是心怀“国之大者”、坚持以人民为中心、高质效办好每一个案件的使命担当。近年来，检察机关以高度的政治自觉、法治自觉、检察

---

〔1〕 参见习近平：《高举中国特色社会主义伟大旗帜　为全面建设社会主义现代化国家而团结奋斗——在中国共产党第二十次全国代表大会上的报告》（2022 年 10 月 16 日），人民出版社 2022 年版，第 54 页。

自觉，积极促进提升国家治理效能，有力推动监督效果由一案一事拓展到同类问题治理，通过制发社会治理类检察建议、发布典型案例、实施法律监督年度报告制度等措施，不断创新社会治理举措，取得积极效果。[1] 但在中国式现代化建设的新形势下，受传统法律监督工作被动性、碎片化、浅层次的影响，法律监督促进治理的力度、广度、深度受到制约。如何运用行之有效的手段和路径，充分、高效发挥法律监督在社会治理现代化中的职能作用，是摆在检察机关面前的重大课题。具体而言，新形势下加强法律监督促进社会治理主要出于三方面考虑：

（一）履行法律监督治理职责的内在要求

中国特色社会主义检察制度是国家治理体系的重要组成部分。在新发展格局下，根据党的十八届四中全会作出的重大改革部署，修改后的《民事诉讼法》和《行政诉讼法》赋予检察机关公益诉讼检察新职能，这是以法治思维和法治方式推进国家治理体系和治理能力现代化的一项重要制度安排，通过积极稳妥的检察实践，形成了公益司法保护的“中国方案”。[2] 党的十九届四中全会进一步要求“拓展公益诉讼案件范围”“完善生态环境公益诉讼制度”。党的二十大报告进一步明确要求“加强检察机关法律监督工作。完善公益诉讼制度”。[3] 《中共中央关于加强新时代检察机关法律监督工作的意见》明确检察机关刑事、民事、行政、公益诉讼“四大检察”职能，并丰富发展了行政检察职能，要求检察机关全面深化行政检察监督，依法督促行政机关纠正违法行使或者不行使职权的行为，开展行政争议实质性化解工作，促进案结事了。检察机关法律监督职能得到进一步拓展和优化，社会治理功能进一步明确和彰显，检察工作涉及的社会治理领域更加广泛，与社会治理的融合更加紧密，在满足人民群众的新需求上肩负着更重的责任。检察机关通过履行法律监督职能，在社会各领域发挥治理效能，才能更好彰显司法权威，更好维护社会公平正义。

（二）放大法律监督治理优势的迫切需要

监督实质上是发现问题、纠正问题、预防问题的过程。作为国家法律监督机关，检察机关在促进社会治理现代化方面有着独特优势。一方面，检察机关法律监督具

---

〔1〕参见黄文艺、魏鹏：《国家治理现代化视野下检察建议制度研究》，载《社会科学战线》2020 年第 11 期。

〔2〕自 2017 年修改后的《民事诉讼法》和《行政诉讼法》正式实施，到 2022 年 6 月底，五年来全国检察机关牢记党和人民嘱托，依法履行公益诉讼检察职能，共立案办理公益诉讼案件 67 万余件，取得了积极的法治效果。中国特色公益诉讼制度设计及检察公益诉讼工作得到党中央和人民群众的充分肯定。参见《最高检发布检察机关全面开展公益诉讼五周年工作情况　五年共立案公益诉讼案件 67 万余件》，载最高人民检察院网，https://www.spp.gov.cn/xwfbh/wsfbt/202206/t20220630_561637.shtml#1，2022 年 10 月 5 日访问。

〔3〕参见习近平：《高举中国特色社会主义伟大旗帜　为全面建设社会主义现代化国家而团结奋斗——在中国共产党第二十次全国代表大会上的报告》（2022 年 10 月 16 日），人民出版社 2022 年版，第 42 页。

有专责性优势。我国检察机关是行使法律监督职能的专责机关，对执法司法办案活动进行监督，是在诉讼程序中履职的专门职能部门。基于鲜明的政治属性和独立的宪法定位，我国检察机关法律监督的启动更加多元，既可以依申请启动，也能依职权启动；手段更加多样，不仅个案“治标”，更能类案“治本”；范围更加开放，党和国家根据形势、任务的需要，赋予法律监督更多内涵，使之具有与时俱进的品格。另一方面，检察机关法律监督具有程序性优势。作为执法司法活动的参与者，检察机关“在办案中监督、在监督中办案”，直接、全面了解案件办理全过程，在具体办案过程中履行监督职责，遵循必要程序，是一种参与、跟进、融入式监督，在准确认定事实和适用法律的基础之上，能够确保及时发现、有力监督、有效纠正。就此而言，法律监督的特殊路径和方式在国家监督体系中具有不可替代的作用，对于构建严密法治监督体系至关重要。因而，要更好发挥检察机关法律监督在完善社会治理体系中的职能作用，关键就是要放大检察履职的治理优势，在畅通从个案办理到类案监督、系统治理的路径上，打开更大的切入口、突破口。

（三）提升法律监督治理效能的价值追求

基于中国特色社会主义国家制度视角，检察机关参与社会治理，既是法律监督职能的必然要求，更是对法律监督功能的极致追求。紧扣服务大局大势、社会治理薄弱环节、公共利益短板弱项、执法司法突出问题，检察机关通过开展高质效法律监督，为找准、破解、预防隐蔽性、深层次、“老大难”问题发挥重要作用，如同“行医看病”一般，由外在的“病征”挖出内在的“病根”，促进某一类堵点难点痛点问题的系统治理，在充分发挥检察职能的同时，也有力提升了法律监督的功能价值。促进社会治理现代化，也是监督者与被监督者的共同目标，是双赢多赢共赢的生动体现。通过协力破解社会治理深层次问题，检察机关法律监督工作既增强了党委政府和人民群众的获得感，也提升了被监督者的认同感、信服感，继而更能凝聚社会治理共同体的共识，更好发挥法治在国家治理体系和治理能力现代化中的积极作用。但总体而言，当前检察机关在社会治理的参与度、覆盖度、贡献度上作用发挥还不够充分，与党委政府、人民群众的期待还存在差距，亟须找到一个关键变量，破解掣肘因素，把关键变量转化为最大增量，充分展现法律监督在国家社会治理体系中的功能价值。

三、新时代科技革命浪潮下法律监督模式变革的契机和路径

当今时代，大数据是生产资料，云计算是生产力，互联网是生产关系，数字技术是未来竞争的利器。[1] 新一轮科技革命通过优化社会资源配置，对社会联结方式产生深刻影响，社会环境变迁虽然对国家治理形成挑战，但也为治理能力突破提供重要契机。新时代检察工作要实现法律监督高质效、促进社会治理现代化的目标，

---

〔1〕 参见董慧、李菲菲：《大数据时代：数字活力与大数据社会治理探析》，载《学习与实践》2019年第12期。

重点就是要找到关键变量和核心路径，实现“一子落而满盘活”的裂变效应。基于三个层面的考虑，可知答案就在于新科技革命的核心——数字革命。

（一）时代层面

近年来，数字经济发展速度之快、辐射范围之广、影响程度之深前所未有。“数字技术的广泛应用，在不断改变人们生活和交往方式的同时，也深刻影响人们的行为和思考方式以及价值观念和道德观念，带来了潜在风险。”〔1〕与之相应，新型违法犯罪也更趋网络化、科技化、智能化，社会治理形势呈现新变化新特征。基于此，检察机关必须关注、回应数字革命，深刻认知其内涵、特征、作用及对检察工作的巨大影响。正所谓“不进则退”，与数字化的脱节，就是与现代化的脱节。

（二）全局层面

在当前数字经济、数字社会、数字政府建设的时代背景下，数字化改革对社会治理的体制机制、组织架构、方式流程、手段工具进行系统性重塑，是一项重大集成创新的硬核改革。对检察机关来说，数字化改革推动了检察改革的转型升级和全面深入。积极适应、投身这场硬核改革，是融入数字战略全局的必然要求，更是把握检察工作未来发展制高点的崭新机遇。

（三）战略层面

数字革命不仅是一场技术变革，更是一场生产、生活、治理方式的系统性重塑变革。检察机关适应数字革命，不能仅仅停留在检察工作的技术化、信息化、网络化层面，而是要紧扣法律监督职责使命和功能价值，让数字化为从根本上实现监督质效大飞跃、社会治理大作为，提供开创性、变革性、颠覆性的巨大动力和发展源泉。这也不仅是要重视大数据的开发利用，更是要抓住数字革命的本质，从整体上系统重塑法律监督功能、模式、流程、手段和体制机制，使其能够促进社会治理从低效到高效、从被动到主动的深刻转变，真正实现新时代检察工作高质量发展的现代化“蝶变”。

在全球性的数字化时代语境下，检察制度要在传统法学理论基础上开拓创新，促使传统检察制度在新的司法环境下，推进法律监督模式重塑变革，深度契合数字化时代司法环境的变迁。

第二节　数字检察战略的要义

对于检察机关而言，数字化时代的到来，为法律监督模式深层次变革提供了重大机遇，为检察机关契合新时代高质效履职开辟全新路径。数字检察战略作为一项

〔1〕中国网络空间研究院：《加强数字化发展治理　推进数字中国建设》，载《人民日报》2022年2月15日，第7版。

革命性、战略性的系统工程，核心要义在于法律监督模式的“重塑变革”，这既是“本”的提升，更是“质”的嬗变。把数字革命作为检察工作创新发展的“新引擎”，是检察机关聚焦新时代检察事业发展的重要使命职责。[1]

在数字检察进路中，需要不断迭代深化对数字理念、思路、目标、任务的认识，积累适应数字革命的规律性经验，超脱传统个案办理、就案办案的模式，实现类案监督、系统监督，进而更深层次、更高效率参与社会治理。[2] 具体而言，要从五个维度认知和实践数字检察战略的整体改革架构，从而有效驱动法律监督模式重塑变革。

一、理念：从技术理性到制度理性的新跨越

与传统信息化工作不同，新时代数字革命“关键在于推动生产方式、生活方式、治理方式按照现代化的方向和要求发生基础性、全局性和根本性改变”。[3] 在此理念下，数字化不仅是方法和工具，更是思维和理念，是技术理性向制度理性的新跨越。数字检察战略也是如此，不能停留在工具论上去认识把握。它不单是推进法律监督提质增效的“器”，更是检察工作从根本上实现高质量发展、迈入现代化的“道”，与以往的检察工作信息化有本质区别。具体而言，主要体现在三个方面：

（一）引领性

数字检察战略旨在把数字化、一体化、现代化贯穿到检察工作的全过程各方面，使之发挥全方位的引领作用，最大化激发检察机关法律监督的职能优势和功能潜力，实现法律监督工作质量变革、效率变革、动力变革。在微观层面和现象层面体现为经数据归集和数据碰撞导出批量类案线索，在宏观层面和本质层面则是数字时代法律监督的战略革新和现代化路径。它不仅注重数字化技术，更强调数字化意识、数字化思维、数字化认知；不仅注重数字赋能，更强调改革的一体化、全方位和制度重塑，是检察工作打牢高质量之基、激活竞争力之源、走好现代化之路的总抓手。

（二）整体性

数字检察战略是从整体上对法律监督工作传统思维方式和路径的革新，是一次对法律监督运行机制“横向到边、纵向到底”的重塑变革。其不仅是法律监督手段

---

〔1〕 以浙江省为例，浙江省检察机关从 2018 年开始率先探索实践大数据法律监督，研究开发了民事裁判智慧监督、财产刑执行一体化监督等智慧检察系统，以及“案件码”等一批数字检察品牌，并率先针对“套路贷”虚假诉讼、违规领取养老金等在全国具有普遍性、突出性的问题开展大数据法律监督，有力解决人民群众反映强烈的痛点难点问题，促进社会治理现代化。

〔2〕 最高人民检察院提出，要实现“数字赋能监督，监督促进治理”的法律监督模式重塑变革，探索实践“个案办理—类案监督—系统治理”的数字检察路径，以数字化改革创造检察机关法律监督工作前所未有、通向未来的新跨越。参见童建明：《以大数据赋能新时代法律监督》，载《检察日报》2022 年 7 月 18 日，第 3 版。“数字赋能监督，监督促进治理”的法律监督模式重塑变革，也已写入浙江省人民代表大会常务委员会《关于进一步加强新时代检察机关法律监督工作的决定》。

〔3〕 杜伟杰、邱靓：《知往鉴来，深化数字化改革理解认识》，载《浙江经济》2022 年第 3 期。

的颠覆性创新，更是对检察工作的业务流程、组织架构和体制机制的系统性重塑，是对检察干警的数字意识、数字思维和数字能力的全方位培育。这是一项全方位、一体化的系统工程，需要检察系统各层级、各部门、各条线一体推进、全面贯通、高效协同，需要“四大检察”的全面融合和全体检察干警的参与。在纵向上，实现自上而下的顶层设计和自下而上的应用场景创新相结合；在横向上，实现系统融合、综合集成，发挥全局一体的最大效应，共同打开法律监督功能价值的新空间。

（三）撬动性

以往的检察信息化建设，更多侧重于研发应用卷宗内容自动抓取、瑕疵证据智能分析、量刑建议智能研判等办案辅助系统，或者搭建智能化、便民化的司法服务平台和检务工作平台。与此类偏向辅助性、服务性、事务性的信息化建设显著不同，数字检察战略基于法律监督主责主业，围绕监督质效上如何更好为大局服务、为人民司法、为法治担当，监督模式上如何摆脱个案审查、案卷审查的被动性和局限性，监督手段上如何破解信息不畅、线索不多、刚性不足等瓶颈难题，是在更高层次、更高水平上释放检察生产力的系统性变革，对新时代法律监督工作发挥鲜明的撬动性、主导性、支撑性作用。

二、数据：从被动监督到主动发力的新跨越

在“万物互联”的当今社会，数据迸发出的巨大价值，让人们更加坚信数字时代的必然走向和实现路径。当然，海量数据中也隐藏着各类违法犯罪活动、执法司法不公不严不廉、社会治理漏洞和薄弱环节等问题线索，为检察机关法律监督提供了全新视角和巨大空间。要深化研究运用大数据促进执法司法公正、助力国家治理，提高运用大数据的意识和能力，以“数字革命”赋能新时代法律监督。[1]“任何违法犯罪都有一个信息链条，孤立看链条上的每个信息点很难发现异常，运用大数据筛查、比对、碰撞，信息点之间就有了交集、串连。”[2] 比如，通过比对海量民事裁判文书的数据，可排查出大量非正常借贷纠纷案件线索，相关的“虚假诉讼”问题线索便能清晰展现出来，从而为促进“虚假诉讼”深入整治提供重要手段。[3]

数据是数字检察战略的基石，是变被动监督为主动出击的撬杠。实践表明，通过数据发现违法犯罪问题线索如同“过筛子”，往往在数据碰撞后呈现出来的交集点、异常点中显露出线索。数字检察战略就是要激发“数据”这一新质生产要素的叠加倍增效应，优化监督线索发现、监督重点决策、监督效果共享的制度机制，全面激发内生监督动力，更加精准、有力、高效发挥法律监督的社会治理效能，在推

---

〔1〕参见张军：《加强新时代检察机关法律监督工作　助力书写法治中国建设新篇章》，载《学习时报》2021年10月8日，第1版。

〔2〕张军：《坚持以习近平法治思想为指引　加强新时代检察机关法律监督》，载《求是》2022年第4期。

〔3〕以浙江省为例，浙江省检察机关运用大数据排查研判，深入开展虚假诉讼专项监督；2019年，查办案件2861件，同比增长2倍多；至2021年，共查办虚假诉讼案件8133件，涉案金额26亿余元，涉案领域也从民间借贷拓展至劳动纠纷、车辆保险理赔、人民调解协议司法确认等新领域。

进国家治理体系和治理能力现代化中展现更大作为。要利用好大数据这座“富矿”，首要前提就是获取数据资源。聚焦这一先决条件，检察机关应从内、外两方面下功夫。

（一）盘活内部数据资源

检察机关在数据资源方面并非天然“一穷二白”，只是大多时候内部办案数据处于“沉睡”状态，数据价值还没有被最大化地挖掘出来。通过充分开发、整合、运用检察机关办案数据资源，唤醒激活检察机关内部“沉睡的数据”，将之运用到分析研判中，可为检察机关提供大量的法律监督信息线索，为推进数字检察战略、开展大数据法律监督提供重要的数据支撑。[1]

（二）攻克外部数据壁垒

长久以来，执法司法部门“信息孤岛”“数据壁垒”问题较为突出，成为掣肘执法司法制约监督体系改革和建设的瓶颈难题。其中有技术因素，也有政策因素和执法司法部门思想认识因素，导致打通“数据壁垒”困难重重。因而，破除“信息孤岛”，促进公权力部门之间信息数据的互联互通，建立信息公示与共享制度，是数字中国建设的重要内容。[2]

在推进执法司法信息共享、破解“信息孤岛”“数据壁垒”难题的同时，要把确保执法司法信息数据安全摆在不可忽略、重中之重的位置。数据共享是先决条件，数据安全是必然要求，要始终把“共享”和“安全”作为并驾齐驱的要素和原则来研究和考虑，统筹推进数据共享与数据安全防护，做到既充分共享，又保障安全。

---

〔1〕 比如，实践中存在不法分子通过虚假注册公司，即利用“空壳公司”从事电信网络诈骗、合同诈骗、非法经营、虚开增值税专用发票等违法犯罪活动的情形。实践中，某基层检察院在办理一起行政争议案件中发现，涉案公司存在通过冒用他人身份信息、虚构注册地址、伪造租赁合同等方式虚假注册登记公司的情况，且部分公司涉及电信网络诈骗刑事犯罪。通过分析案件特性，该检察院对全国检察业务应用系统中涉及虚假注册登记公司的刑事案件进行数据摸排，梳理出异常企业200余家，发现工商注册监管漏洞，从而有效推动市场监管部门开展“空壳公司”专项治理，并通过协同建立信息共享、会商研判、案件线索移送等机制，协力促进“空壳公司”问题整治，堵塞监管漏洞，有效维护了当地公司登记秩序和营商环境。参见贾宇主编：《大数据法律监督办案指引》，中国检察出版社2022年版，第190页。

〔2〕 2019年，中央全面深化改革委员会审议通过了《关于政法领域全面深化改革的实施意见》，要求推动科技创新成果同政法工作深度融合，抓紧完善权力运行监督和制约机制。同年，政法领域全面深化改革推进会抓住“推进跨部门大数据办案”关键环节，进一步深化落实。2021年，中央政法委印发《关于充分运用智能化手段推进政法系统顽瘴痼疾常治长效的指导意见》，再次强调加快推动跨部门大数据办案平台建设、打破数据壁垒，明确主要任务和保障措施，提出了一系列创新举措。可见，中央对推进执法司法信息共享有明确规定和要求，地方也在积极推进跨部门大数据协同办案。例如，浙江省从2017年开始推进“政法一体化办案系统”建设，着力打通政法各单位办案平台。目前，该系统已实现全省三级777家单位全贯通，完成257个业务流程上线，99%以上的刑事案件实现全数字化线上移送。2021年11月，浙江省出台《浙江省政法机关执法司法信息共享工作办法（试行）》，进一步对全省政法机关信息共享的范围、方式、要求作出明确规定，完善政法跨部门数据汇集共享机制，推进省内执法司法信息资源共享和有效利用。

因此，一方面要建立健全执法司法领域跨部门信息共享机制，加快深入推进执法司法信息数据的分类采集、充分汇集、及时交换和实时共享，切实打破执法司法部门数据壁垒，以执法司法信息数据的高效运用，有力促进执法司法的高效协同，整体提升执法司法的质效和公信力；另一方面要同步建立健全执法司法信息数据的使用和管理机制，严格执行信息网络安全和保密规定，制定并实施周密、可靠的执法司法信息数据安全使用和管理措施，将数据安全贯穿于信息数据采集、共享、使用和销毁的全过程，时刻警惕数据安全隐患，及时开展安全评估，严格落实数据安全工作责任，切实防止数据被非法获取、篡改、泄露或者不当利用，确保信息真实、完整、安全、保密。

三、平台：从应用辅助到模式变革的新跨越

实现执法司法信息共享、拥有海量数据资源，并非就直接拥有了监督线索，而是需要进一步开展数据的运用、碰撞和演算。因而必须建设一个行之有效的“检察大数据法律监督平台”，综合集成数据、算法、模型、算力等要素，形成以数据计算分析、知识集成运用、逻辑推理判断为核心的智能化系统，即大数据法律监督运行机制。该平台的架构、功能和运用，贯穿了数字检察战略的理念、目标任务和实践要求，不是普通的应用辅助，而是践行法律监督模式重塑变革的重要载体，在数字检察中发挥“大脑”的作用。其特性主要体现在三个方面：

（一）是数据平台，更是建模平台

“有”数据是重大前提，“用”数据是更大关键。数字检察战略的重点就是通过构建数字监督模型，开展大数据的碰撞、比对和分析，从而发现深藏其中的监督线索。通过“检察大数据法律监督平台”，检察官可根据大数据法律监督的实践需求，获取执法司法信息数据后，通过模型算法从海量数据中碰撞、筛选出监督线索，再将数据输入、输出和常用分析算法封装成“算子”，无须编写代码即可运用“算子”直接创建监督模型，实现建模过程“零代码”。[1]

（二）是技术平台，更是办案平台

“检察大数据法律监督平台”具有技术性，但本质是办案平台。其目标不是供技术人员专享，而是要紧扣法律监督模式重塑变革要求，深度嵌入每位检察官的日常办案过程，做到“人人都懂、人人会用”。平台是统一的，但数字模型构建是开

---

〔1〕 比如，某基层检察院通过深入研判近年来辖区内毒品案件，发现个案信息碎片化导致未能查证一些毒贩的真实身份和毒品流转去向，便通过大数据法律监督平台“数管中心”集中采集录入涉毒人员的身份、社交账号、支付交易账号、上下家关系等信息数据，并获取吸毒人员行政处罚数据、强制隔离戒毒人员数据等，搭建涉毒、吸毒人员信息数据库；继而通过“建模中心”构建数字模型，依托“算子”进行大数据碰撞，发现80多条贩卖毒品刑事犯罪立案监督线索，联合公安机关查实、破获相关贩毒案件及关联的洗钱、新型毒品寄递犯罪案件，促进了当地涉毒犯罪领域治理。参见贾宇主编：《大数据法律监督办案指引》，中国检察出版社2022年版，第97页。

放的，无论是“一站式”检索申请数据，还是建模过程“零代码”，都最大程度地为检察官开展大数据法律监督提供便利，大大降低技术门槛、提高大数据法律监督效率，既实现从数据查询、建模分析到线索输出的数字办案业务闭环，又实现数字技术和监督工作的深度融合、日常融合。[1] 检察官依托模型算法，便能从海量数据中碰撞、筛选出法律监督线索，实现从个案办理到类案监督的跨越。[2]

（三）是监督平台，更是治理平台

该平台通过数据建模，在为开展类案监督输出批量线索的同时，也为促进特定领域系统治理提供了方向。“检察大数据法律监督平台”为此专门构建“场景中心”，立足类案监督，打造面向领域治理的数字监督具体场景，为检察机关深入开展监督治理专项行动输出线索。

上述特性使得“检察大数据法律监督平台”在数字检察实践中发挥着不可或缺、至关重要的作用。依托平台开展从个案到类案、从类案到系统治理、从数据共享到工作协同、从规则提炼到复制推广的数字检察工作，有望实现乘数倍增的监督效应、聚焦治理的穿透效应、部门多跨的协同效应和一体贯通的整体效应。该平台在提供基础支撑的同时，也强有力地引导、驱动着检察官不断转变监督思路、适应技术革新、把握改革要义，从而不断深入推进法律监督模式变革，促进法律监督质效跃升。

四、赋能：从个案办理到类案监督的新跨越

“数据、算法和算力成为新兴的发展动力和技术支撑。”[3] 从“检察大数据法律监督平台”的架构和特征中可看出，数字检察战略的重点工作不在于研发各类智能软件和数字应用，而在于以数据为基础、以平台为支撑，使检察官将算法、算力运用到法律监督工作中，系统重塑法律监督模式，用数字空间打破传统法律监督的时域限制，为法律监督提供发展动力和技术支撑，实现从“办一案”到“牵一串”的跨越性一步。围绕“赋能”目标，通过不断探索实践，可逐渐梳理出大数据法律

---

〔1〕截至2022年6月，浙江省三级检察院已在该平台构建法律监督数字模型2500余个，其中经测试和检验，投入实战的办案模型有480余个。

〔2〕比如，某市检察机关在办案中发现，个别基层人民调解员通过虚构调解案件、伪造材料骗领调解补贴，导致部分群众不知情地被“司法确认”；还有一些当事人通过虚构劳动报酬纠纷等形式恶意串通，利用虚假司法确认使平等债务获得优先受偿或规避债务执行。该市检察机关通过大数据法律监督平台汇集民事裁判文书、人民调解案件等信息数据，并开展数字建模，依托大数据碰撞，精准筛选出一批违法犯罪线索，统筹市、县两级院民事检察部门、刑事检察部门、检察侦查部门开展联合调查取证，查获虚假司法确认案件578件、涉案金额630万余元，追究相关刑事责任人员6人，并联合法院、司法局等相关部门开展虚假司法确认程序专项治理，形成虚假司法确认联防共治的新格局。参见贾宇主编：《大数据法律监督办案指引》，中国检察出版社2022年版，第170页。

〔3〕马长山：《数字社会的治理逻辑及其法治化展开》，载《法律科学（西北政法大学学报）》2020年第5期。

监督的一般规律。

（一）解析个案、梳理要素

大数据的比对、碰撞首先要有明确方向，数字监督模型的构建也不可能凭空臆造。实践中，检察数字化办案的发起点和突破点在检察官日常办理的个案当中。大数据法律监督通过敏锐挖掘个案背后可能存在的共性问题，运用数字思维、数字方法，从个案中梳理分析出所需的具体数据和碰撞方向。[1]

（二）构建模型、输出线索

检察机关围绕典型个案“解剖麻雀”，根据数据需求和碰撞方向，依托“检察大数据法律监督平台”，调取所需数据，创建监督模型，有的放矢地开展大数据的比对、碰撞，发挥大数据对法律监督工作的放大、叠加、倍增作用，输出批量问题线索。以上述行政非诉执行终结本次执行程序案件为例，检察机关通过提取相关数据，构建数字模型，对银行账户及资金流水信息、房产和车辆登记信息、工商登记信息等进行大数据碰撞，发现了一批可能存在执行期间被执行对象有可供执行财产而未执行等违法情形的案件线索。

（三）问题核实、类案监督

通过数字监督模型输出的只是异常数据线索，并不直接等于已查实的监督案件。要使线索最终成案，仍然需要有效融合“四大检察”职能，特别是要以审查、调查、侦查“三查”融合的思维和方法贯穿其中，对问题线索展开全面、深入、高效的核查，把线索查深查透、把事实查清查明。[2]

（四）一地突破、全域共享

数字化改革的一大特征和要求就是“贯通”，贯通是实战实效的前提，实战实效是贯通的目的。“贯通”也是数字检察战略的重大理念，是大数据法律监督取得重大实战成果的关键所在。所谓“贯通”，就是要求检察机关坚持全局观念和系统

---

〔1〕 比如，某基层检察院在办理一起行政非诉执行监督案时发现，执行期间，在被执行公司法人对公银行账户中存在大量转入流水和余额的情况下，当地法院裁定终结本次执行程序，并在该公司此后多年正常纳税、经营的情况下未恢复执行。通过分析该案特性，检察机关认为可能存在对被执行对象财产情况调查不彻底、终结本次执行程序不当、终结程序后未及时恢复执行等类案情形，进而梳理出了法院行政非诉执行终结本次执行案件信息，以及执行对象工商登记、银行账户、资金流水、房产车辆信息等数据要素，开启了“数字赋能监督”的第一步。参见贾宇主编：《大数据法律监督办案指引》，中国检察出版社 2022 年版，第 180 页。

〔2〕 比如，前注中基层检察院在数据筛查后，对问题线索开展进一步核实工作：核实相关房产是否为被执行人的唯一房产；核实涉案车辆的品牌、车型、年限、是否被强制报废等信息，估算车辆现有残值，结合涉案标的金额以判断涉案车辆是否具有执行价值等相关情况。在核实的基础上，最终查明有 50 起案件存在终结本次执行违法情形。检察机关就此向法院制发检察建议，监督纠正当地法院及时恢复执行一批案件。该基层检察院同时以本次监督为契机，与当地法院联合开展行政非诉执行终结本次执行程序案件集中清查工作专项行动，建立民事行政执行法律监督工作机制，共同促进执行规范，实现双赢多赢共赢。

思维，一体推动实现大数据法律监督的集成突破和整体效应。在各地有力突破某一领域类案监督的基础上，及时总结、提炼经验，按照“系统抓、抓系统”“领域抓、抓领域”的方式，部署开展全域专项行动，推动类案监督在省域层面全面铺开、滚动发展。

由此可见，要做好、做成“数字赋能监督”，要有章有法、摸索规律，实现有方向、有成果、有价值的赋能，牢牢把握“数据”这一关键要素，依托“检察大数据法律监督平台”，按照上述“解析个案、梳理要素”“构建模型、输出线索”“问题核实、类案监督”的路径，发现并查实一批法律监督线索。其成功经验经过总结、推广，推动形成省域数字检察专项监督，实现“一地突破、全域共享”。

五、治理：从职能延伸到价值重塑的新跨越

在数字赋能下，法律监督数量会产生指数级的增长。但监督数量不代表监督力量，更不代表监督价值。依托大数据赋能开展类案监督，要以发现和监督纠正深层次问题为导向，更加有力发挥法律监督职能作用，而不是盯着无关痛痒的小问题小瑕疵，用大数据来追求监督数据的冲量。追求法律监督高质效，就绝不能就案办案，而要以“监督促进治理”为更高层次的目标。在以往传统检察工作中，参与社会治理是检察办案监督的职能延伸，但受以往法律监督工作被动性、碎片化、浅层次的影响，检察机关在社会治理体系中的优势发挥和功能体现还不够全面充分。数字检察为解决这一难题提供了重大突破口和最佳切入口，通过将类案监督打造成“治理场景”，在全面激发法律监督内生动力的同时，也从根本上促进了法律监督与社会治理的深度融合，是实现从传统检察职能延伸到新时代法律监督价值重塑新跨越的关键桥梁，让法律监督在数字赋能下不仅有量的增长，更有质的跃升。

（一）类案监督势必引向系统治理

类案监督透过一个个具体的案件，总结、发现共性、普遍性问题，进而提出解决方案，达到“办理一案、治理一片”的效果，具有扩散效应。[1] 数字检察依托大数据赋能，具有线索发现更具主动性、全面性和充分性，以及类案监督更为精准、深入、系统等显著优势，在实现从个案办理到类案监督跨越的同时，也自然地把监督工作引向系统治理。[2]

（二）系统治理有力放大监督价值

监督促进治理，不仅是在发现监管漏洞后制发一份检察建议了事，也不是要

---

〔1〕 参见张薰尹：《践行习近平法治思想　发挥类案监督优势》，载《检察日报》2021 年 11 月 24 日，第 7 版。

〔2〕 比如，某市检察机关通过个案办理发现部分服刑人员在服刑期间依然享受养老保险待遇，通过比对刑事生效判决和养老金发放数据，在发现批量问题线索、开展类案监督的同时，进一步发现服刑人员违规领取养老金的监管漏洞，相继推动市级、省级、国家层面建立健全防范查处长效机制。参见贾宇主编：《大数据法律监督办案指引》，中国检察出版社 2022 年版，第 217 页。

“大包大揽”，而是要在运用大数据开展类案监督的同时，以立足法律监督职能的“我管”，积极协同并促进其他职能部门的“都管”，通过完善机制、堵塞漏洞、解决问题等，依法切实履行好“治已病”与“治未病”的社会治理职责。在切实促进一域治理、使同类普遍性问题得到根治过程中，检察机关在国家治理体系和治理能力现代化中的关键作用也得到充分展现。[1]

可见，数字检察战略有力地将数字效能和法治效能紧密融合，形成更大的社会治理效能，为检察机关将社会治理“后半篇文章”做成保障“中国之治”的“大文章”提供了前所未有的重大契机和强劲动力。因此，“监督促进治理”既是数字检察战略的工作要求，更是具有重塑性质的价值追求，把追求个案正义提升到实现类案监督、促进系统治理的更高追求上，是对传统办案价值的升华与重新定义。

第三节 数字检察战略的路径

数字检察战略是一次重大集成创新的硬核改革，事关贯彻落实《中共中央关于加强新时代检察机关法律监督工作的意见》的全局，事关检察事业高质量发展的长远。面对这场全新、艰巨的硬核考验，检察机关既要有清晰、连贯的改革战略，也要有一致向前的改革实施路径，应紧扣数字检察战略“重塑变革”的核心要义，注重系统性、整体性、协同性，在大局中谋划、在大势中推进、在大事上作为，以钉钉子精神做实做细做好各项工作，推动数字检察战略实践不断深化、拓展、升华。

一、建立高效工作推进机制

数字检察战略作为一项复杂的系统工程，也是一项长期的螺旋式迭代工程，需要强有力的推进机制，以打造纵向联动、横向协同的工作体系，实现工作闭环管理，如此方能确保各项任务高效精准落地。

（一）建立组织领导机制

数字检察战略的全方位、整体性决定了其应当且必须是“一把手工程”，一定

---

〔1〕比如，某基层检察院通过办理非标油（未达到国家标准的汽油、柴油）公益诉讼个案，发现部分用油企业和民营加油站存在违规销售、使用非标油问题，严重威胁公共安全和生态环境。检察机关从个案办理入手，运用数字思维、数字手段，根据大型危化品车辆装卸货时间长、需储油设施接驳和运输成本高等特点，通过对比分析关联车辆运行轨迹、时间、空间地理信息等数据，精准锁定油品装卸货地点和数量，进而展开深入调查，并通过碰撞税务数据挖掘出偷逃税违法线索，查明违法事实，有效打击成品油经销商偷逃税、无证无照非法经营等违法行为。检察机关以此构建数字类案监督和系统治理场景，联合税务、交通运输、市场监管等部门开展专项监督，挖出地下非标油黑灰产业链，有力推动全省“成品油综合智治”一件事多跨场景改革，为该省乃至全国破解地下非标油市场监管难题贡献检察智慧和力量。参见贾宇主编：《大数据法律监督办案指引》，中国检察出版社 2022 年版，第 200 页。

要坚持检察长亲力亲为，既要挂帅也要出征，扑下身子亲自谋、亲自抓、亲自干。[1] 同时，要建立完善专班机制，组建跨部门、跨层级、跨地域的数字检察工作专班，形成高效协同、一体推进的工作格局。在专班化运作下，按照责任清单化、履职具体化、进度可视化、结果可量化的要求，既抓质量又抓效率，确保所有任务按时保质逐一落实到位。

（二）创新实战实效机制

数字化改革撬动法律监督，就是要体现在实实在在的数字检察办案实战和监督成效上。要紧扣大数据法律监督实战实效，探索建立数字检察办案指挥中心，并设立研判综合组、数据保障组、协调督查组等专业工作组，着力发挥“中枢大脑”的作用。指挥中心要做好大数据管理归集、监督线索分析研判、监督经验复制推广、数字监督专项行动部署开展等重点工作，打造检察机关纵横一体的数字检察办案格局，实现“一地突破、全域共享”。同时，加强对在办重点案件清单式管理，将专项监督或新领域监督取得重大推进成效、对推动重大领域社会治理或多跨场景建设有较高价值等大数据法律监督案件，纳入清单并实行动态管理，持续滚动推进大数据法律监督，集中力量抓重点、抓进度、抓成效。

（三）优化评价激励机制

改革应当遵循顶层设计和基层探索双向发力的规律，坚持规范和创新相统一，既加强自上而下系统谋划推进，又鼓励支持基层积极创新。[2] 上级检察机关要加强统筹引领、工作指导，坚持系统思维、系统观念，建立健全科学的案件评查质量体系，加大数字检察在业务管理、案件管理和质量管理中的比重，量化目标、明确要求，形成上下“一盘棋”，确保工作扎实推进、积厚成势。同时，要鼓励各地检察机关既重视全国、省域层面的统一部署，又重视充分发挥地方特色优势，开展差别化探索、创造性实践。

二、完善数字办案配套体制机制

数字化改革的一大关键词就是“多跨”，即围绕改革需求积极打造跨业务、跨部门、跨层级、跨区域的应用场景。[3] 检察机关与有关单位的数字化办案一体化、信息共享和治理协同，都是对外“多跨”的体现。在检察机关内部，数字检察也面临着“多跨”的紧迫需求。数字检察让法律监督工作不再局限于个案和卷宗，也不

---

〔1〕 在具体开展工作过程中，要注重成立由检察长担任组长的数字检察领导小组，通过定期召开工作例会，听取改革进度汇报、分析难点堵点问题、研究部署下阶段重点，统筹推进数字检察工作。检察长不仅要抓统筹抓落实，更要参与大数据法律监督具体案件办理。特别是随着数字检察战略的深入实践，在发现、解决执法司法领域深层次问题的过程中，会遭遇不少工作难点堵点，需要检察长靠前指挥、担当作为，凝聚各方力量，实现数字办案最佳效果。

〔2〕 参见徐斌：《基层探索与顶层设计的辩证统一关系》，载《人民论坛》2019 年第 25 期。

〔3〕 参见黄学：《以多跨场景应用突破数字化改革》，载《信息化建设》2021 年第 6 期。

局限于单一事项、单一职能，而是打破区域和空间限制，覆盖执法司法流程的每个节点，呈现跨条线、跨职能、跨区域的特征，因而必须建立与之相适应的配套组织体系和运行机制，有效承接法律监督模式变革的要求，这也是数字检察“重塑变革”内涵要义的重要体现。归根结底，就是要充分发挥检察一体化优势，在“融合”上做文章，实现检察机关内部的“多跨”。

（一）探索打造数字检察的最小办案单元

数字检察战略要求检察机关把大数据法律监督作为常态，深度融入检察官日常办案全过程。要落实好这一要求，就要着力打造数字检察的最小办案单元，由一定的人员组成一个数字检察办案团队，把数字办案工作量化、压实到每一个团队。这种办案单元，不是一般意义上的人员叠加，而是打破“四大检察”格局下的业务固有分工，推进融合式办案、团队式研判。要围绕数字检察实战要求，强化常态化运用大数据法律监督平台，统一履行各项法律监督职能，跨业务跨部门开展类案监督、促进系统治理。这不仅是人员的“合”，更是职能的“融”。[1]

（二）强化多种监督履职方式融合

个案审查是开展法律监督的传统路径，也是开启数字检察从个案办理到类案监督再到系统治理的关键起点。但大数据法律监督不仅要从个案审查中发现问题，更要强化数字分析研判，核实查明数据碰撞筛选出的类案线索，深入挖掘和促进解决执法司法领域深层次问题。因此，整个过程除案件审查之外，同时需要充分运用法律赋予检察机关的调查权、对司法工作人员相关职务犯罪的侦查权，以及机动侦查权、自行（补充）侦查权。[2] 审查、调查、侦查是检察机关调查核实工作的三种法定手段，在法律许可的范围内，三者之间具有融合性、同质性，特别是所获得的证据对任何法律监督事项都有证据力，可以全部或者部分共存于同一个监督事项之中。审查、调查、侦查的融合，既是思维的融合，也是方法的融合；既是手段的融合，也是线索的融合；既增强了法律监督的系统性，也增强了法律监督的刚性。要做好数字检察工作，就要在思维方法上从单一调查向多种履职方式融合转变，结合数字办案单元的打造，推进履行法律监督职能的人员、线索、手段等各方面融合。

（三）推进数字监督事项案件化办理

监督事项案件化办理是指检察机关将法律监督事项作为案件办理，将内部的监督流程管理和外部的监督程序结合为一体，这是法律监督工作规范化、专业化的重

---

〔1〕比如，运用大数据开展“套路贷”虚假诉讼类案监督，既涉及对民事“假官司”的民事检察监督，要依法监督纠正错误民事裁判，又涉及刑事检察职能的发挥，要依法打击涉“套路贷”刑事犯罪。因而，可由刑事检察、民事检察及检察技术部门的检察人员组建成数字检察办案单元，融合开展大数据法律监督，着力形成“兵团作战”的最优模式，充分发挥法律监督效能。

〔2〕参见陈国庆：《刑事诉讼法修改与刑事检察工作的新发展》，载《国家检察官学院学报》2019年第1期。

要途径[1]，也是实现“数字赋能监督，监督促进治理”的必然要求。按照监督事项案件化办理的要求，检察机关应从每一个法律监督个案入手，建立“个案挖掘、线索建档、数据筛查、调查核实、实施监督、系统治理、跟踪反馈、结案归档”的完整流程，并在这一过程中综合运用审查、调查、侦查“三查”融合手段、融合“四大检察”职能，力求把每一条数字监督线索真正查深、查透，把事实查清查明。

三、构建专门理论、制度和话语体系

数字检察作为一项新生事物，要实现一步步深化、拓展和提升，必须在推进应用实践的同时，重视加强理论研究、制度规范和话语体系建设，为凝聚改革思想、锚定改革方向、深化改革实践提供更加清晰的指引，同时也通过理论创新、制度重塑，更加全面、系统地呈现改革成果。

（一）重视理论体系构建

数字时代的变革发展是数字法治的强劲驱动力。理论通常是先导，但在数字法治方面则是实践先行，数字法治的实践已经远远跑到了数字法治理论的前面。[2] 数字检察也是如此，实践跑在了理论前面，无前人经验可供借鉴，是片“新蓝海”。在此情形下，数字检察的理论体系建设显得尤为重要。要在探索实践的基础上，加强对数字检察基本概念、基本理论、基本方法、基本规律及重点领域改革创新实践的总结提炼和理论研究，形成包含数字检察本质属性、总体定位、主要目标、重点任务、方法路径等内容的一整套完备的理论体系，推动改革实践上升为理论成果，以健全、成熟的理论体系引领实践进一步提升，集中展示数字检察的理论认知水平。

（二）重视制度体系构建

从长远看，数字检察战略能否落地，关键在于能否实现制度重塑。只有通过制度重塑，才能更好地固化改革成果、放大改革成效。制度重塑的关键，是要在组织架构、方式流程、作战方法上适应改革需求，激活内生动力，促进实战实效。[3] 围绕这一要求，要遵循数字检察实践规律，构建一整套与数字检察相适应的实战方法、方式流程、工作规范和体制机制等，有针对性、实效性地承接、推进法律监督模式重塑变革，以持续推动数字检察更加规范化、制度化、体系化，展现数字检察的制度理性。

（三）重视话语体系构建

数字检察在实践过程中会产生“大数据法律监督”“应用场景”“多跨协同”“个案办理—类案监督—系统治理”等一系列的新概念新术语，对这些关键概念和术语进行汇总、梳理、研究，对其内涵定义加以提炼固化，打造统一、明确的话语

---

〔1〕 参见李辰：《检察监督视野下重大监督事项案件化办理制度的建构》，载《法学杂志》2018年第8期。
〔2〕 参见马长山：《数字法治的理论吁求》，载《人民法治》2021年第10期。
〔3〕 参见兰建平：《以制度重塑促进数字文明》，载《浙江经济》2021年第10期。

体系，对于解决改革过程中因术语不统一而导致的信息沟通受阻和工作不协调等问题，促进检察机关各地各条线“大兵团”作战、校准工作跑道、提炼复制实践成果、塑造数字检察文化具有重要意义。因此，要重视数字检察话语体系的标准化构建，推进概念术语的统一规范，形成通用基础的改革语境，引领检察人员迅速融入数字检察话语体系，精准把握数字检察要求。

四、夯实数字检察队伍建设基础

数字检察战略是对检察人员履职能力的一次重大实战考验，更是适应时代变革、引领现代化的全方位能力重塑。要紧扣数字检察战略的核心要义，把学习培训摆在更加突出的位置，以数字检察战略推动新时代检察人员法律监督理念、本领的革新和跃迁，不断提高其对现代化、数字化的把握能力、引领能力、驾驭能力。这需要重点突出三方面：

（一）突出理念转变

要深刻认识培养“数字检察人才”，不是简单等同于培养“数字技术人才”，而是培养能够统筹运用数字认知、数字思维、数字技术，践行“数字赋能监督，监督促进治理”的大数据法律监督人才。要推动每一位检察人员都自觉朝着既懂检察业务又懂数字化改革的复合型人才方向努力，破除法律监督工作的传统思维定式和路径依赖，把数字化意识融入高质效办好每一个案件的理念要求，以数字检察的新思维新理念打开检察官思想认知和能力发展的新空间，实现从“要我变革”到“我要变革”、从“适应变革”到“引领变革”、从“承载压力”到“释放张力”的转变和跃升。

（二）突出办案指引

数字检察战略立足于法律监督工作实践，但与法律监督工作的传统模式、方法、手段、路径又有着本质区别。要让检察官准确、深入地理解和领会其中要义，最直接、最有效的方式就是选取各地已经成熟、具有可复制推广价值的数字检察案例，制成办案指引供全体检察干警学习、参考。相较于传统的办案指引，数字检察办案指引更加侧重介绍大数据法律监督的方式方法，结合思维导图、数据模型、数据分析步骤、办案心得等形式、内容，更加直观、明了地引领检察干警理解、掌握数字检察的办案要领、一般规律和方法步骤，使之甚至可以“依葫芦画瓢”地在本地区开展相关领域的大数据法律监督，不断拓展监督治理成效。

（三）突出应用普及

将常态化使用大数据法律监督平台和已成熟的数字监督场景，列入检察官业务培训的重点。通过平台、场景的日常熟练应用，推动各业务部门、每一位检察官不断强化数字意识和思维，提升数字能力和方法。要让检察官真正认识到数字检察就是办案、监督本身，是检察办案方式、监督方式、治理方式的基础性、全局性、根本性变革，从而切实把数字办案作为工作常态，积极运用数字化思维、技术，善于在办案、监督中解析数据元素、构建数字模型、进行数据碰撞、开展线索核查、取得监督实效。总的来说，检察机关应通过持续的实战实训，不断激发检察官开展大数据法律监督的创新创造活力，深化其对数字检察战略“重塑变革”的认识理解。

■问题与思考

1. 如何理解数字检察战略产生的社会背景和政策背景？
2. 传统检察履职存在哪些问题？数字检察战略怎样解决这些问题？
3. 如何把握数字检察战略的性质和定位？
4. 数字检察战略的核心要素有哪些？
5. 试论从哪些方面推进数字检察战略。

■参考阅读

1. 贾宇：《数字检察办案指引》，中国检察出版社 2023 年版。
2. 高景峰：《法律监督数字化智能化的改革图景》，载《中国刑事法杂志》2022 年第 5 期。
3. 高景峰：《数字检察的价值目标与实践路径》，载《中国法律评论》2022 年第 6 期。
4. 胡东林：《数字检察迭代升级的进路》，载《人民检察》2024 年第 13 期。
5. 钱昌夫、赵少岸：《数字检察范式的实践应用》，载《中国检察官》2022 年第 3 期。

■拓展阅读